Para onde nos leva a tecnologia

O autor

Kevin Kelly é dos fundadores da revista *Wired* e foi seu editor executivo por sete anos. Escreve para *The New York Times, Science, Time* e *The Wall Street Journal*, entre outros. É autor do *best seller New Rules for the New Economy*. Mora em Pacifica, Califórnia. Seu *site* é www.kk.org.

K29p Kelly, Kevin.
Para onde nos leva a tecnologia / Kevin Kelly ; tradução: Francisco Araújo da Costa. – Porto Alegre : Bookman, 2012.
383 p. ; 23 cm.

ISBN 978-85-7780-970-7

1. Administração – Tecnologia. 2. Sistemas de informação. I. Título.

CDU 658

Catalogação na publicação: Ana Paula M. Magnus – CRB 10/2052

Para onde nos leva a tecnologia

Kevin Kelly

Tradução
Francisco Araújo da Costa

2012

Obra originalmente publicada sob o título
What Technology Wants
ISBN 9780670022115

Copyright © 2011 Kevin Kelly
Publicado originalmente em inglês por Viking Adult, divisão do Grupo Penguin (EUA).

Capa:
Paola Manica

Preparação do original:
Ronald Saraiva de Menezes

Supervisão Editorial:
Arysinha Jacques Affonso

Composição e Arte Final:
VS Digital

Reservados todos os direitos de publicação, em língua portuguesa, ao
GRUPO A EDUCAÇÃO S.A.
BOOKMAN® COMPANHIA EDITORA LTDA., uma empresa do GRUPO A EDUCAÇÃO S.A.
Av. Jerônimo de Ornelas, 670 – Santana
90040-340 Porto Alegre RS
Fone (51) 3027-7000 Fax (51) 3027-7070

É proibida a duplicação ou reprodução deste volume, no todo ou em parte,
sob quaisquer formas ou por quaisquer meios (eletrônico, mecânico, gravação,
fotocópia, distribuição na Web e outros), sem permissão expressa da Editora.

SÃO PAULO
Av. Embaixador Macedo Soares, 10.735 – Pavilhão 5 – Cond. Espace Center
Vila Anastácio 05095-035 São Paulo SP
Fone (11) 3665-1100 Fax (11) 3667-1333

SAC 0800 703-3444

IMPRESSO NO BRASIL
PRINTED IN BRAZIL

Agradecimentos

Este livro é dedicado aos meus filhos, Kaileen, Ting e Tywen, e também à minha esposa, Gia-Miin, que me deu todo o amor necessário para essa longa jornada.

Sou grato a Paul Slovak, da Penguin, que apoiou este projeto em seus vários anos de gestação. Ele nunca desistiu, e seu entusiasmo pelas ideias deste livro foram valiosos estímulos para sua publicação.

O melhor editor com quem já trabalhei, Paul Tough, salvou o texto da prolixidade. Ele simplificou a narrativa e desenvolveu uma forma mais legível, transformando em livro aquilo que era apenas quase um livro. Paul criou o esqueleto e deu os últimos retoques à obra.

Camille Cloutier foi minha principal colaboradora. Suas várias tarefas são quase por demais numerosas para que eu possa listar. Camille procurou especialistas, marcou entrevistas, preparou citações e passagens, encontrou gráficos, confirmou os fatos, criou as notas de rodapé, revisou o texto, gerenciou suas muitas versões, compilou a bibliografia, manteve o *software* funcionando e fez tudo para garantir que meu texto saísse verdadeiro e preciso.

A bibliotecária Michele McGinnis realizou quase toda a pesquisa original que embasa este livro. Ela passou meses na biblioteca e cinco anos na Internet em busca de fontes. Quase todas as páginas deste livro são melhores do que seriam sem seu trabalho.

Jonathan Corum, *designer* e ilustrador magistral, criou os gráficos com seu estilo exclusivo e clareza radical. O *design* da capa da edição original é de Ben Wiseman.

Este é o sexto livro que John Brockman, conselheiro e agente brilhante, desenvolveu comigo. Não me imagino trabalhando em um livro sem ele.

Nos bastidores, Victoria Wright transcreveu minhas entrevistas com exatidão. William Schwalbe, *coach* de escritores, ofereceu alguns *koans* Zen, além de sugestões extremamente úteis quando eu tinha um branco. O *layout* do livro foi criado por Nancy Resnick e o índice compilado por Cohen Carruth, Inc.

Os leitores a seguir sofreram com a primeira versão deste livro e ofereceram sugestões valiosas e construtivas: Russ Mitchell, Michael Dowd, Peter Schwartz, Charles Platt, Andreas Lloyd, Gary Wolf e Howard Rheingold.

Enquanto eu fazia pesquisa para este livro, entrevistei, conversei ou me correspondi com algumas das pessoas mais inteligentes que conheço. Listados em ordem alfabética, cada um destes especialistas doou seus *insights* e tempo precioso para o meu projeto. Obviamente, qualquer erro na transmissão das suas ideias é de minha responsabilidade exclusiva.

Chris Anderson	Danny Hillis	Paul Saffo
Gordon Bell	Piet Hut	Kirkpatrick Sale
Katy Borner	Derrick Jensen	Tim Sauder
Stewart Brand	Bill Joy	Peter Schwartz
Eric Brende	Stuart Kauffman	John Smart
David Brin	Donald Kraybill	Lee Smolin
Rob Carlson	Mark Kryder	Alex Steffen
James Carse	Ray Kurzweil	Steve Talbot
Jamais Cascio	Jaron Lanier	Edward Tenner
Richard Dawkins	Pierre Lemonnier	Sherry Turkle
Eric Drexler	Seth Lloyd	Hal Varian
Freeman Dyson	Lori Marino	Vernor Vinge
George Dyson	Max More	Jay Walker
Niles Eldredge	Simon Conway	Peter Warshall
Brian Eno	Morris	Robert Wright
Joel Garreau	Nathan Myhrvold	
Paul Hawken	Howard Rheingold	

Sumário

Capítulo 1   Minha pergunta 9

Parte I   Origens

Capítulo 2   Inventando a nós mesmos 27
Capítulo 3   A história do sétimo reino 47
Capítulo 4   A ascensão da exotropia 61

Parte II   Imperativos

Capítulo 5   Profundo progresso 75
Capítulo 6   Transformação predestinada 103
Capítulo 7   Convergência 127
Capítulo 8   Escute a tecnologia 151
Capítulo 9   Escolhendo o inevitável 169

Parte III   Escolhas

Capítulo 10   O Unabomber tinha razão 185
Capítulo 11   Lições dos *hackers* da seita *amish* 209
Capítulo 12   Em busca da convivencialidade 229

Parte III   Escolhas

Capítulo 13 As trajetórias da tecnologia 257

Capítulo 14 O jogo infinito 329

Leituras recomendadas 341

Fontes 345

Índice 371

Capítulo 1
Minha pergunta

Durante quase toda minha vida, tive poucas posses. Abandonei a faculdade e passei quase dez anos vagando por partes remotas da Ásia, com tênis baratos e calças de brim velhas, sempre com muito tempo e pouco dinheiro. As cidades que eu conheci estavam mergulhadas em uma riqueza medieval; as terras por onde passei eram governadas por antigas tradições agrárias. Quando pegava em um objeto físico, ele quase sempre era feito de madeira, fibra ou pedra. Eu comia com as mãos, atravessava vales a pé e dormia em qualquer lugar. Nunca levava muita coisa. Meus objetos pessoais se resumiam a um saco de dormir, uma muda de roupa, um canivete e algumas câmeras. Vivendo junto à terra, senti o imediatismo que se abre quando removemos o filtro da tecnologia. Senti mais frio, ainda mais calor, fiquei várias vezes encharcado, fui picado por insetos com maior frequência e entrei em sincronia mais depressa com o ritmo do dia e das estações. O tempo parecia abundante. Depois de oito anos na Ásia, voltei aos Estados Unidos. Vendi o pouco que tinha e comprei uma bicicleta barata, com a qual pedalei 8.000 km pelo continente americano, atravessando-o de oeste a leste. Um dos grandes momentos daquela viagem foi passar por uma fazendinha *amish* no leste da Pensilvânia. No continente americano, as comunidades *amish* são a coisa mais parecida com o estado de tecnologia mínima que vivenciei na Ásia. Eu admirava os *amish* por suas posses seletivas. Suas casas espartanas eram quadradinhos de contentamento. Parecia que minha própria vida, livre de tecnologias modernosas, era paralela à deles, e eu pretendia me manter tão alheio a elas quanto possível. Quando cheguei à Costa Leste, minha bicicleta era tudo o que eu tinha.

Cresci nos subúrbios de Nova Jersey, nas décadas de 1950 e 1960, cercado por tecnologia. Mas até meus 10 anos de idade, minha família não tinha televisão; quando o aparelho chegou à nossa casa, eu não tive qualquer vontade de utilizá-lo. Eu via o que ele fazia com meus amigos. A tecnologia da TV tinha a incrível capacidade de atrair pessoas em momentos específicos e hipnotizá-las por horas e horas. Os comerciais criativos as mandavam adquirir mais tecnologias. E elas obedeciam. Percebi que outras tecnologias mandonas, como o automóvel, também pareciam capazes de transformar as pessoas em servos e induzi-las a adquirir e utilizar cada vez mais tecnologias (autoestradas, cinemas *drive-in*, *fast food*). Decidi que minha vida teria o mínimo de tecnologia possível. Durante minha adolescência, eu estava tendo dificuldade para ouvir minha própria voz, e parecia que as verdadeiras vozes dos meus amigos estavam sendo abafadas pelo ensurdecedor diálogo que a tecnologia estabelecia consigo mesma. Quanto menos eu participasse da lógica circular da tecnologia, mas direta seria minha própria trajetória.

Quando terminei de atravessar o país, eu tinha 27 anos. Fui morar em um terreno barato e escondido no norte do estado de Nova York, com muitas florestas e sem um código de edificações. Com um amigo, derrubei alguns carvalhos para transformá-los em madeira de construção e montamos uma casa com essas vigas artesanais. Pregamos as telhas de cedro uma a uma no telhado. Tenho uma memória muito clara de carregar centenas de pedras para construir um muro de arrimo que o riacho derrubou várias vezes quando transbordava. Carreguei e arrumei aquelas pedras com minhas próprias mãos várias vezes. Usamos ainda mais pedras para montar uma lareira gigante na sala. Apesar de todo esse trabalho, as pedras e as vigas de carvalho me encheram com contentamento *amish*.

Mas eu não era *amish*. Decidi que se ia derrubar uma árvore gigante, seria uma boa ideia usar uma motosserra. Qualquer indígena no meio da floresta que tivesse a mesma oportunidade concordaria comigo. Quando você impõe sua voz à tecnologia e sabe bem o que quer, fica óbvio que algumas tecnologias são simplesmente superiores às outras. Se minhas viagens pelo velho mundo me ensinaram alguma coisa, é que aspirina, roupas de algodão, panelas de metal e telefones são invenções fantásticas. Elas são *boas*. Com raras exceções, pessoas do mundo inteiro se agarram a elas sempre que podem. Qualquer pessoa que já tenha usado uma ferramenta com *design* perfeito sabe como ela pode fazer bem para a alma. Os aviões ampliaram meus horizontes, os livros abriram minha mente, os antibióticos salvaram minha vida, a fotografia deu luz à minha musa. Mesmo a motosserra, que corta com facilidade os nós que seriam duros demais para um machado comum, criaram dentro de mim uma reverência pela beleza e força da madeira que nenhum outro agente deste mundo conseguiria.

Fiquei fascinado pelo desafio de escolher as poucas ferramentas que elevariam meu espírito. Em 1980, trabalhei como *freelancer* para uma publicação, o *Whole Earth Catalog*, que usava os próprios leitores para selecionar e recomendar as ferramentas apropriadas, escolhidas a partir de um oceano de itens manufaturados de uso pessoal. Nas décadas de 1970 e 1980, o *Whole Earth Catalog* era, na prática, um grande *website* gerado pelos usuários antes da Internet e dos computadores, feito apenas de papel-jornal barato. O público era constituído pelos próprios autores. Fiquei empolgado com as mudanças que certas ferramentas simples e bem escolhidas podiam provocar na vida das pessoas.

Aos 28 anos, comecei a vender guias de viagem baratos pelo correio, os quais publicavam informações de baixo custo sobre como adentrar as áreas tecnologicamente simples nas quais a maioria dos habitantes deste planeta viviam. Como minhas duas únicas posses significativas naquela época eram uma bicicleta e um saco de dormir, pedi emprestado o computador de um amigo (um dos primeiros Apple II) para automatizar minha empresinha de fundo de quintal. Também comprei um *modem* barato para transmitir o texto para a gráfica. Um outro editor do *Whole Earth Catalog* que se interessava por computadores me emprestou uma conta para que eu pudesse participar de um sistema de teleconferência experimental gerenciado por um professor universitário do Instituto de Tecnologia de Nova Jersey. Logo me descobri imerso em algo muito maior e mais excitante, a fronteira de uma comunidade *online*. Era um novo continente, mais estranho para mim do que a Ásia, e comecei a escrever sobre ele como se fosse um paraíso exótico para turistas. Para minha grande surpresa, descobri que as redes computadorizadas, cheia de tecnologia, não matavam a alma de gente como eu, os primeiros usuários; pelo contrário, elas nos elevavam. Havia algo inesperadamente orgânico nesses ecossistemas feitos de pessoas e fiação. Do mais absoluto nada, estávamos erguendo uma comunidade virtual com as próprias mãos. Quando a Internet finalmente apareceu alguns anos depois, ela me parecia quase *amish*.

À medida que os computadores assumiram um papel central em nossas vidas, descobri algo que nunca havia notado sobre a tecnologia antes. Além da capacidade de satisfazer (e criar) desejos e, às vezes, de economizar trabalho, a tecnologia fazia uma outra coisa. Ela trazia novas oportunidades. Assisti em primeira mão como as redes *online* conectavam as pessoas com ideias, opções e outros indivíduos que elas jamais teriam encontrado sem este advento. As redes *online* libertaram paixões, multiplicaram a criatividade, ampliaram a generosidade. No momento cultural em que os críticos declararam que a escrita estava morta, milhões de pessoas começaram a escrever *online*, muito mais do que em qualquer momento do passado. No exato instante que os especialistas declararam que passaríamos a "jogar boliche sozinhos", milhões de pessoas começaram a se reunir em grandes multidões. Na

Internet, elas colaboravam, cooperavam, compartilhavam e criavam em inúmeras maneiras inesperadas. Para mim, era tudo novidade. *Chips* de silício frios, longos fios metálicos e aparelhos complexos de alta voltagem estavam cultivando nossos melhores esforços enquanto seres humanos. Quando percebi como os computadores em rede despertavam as musas e multiplicavam as possibilidades, finalmente entendi que outras tecnologias, como automóveis, motosserras, bioquímica e, sim, até a televisão, faziam a mesma coisa de modos ligeiramente diferentes. Comecei a enxergar a tecnologia com outros olhos.

Eu era muito ativo nos primeiros sistemas de teleconferência e, em 1984, com base na minha presença virtual *online*, fui contratado pelo *Whole Earth Catalog* para editar a primeira publicação para consumidores com resenhas sobre *software* para computadores pessoais (creio que posso ter sido a primeira pessoa a ser contratada *online* em toda a história). Alguns anos depois, me envolvi com o lançamento do primeiro serviço de acesso público à Internet, um portal *online* chamado Well. Em 1992, ajudei a fundar a revista *Wired* – o megafone oficial da cultura digital – e supervisionei seu conteúdo durante seus primeiros sete anos. Desde então, sempre estive na fronteira da adoção tecnológica. Hoje, meus amigos são pessoas inventando supercomputadores, produtos farmacêuticos genéticos, mecanismos de busca, nanotecnologia, comunicação por fibra ótica, tudo que há de novo. Enxergo o poder transformador da tecnologia em tudo que está ao meu redor.

Porém, não possuo um PDA, um *smartphone* ou coisa alguma com Bluetooth. Não uso o Twitter. Meus três filhos cresceram sem televisão e ainda não temos TV aberta ou a cabo em casa. Não tenho um *laptop* e não viajo com um computador; muitas vezes, sou o último no meu círculo de amigos a comprar o aparelho do momento. Ando de bicicleta muito mais do que de carro. Vejo meus amigos amarrados a seus aparelhos portáteis vibratórios, mas continuo mantendo a cornucópia tecnológica a uma certa distância para lembrar mais facilmente quem sou de verdade. Ao mesmo tempo, administro um *site* popular chamado *Cool Tools*, que é uma continuação do meu velho emprego no *Whole Earth Catalog*, no qual avalio certas tecnologias em termos do poder que dão aos indivíduos. Um rio de artefatos flui pelo meu escritório, enviados por fornecedores interessados em uma recomendação no meu *site*; vários deles nunca vão embora. Estou cercado de objetos. Apesar da minha desconfiança, escolhi conscientemente me posicionar de modo a manter a maior quantidade possível de opções tecnológicas ao meu alcance.

Reconheço que meu relacionamento com a tecnologia está recheado de contradições. E suspeito que você também partilhe dessas contradições. Hoje, nossas vidas são marcadas por uma tensão profunda e constante entre as virtudes de mais tecnologia e a necessidade pessoal por menos: devo comprar esse aparelho para o meu filho? Tenho tempo para aprender a usar esse dispositivo que vai me economizar tempo? E ainda mais profundo: afinal, o que é essa tecnologia que está controlando a minha vida? O que é essa força global que provoca amor e repulsa dentro de nós? Como deveríamos abordá-la? Como resistir a ela – ou será que toda nova tecnologia que aparece é inevitável? A avalanche permanente de novidades merece meu apoio ou minha desconfiança, e, diga-se de passagem, minha escolha terá alguma relevância nesse assunto?

Eu precisava de respostas para me orientar por esse dilema tecnológico. E a primeira pergunta que enfrentei era a mais básica. Percebi que não fazia ideia do que era a tecnologia. Qual sua essência? E se eu não entendia a natureza básica da tecnologia, então não tinha um sistema de referências para decidir quanta atenção deveria dar a cada novo elemento que surgisse.

Minha incerteza quanto à natureza da tecnologia e meu próprio relacionamento conturbado com ela deu início a uma jornada de sete anos que, ao final, deu à luz este livro. Minhas pesquisas me levaram ao começo dos tempos e ao futuro distante. Mergulhei na história da tecnologia e ouvi os futuristas do Vale do Silício, onde moro, elucubrarem cenários imaginativos sobre o que está por vir. Entrevistei alguns dos críticos mais ferozes e alguns dos fãs mais ardorosos da tecnologia. Voltei ao interior da Pensilvânia para passar um tempo com os *amish*. Visitei vilarejos nas montanhas do Laos, Butão e oeste da China para ouvir gente pobre que não tem bens materiais e fui aos laboratórios de empreendedores ricos que estavam tentando inventar coisas que todo mundo vai considerar essencial em alguns anos.

Quanto mais eu analisava as tendências conflitantes da tecnologia, maiores as perguntas que encontrava. Nossa confusão quanto à tecnologia quase sempre começa com uma preocupação bastante específica: deveríamos permitir a clonagem humana? Ficar mandando mensagens de SMS o tempo todo está emburrecendo os nossos filhos? Queremos que os automóveis estacionem a si mesmos? Mas à medida que avançava em minha jornada, percebi que a única maneira de encontrar respostas satisfatórias a essas perguntas seria, antes de mais nada, considerar a tecnologia como um todo. A única chance que temos de resolver nossas dúvidas pessoais é ouvir a história da tecnologia, revelar suas tendências e parcialidades e projetar sua direção atual.

Apesar desse poder, a tecnologia era invisível, oculta e anônima. Por exemplo: desde que George Washington fez o primeiro Discurso sobre o Estado da União em 1790, todos os presidentes norte-americanos apresentaram ao Congresso um resumo anual sobre a condição e o futuro do país e as forças mais importantes em jogo no mundo. Até 1939, o uso coloquial do termo *tecnologia* não aparece nos discursos. Ele só foi ocorrer duas vezes em um mesmo discurso em 1952. Mas meus pais e avós estavam cercados de tecnologia! Ainda assim, por quase toda sua vida adulta, nossa invenção coletiva sequer tinha um nome próprio.

Em princípio, a palavra *technelogos* vem do grego. Quando os gregos antigos usavam a palavra *techne*, ela queria dizer algo como arte, habilidade, perícia ou até astúcia. A tradução mais próxima pode ser *engenhosidade*. *Techne* era usada para indicar a capacidade de superar as circunstâncias por meio da inteligência e, como tal, era uma qualidade muito apreciada por poetas como Homero. O rei Odisseu era mestre da *techne*. Platão, entretanto, como a maioria dos senhores estudiosos daquela época, achava que a *techne*, que ele usava para se referir ao trabalho manual, era reles, impura e degenerada. Por causa desse desprezo pelo conhecimento prático, Platão omitiu qualquer referência à técnica em sua longa e complexa classificação de todo o conhecimento. Na verdade, em toda a obra grega clássica, não há um único tratado que sequer mencione *technelogos* – com uma exceção. Até onde sabemos, a *Retórica*, de Aristóteles, representa a primeira vez que a palavra *techne* foi combinada com *logos* (que significa palavra, fala ou erudição) para produzir o termo independente *technelogos*. Quatro vezes nesse ensaio, Aristóteles faz referência a *technelogos*, mas o significado exato não fica claro em nenhuma das quatro. Estaria ele preocupado com a "habilidade das palavras", com a "fala sobre a arte", ou talvez com uma espécie de "erudição sobre a técnica"? Depois dessa referência breve e críptica, o termo *tecnologia* praticamente desapareceu.

Mas a tecnologia em si, é claro, não despareceu. Os gregos inventaram a soldagem de ferro, o fole, o torno e a chave. Os romanos, seus alunos, inventaram o cofre, o aqueduto, o vidro soprado, o cimento, os esgotos e o moinho d'água. Porém, em sua própria época e durante vários séculos subsequentes, a totalidade de tudo que era fabricado era praticamente invisível, nunca um tema independente. Parece que ninguém sequer pensava no assunto. Na Antiguidade, a tecnologia estava por toda parte, exceto na mente dos seres humanos.

Nos séculos seguintes, os estudiosos continuavam chamando a produção de objetos de *habilidade* e a expressão da engenhosidade de *arte*. À medida que ferramentas, máquinas e engenhocas começaram a se disseminar, o trabalho realizado com elas foi sendo chamado de "as artes úteis". Cada arte útil – mineração, tecelagem, metalurgia, costura – tinha seu próprio conhecimento secreto, passado de geração em geração pela relação entre mestres e aprendizes. Mas elas continuavam a ser *artes*, uma extensão exclusiva do praticante, e o termo mantinha o sentido grego original de habilidade e astúcia.

Durante os mil anos seguintes, arte e técnica foram vistos como áreas claramente pessoais. Cada produto dessas artes, fosse ele uma cerca de ferro ou uma fórmula com plantas medicinais, era considerado uma expressão exclusiva, derivada da inteligência específica de um indivíduo único. Tudo era o produto do gênio solitário. Como explica o historiador Carl Mitcham, "a produção em massa seria impensável para a mente clássica, e não só por motivos técnicos".

Na Idade Média europeia, a manifestação mais significativa da astúcia era o novo uso da energia. Uma coelheira mais eficiente para cavalos de carga se disseminara pela sociedade, aumentando drasticamente a extensão das fazendas, enquanto a melhoria dos moinhos d'água e de vento aumentara o fluxo de madeira e farinha e melhorara a drenagem. Toda essa abundância foi criada sem escravidão. Lynn White, historiadora da tecnologia, escreve que "a maior glória da Baixa Idade Média não foram as catedrais ou os épicos ou a escolástica: foi a criação de uma civilização complexa que, pela primeira vez na história, não fora erguida sobre os ombros de escravos e trabalhadores braçais, mas principalmente pela energia não humana". As máquinas estavam se transformando nos nossos trabalhadores braçais.

No século 18, a Revolução Industrial foi uma de várias revoluções que colocaram a sociedade de pernas para o ar. As criaturas mecânicas invadiram lares e fazendas, mas a invasão continuava sem nome. Finalmente, em 1802, Johann Beckmann, um professor de economia da Universidade de Gottingen, na Alemanha, deu um nome a essa força em ascensão. Beckmann argumentou que a rápida disseminação e a crescente importância das artes úteis exigia que elas fossem ensinadas em uma "ordem sistêmica". Ele discutiu a *techne* da arquitetura, a *techne* da química, metalurgia, alvenaria e manufatura e, pela primeira vez, afirmou que essas esferas do conhecimento estavam interconectadas. Ele as sintetizou em um currículo unificado e escreveu um livro-texto chamado *Guia à Tecnologia* (ou *Technologie*, em alemão), ressuscitando a palavra grega esquecida. Beckmann esperava que seu texto se tornasse o primeiro curso sobre o tema. Ele de fato se tornou, e muito mais. O livro também batizou aquilo que fazemos. Agora que tinha um nome, conseguíamos enxergá-lo. Depois de vê-lo, era difícil imaginar como ninguém nunca tinha visto antes.

A façanha de Beckmann foi mais do que apenas batizar um fenômeno invisível. Ele foi um dos primeiros a reconhecer que nossas criações não eram apenas um conjunto aleatório de invenções e boas ideias. O todo da tecnologia passara despercebido por tanto tempo porque estávamos distraídos pelo teatro do gênio individual. Quando Beckmann arrancou essa máscara, nossas artes e artefatos se revelaram componentes interdependentes entrelaçados em uma unidade coerente e impessoal.

Cada nova invenção exige a viabilidade de que as anteriores possam continuar. As máquinas não se comunicam sem os nervos de cobre extrudado da eletricidade. A eletricidade seria impossível sem a mineração de veios de carvão ou urânio, ou a construção de barragens em rios, ou até sem a mineração de metais preciosos para a fabricação de painéis solares. O metabolismo das fábricas desapareceria sem a circulação de veículos. Não há martelos sem serrotes para cortar os cabos, não há cabos sem martelos para fixar as lâminas. Essa rede global, circular e interconectada de sistemas, subsistemas, máquinas, canos, estradas, fiação, esteiras, automóveis, servidores e roteadores, códigos, calculadoras, sensores, arquivos, ativadores, memória coletiva e geradores de energia, toda essa engenhoca gigantesca e grandiosa de peças interdependentes e inter-relacionadas, forma um único sistema.

Quando os cientistas começaram a investigar com o sistema funcionava, eles logo notaram algo de estranho: os grandes sistemas tecnológicos muitas vezes se comportam como organismos primitivos. As redes, especialmente as redes eletrônicas, têm um comportamento quase biológico. Nos primeiros momentos de minha experiência *online*, aprendi que quando enviava um *e-mail*, a rede dividia a mensagem em vários pedacinhos e enviava os *bits* por diversos caminhos ao destinatário. As múltiplas rotas não eram predeterminadas, elas "emergiam", dependendo do tráfego na rede como um todo naquele instante. Na verdade, duas partes do *e-mail* poderiam viajar por caminhos radicalmente diferentes e se reunirem no final. Se um *bit* se perdia pelo caminho, ele era reenviado por outras rotas até chegar ao destino. Tudo me parecia orgânico e maravilhoso, muito parecido com o modo como as mensagens atravessam os formigueiros.

Em 1994, publiquei um livro chamado *Out of Control: The New Biology of Machines, Social Systems, and the Economic World* ("Fora de Controle: A Nova Biologia das Máquinas, dos Sistemas Sociais e do Mundo Econômico"), que explorava em detalhes os modos pelos quais os sistemas tecnológicos estavam começando a imitar os naturais. Citei programas de computador que podiam duplicar a si mesmos e produtos químicos sintéticos que podiam catalisar a si mesmos. Falei até de robôs primitivos que conseguiam montar a si mesmos, tal e qual fazem as células. Muitos sistemas grandes e complexos, como a rede elétrica, foram projetados para consertarem a si mesmos, um processo não muito diferente do que fazem os nossos corpos. Os cientistas da computação estavam usando os princípios da evolução para criarem *software* que os seres humanos não conseguiriam escrever; em vez de produzir milhares de linhas de código, os pesquisadores desenvolveram um sistema evolutivo para selecionar as melhores linhas e criar mutações nelas, eliminando, em seguida, as que davam errado até que o código final funcionasse perfeitamente.

Ao mesmo tempo, os biólogos estavam descobrindo que os sistemas vivos podem estar imbuídos da essência abstrata de um processo mecânico como a computação. Por exemplo, os pesquisadores descobriram que o DNA – o DNA real encontrado na bactéria *E. coli*, onipresente em nossos intestinos – poderia ser usado para computar as respostas de problemas matemáticos difíceis, tal qual um computador. Se o DNA podia ser transformado em um computador funcional e um computador funcional podia evoluir do mesmo modo que o DNA, talvez houvesse, ou devesse haver, uma certa equivalência entre o que é feito e o que nasce. A tecnologia e a vida devem compartilhar de alguma essência fundamental.

Durante os anos que passei refletindo sobre essas perguntas, algo de estranho aconteceu com a tecnologia: o que havia de melhor nela estava se tornando incrivelmente impalpável. Coisas fantásticas estavam cada vez menores, usando menos material e fazendo muito mais. Algumas das melhores novas tecnologias, como o *software*, não tinham sequer um corpo material. O fenômeno não era novo; qualquer lista das grandes invenções da história contém itens minúsculos ou intangíveis: o calendário, o alfabeto, a bússola, a penicilina, a contabilidade de dupla entrada, a Constituição dos Estados Unidos, a pílula anticoncepcional, a domesticação dos animais, o número zero, a teoria dos germes, o *laser*, a eletricidade, o *chip* de silício e assim por diante. Muitas dessas invenções não deixariam um machucado se caíssem em cima do seu pé. Mas agora o processo de impalpabilidade estava se acelerando.

Os cientistas descobriram uma noção surpreendente: seja qual for definição de vida que usemos, a essência do conceito não está em formas materiais como DNA, tecidos ou carne, mas na organização intangível das energias e informações contidas nessas formas materiais. E quando a tecnologia se livrou do seu véu de átomos, ficou claro que, em um nível elementar, ela também era uma questão de ideias e informação. Tanto a vida quanto a tecnologia parecem estar baseadas nos fluxos imateriais de informação.

Foi nesse momento que percebi que precisava de ainda mais clareza sobre o tipo de força que corria pelas veias da tecnologia. Tratava-se mesmo de meras informações etéreas? Ou será que a tecnologia precisava de elementos físicos? Era uma força natural ou antinatural? Pelo menos para mim, estava claro que a tecnologia era uma extensão da vida natural, mas de que maneiras ela *diferia* da natureza? (Computadores e DNA compartilham de algo essencial, mas um MacBook não é igual a um girassol.) Também estava claro que a tecnologia nasce da mente humana, mas de que maneira categórica os produtos das nossas mentes (mesmo os produtos cognitivos, como as inteligências artificiais) diferem das mentes em si? A tecnologia é humana ou inumana?

Tendemos a pensar na tecnologia como ferramentas e geringonças brilhantes e arrojadas. Mesmo quando reconhecemos que a tecnologia pode existir em uma forma imaterial, como no *software*, temos a tendência de não incluir a pintura, a literatura, a música, a dança, a poesia e as artes em geral nessa categoria. Mas deveríamos. Se mil linhas de letras no UNIX se qualifica como tecnologia (o código eletrônico para uma página na Internet), então mil linhas de letras em inglês (*Hamlet*) também devem se qualificar. Ambas as coisas podem mudar nosso comportamento, alterar o curso da história ou potencializar invenções futuras. Assim, um soneto de Shakespeare e uma fuga de Bach estão na mesma categoria que o mecanismo de busca do Google e o iPod: algo de útil produzido por uma mente. É impossível separar as inúmeras tecnologias imbricadas responsáveis por um filme da trilogia *O Senhor dos Anéis*. A reprodução literária do romance original é uma invenção tanto quanto a representação digital das criaturas fantásticas no cinema. Ambas são obras úteis da imaginação humana. Ambas têm uma influência poderosa no público. Ambas são tecnológicas.

Por que não chamar esse vasto acúmulo de invenções e criações pelo nome de *cultura*? Na verdade, é isso que algumas pessoas fazem. Neste uso da palavra, a cultura inclui todas as tecnologias inventadas até hoje, incluindo os produtos dessas invenções e tudo mais que nossas mentes coletivas produziram. E se por "cultura" estamos nos referindo não apenas a culturas étnicas locais, mas a toda a cultura agregada da espécie humana, então o termo quase consegue representar essa esfera de tecnologia que estou analisando.

Mas o termo *cultura* tem um outro defeito crítico: ele é pequeno demais. O que Beckmann reconheceu em 1802 quando batizou a tecnologia era que as coisas que estávamos inventando estavam produzindo outras invenções, em um processo de autogeração. As artes técnicas possibilitavam novas ferramentas, que levavam a novas artes, que geravam novas ferramentas, e assim por diante, *ad infinitum*. Os artefatos estavam se tornando tão complexos em operação e tão interconectados em suas origens que formavam um novo sistema: a *tecnologia*.

O termo *cultura* não transmite essa energia autônoma que impulsiona a tecnologia. Mas, para ser honesto, o termo *tecnologia* tampouco é o ideal. Ele também é pequeno demais, pois *tecnologia* pode se referir também a métodos e equipamentos específicos, como no caso de "biotecnologia", "tecnologia digital" ou a tecnologia da Idade da Pedra.

Odeio inventar palavras que ninguém mais usa, mas nesse caso nenhuma das alternativas conhecidas consegue comunicar todo o escopo necessário. Assim, com muita relutância, cunhei um termo para designar o sistema maior, global e massivamente interconectado de tecnologia que gira ao nosso redor. Eu chamo esse sistema de *técnio*. O técnio vai além dos objetos de metal e silício e inclui a cultura, a arte, as instituições sociais e as criações intelectuais de todos os tipos. Ele inclui objetos intangíveis, como *software*, legislação e conceitos filosóficos. Acima de tudo, ele inclui os impulsos geradores das nossas invenções que encorajam a produção de mais ferramentas, a invenção de mais tecnologias e a produção de mais conexões que aprimoram esse todo. No restante deste livro, usarei o termo *técnio* em situações que outras pessoas usariam *tecnologia* no plural, com o significado de todo um sistema (por exemplo, em "a tecnologia acelera"). Reservarei o termo *tecnologia* para significar tecnologias específicas, como o radar ou polímeros plásticos. Por exemplo, eu diria: "O técnio acelera a invenção de tecnologias". Em outras palavras, as *tecnologias* podem ser patenteadas, enquanto o *técnio* inclui o próprio sistema de patentes.

Enquanto palavra, *técnio* é semelhante ao alemão *technik*, que também contém dentro de si a totalidade das máquinas, métodos e processos de engenharia. *Técnio* também lembra o substantivo francês *technique*, utilizado pelos filósofos franceses para significar a sociedade e cultura das ferramentas. Mas nenhum dos dois termos captura o que considero a qualidade essencial do técnio: a ideia de um sistema de criação que se autorreforça. Em algum momento da sua evolução, nosso sistema de ferramentas e máquinas e ideias se tornou tão denso com ciclos de retroalimentação e interações complexas que acabou produzindo uma certa dose de independência. Ele começou a exercer um pouco de autonomia.

A princípio, é muito difícil absorver essa noção de independência tecnológica. Somos ensinados a pensar na tecnologia como, primeiro, uma pilha de equipamentos e, segundo, objetos inertes absolutamente dependentes de nós seres humanos. Segundo essa visão de mundo, a tecnologia é apenas aquilo que fazemos. Sem nós, ela deixa de existir. Ela faz o que nós queremos. E quando comecei essa jornada, era nisso mesmo que eu acreditava. Mas quanto mais eu analisava todo o sistema de invenções tecnológicas, mais poderosa e autogeradora percebia que ela é.

A tecnologia tem muitos defensores, e também muitos inimigos, que discordam veementemente da ideia do técnio ter alguma autonomia. Eles aderem ao credo de que a tecnologia faz apenas o que permitimos que ela faça. Nessa visão, as noções de autonomia tecnológica não passam de pensamento mágico da nossa parte. Mas hoje sou da opinião contrária: depois de 10.000 anos de lenta evolução e 200 anos de uma lapidação incrível e complexa, o técnio está amadurecendo e se tornando um objeto independente e maduro. Sua rede sustentável de partes e processos de autorreforço concedeu ao técnio um quinhão perceptível de autonomia. Talvez o técnio tenha começado como algo simples, semelhante a um velho programa de computador que só fazia aquilo que mandávamos, mas hoje ele lembra mais um organismo de alta complexidade e que muitas vezes obedece apenas a si mesmo.

Certo, tudo isso é muito poético, mas será que temos alguma *evidência* da autonomia do técnio? Creio que sim, mas tudo depende de como definimos autonomia. As qualidades que consideramos mais sagradas no universo possuem bordas extremamente incertas. *Vida, mente, consciência, ordem, complexidade, livre arbítrio* e *autonomia* são todos termos com múltiplas definições paradoxais e inadequadas. Não há consenso sobre exatamente onde começa e onde termina a vida, a mente, a consciência ou a autonomia. O máximo que conseguimos fazer é concordar que esses estados não são binários. Eles existem em um contínuo. Portanto, seres humanos têm mentes, assim como cães e camundongos. Peixes têm cérebros minúsculos, então eles devem ter mentes minúsculas. Isso significa que as formigas, com cérebros menores ainda, também têm mentes? Quantos neurônios são necessários para se ter uma mente?

A autonomia tem uma escala proporcional semelhante. Um gnu corre sozinho um dia depois de nascer. Mas não podemos dizer que um bebê humano é um ser autônomo, já que ele morreria sem a mãe durante seus primeiros anos. Mesmos quando adultos, não somos 100% autônomos, pois dependemos de outros seres vivos em nosso sistema digestivo (como a bactéria *E. coli*) para ajudar a digerir nossos alimentos ou eliminar toxinas. Se os seres humanos não são totalmente autônomos, quem é? Um organismo ou sistema não precisa ter independência total para demonstrar algum grau de autonomia. Assim como um filhote de qualquer espécie, ele pode adquirir níveis cada vez maiores de independência, começando com uma quantidade ínfima de autonomia.

Então, como detectar a autonomia? Bem, podemos dizer que uma entidade é autônoma se demonstra qualquer uma das seguintes qualidades: autoconserto, autodefesa, automanutenção (obter energia, eliminar resíduos), autocontrole das metas e autoaprimoramento. Um elemento comum a todas essas características é a emergência, em algum nível, de um "eu". No técnio, não temos exemplos de um único sistema que demonstre *todas* essas características, mas temos vários exemplos que demonstram algumas delas. Veículos aéreos não tripulados autônomos podem guiar a si mesmos e seguir voando por várias horas; contudo, eles não consertam a si mesmos. As redes de comunicação podem consertar a si mesmas; porém, elas não se reproduzem sozinhas. Temos vírus de computador que se reproduzem sozinhos, mas eles não aprimoram a si mesmos.

Nas entranhas das grandes redes de comunicação que cobrem o planeta, também encontramos indícios de autonomia tecnológica embriônica. O técnio contém 170 quatrilhões de *chips* de computador ligados a uma plataforma de informática em megaescala. O número total de transistores nessa rede mundial é aproximadamente igual ao número de neurônios no seu cérebro. E o número de ligações entre os arquivos dessa rede (pense em todos os *links* entre todas as páginas da Internet em todo o mundo) é mais ou menos igual ao número de sinapses no seu cérebro. Assim, essa crescente membrana eletrônica planetária já alcançou uma escala comparável à complexidade do cérebro humano. Ela tem 3 bilhões de olhos artificiais (telefones e *webcams*) ligados ao sistema, processa buscas por palavras-chave ao tom de 14 quilohertz (um som estridente e praticamente inaudível) e também é uma engenhoca tão grande que hoje consome 5% da eletricidade mundial. Quando os cientistas da computação dissecam os grandes rios de tráfego que correm por esse sistema, eles não conseguem descobrir a fonte de todos os *bits*. De vez em quando, um ou outro *bit* é transmitido incorretamente, e enquanto a maioria das mutações pode ser atribuída a causas identificáveis, tais como *hackers*, erros mecânicos e danos a linhas, ainda resta uma pequena parcela de *bits* que parecem ter mudado a si mesmos. Em outras palavras, uma pequena fração do que o técnio comunica não se origina de qualquer nó conhecido e fabricado pelos seres humanos, mas do sistema como um todo. O técnio está sussurrando para si mesmo.

Uma análise mais aprofundada das informações que fluem pela rede do técnio revela que, aos poucos, ele está mudando seus métodos de organização. No sistema telefônico de cem anos atrás, as mensagens estavam dispersas na rede em um padrão que os matemáticos associam com a aleatoriedade. Na última década, porém, o fluxo de *bits* começou a se tornar estatisticamente mais semelhante aos padrões encontrados em sistemas auto-organizados. Para começar, a rede global demonstra ter autossemelhança, também conhecida como padrão fractal. Vemos esse padrão no modo como os galhos das árvores parecem ter o mesmo formato quando os observamos de perto ou ao longe. Hoje, as mensagens se dispersam pelo sistema de telecomunicação mundial em um padrão fractal de auto-organização. Essa observação não é prova de autonomia. Mas a autonomia muitas vezes é óbvia bem antes de podermos prová-la.

Nós criamos o técnio, então temos a tendência de imaginar que somos o único elemento que o influencia. Aos poucos, porém, estamos aprendendo que os sistemas, todos os sistemas, geram sua própria energia e direção. Como o técnio é um subproduto da mente humana, ele também é um subproduto da vida e, por consequência, um subproduto da auto-organização física e química que levou à vida originalmente. O técnio compartilha uma raiz comum e profunda com a mente humana e, mais do que isso, com a vida de milhões e bilhões de anos atrás e outros sistemas auto-organizados. E, assim como a mente deve obedecer não apenas aos princípios que governam a cognição, como também às leis que governam a vida e a auto-organização, o técnio precisa obedecer às leis da mente, da vida e da auto-organização... e às nossas mentes humanas. Logo, a mente humana é apenas uma das várias esferas de influência que afetam o técnio. E talvez ela seja até a mais fraca de todas.

O técnio quer aquilo que projetamos que ele queira e o que tentamos direcioná-lo a fazer. Mas além desses impulsos, o técnio tem seus próprios desejos. Ele quer se resolver, se autorganizar em níveis hierárquicos, assim como tentam fazer a maioria dos sistemas grandes e com interconexões profundas. O técnio também deseja aquilo que todo sistema vivo deseja: perpetuar a si mesmo, seguir existindo. E à medida que o técnio cresce, essas vontades inerentes vão se tornando mais fortes e mais complexas.

Eu sei que essa afirmação soa estranha. Parece que estou antropomorfizando algo que claramente não é humano. Como uma torradeira pode querer alguma coisa? Será que não estou atribuindo consciência demais a objetos inanimados e, no processo, não estou atribuindo a eles mais poder sobre nós do que eles realmente têm ou deveriam ter?

É uma pergunta justa. Mas "querer" não é algo exclusivo dos seres humanos. O seu cachorro quer brincar. Seu gato quer ser acariciado. Os pássaros querem parceiros sexuais. As minhocas querem umidade. As bactérias desejam comida. As vontades de um organismo unicelular microscópico são menos complexas, menos exigentes e menos variadas do que as suas ou as minhas, mas todos os organismos compartilham alguns desejos fundamentais: sobreviver, crescer. Todos são motivados por esses "desejos". Os desejos de um protozoário são inconscientes e inarticulados, mais parecidos com ímpetos ou tendências. Uma bactéria tende vagar em direção aos nutrientes, sem qualquer consciência das suas necessidades. Mas de algum modo obscuro, ela escolhe ir em uma direção e não em outra para satisfazer seus desejos.

Com o técnio, *querer* não significa tomar decisões conscientes. Não acredito que o técnio esteja consciente (ainda). Seus desejos mecânicos não são deliberações cuidadosas e fruto de reflexão, mas sim tendências. Pendores. Ímpetos. Trajetórias. Os desejos da tecnologia estão mais próximos das necessidades, uma compulsão por algo. Assim como o curso inconsciente de um pepino-do-mar é buscar uma parceira. Os milhões de relacionamentos que ampliam uns aos outros e os inúmeros circuitos de influência entre as partes impulsionam o técnio a certas direções inconscientes.

Os desejos da tecnologia muitas vezes são abstratos ou misteriosos, mas em alguns casos, hoje em dia, eles podem estar bem na nossa frente. Pouco tempo atrás, visitei uma empresa recém-lançada chamada Willow Garage em um subúrbio arborizado não muito longe da Universidade de Stanford. A empresa cria robôs de pesquisa de última geração. A última versão do robô pessoal da Willow, batizado de PR2, bate mais ou menos na altura do peito, anda sobre quatro rodas, tem cinco olhos e dois braços gigantes. Quando você segura um dos braços, ele não é flácido e nem rígido nas juntas. O braço responde com flexibilidade, uma resposta gentil, como se estivesse vivo. É uma sensação incrível. Mas as mãos do robô são tão conscientes e cuidadosas quanto as suas. Na primavera de 2009, o PR2 completou uma maratona completa de 42 quilômetros no prédio sem bater em nenhum obstáculo. No mundo dos robôs, é uma façanha e tanto. Mas a conquista mais incrível do PR2 é sua capacidade de encontrar uma tomada e colocar seu próprio plugue nela. O robô foi programado para procurar sua própria energia, mas o caminho específico emerge à medida que ele supera obstáculos. Assim, quando fica com fome, o PR2 procura uma das várias tomadas disponíveis no prédio para recarregar suas baterias. O PR2 segura o fio com uma das mãos, usa *lasers* e sensores óticos para escolher uma tomada e, após investigar a tomada em um pequeno padrão espiral para identificar as posições exatas, coloca o plugue para se recarregar. Depois, o PR2 absorve energia por algumas horas. Antes do *software* ser aperfeiçoado, o PR2 demonstrava alguns "desejos" inesperados. Um robô queria se ligar na tomada mesmo quando sua baterias estavam carregadas e outro saiu correndo sem se desligar corretamente, arrastando o fio pelo caminho, tal e qual um motorista distraído que sai do posto de gasolina com o bico da bomba ainda preso no tanque. À medida que seu comportamento se torna mais complexo, o mesmo acontece com seus desejos. Se você para na frente de um PR2 quando ele está com fome, o robô não vai machucá-lo. Ele dará um passo para trás e fará o possível para dar a volta no prédio e encontrar uma tomada. O robô não está consciente, mas quando nos colocamos entre ele e a fonte de energia, não é difícil sentir o que o PR2 quer.

Há um formigueiro em algum lugar abaixo da minha casa. Caso permitíssemos (o que não faremos), as formigas roubariam quase toda a comida da nossa despensa. Nós, seres humanos, temos o dever de obedecer à natureza, exceto quando forçados a enfrentá-la. Apesar de nos curvarmos para a beleza do mundo, várias vezes também pegamos um facão e cortamos alguns pedaços temporariamente. Tecemos roupas para nos protegermos da natureza e criamos vacinas para nos inocularmos contra suas doenças letais. Corremos para a floresta para nos sentirmos rejuvenescidos, mas também levamos nossas barracas.

Hoje, o técnio é uma força tão grande no nosso mundo quanto a natureza, e nossa resposta a ele deve ser parecida com a nossa resposta à natureza. Assim como não podemos exigir que a vida nos obedeça, tampouco podemos exigir que a tecnologia o faça. Às vezes, deveríamos nos render aos seus sinais e aproveitar sua abundância; em outras, deveríamos tentar moldar seu curso natural para servir ao nosso próprio. Não precisamos fazer tudo que o técnio pede, mas podemos aprender a trabalhar com essa força e não contra ela.

E para ter sucesso nesse empreendimento, precisamos antes compreender o comportamento da tecnologia. Para decidir como responder à tecnologia, precisamos descobrir o que a tecnologia quer.

Após uma longa jornada, foi até aí que cheguei. Ouvindo o que a tecnologia quer, sinto que consegui encontrar uma estrutura para me orientar pela selva das novas tecnologias. Para mim, ver o mundo pelos olhos da tecnologia revelou seu propósito maior. E reconhecer o que ela quer reduziu muitos dos meus próprios conflitos na hora de decidir como deveria me posicionar em relação a ela. Este livro é meu relatório sobre o que a tecnologia quer. Espero que ele ajude outros a encontrarem seu próprio caminho para aproveitar ao máximo as bênçãos da tecnologia e minimizar seus custos.

Parte I

Origens

Capítulo 2

Inventando a nós mesmos

Para entender aonde vai a tecnologia, precisamos saber de onde ela veio. E isso não é fácil. Quanto mais voltamos para traçar o passado do técnio, mais suas origens parecem retroceder. Assim, vamos começar com nossas próprias origens, aquele momento da pré-história quando os seres humanos viviam cercados principalmente de coisas que eles não haviam criado. Como era a nossa vida sem tecnologia?

O problema com essa linha de questionamento é que a tecnologia é anterior à nossa humanidade. Muitos outros animais já usavam ferramentas milhões de anos antes dos seres humanos. Os chimpanzés criavam (e, é claro, ainda criam) ferramentas de caça, usando gravetos para extrair cupins da terra e pedras para quebrar nozes. Os próprios cupins constroem bastas torres de lama que transformam em seus lares. As formigas têm rebanhos de afídeos e cultivam fungos em jardins. Os pássaros produzem tecidos complexos e cheios de folhas e pedaços de madeira para construírem seus ninhos. E alguns polvos procuram conchas para carregarem como lares portáteis. A estratégia de alterar o ambiente para usá-lo como se fosse parte do próprio corpo é um truque de pelo menos meio bilhão de anos.

Nossos ancestrais começaram a lascar raspas de pedra 2,5 milhões de anos atrás para disporem de garras. Há cerca de 250.000 anos, eles criaram algumas técnicas grosseiras de cozimento, ou pré-digestão, com fogo. Cozinhar a comida suplementa o funcionamento do estômago, criando um órgão artificial que permite o desenvolvimento de dentes e músculos mandibulares menores e possibilita a ingestão de mais tipos de alimentos. A caça auxiliada por tecnologia, em contraposição à busca por carniça sem o uso de qualquer tipo de ferramenta, tem a mesma idade. Os arqueólogos descobriram uma ponta de pedra presa na vértebra de um cavalo e uma lança de madeira presa no esqueleto de um cervo de 100.000 anos de idade. Esse padrão de uso de ferramentas apenas se acelerou desde então.

Todas as tecnologias, do chimpanzé com sua vara para pesca de cupins aos seres humanos com sua lança para pesca de peixes, da represa do castor à represa dos seres humanos, dos ninhos suspensos dos chapins aos cestos dos seres humanos, dos jardins das formigas-cortadeiras aos jardins dos seres humanos, são fundamentalmente naturais. Tendemos a isolar a tecnologia artificial da natureza, a ponto de pensar nela como antinatural, apenas porque ela cresceu tanto que se equipara ao impacto e à força do seu lar. Porém, em suas origens e elementos fundamentais, uma ferramenta é tão natural quanto a própria vida. Os seres humanos são animais, ninguém duvida. Mas os seres humanos também são não animais, ninguém duvida. Essa natureza contraditória está no centro da nossa identidade. Da mesma maneira, a tecnologia é antinatural por definição. E a tecnologia é natural, mas por uma definição mais ampla. Essa contradição está no centro da identidade humana.

As ferramentas e os cérebros maiores marcam o começo de uma linha claramente humana na evolução. As primeiras ferramentas de pedra elementares aparecem no mesmo momento arqueológico que os cérebros dos hominídeos (primatas antropoides), que começaram a fazê-las crescer e se aproximar do tamanho atual. Assim, os hominídeos surgiram na Terra 2,5 milhões de anos atrás, armados com raspadores e cortadores feitos de pedra lascada. Cerca de 1 milhão de anos atrás, esses hominídeos de cérebros grandes e que sabiam usar ferramentas migraram da África e se estabeleceram no sul da Europa, onde evoluíram e se transformaram em Homens de Neandertal (com cérebros ainda maiores), e na Ásia Oriental, onde se transformaram em *Homo erectus* (também com cérebros maiores). Durante as centenas de milhares de anos seguintes, todas as três linhas de hominídeos evoluíram, mas aquela que permaneceu na África evoluiu até a forma humana que conhecemos. O momento exato em que esses proto-humanos se transformaram em homens modernos é, sem dúvida, uma questão controversa. Alguns apontam 200.000 anos atrás, mas é consenso que isso se deu antes de 100.000 anos atrás. A essa altura, os seres humanos já haviam chegado a um ponto no qual, em seu exterior, os membros da espécie seriam indistinguíveis dos exemplares modernos. Não veríamos nada de estranho se eles cruzassem conosco na praia. Entretanto, suas ferramentas e quase todos os seus comportamentos eram idênticos aos dos neandertais na Europa e aos do *Homo erectus* na Ásia.

Durante os 50 milênios seguintes, pouca coisa mudou. A anatomia dos esqueletos humanos africanos permaneceu constante durante esse período. As ferramentas também não evoluíram muito. Os primeiros seres humanos usavam pedregulhos simples e com pontas afiadas para cortar, furar, cavar e espetar. Mas essas ferramentas manuais não eram especializadas e não variavam de acordo com local ou tempo. Em qualquer lugar ou momento desse período (chamado de Mesolítico), um hominídeo que pegasse uma dessas ferramentas estaria usando um objeto semelhante a outro produzido a dezenas de milhares de quilômetros ou dezenas de milhares de anos antes ou depois, estivesse ele nas mãos de um neandertal, de um *Homo erectus* ou de um *Homo sapiens*. Os hominídeos simplesmente eram incapazes de inovar. Como afirma o biólogo Jared Diamond, "apesar dos cérebros grandes, algo estava faltando".

Então, cerca de 50.000 anos atrás, aquela coisa que estava faltando apareceu. Os corpos dos primeiros seres humanos na África continuaram iguais, mas seus genes e suas mentes passaram por uma transformação visível. Pela primeira vez, os hominídeos estavam cheios de ideias e inovação. Esses humanos modernos revitalizados, ou sapiens (um termo que uso para diferenciá-los das populações anteriores de *Homo sapiens*), avançaram para novas regiões muito além do seu lar ancestral no leste da África. Eles saíram das savanas e, em uma explosão relativamente breve, saltaram de algumas dezenas milhares de indivíduos na África para cerca de oito milhões ao redor do mundo logo antes da invenção da agricultura, cerca de 10.000 anos atrás.

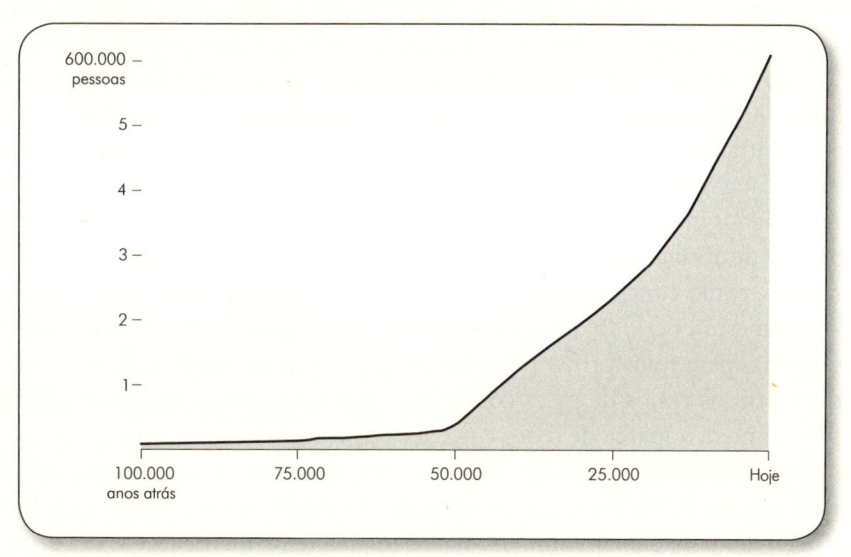

Explosão pré-histórica da população humana. Uma simulação da primeira explosão populacional humana da história, que começou cerca de 50.000 anos atrás.

A velocidade com a qual os sapiens atravessaram o planeta e colonizaram todos os continentes (exceto a Antártica) é incrível. Em 5.000 anos, os sapiens dominaram a Europa. Em outros 150.000, eles chegaram ao Extremo Oriente. Depois que as tribos de sapiens cruzaram o istmo da Eurásia e chegaram ao que hoje é o Alasca, a população precisou de apenas alguns poucos milênios para se espalhar por todo o Novo Mundo. Os sapiens cresceram com tanta força que pelos 38.000 anos seguintes a ocupação se expandiu a um ritmo médio de dois quilômetros por ano. Os sapiens continuaram a se expandir até chegarem ao ponto mais longe que alcançavam: o extremo sul da América do Sul. Menos de 1.500 gerações depois do "grande salto adiante" na África, o *Homo sapiens* se tornara a espécie mais disseminada da história da Terra, habitando todos os tipos de biomas e todas as bacias hidrográficas do planeta. Os sapiens são a espécie mais invasora de todos os tempos.

Hoje, o escopo da ocupação dos sapiens é maior do que qualquer outra macroespécie conhecida; nenhuma outra espécie visível ocupa mais nichos geográficos ou biológicos do que o *Homo sapiens*. A dominação dos sapiens sempre foi rápida. Jared Diamond observa que "depois que os ancestrais dos maoris chegaram à Nova Zelândia" com apenas algumas ferramentas, "aparentemente eles precisaram de menos de um século para descobrir todas as fontes de pedras relevantes; apenas mais alguns séculos para matar todas as moas em algumas das regiões mais acidentadas do planeta". Essa expansão global súbita depois de milênios de sustentabilidade estável se deve a um único fator: a inovação tecnológica.

Com a expansão do escopo dos sapiens, o grupo transformou presas e chifres de animais em propulsores e facas, virando as armas dos próprios animais contra eles. Os sapiens esculpiram bonecos, a primeira arte, e as primeiras joias, contas tiradas de conchas, tudo nesse limite de 50.000 anos atrás. Os seres humanos usavam o fogo havia muito tempo, mas as primeiras lareiras e estruturas de abrigo foram inventadas nessa mesma época. O comércio de itens escassos, como conchas e variedades sílex, começou a se formar. Mais ou menos no mesmo período, os sapiens inventaram os anzóis e as redes de pesca e as agulhas para transformar peles em roupas. As covas que deixaram para trás continham os restos de peles costuradas. Alguns pedaços de cerâmica dessa época contêm a marca de redes e pedaços de tecido. Eles também inventaram as armadilhas para animais no mesmo período. O lixo desses grupos contém pilhas de esqueletos de pequenos mamíferos peludos sem os pés; os caçadores de peles ainda esfolam os animais da mesma maneira, mantendo os pés unidos à pele. Nas paredes, os artistas pintaram seres humanos vestidos com parcas e matando animais com flechas e lanças. É significativo que, ao contrário das criações mais grosseiras dos neandertais e do *Homo erectus*, essas ferramentas tinham pequenas variações estilísticas e tecnológicas, dependendo de onde eram criadas. Os sapiens haviam começado a inovar.

A capacidade mental dos sapiens de fabricar roupas quentes descortinou as regiões árticas, enquanto a invenção do equipamento de pesca abriu as costas e rios do mundo, especialmente nos trópicos, onde os grandes animais terrestres eram raros. Embora a inovação dos sapiens permitisse que a espécie prosperasse em vários novos climas, o frio e sua ecologia singular foram grandes motivadores para a inovação. Quanto maior a latitude dos seus lares, mais as tribos de caçadores-coletores históricas precisavam (e tinham de inventar) "unidades tecnológicas" mais complexas. A caça de mamíferos marinhos em climas árticos exigia equipamentos significativamente mais sofisticados do que a pesca de salmão nos rios. A capacidade dos sapiens de aprimorar suas ferramentas com rapidez permitiu que eles se adaptassem a novos nichos ecológicos num ritmo muito mais veloz do que a evolução genética jamais permitiria.

Durante esse rápido período de dominação global, os sapiens suplantaram as várias outras espécies de hominídeos coabitantes na Terra (com ou sem assimilação por cruzamento), incluindo seus primos neandertais. Os neandertais nunca foram muito numerosos; talvez a espécie nunca tenha passado de 18.000 indivíduos. Depois de dominarem a Europa por centenas de milhares de anos como o único hominídeo, os neandertais desapareceram menos de 100 gerações depois que os sapiens e suas ferramentas chegaram ao continente. Em termos históricos, é um piscar de olhos. Como afirma o antropólogo Richard Klein, do ponto de vista geológico, a substituição foi praticamente instantânea. Não há registros geológicos intermediários. Segundo Klein, "os neandertais estavam lá um dia e os cro-magnons [sapiens] surgiram no outro". A camada sapien estava sempre por cima, nunca ao contrário. Talvez nem tenha sido preciso que os sapiens matassem os neandertais. Os demógrafos calculam que uma diferença mínima de 4% em eficiência reprodutiva (uma expectativa razoável, dada a capacidade dos sapiens de obterem mais tipos de carne) poderia eliminar uma espécie que se reproduz mais lentamente em alguns poucos milhares de anos. A velocidade dessa extinção milenar não tinha precedentes na evolução natural. Infelizmente, ela foi apenas a primeira das várias extinções fulminantes causadas pelos seres humanos.

Os neandertais devem ter percebido, como nós percebemos no século 21, que algo novo e grande havia aparecido, uma nova força biológica e geológica. Inúmeros cientistas (incluindo Richard Klein, Ian Tattersall e William Calvin, entre muitos outros) acham que o "algo" que aconteceu 50.000 anos atrás foi a invenção da linguagem. Até então, os hominídeos eram espertos. Eles sabiam fazer ferramentas grosseiras por tentativa e erro e lidavam com fogo. Eles eram como chimpanzés incrivelmente brilhantes. O crescimento do cérebro e da estatura física dos hominídeos africanos havia parado, mas a evolução continuara dentro do cérebro. Segundo Klein, "o que aconteceu 50.000 anos atrás foi uma mudança no sistema operacional dos seres humanos. Talvez uma mutação pontual tenha afetado a estrutura interna do cérebro e permitido o surgimento da linguagem, no sentido que entendemos a linguagem hoje: fala articulada e produzida rapidamente". Em vez de desenvolverem um cérebro maior, como ocorreu com os neandertais e o *Homo erectus*, os sapiens ganharam um cérebro reestruturado. A linguagem alterou a mente neandertaloide e permitiu que as mentes sapiens, pela primeira vez na história, inventassem coisas de modo consciente e deliberado. O filósofo Daniel Dennett resume com muita elegância quando diz: "Não há passo mais enaltecedor, mais solene na história da estrutura mental, do que a invenção da linguagem. Quando o *Homo sapiens* se tornou o beneficiário dessa invenção, a espécie se posicionou em um estilingue que a alçou muito além de todas as outras espécies terrenas". A criação da linguagem foi a primeira singularidade dos seres humanos. Ela mudou tudo. A vida depois da linguagem seria inimaginável para quem viveu antes dela.

A linguagem acelera a aprendizagem e a criação, pois permite a comunicação e a coordenação. Uma nova ideia se dissemina rapidamente se alguém pode explicá-la e comunicá-la aos outros antes que eles precisem descobri-la por si mesmos. Mas a principal vantagem da linguagem é a autogeração, não a comunicação. A linguagem é um truque que permite que a mente questione a si mesma, um espelho mágico que revela à mente o que ela está pensando, uma alça que transforma a mente em ferramenta. Com seu poder de agarrar as atividades escorregadias e desnorteadas da autoconsciência e autorreferência, a linguagem transforma a mente em uma fonte de novas ideias. Sem a estrutura cerebral da linguagem, seria impossível acessar nossa própria atividade mental. Com certeza, não conseguiríamos pensar do modo que pensamos. Se nossas mentes não conseguem contar histórias, não podemos criar algo conscientemente, apenas por acidente. Até domarmos a mente com uma ferramenta organizacional capaz de se comunicar consigo mesma, temos apenas pensamentos aleatórios sem uma narrativa. Temos uma mente indômita. Temos esperteza sem uma ferramenta.

Alguns cientistas acreditam que, na verdade, a linguagem é fruto da tecnologia. Atirar uma ferramenta (uma pedra ou pedaço de pau) em um animal que está correndo e acertá-lo com força suficiente para matá-lo exige uma computação de alto nível no cérebro hominídeo. Cada novo arremesso exige uma longa sucessão de instruções neurais precisas, executadas em uma fração de segundo. Porém, ao contrário do cálculo de como agarrar um galho com um salto, o cérebro precisa calcular várias opções de arremesso alternativo ao mesmo tempo: o animal acelera ou desacelera, a mira é alta ou baixa. Depois, a mente ainda precisa extrapolar os resultados para definir o melhor arremesso possível antes de fazer o arremesso real, tudo em alguns poucos milissegundos. Cientistas como o neurobiólogo William Calvin acreditam que, depois que o cérebro desenvolveu evolutivamente a capacidade de realizar múltiplos cenários de rápidos arremessos, ele sequestrou o procedimento para calcular múltiplas sequências rápidas de noções. O cérebro arremessaria palavras em vez de pedaços de pau. Essa reutilização ou reaproveitamento da tecnologia se tornou uma linguagem primitiva, mas muito vantajosa para os sapiens.

O gênio fugaz da linguagem abriu muitos novos nichos para a disseminação das tribos de sapiens. Ao contrário de seus primos neandertais, os sapiens sabiam adaptar suas ferramentas imediatamente à caça de uma variedade maior de animais e à coleta e ao processo de uma variedade maior de plantas. Também temos indícios de que os neandertais estavam presos a algumas poucas fontes de alimentos. A análise dos ossos de neandertais mostrou que eles não tinham os ácidos graxos dos peixes e que sua dieta era composta quase que exclusivamente de carne. E não qualquer carne: mais de metade da dieta provinha da carne de mamute e rena. A morte do Homem de Neandertal pode estar correlacionada com a morte das grandes manadas dessas espécies de megafauna.

Os sapiens prosperaram como caçadores-coletores onívoros. A linhagem ininterrupta de gerações humanas em centenas de milhares de anos prova que algumas poucas ferramentas são suficientes para capturar nutrição suficiente para criar a próxima geração. Estamos aqui porque a caça e a coleta deram certo no passado. Várias análises das dietas dos caçadores-coletores mostram que eles eram capazes de obter calorias suficientes para atender as recomendações da agência norte-americana reguladora de alimentos, o FDA, para pessoas de tamanho equivalente. Por exemplo, os antropólogos descobriram que o povo histórico dobe obtinha em média 2.140 calorias por dia; a tribo Fish Creek, 2.130; a tribo Hemple Bay, 2.160. Eles se alimentavam de um cardápio variado de tubérculos, legumes, frutas e carnes. Com base em estudos dos ossos e pólen no seu lixo, o mesmo vale para os primeiros sapiens.

O filósofo Thomas Hobbes disse que a vida dos selvagens, ou seja, os caçadores-coletores sapiens, era "sórdida, selvagem e curta". É verdade que a vida dos primeiros caçadores-coletores era curta e muitas vezes interrompida por guerras selvagens, mas não era sórdida. Com pouco mais de dez tipos de ferramentas primitivas, os primeiros humanos conseguiam obter comida, roupas e abrigo para sobreviver em todos os tipos de ambientes; além disso, essas técnicas e ferramentas também ofereciam lazer no processo. Os estudos antropológicos confirmam que os caçadores-coletores modernos não passam todo o dia caçando e coletando. Um pesquisador, Marshall Sahlins, concluiu que os caçadores-coletores trabalhavam apenas de três a quatro horas por dia nas tarefas alimentares necessárias, totalizando o que ele chama de "horário bancário". Mas os indícios desses resultados surpreendentes são controversos.

Uma média mais realista e menos polêmica para a coleta de alimentos entre tribos de caçadores-coletores contemporâneos, baseada em uma série de dados mais ampla, é de cerca de seis horas por dia. Essa média passa a falsa impressão de uma grande variação nas rotinas cotidianas. Sonecas de uma ou duas horas ou dias inteiros de sono não eram raros. A natureza pontuada do trabalho entre os caçadores-coletores é algo quase universalmente observado por observadores externos. Os coletores podem trabalhar muito por vários dias seguidos e depois não fazer nada em termos de obtenção de alimentos pelo resto da semana. Os antropólogos chamam esse ciclo de "ritmo paleolítico", um dia ou dois de trabalho, um dia ou dois sem. Um observador bastante familiarizado com a tribo Yámana (mas poderia ser quase qualquer tribo de caçadores) escreveu: "Seu trabalho é mais uma questão de solavancos e eles podem exercer energias consideráveis por algum tempo nesses esforços ocasionais. Depois disso, entretanto, eles demonstram um desejo por períodos de descaso incalculáveis, durante os quais se deitam e não fazem nada, sem mostrar sinais de grande fadiga". Na verdade, o ritmo paleolítico pode refletir o "ritmo do predador", já que os grandes caçadores do reino animal, como o leão e outros grandes felinos, demonstram o mesmo estilo: caçar à exaustão em pequenos intervalos e depois descansar e relaxar por vários dias seguidos. Os caçadores, quase que por definição, raramente saem para caçar, e, quando o fazem, é ainda mais raro terem êxito. A eficiência da caça tribal primitiva, medida em termos de calorias obtidas por horas investidas, era apenas metade daquela apresentada pela coleta. Por isso, a carne é uma iguaria em quase todas as culturas forrageadoras.

E não podemos nos esquecer das variações sazonais. Todo ecossistema produz uma "temporada de fome" para os caçadores-coletores. Em latitudes mais altas e mais frias, a temporada da fome no final do inverno e começo da primavera é mais severa, mas a disponibilidade dos alimentos preferidos, frutos complementares e animais de caça essenciais ainda sofrem variações sazonais mesmo nas latitudes tropicais. Além disso, também temos variações climáticas: períodos prolongados de seca, inundações e tempestades que podem afetar os padrões anuais. Essas grandes flutuações durante dias, estações e anos significam que, em muitas ocasiões, mesmo quando estão bem alimentados, os caçadores-coletores podem (e devem) esperar muitos períodos de fome, desnutrição e inanição. O tempo gasto nesse estado de quase desnutrição é mortal para as crianças pequenas e terrível para os adultos.

O resultado de toda essa variação calórica é o ritmo paleolítico em todas as escalas de tempo. É importante lembrar que essa flutuação na "agenda de trabalho" não ocorre por opção. Quando dependemos principalmente de sistemas naturais para a produção de alimentos, trabalhar mais não tende a produzir mais. Dobrar o esforço não significa obter o dobro da comida. A hora em que os figos amadurecem não pode ser apressada nem prevista com exatidão. O mesmo vale para a chegada de manadas de animais de caça. Se você não armazena o superávit ou cultiva plantas num mesmo local, os alimentos devem ser produzidos pelo movimento. Os caçadores-coletores devem estar sempre se afastando das fontes exauridas para manter a produção. Mas depois de se comprometer com o movimento perpétuo, o superávit e suas ferramentas acabam afetando sua velocidade. Em muitas tribos de caçadores-coletores contemporâneas, ser despojado e ter poucos objetos é considerado uma virtude, até uma marca de caráter. Você não carrega nada; em vez disso, é esperto o suficiente para fazer ou obter tudo que precisa, quando precisa. "O caçador eficiente que acumula suprimentos tem sucesso às custas de seu próprio *status*", afirma Marshall Sahlins. Além disso, o produtor do superávit deve compartilhar os alimentos ou bens adicionais com todos, o que reduz o incentivo para produção. Logo, entre os forrageadores, o armazenamento de alimentos é socialmente autodestrutivo. Em vez disso, seu apetite deve se adaptar aos movimentos da natureza. Se uma seca reduz a produção do sagu, todo o trabalho do mundo não vai acelerar a produção de comida. Assim, os forrageadores aprendem a aceitar o ritmo da alimentação. Quando a comida está disponível, eles trabalham muito. Quando não está, sem problemas; eles se sentam e conversam enquanto passam fome. Essa abordagem bastante razoável costuma ser vista como preguiça tribal, quando na verdade é uma estratégia lógica para quem depende do ambiente para armazenar os alimentos.

Trabalhadores modernos civilizados como nós sentem uma certa inveja desse ritmo lento de trabalho. Três a seis horas por dia é muito menos do que a maioria dos adultos em qualquer país desenvolvido passa trabalhando. Além disso, quando questionados, a maioria dos caçadores-coletores aculturados não quer mais do que tem. Uma tribo quase nunca tem mais de um exemplar de cada tipo de artefato, como um machado; afinal, para que ter mais de um? Você usa o objeto quando precisa ou, o que é mais provável, fabrica um quando necessário. Depois de utilizados, os artefatos quase sempre são jogados fora, não guardados. Assim, não é preciso carregar nem cuidar de objetos adicionais. Muitos ocidentais ficam horrorizados quando veem os presentes que deram a caçadores-coletores, como cobertores ou facas, jogados no lixo no dia seguinte. De um certo modo muito curioso, os forrageadores vivem na cultura mais descartável de todas. Os melhores artefatos, ferramentas e tecnologias são todos descartáveis. Mesmo abrigos complexos e trabalhosos são considerados temporários. Durante as viagens, um clã ou família pode erguer um lar (uma cabana de bambu ou um iglu de neve, por exemplo) por uma única noite e abandoná-lo na manhã seguinte. Grandes ocas para múltiplas famílias podem ser abandonadas depois de alguns anos, em vez de consertadas e aprimoradas. O mesmo vale para as hortas, que são abandonadas depois da colheita.

Essa autossuficiência e contentamento imediatos levaram Marshall Sahlins a declarar que os caçadores-coletores seriam "a sociedade afluente original". Mas apesar dos forrageadores normalmente terem calorias suficientes e não criarem uma cultura que sempre precisava de mais, um resumo melhor da situação seria que os caçadores-coletores tinham "afluência sem abundância". Com base em diversos encontros históricos com tribos aborígines, sabemos que eles muitas vezes, ou quase sempre, reclamavam de estar com fome. O famoso antropólogo Colin Turnbull observou que apesar dos Mbuti cantarem com frequência sobre a bondade da floresta, eles também reclamavam muito da fome. Muitas vezes, as reclamações dos caçadores-coletores era sobre a monotonia de uma fonte de carboidrato principal, como a noz de mongongo, em todas as refeições; quando falavam de escassez, ou mesmo de fome, eles estavam se referindo à escassez de carne, à fome por gordura e à repulsa por períodos de fome. Suas poucas tecnologias geravam suficiência na maior parte do tempo, mas nunca abundância.

A linha tênue entre suficiência média e abundância é importante para a saúde. Quando os antropólogos medem a taxa de fecundidade total (a média de nascidos vivos durante os anos reprodutivos) das mulheres em tribos de caçadores-coletores modernas, eles encontram valores relativamente baixos – de cinco a seis filhos, no total – em comparação com os seis a oito em comunidades agrárias. Vários fatores explicam a baixa fecundidade. Talvez devido à nutrição instável, a puberdade chega tarde para as meninas em tribos de forrageadores, aos 16 ou 17 anos (as meninas modernas começam aos 13 anos). A menarca tardia entre as mulheres, combinada com expectativas de vida menores, atrasa e abrevia o período fértil. A amamentação costuma durar mais entre as forrageadoras, o que alonga o intervalo entre nascimentos. A maioria das tribos amamenta até os 2 ou 3 anos de idade, e algumas chegam a manter as crianças amamentadas até os 6 anos. Além disso, muitas mulheres são extremamente magras e ativas e, assim como as atletas magras e ativas do Ocidente, têm menstruações irregulares ou ausentes. Uma teoria sugere que as mulheres precisam de uma "gordura crítica" para produzir óvulos férteis, uma gordura que muitas forrageadoras não têm (pelo menos durante parte do ano) por causa da instabilidade alimentar. E, é claro, qualquer um pode praticar a abstinência consciente para aumentar o intervalo entre os filhos, o que os forrageadores têm motivos para fazer.

A mortalidade infantil nas tribos forrageadoras era alta. Uma pesquisa com 25 de tribos de caçadores-coletores em tempos históricos e diversos continentes revela que, em média, 25% das crianças morria antes do primeiro aniversário e 37% morria antes de fazer 15 anos. Em determinada tribo tradicional de caçadores-coletores, a mortalidade infantil era de aproximadamente 60%. A maioria das tribos históricas tinha uma taxa de crescimento populacional de aproximadamente zero. Segundo Robert Kelly, em sua pesquisa de povos caçadores-coletores, a estagnação é evidente porque "quando povos nômades se tornam sedentários, a taxa de crescimento populacional aumenta". Sem outras diferenças, a constância do cultivo de alimentos produz mais pessoas.

Muitas crianças morriam jovens, mas os caçadores-coletores não tinham um destino muito melhor. Era uma vida difícil. Com base em uma análise de cortes e deformações ósseas, um arqueólogo apontou que a distribuição das lesões nos corpos dos neandertais era semelhante àquela encontrada em profissionais de rodeio: várias lesões na cabeça, tronco e braços, semelhantes àquelas causadas por encontros diretos com grandes animais ferozes. Ninguém jamais encontrou restos de um hominídeo que tivesse passado dos 40 anos de idade. Como a mortalidade infantil extremamente alta reduz a expectativa de vida média, se o caso mais extremo tinha apenas 40 anos, é muito provável que a idade mediana ficasse abaixo dos 20.

Uma tribo de caçadores-coletores típica tinha algumas poucas crianças pequenas e nenhum idoso. Essa demografia pode explicar uma impressão comum que os visitantes tinham quando encontravam tribos de caçadores-coletores históricas intactas. Eles sempre observavam que "todos pareciam extremamente saudáveis e robustos". Em parte, isso era porque quase todo mundo estava no auge, entre os 15 e 35 anos. Teríamos a mesma reação visitando uma vizinhança urbana da moda, com a mesma demografia jovem. A vida tribal era um estilo de vida para jovens adultos e de jovens adultos.

Um efeito crucial da expectativa de vida curta dos forrageadores era a ausência de avós, um problema gravíssimo. Dado que as mulheres começavam a ter filhos apenas aos 17 e morriam com pouco mais de 30, era comum perder os pais antes de se chegar à adolescência. A expectativa de vida menor é terrível para o indivíduo, mas também é extremamente prejudicial para a sociedade.

Sem avós, é muito, muito difícil transmitir conhecimento (e conhecimento sobre como usar ferramentas) de geração em geração. Os avós são os condutores da cultura e, sem eles, ela fica estagnada.

Imagine uma sociedade que, além de não contar com avós, tampouco dispunha de linguagem, como era o caso dos pré-sapiens. Como a aprendizagem seria transmitida de geração em geração? Seus próprios pais morreriam antes de você ser adulto e, mesmo que sobrevivessem, não teriam como comunicar nada além do que já podiam mostrar quando você era jovem. Com certeza, você jamais aprenderia algo com alguém que estivesse fora do seu círculo imediato. A inovação e a aprendizagem cultural não teriam como fluir.

A linguagem acabou com essa limitação, permitindo que as ideias se formassem e fossem comunicadas. Uma inovação podia ser criada e depois perpetuada ao longo das gerações pelos filhos. Os sapiens desenvolveram melhores ferramentas de caça (como lanças de arremesso, que permitiam que um humano leve matasse um animal grande e pesado a uma distância segura), melhores ferramentas de pesca (anzóis farpados e armadilhas) e melhores métodos de cozimento (o uso de pedras quentes para extrair mais calorias de plantas silvestres, não apenas para cozinhar a carne). E eles conquistaram tudo isso apenas 100 gerações depois de começarem a usar a linguagem. Ferramentas melhores significavam nutrição melhor, o que ajudava a acelerar a evolução.

A principal consequência de longo prazo dessa nutrição ligeiramente melhor foi um aumento constante em longevidade. A antropóloga Rachel Caspari estudou os fósseis dentários de 768 indivíduos hominídeos na Europa, Ásia e África, datados desde 5 milhões de anos atrás até o grande salto. Ela determinou que um "aumento drástico na longevidade dos seres humanos modernos" começou cerca de 50.000 anos atrás. O aumento da longevidade permitiu o surgimento dos avós, criando o que chamamos de "efeito avó": em um círculo virtuoso, pela comunicação com os avós, inovações cada vez mais poderosas eram transmitidas para as gerações seguintes, o que estendia a vida dos indivíduos, permitia mais tempo para a invenção de novas ferramentas e, por consequência, aumentava a população. Mais do que isso, a maior longevidade "criou uma vantagem seletiva na promoção de mais aumentos populacionais", pois a maior densidade das populações humanas aumentou o índice e influência das inovações, contribuindo para o crescimento populacional. Caspari afirma que o fator biológico mais crítico por trás das inovações comportamentais da modernidade pode ser o aumento nos índices de sobrevivência de adultos. Não é coincidência que o aumento da longevidade é a consequência mais mensurável da aquisição de tecnologias. Ela também é a mais relevante.

Quinze mil anos atrás, com o mundo em processo de aquecimento e as calotas de gelo diminuindo, os bandos de sapiens expandiram *pari passu* suas populações e ferramentas. Os sapiens usavam 40 tipos de ferramentas, incluindo bigornas, cerâmica e compósitos – lanças ou cortadores complexos compostos por múltiplas peças, tal como um cabo incrustado com várias lasquinhas de sílex. Apesar do estilo de vida caçador-coletor ainda ser predominante, os sapiens também começaram a flertar com o sedentarismo, voltando para cuidar das suas áreas de alimentação favoritas, e desenvolveram ferramentas especializadas para tipos diferentes de ecossistemas. As covas mortuárias dessa época encontradas nas latitudes mais ao norte mostram que o vestuário também evoluiu, do genérico (uma túnica grosseira) para itens especializados, como chapéu, camisa, jaqueta, calça e calçados. Dali em diante, as ferramentas humanas se tornariam cada vez mais especializadas.

A variedade das tribos de sapiens explodiu à medida que se adaptavam a diversos biomas e bacias hidrográficas. As novas ferramentas refletiam a especificidade dos seus lares; os habitantes dos rios tinham várias redes; os das estepes, vários tipos de pontas; os das florestas, muitos tipos de armadilha. A linguagem e a aparência desses grupos também estavam divergindo.

Entretanto, eles partilhavam de muitas qualidades. A maioria dos caçadores-coletores se organizava em clãs familiares que reuniam em média 25 parentes. Os clãs se uniam em tribos maiores, de várias centenas de pessoas, em festas sazonais ou acampamentos. Uma função das tribos era o intercâmbio de genes por meio do casamento com membros de grupos diferentes. A população tinha baixíssima densidade: em média, menos de 0,01 habitante por quilômetro quadrado nas regiões mais frias. Os 200 ou 300 membros da tribo maior representavam todas as pessoas que você encontraria em toda a sua vida. Talvez você soubesse da existência de outras, pois itens negociados ou comprados podiam viajar 300 quilômetros. Dentre os itens comercializados estavam ornamentos corporais e contas, como conchas para quem morava longe do mar ou penachos de pássaros florestais para quem morava na costa. Às vezes, os sapiens trocavam pigmentos para pintura facial, mas estes também podiam ser aplicados a paredes ou a figuras esculpidas em madeira. As dez ou doze ferramentas que você carregava incluiriam espetos de osso, sovelas, agulhas, facas de osso, um anzol de osso preso a uma lança, algumas polidores de pedra e talvez algumas pedra afiadas. Várias das lâminas estariam presas em cabos de osso ou madeira, amarradas com cordas de couro ou bambu. Quando o grupo se reunia em torno da fogueira, talvez alguém tocasse um tambor ou flauta de osso. Depois de morrer, talvez suas poucas posses fossem enterradas junto ao seu corpo.

Mas não confunda esse progresso com harmonia. Vinte mil anos depois da grande migração para fora da África, os sapiens ajudaram a exterminar 90% das espécies de megafauna que existiam na época. Eles usaram inovações como o arco e flecha, a lança e os estouros de manadas em penhascos para eliminar os últimos mastodontes, mamutes, moas, rinocerontes-lanudos e camelos-gigantes; basicamente, todos os grandes receptáculos de proteína que caminhavam sobre quatro patas. Mais de 80% de todos os gêneros de grandes mamíferos do planeta foram extintos até 10.000 anos atrás. De alguma maneira, quatro espécies driblaram esse destino na América do Norte: o bisão, o alce, o uapiti e a rena.

A violência entre as tribos também era endêmica. As regras de harmonia e cooperação que funcionam tão bem entre os membros da mesma tribo, e que quase sempre provocam a inveja dos observadores modernos, não se aplicavam a quem estava de fora. As tribos entravam em guerra por causa de poços d'água na Austrália, campos de caça e arroz selvagem nas planícies dos Estados Unidos ou terrenos junto a rios e oceanos na costa do noroeste do Pacífico. Sem sistemas de mediação, ou mesmo líderes, pequenas brigas pelo roubo de bens ou mulheres ou sinais de riqueza (como porcos na Nova Guiné) podiam se transformar em guerras multigeracionais. A taxa de mortalidade devido à guerra era cinco vezes maior entre as tribos de caçadores-coletores do que nas sociedades agrárias posteriores (0,1% da população morta em guerras "civilizadas" por ano *versus* 0,5% em guerras entre tribos). As taxas bélicas variavam entre tribos e regiões, pois, assim como no mundo moderno, uma tribo beligerante podia destruir a paz de várias outras. Em geral, quanto mais nômade a tribo, mais pacífica ela era, pois sempre tinha a opção de fugir do conflito. Mas quando começava, a luta era feroz e mortal. Quando a quantidade de guerreiros em ambos os lados era mais ou menos equiparada, as tribos primitivas normalmente derrotavam os exércitos de povos civilizados. As tribos celtas derrotaram os romanos, os tuaregues superaram os franceses, os zulus foram vitoriosos sobre os britânicos e o exército norte-americano precisou de 50 anos para derrotar as tribos apache. Como observa Lawrence Keeley em *War Before Civilization* ("A Guerra Antes da Civilização"), sua pesquisa sobre os princípios da guerra: "Os fatos recuperados por etnógrafos e arqueólogos indicam sem sombra de dúvida que a guerra primitiva e pré-histórica era tão terrível e eficaz quanto a versão histórica e civilizada. Na verdade, a guerra primitiva era muito mais mortal do que aquela conduzida entre os estados civilizados, devido à maior frequência do combate e ao modo mais impiedoso com o qual era conduzido. (...) É a guerra civilizada que é estilizada, ritualizada e relativamente menos perigosa".

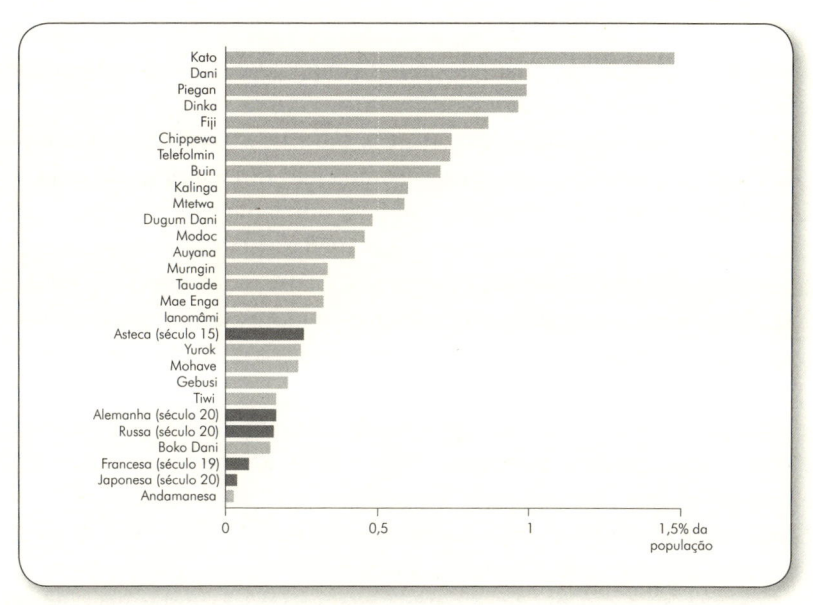

Comparação entre índices de mortalidade em guerras. As mortes anuais causadas por guerras como porcentagem da população em ambos os tipos de sociedade, pré-Estado (barras cinzas) e sociedades modernas (barras escuras).

Antes da revolução da linguagem 50.000 anos atrás, o mundo não tinha tecnologias relevantes. Durante os 40.000 anos seguintes, todos os seres humanos foram caçadores-coletores. Durante esse período, estima-se que 1 bilhão de pessoas tenha explorado o que era possível fazer com um punhado de ferramentas. Esse mundo sem tecnologia oferecia "o suficiente". Os seres humanos tinham lazer e satisfação no trabalho. Felicidade, também. Sem qualquer tecnologia além de implementos de pedra, os ritmos e padrões da natureza eram imediatos. A natureza controlava sua fome e definia seu destino. A natureza era tão vasta, tão abundante e tão próxima que poucos humanos podiam se afastar dela. A harmonia com o mundo natural parecia divina. Contudo, sem muita tecnologia, a tragédia recorrente da mortalidade infantil era uma presença constante. Os acidentes, a guerra e a doença significavam que a sua vida tinha, em média, menos de metade da duração que poderia ter, talvez apenas um quarto do período que seus genes permitiriam. A fome estava sempre por perto.

O mais óbvio, porém, é que, sem tecnologias significativas, o lazer se limitava a repetições tradicionais. Não havia espaço para nada de novo. Dentro de limites estritos, você não tinha chefes. Mas a direção e os interesses da sua vida estavam definidos por padrões muito conhecidos. Os ciclos do ambiente determinavam a vida dos indivíduos.

Acontece que os tesouros da natureza são vastos, mas não contêm todas as possibilidades. A mente sim, mas ela ainda não tinha alcançado todo o seu potencial. Um mundo sem tecnologia tinha o suficiente para sustentar a sobrevivência, mas não para transcendê-la. Foi apenas quando a mente, libertada pela linguagem e potencializada pelo técnio, transcendeu as restrições da natureza 50.000 anos atrás que as possibilidades maiores se abriram para os seres humanos. A transcendência não veio de graça, mas o resultado foi a civilização e o progresso.

Não somos aquelas mesmas pessoas que saíram da África. Nossos genes coevoluíram com nossas invenções. Na verdade, apenas nos últimos 10.000 anos, nossos genes evoluíram 100 vezes mais depressa do que a média dos 6 milhões de anos anteriores. Não deveria ser surpresa. Assim como domesticamos os cães (em todas as suas raças) a partir dos lobos e criamos as vacas e o milho e muito mais a partir de ancestrais que seriam irreconhecíveis, nós também fomos domesticados. Nós domesticamos a nós mesmos. Nossos dentes continuam a encolher (por causa da preparação de alimentos, nosso estômago externo), nossos músculos diminuem, nosso cabelo desaparece. A tecnologia nos domesticou. Refazemos nossas ferramentas e ao mesmo tempo refazemos a nós mesmos. Estamos coevoluindo com nossa tecnologia e, portanto, desenvolvemos uma dependência profunda em relação a ela. Se toda a tecnologia desaparecesse, cada faca e lança do planeta, nossa espécie não duraria mais do que alguns meses. Somos simbióticos com a tecnologia.

Fizemos alterações rápidas e significativas em nós mesmos e ao mesmo tempo alteramos o mundo inteiro. Nossas invenções começaram a alterar nosso ninho desde o momento que emergimos da África para colonizar todas as bacias hidrográficas habitáveis do planeta. As técnicas e ferramentas de caça dos sapiens tiveram efeitos profundos: a tecnologia permitiu que eles matassem herbívoros importantes (mamutes, alces-gigantes, etc.) cuja extinção alterou para sempre a ecologia de biomas de savana inteiros. Depois que os ruminantes dominantes foram eliminados, sua ausência teve consequências ecológicas abrangentes, possibilitando o surgimento de novos predadores, novas espécies vegetais e todos os seus concorrentes e aliados, dando origem a um novo ecossistema. Assim, alguns poucos clãs de hominídeos afetaram o destino de milhares de outras espécies. Quando os sapiens dominaram o fogo, essa tecnologia poderosa modificou ainda mais o terreno natural em uma escala incrível. Um truque elementar — queimar a savana, conter o fogo com incêndios controlados e usar as chamas para cozinhar grãos — alterou vastas regiões dos continentes.

Mais tarde, além de afetar a superfície da Terra, as várias invenções e a disseminação da agricultura por todo o planeta também alteraram seus 100 km de atmosfera. A agricultura modificou o solo e aumentou o nível de CO_2. Alguns climatologistas acreditam que esse primeiro aquecimento antropogênico, começado 8.000 anos atrás, impediu o início de uma nova era do gelo. A ampla adoção da agricultura alterou o ciclo climático natural que teria recongelado o extremo norte do planeta a essa altura.

Além disso, é claro, depois que os seres humanos inventaram máquinas que se alimentavam de plantas velhas concentradas (carvão) em vez de plantas frescas, a emanação mecânica de CO_2 alterou ainda mais o equilíbrio da atmosfera. O técnio floresceu à medida que as máquinas passaram a aproveitar essa fonte abundante de energia. Máquinas movidas a petróleo, como os tratores, transformaram a produtividade e a disseminação da agricultura (acelerando uma tendência antiga), e então mais máquinas passaram a perfurar o solo em busca de mais petróleo (uma nova tendência), acelerando a própria taxa de aceleração. Hoje, a liberação de CO_2 por parte de todas as máquinas é muito maior do que aquela dos animais e se aproxima até do volume gerado por forças geológicas.

Além da escala, a fonte do poder imenso do técnio é sua natureza de autoamplificação. Uma única invenção revolucionária, como o alfabeto, a bomba a vapor ou a eletricidade, pode levar a outras invenções revolucionárias, como os livros, as minas de carvão e o telefone. Por sua vez, esses avanços levam a mais invenções revolucionárias, como as bibliotecas, o gerador e a Internet. Cada passo amplia os poderes do técnio, sem prejudicar as virtudes das invenções anteriores. Alguém tem uma ideia (uma roda!), que passa para outras mentes, se transforma em uma ideia derivada (colocar a roda embaixo de um trenó para facilitar o transporte!), que altera o equilíbrio dominante e causa uma transformação.

Mas nem todas as mudanças induzidas pela tecnologia foram positivas. A escravidão em escala industrial, como aquela imposta à África, foi possibilitada pelos barcos a vela que transportavam as vítimas através dos oceanos e encorajada pelo descaroçador de algodão, que barateou o processamento das fibras que os escravos plantavam e colhiam. Sem a tecnologia, a escravidão nessa escala gigantesca jamais teria existido. Milhares de toxinas sintéticas tiveram impactos negativos gigantescos nos ciclos naturais dos seres humanos e de outras espécies, um grande efeito colateral indesejado desencadeado por pequenas invenções. A guerra é um amplificador particularmente grave das grandes forças negativas criadas pela tecnologia. A inovação tecnológica foi a causa direta da produção de terríveis armas de destruição, capazes de infligir atrocidades inéditas à sociedade.

Por outro lado, as soluções e compensações das consequências negativas também nasceram da tecnologia. A escravidão étnica local era uma prática comum das primeiras civilizações e provavelmente também em tempos pré-históricos; ela ainda existe em diversas áreas remotas. A redução global desse fenômeno se deve às ferramentas tecnológicas da comunicação, legislação e educação. As tecnologias de detecção e substituição podem eliminar o uso rotineiro de toxinas sintéticas. As tecnologias de monitoramento, legislação, tratados, policiamento, tribunais, mídia cidadã e globalismo econômico podem atenuar, refrear e, a longo prazo, reduzir os ciclos viciosos da guerra.

Em última análise, o progresso, mesmo o progresso moral, é uma invenção humana. Ele é um produto útil da nossa vontade e das nossas mentes e, consequentemente, uma tecnologia. Podemos decidir que a escravidão não é uma boa ideia. Podemos decidir que a aplicação justa das leis, não o favorecimento nepotista, é uma boa ideia. Podemos usar tratados para proibir certas punições. Com a invenção da escrita, podemos encorajar a responsabilidade. Podemos expandir conscientemente nosso círculo de empatia. Todos esses fenômenos são invenções, produtos das nossas mentes, não menos do que a lâmpada e o telégrafo.

Esse cíclotron de aprimoramento social é impulsionado pela tecnologia. A sociedade evolui em doses incrementais; em toda história, cada mudança na organização social foi motivada pela inserção de uma nova tecnologia. A invenção da escrita permitiu a justiça e a igualdade das leis estabelecidas. A invenção da cunhagem de moedas padronizadas universalizou o comércio, encorajou o empreendedorismo e acelerou a ideia de liberdade. A historiadora Lynn White observa que "poucas invenções foram tão simples quanto o estribo, mas poucas tiveram uma influência catalisadora tão forte no curso da história". Para White, a adoção do reles estribo nas selas permitiu que os cavaleiros usassem armas enquanto estavam montados, dando uma vantagem à cavalaria em relação à infantaria e aos lordes que podiam manter cavalos. O resultado foi a ascensão do feudalismo aristocrático na Europa. O estribo não é a única tecnologia que já foi acusada de causar o feudalismo. Como Karl Marx celebremente afirmou, "o moinho de vento nos dá uma sociedade com o senhor feudal; o motor a vapor, uma sociedade com o capitalista industrial".

A contabilidade de partidas dobradas, inventada por um monge franciscano em 1494, permitiu que as empresas monitorassem o fluxo de caixa e, pela primeira vez na história, administrassem negócios complexos. Essa invenção fez o setor bancário explodir em Veneza e lançou a economia global. A invenção da impressão por tipos móveis na Europa encorajou os cristãos a lerem o texto fundador da sua religião e interpretá-lo por si mesmos, o que lançou a ideia do "protesto" dentro e contra as religiões. Já em 1620, Francis Bacon, o padrinho da ciência moderna, percebia a força da tecnologia. Ele listou três "artes práticas" que mudaram o mundo: a imprensa, a pólvora e a bússola magnética. Bacon afirmou que "nenhum império, nenhuma seita, nenhuma estrela parece ter exercido um poder e uma influência maiores na vida humana do que essas descobertas mecânicas". Bacon ajudou a lançar o método científico, que acelerou a velocidade das invenções; depois dele, a sociedade estaria em fluxo constante, pois uma semente conceitual depois da outra alterou o equilíbrio social.

Invenções que parecem simples, como o relógio, tiveram consequências sociais profundas. O relógio dividiu o fluxo contínuo do tempo em unidades mensuráveis; quando o relógio ganhou um visor, o tempo se tornou um tirano, ordenando nossas vidas. O cientista da computação Danny Hillis acredita que as engrenagens do relógio deram à luz a ciência e todos os seus muitos mitos culturais descendentes. "O mecanismo do relógio nos deu uma metáfora para a operação autônoma da lei natural. (O computador, com sua execução mecanicista de regras predeterminadas, é o descendente direto do relógio). Quando conseguimos imaginar o sistema solar como um autômato composto de engrenagens, a generalização desse *insight* para outros aspectos da natureza era quase inevitável. E assim começou o processo da ciência".

Durante a Revolução Industrial, nossas invenções transformaram a rotina diária. Engenhocas mecânicas e combustível barato nos deram comida em abundância, jornadas de trabalho de oito horas e fábricas com chaminés. Essa fase da tecnologia foi suja, causou transtornos e muitas vezes era construída e administrada em uma escala desumana. A natureza fria, rígida e inflexível do aço cru, do tijolo e do vidro fez com que essa nova entidade parecesse alienígena e oposta a nós, se não a todos os seres vivos. Ela se alimentava diretamente de recursos naturais e tinha, assim, uma sombra demoníaca. Os piores subprodutos da era industrial – a fumaça negra, os rios negros, a sombra das vidas encurtadas pelo trabalho nas fábricas – estavam tão distantes da ideia que gostamos de fazer de nós mesmos que queríamos acreditar que a própria fonte desses problemas nos era alheia. Ou algo pior. Não era difícil ver a dominação dos materiais duros e frios como maléfica, ainda que um mal necessário. Quando a tecnologia se inseriu em nossas rotinas ancestrais, ela foi colocada em uma posição externa e tratada como uma infecção. As pessoas adotavam seus produtos, mas com sentimento de culpa. Cem anos atrás, seria ridículo pensar na tecnologia como algo consagrado. Ela era uma força suspeita. Quando duas guerras mundiais realizaram todo o potencial assassino dessa inventividade, a reputação da tecnologia enquanto demônio tentador parecia definitiva.

Esses elementos foram perdendo muito da frieza e dureza aparente à medida que os fomos refinando com gerações de evolução tecnológica. Começamos a enxergar além do véu material da tecnologia e vê-la principalmente em termos de ação. A tecnologia habitava um corpo, mas seu coração era algo mais suave. Em 1949, John von Neumann, o gênio por trás do primeiro computador útil, percebeu o que os computadores estavam nos ensinando sobre a tecnologia: "A tecnologia irá, no futuro próximo e distante, se concentrar cada vez menos em problemas de intensidade, substância e energia e mais em problemas de estrutura, organização, informação e controle". A tecnologia não era mais um substantivo, ela estava se tornando uma força: um espírito vital que nos impulsiona para o futuro ou se contrapõe às nossas tendências. Não uma coisa, e sim um verbo.

Capítulo 3

A história do sétimo reino

Quando analisamos o Paleolítico, é possível observar uma fase evolucionária durante a qual as ferramentas humanas eram embrionárias, quando o técnio existia em seu estado mínimo absoluto. Mas como a tecnologia é anterior aos seres humanos, surgindo entre os primatas e até antes, precisamos enxergar além das nossas próprias origens para compreender a verdadeira natureza do desenvolvimento tecnológico. A tecnologia não é apenas uma invenção humana; ela também nasceu da vida.

Se colocarmos em um gráfico todas as variedades da vida que já descobrimos na Terra, elas se dividem em seis categorias maiores. Dentro de cada uma das seis categorias, ou reinos, todas as espécies compartilham uma estrutura bioquímica comum. Três dos reinos são microscópicos, organismos unicelulares. Os outros três são os reinos biológicos dos organismos que vemos normalmente: fungos (cogumelos e mofo), plantas e animais.

Todas as espécies dos seis reinos, ou seja, todos os organismos vivos da Terra hoje, das algas às zebras, são igualmente evoluídas. Apesar das diferenças em sofisticação e desenvolvimento das formas, todas as espécies vivas evoluíram a partir das suas predecessoras durante o mesmo período de quatro bilhões de anos. Todas foram testadas diariamente e conseguiram se adaptar por centenas de milhões de gerações, em uma série contínua e ininterrupta.

Muitos desses organismos aprenderam a construir estruturas, que por sua vez permitiram que a criatura se estendesse além do próprio tecido. O monte de terra de dois metros formado por uma colônia de cupins opera como se fosse um órgão externo dos insetos: a temperatura do monte é regulada e a estrutura consertada quando sofre uma lesão. A lama seca em si parece viva. Aquilo que chamamos de coral – as estruturas rochosas em forma de árvore – são os prédios de apartamento onde moram os animais quase invisíveis dos corais. O recife de coral e os animais que ali habitam se comportam como se fossem um só. Ele cresce, respira. O mesmo vale para o interior ceroso de uma colmeia ou a arquitetura de gravetos de um ninho de pássaros. Logo, a melhor maneira de pensar num ninho ou colmeia é como um corpo que foi construído em vez de nascer e crescer. Os abrigos são uma tecnologia animal, uma extensão dos animais.

O técnio é a extensão dos seres humanos. Marshall McLuhan, dentre outros, observou que as roupas são uma extensão da pele, as rodas são uma extensão dos pés e as câmeras e telescópios, dos olhos. Nossas criações tecnológicas são grandes extrapolações dos corpos que nossos genes construíram. Dessa maneira, é possível conceber a tecnologia como uma versão estendida dos nossos corpos. Durante a era industrial, era fácil ver o mundo dessa maneira. As pás movidas a vapor, as locomotivas, a televisão e as alavancas e engrenagens dos engenheiros formavam um exoesqueleto fabuloso que transformava o homem em super-homem. Uma análise mais detalhada revela um defeito nessa analogia: as extensões dos animais são um resultado dos seus genes. Eles herdam a estrutura básica de tudo o que fazem. Os seres humanos não. As estruturas dos nossos apêndices nascem da mente, que podem criar espontaneamente algo que nenhum dos nossos ancestrais jamais fez ou sequer imaginou. Se a tecnologia é uma extensão dos seres humanos, ela não é uma extensão dos nossos genes, mas das nossas mentes. A tecnologia é, assim, a uma extensão corporal para as ideias.

Com pequenas diferenças, a evolução do técnio – o organismo das ideias – imita a evolução dos organismos genéticos. Os dois compartilham várias características. A evolução de ambos os sistemas avança do simples para o complexo, do geral para o específico, da uniformidade para a diversidade, do individualismo para o mutualismo, do desperdício de energia para a eficiência e de mudanças lentas para maior potencial evolutivo. O modo como uma espécie de tecnologia muda com o tempo segue um padrão semelhante à árvore genealógica da evolução das espécies. Mas em vez de expressar o trabalho dos genes, a tecnologia expressa ideias.

Entretanto, as ideias nunca existem no vácuo. Elas nascem em uma teia de ideias auxiliares, noções consequentes, conceitos de apoio, pressupostos fundacionais, efeitos colaterais e consequências lógicas. Elas originam uma série de possibilidade subsequentes. As ideias voam em bandos. Ter uma ideia em mente significa ter uma nuvem de ideias.

A maioria das novas ideias e invenções é uma junção de ideias desconexas. As inovações no projeto dos relógios inspiraram a melhoria dos moinhos de vento, fornalhas criadas para a produção de cerveja se revelaram úteis na metalurgia, mecanismos inventados para a fabricação de órgãos foram aplicados aos teares e os mecanismos dos teares se tornaram *software* em computadores. Muitas vezes, partes sem relação entre si passam a compor um sistema integrado em um projeto mais evoluído. A maioria dos motores combinava pistões produtores de calor com um radiador refrigerante. Mas a inteligência do motor refrigerado a ar fundiu as duas ideias em uma só: o motor contém os pistões, mas também serve de radiador para dissipar o calor produzido. "Na tecnologia, a evolução combinatória é proeminente e rotineira", diz o economista Brian Arthur em *The Nature of Technology*. "Muitas partes de uma tecnologia são compartilhadas por outras tecnologias, então boa parte do desenvolvimento acontece automaticamente, à medida que os componentes aprimoram em outros usos 'externos' à tecnologia-mãe".

Essas combinações lembram o acasalamento. Elas produzem uma árvore genealógica de tecnologias ancestrais. Assim como na evolução darwiniana, pequenas melhorias são recompensadas com mais cópias, de modo que as inovações se disseminam continuamente pela população. As ideias mais antigas se fundem e dão à luz ideiaizinhas. Além de formar ecossistemas de aliados que apoiam uns aos outros, as tecnologias também formam linhas evolucionários. A única maneira de compreender o técnio é pensar nele como uma espécie de vida evolucionária.

A história da vida pode ser organizada de várias maneiras diferentes. Uma é a crônica dos marcos biológicos. Em primeiro lugar na lista das grandes passagens de milhões de anos, teríamos o momento em que os organismos migraram do mar para a terra, o período quando adquiriram espinhas vertebrais ou a era na qual desenvolveram olhos. Outros marcos seriam a chegada das plantas floríferas, o ocaso dos dinossauros e a ascensão dos mamíferos. São grandes momentos do nosso passado e conquistas legítimas na história de nossos ancestrais.

Mas como a vida é um sistema informacional autogerado, uma maneira mais esclarecedora de ver essa história de quatro bilhões de anos seria marcar as principais transições na organização informacional das formas de vida. Das muitas maneiras em que um mamífero é diferente das esponjas, digamos, uma das principais é a série de camadas adicionais de informação que correm pelo organismo. Para observar as várias fases da vida, antes precisamos lembrar as principais transições das estruturas biológicas no tempo evolucionário. Esse foi o método escolhido pelos biólogos John Maynard Smith e Eors Szathmary, que recentemente definiram as oito fronteiras da informação biológica na história da vida.

Eles concluíram que as principais transições em organização biológica foram:

Uma molécula replicante ▶ População de moléculas replicantes que interagem umas com as outras
Moléculas replicantes ▶ Moléculas replicantes na forma de cromossomo
Cromossomo de enzimas de RNA ▶ Proteínas de DNA
Célula anucleada ▶ Célula nucleada
Reprodução assexual (clonagem) ▶ Recombinação sexual
Organismo unicelular ▶ Organismo pluricelular
Indivíduo independente ▶ Colônias e superorganismos
Sociedades primatas ▶ Sociedades baseadas em linguagem

Cada nível em sua hierarquia marca um grande salto em complexidade. O advento do sexo provavelmente foi o maior passo na reordenação das informações biológicas. Ao permitir a recombinação controlada de traços (alguns traços de cada parceiro), em vez da pura diversidade aleatória das mutações ou a igualdade rígida dos clones, o sexo maximiza o potencial evolutivo. Os animais que usam a recombinação sexual dos genes evoluem com mais rapidez do que os competidores. A invenção natural posterior da pluricelularidade e, mais tarde, a das colônias de organismos pluricelulares oferecem vantagens de sobrevivência darwinianas. Mas, acima de tudo, essas inovações funcionam como plataformas para que componentes informacionais biológicos se estruturem em maneiras inéditas e mais fáceis de organizar.

A evolução da ciência e tecnologia forma um paralelo com a evolução da natureza. As principais transições tecnológicas também representam passagens de um nível de organização para o próximo. Em vez de catalogar de invenções importantes, como o ferro, a energia a vapor ou a eletricidade, essa visão cataloga como a estrutura das informações foi redefinida por uma nova tecnologia. Um bom exemplo seria a transformação dos alfabetos (séries de símbolos, similares ao DNA) em conhecimento altamente organizado, na forma de livros, índices, bibliotecas e assim por diante (não muito diferente das células e organismos).

Em paralelo com Smith e Szathmary, elaborei a lista abaixo das principais transições tecnológicas de acordo com o nível no qual as informações são organizadas. Em cada passo, as informações e o conhecimento são processados em um nível que estava ausente até então.

As transições mais importantes da história do técnio são:

Comunicação primata ▶ Linguagem
Tradição oral ▶ Escrita/notação matemática
Manuscritos ▶ Imprensa
Conhecimento livresco ▶ Método científico
Produção artesanal ▶ Produção em massa
Cultura industrial ▶ Comunicação global ubíqua

Nenhuma transição tecnológica afetou nossa espécie, ou o mundo como um todo, mais do que a primeira, a criação da linguagem. A linguagem permitiu que as informações fossem armazenadas em uma memória maior do que a de cada indivíduo. Uma cultura baseada em linguagem acumulava histórias e sabedoria oral, que podiam ser disseminadas para as gerações futuras. A aprendizagem dos indivíduos, mesmo quando eles morriam antes de se reproduzirem, não era esquecida. De um ponto de vista sistêmico, a linguagem permitiu que os seres humanos se adaptassem e transmitissem a aprendizagem com mais rapidez do que os genes.

A invenção dos sistemas de escrita para a linguagem e para a matemática estruturam ainda mais a aprendizagem. As ideias podiam ser indexadas, recuperadas e propagadas com mais facilidade. A escrita permitia que a organização das informações penetrasse em muitas facetas do cotidiano. Ela acelerou o comércio, a criação do calendário e a formação das leis, todos os quais aumentaram o nível de organização das informações.

A imprensa organizou ainda mais as informações, disseminando a alfabetização. À medida que a imprensa se tornou ubíqua, o mesmo aconteceu com a manipulação simbólica. Bibliotecas, catálogos, referências cruzadas, dicionários, concordâncias e a publicação de pequenas observações floresceram, produzindo um novo nível de onipresença informacional, a ponto de hoje nem mais notarmos que a imprensa cobre toda nossa paisagem visual.

O método científico seguiu a imprensa como uma maneira mais refinada de lidar com a explosão na quantidade de informações que os seres humanos estavam gerando. Por meio da correspondência revisada por pares e, mais tarde, das revistas acadêmicas, a ciência ofereceu um método para extrair informações confiáveis, testar essas informações e, então, conectá-las com um conjunto crescente de outros fatos testados e inter-relacionados.

Essas informações recém-ordenadas – o que chamamos de ciência – puderam, então, ser usadas para reestruturar a organização da matéria. A partir daí, nasceram novos materiais, novos processos de fabricação, novas ferramentas e novas perspectivas. Quando o método científico foi aplicado ao artesanato, nós inventamos a produção em massa de peças intercambiáveis, a linha de montagem, a eficiência e a especialização. Todas essas formas de organização informacional deram origem ao aumento vertiginoso no padrão de vida que hoje damos como certo.

Finalmente, a última transição na organização do conhecimento ainda está em andamento. Injetamos ordem e *design* em tudo que fabricamos. Também estamos adicionando *chips* microscópicos que podem realizar pequenas quantidades de computação e comunicação. Mesmo o menor item descartável tem um código de barras e ocupa um pedacinho da nossa mente coletiva. Esse fluxo onipresente de informações, ampliado para incluir objetos artificiais e não apenas seres humanos, e distribuído ao redor do mundo em uma grande rede, é o maior ordenamento informacional de todos (mas não o definitivo).

A trajetória da ordem de crescimento no técnio segue o mesmo caminho que na vida biológica. Dentro da vida e do técnio, o espessamento das interconexões em um nível produz um novo nível de organização acima dele. E é importante observar que as principais transições do técnio começam no nível em que as principais transições biológicas param, ou seja, o surgimento da linguagem entre as sociedades primatas.

A invenção da linguagem marca a última grande transformação do mundo natural e também a primeira do mundo artificial. Palavras, ideias e conceitos são os itens mais complexos criados por animais sociais (como nós) e também o alicerce mais simples para qualquer tipo de tecnologia. Assim, a linguagem forma uma ponte entre as duas sequências de grandes transições e as une em uma sequência única, de modo que a evolução natural se mistura com a tecnológica. A sequência completa de grandes transições da macro-história fica assim:

    Uma molécula replicante ▶ População de moléculas replicantes que interagem umas com as outras
    Moléculas replicantes ▶ Moléculas replicantes na forma de cromossomo
    Cromossomo de enzimas de RNA ▶ Proteínas de DNA
    Célula anucleada ▶ Célula nucleada
    Reprodução assexual (clonagem) ▶ Recombinação sexual
    Organismo unicelular ▶ Organismo pluricelular
    Indivíduo independente ▶ Colônias e superorganismos
    Sociedades primatas ▶ Sociedades baseadas em linguagem
    Tradição oral ▶ Escrita/notação matemática

Manuscritos ► Imprensa
Conhecimento livresco ► Método científico
Produção artesanal ► Produção em massa
Cultura industrial ► Comunicação global ubíqua

Essa escalada da ordem se revela uma única história. Podemos pensar no técnio como mais uma reorganização das informações, o mesmo fenômeno que começou com os seis reinos da vida. Desse modo, o técnio se torna o sétimo reino da vida. Ele estende ainda mais um processo que começou 4 bilhões de anos atrás. Assim como a árvore evolucionária dos sapiens nasceu de um ramo dos precursores animais da espécie, o técnio está formando uma nova árvore, nascida de um ramo do seu precursor: a mente do animal humano. Dessa raiz comum fluem novas espécies de martelos, rodas, parafusos, metal refinado e plantas domesticadas, assim como espécies mais elevadas, como a computação quântica, a engenharia genética, os aviões a jato e a World Wide Web.

O técnio é diferente dos outros seis reinos em alguns aspectos importantes. Comparadas com os membros dos seis outros reinos, essas novas espécies são as mais efêmeras da face da Terra. Os pinheiros assistiram famílias e classes inteiras de tecnologia nascerem e morrerem. Nenhuma criação humana chega perto da longevidade do menor ser vivo. Muitas tecnologias digitais vivem menos do que uma borboleta efemérida individual, quanto mais toda uma espécie.

Mas a natureza não tem como fazer planos. Ela não guarda inovações para uso futuro. Na natureza, se uma variação não produz uma vantagem de sobrevivência *imediata*, ela é cara demais para ser mantida e, logo, desaparece com o tempo. Às vezes, no entanto, um traço vantajoso para um problema se revela vantajoso para outro, não antecipado. Por exemplo, as penas evoluíram para aquecer pequenos dinossauros de sangue frio. Mais tarde, as mesmas penas, depois de instaladas nos membros para aquecer esses animais, se mostraram úteis em pequenos voos. Essa inovação na área da conservação de calor deu origem a asas não planejadas e aos pássaros. Na biologia, as invenções antecipatórias acidentais são chamadas de exaptações. Ninguém sabe o quanto as exaptações são comuns na natureza, mas elas são um fato cotidiano no técnio. O técnio é pura exaptação, pois as inovações podem atravessar o tempo e as linhas de origem e serem adaptadas a novos propósitos.

Niles Eldredge é o cofundador (com Stephen Jay Gould) da teoria da evolução pontuada. Sua especialidade profissional é a história dos trilobitas, os antigos artrópodes que lembram os tatuzinhos-de-quintal modernos. Seu *hobby* é colecionar cornetas, instrumentos musicais bastante parecidos com os trompetes. Uma vez, Eldredge aplicou seus métodos taxonômicos profissionais à sua coleção de 500 cornetas, algumas das quais remontam a 1825. Ele selecionou 17 traços que variavam entre os instrumentos (a forma da trompa, a colocação das válvulas, o comprimento e diâmetro dos tubos), semelhantes ao tipo de métrica que aplica aos trilobitas. Quando Eldredge mapeou a evolução das cornetas usando técnicas semelhantes àquelas aplicadas aos artrópodes antigos, ele descobriu um padrão de linhagens que compartilha várias características com os grupos de organismos vivos. Por exemplo, a evolução das cornetas mostrava um progresso em saltos, assim como os trilobitas. Mas a evolução dos instrumentos musicais também apresentava distinções. A principal diferença entre a evolução da vida pluricelular e a evolução do técnio é que, na vida, a maioria das fusões de traços ocorre "verticalmente" com o tempo. As inovações são passadas dos parentes vivos em diante (verticalmente) através dos filhos. No técnio, por outro lado, a fusão quase sempre ocorre lateralmente com o tempo – até mesmo a partir de espécies "extintas" e cruzando linhagens de não aparentadas. Eldredge descobriu que o padrão evolucionário do técnio não é o da sequência de ramificações que encontramos na árvore da vida, mas sim uma rede recursiva e crescente de caminhos que muitas vezes voltam a ideias "mortas" e ressuscitam traços "perdidos". Em outras palavras: traços anteriores (exaptações) antecipam as linhagens posteriores que os adotam. Esses dois padrões são diferentes o suficiente para que, segundo Eldredge, seja possível usá-los para identificar se uma árvore evolucionária representa o clã dos nascidos ou dos fabricados.

    A segunda diferença entre a evolução do técnio e a evolução dos seres orgânicos é que, na biologia, as transformações incrementais são dominantes. Os passos revolucionários são raros; tudo avança por uma longa série de passos bem pequenininhos, em que cada um deve ter alguma utilidade imediata para a criatura. A tecnologia, por outro lado, pode avançar com rapidez, fazer saltos abruptos e pular passos incrementais. Como escreve Eldredge "o transistor em nenhum sentido 'evoluiu a partir do' tubo de vácuo do mesmo modo que os olhos em um mesmo lado da cabeça de um linguado são derivados da conformação bilateralmente simétrica do peixe ancestral". Em vez das centenas de milhões de aprimoramentos incrementais do linguado, o transistor nasceu do tubo de vácuo ancestral com algumas dezenas de iterações, se tanto.

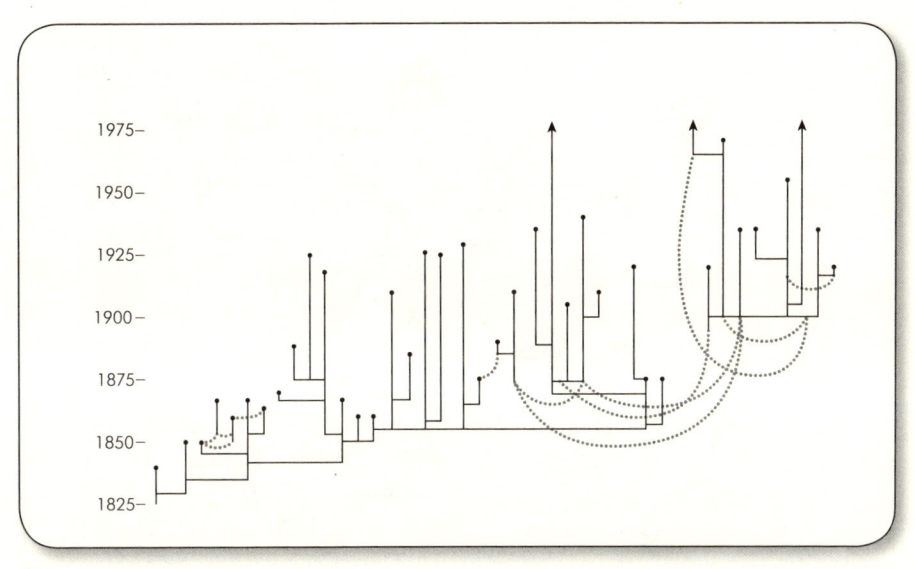

Árvore evolucionária das cornetas. A tradição de *design* de cada instrumento musical mostra como alguns ramos pegam elementos emprestados de modelos anteriores ou ramos não adjacentes (linha pontilhada), ao contrário da evolução orgânica.

Mas a maior diferença entre a evolução dos nascidos e a evolução dos fabricados é que as espécies tecnológicas, ao contrário das espécies biológicas, quase nunca se extinguem. Uma análise mais próxima de tecnologias antigas supostamente extintas quase sempre mostra que, em algum lugar do planeta, alguém ainda está produzindo a ideia perdida. Uma técnica ou artefato pode ser raro no mundo urbano moderno, mas ainda muito comum no mundo rural em desenvolvimento. Por exemplo, Burma está cheia da tecnologia de carros de boi; a cestaria é onipresente em quase toda a África; a fiação manual está viva e bem na Bolívia. Uma tecnologia supostamente morta pode ser acolhida com entusiasmo por uma minoria tradicionalista na sociedade moderna, ainda que apenas pela satisfação ritual. Pense no modo de vida tradicional dos *amish*, nas comunidades tribais modernas ou nos fanáticos por discos de vinil. Muitas vezes, a tecnologia antiga é obsoleta, ou seja, rara ou de baixa qualidade, mas ainda pode ter um uso limitado. Para ficar com apenas um de muitos exemplos, até 1962, no que era então chamado de a "Era Atômica", várias pequenas empresas em uma quadra de Boston tinham máquinas que usavam energia a vapor transmitida por um eixo cardã superior. Tecnologias anacrônicas desse tipo não são nada incomuns.

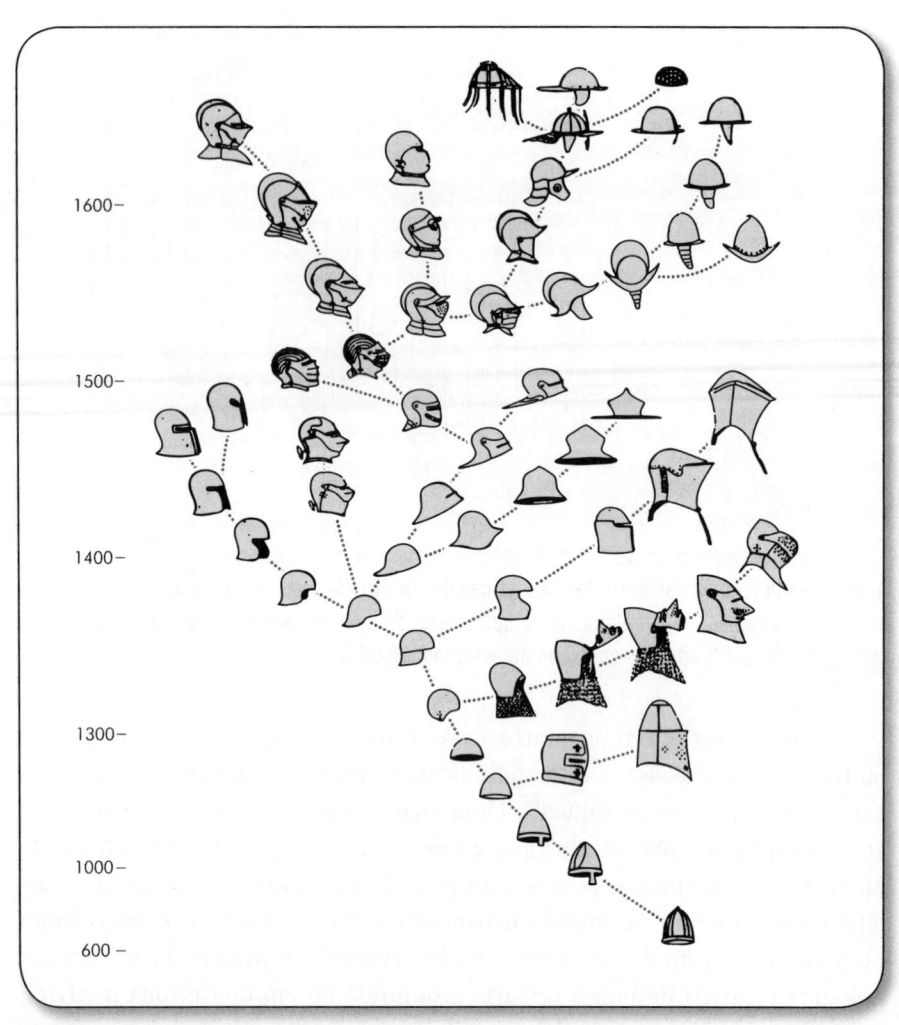

Mil anos da evolução dos capacetes. Bashford Dean, zoólogo norte-americano e especialista em armaduras medievais, desenhou essa "árvore genealógica" diagramática da evolução dos capacetes medievais, começando no ano 600.

Em minhas viagens ao redor do mundo, fiquei impressionado com a resistência das tecnologias antigas, com quanto elas quase sempre eram a primeira opção em meio à escassez de energia e dos recursos modernos. Eu tinha a impressão de que nenhuma tecnologia jamais desaparecera. Um famoso historiador da tecnologia desafiou essa conclusão e me respondeu sem pensar: "Olha, ninguém mais fabrica automóveis a vapor". Bem, com alguns cliques no Google, logo encontrei um pessoal que fazia peças *novas* para carros a vapor Stanley. Válvulas de cobre novinhas em folha, pistões; tudo que você precisar. Com dinheiro suficiente, seria possível montar um carro a vapor totalmente novo. E, claro, milhares de amadores ainda estão montando veículos a vapor, enquanto centenas de outros mantêm os antigos funcionando. A energia a vapor é uma espécie intacta, ainda que rara, de tecnologia.

Decidi descobrir quantas tecnologias antigas um cidadão urbano pós-moderno que mora em uma cidade cosmopolita (como San Francisco) poderia obter. Cem anos atrás, não havia eletricidade ou motor de combustão interna, poucas estradas e quase nenhuma comunicação de longa distância além da rede postal. Mas essa rede postal permitia que você usasse o catálogo Montgomery Ward para encomendar qualquer item manufaturado. O papel-jornal velho do meu catálogo de reprodução tinha o ar de um mausoléu dedicado a uma civilização perdida. Entretanto, logo ficou surpreendentemente claro que a maior parte dos milhares de itens à venda 100 anos atrás, na forma como estavam catalogados por esse livro de desejos, ainda era vendida no presente. O estilo era diferente, mas a tecnologia, função e forma fundamentais eram as mesmas. Uma bota de couro com penduricalhos não deixa de ser uma bota de couro.

Estabeleci um desafio pessoal: encontrar todos os produtos de uma página do catálogo Montgomery Ward de 1894-95. Folheando suas 600 páginas, selecionei uma relativamente típica, que vendia implementos agrícolas. Ferramentas obsoletas desse tipo seriam mais difíceis de encontrar hoje em dia do que, por exemplo, as panelas, lâmpadas, relógios, canetas e martelos que preenchem o resto do catálogo. As ferramentas agrícolas pareciam certas espécies de dinossauro. Quem precisa de um descascador de espiga de milho manual? Ou de um moinho de tintas, seja lá o que for? A possibilidade de comprar essas ferramentas obsoletas da era agrícola sugeriria que quase nada desaparecera.

Em dois toques, é claro, é possível encontrar antiguidades no eBay. Meu teste, porém, era encontrar versões recém-fabricadas desses equipamentos, pois isso mostraria que as espécies continuam viáveis.

Os resultados foram estarrecedores. Em poucas horas, consegui encontrar todos os itens listados nesse catálogo de cem anos de idade, sem exceção. Todas as ferramentas estavam disponíveis em uma nova encarnação e eram vendidas pela Internet.

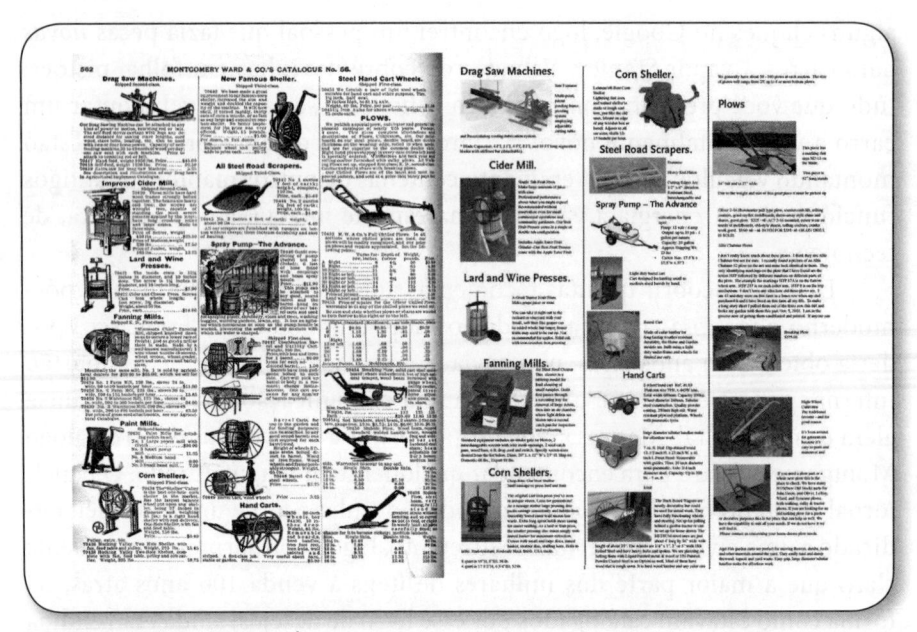

Catálogos de bens duráveis. À esquerda, a página 562 do catálogo Montgomery Ward de 1894-95, oferecendo implementos agrícolas pelo correio. À direita, os itens novos equivalentes, oferecidos por várias fontes na Internet em 2005.

Não pesquisei por que cada item sobreviveu, mas suspeito que a maior parte das ferramentas tenha uma história parecida. As fazendas comerciais abandonaram essas ferramentas obsoletas e são quase totalmente automatizadas, mas muitos de nós ainda cuidamos dos nossos jardins com ferramentas manuais bastante primitivas, pelo simples motivo de que gostamos do trabalho. Enquanto os tomates da horta forem mais suculentos que os da fazenda, a enxada primitiva não morrerá. E, ao que parece, nós sentimos prazer em fazer algumas colheitas à mão, mesmo em grande quantidade. Suspeito que alguns desses itens podem ser adquiridos pelos *amish* e outros defensores do retorno à terra, grupos que veem virtude em trabalhar sem o auxílio de máquinas que consomem petróleo.

Mas talvez 1895 não esteja longe o suficiente. Vamos pensar na tecnologia mais velha de todas: a faca de sílex ou machado de pedra. Bem, na verdade, é possível comprar uma faca de sílex novinha em folha, talhada à mão com cuidado e amarrada com tiras de couro a um cabo de galharda de cervo. Em todos os aspectos, o produto usa exatamente a mesma tecnologia que uma faca de sílex feita 30.000 anos atrás. E ela é sua por 50 dólares, à venda em mais de um *site* na Internet. Nas montanhas da Nova Guiné, os nativos ainda fabricavam machados de pedra para uso próprio até a década de 1960. Eles ainda fazem machados de pedra para os turistas com o mesmo processo. E os fãs dos machados de pedra estudam o objeto. Uma corrente de conhecimento contínua preservou essa tecnologia da Idade da Pedra. Só nos Estados Unidos, pelo menos 5.000 amadores talham à mão novas pontas de flecha. Eles se reúnem nos fins de semana, trocam dicas em clubes de talha lítica e vendem pontas a comerciantes de suvenires. John Whittaker, um arqueólogo profissional e praticante da talha lítica, estudou esses amadores e estima que eles produzam mais de um milhão de pontas de flecha e lanças novas por ano. Mesmo especialistas como Whittaker não conseguem diferenciar essas pontas dos artefatos autênticos.

Poucas tecnologias desapareceram para sempre da face da Terra. A receita da guerra grega se perdeu por milênios, mas é muito provável que pesquisadores tenham recuperado a fórmula. O *know-how* prático do sistema de contabilidade inca, que usava um cordão com nós, o *quipu*, foi esquecido. Temos algumas amostras antigas, mas nenhum conhecimento sobre como elas eram usadas na prática. Talvez seja a única exceção. Alguns anos atrás, os escritores de ficção científica Bruce Sterling e Richard Kadrey compilaram uma lista de "mídias mortas" para destacar a natureza efêmera das engenhocas modernas. Máquinas que desapareceram pouco tempo atrás, como o computador Commodore 64 e o Atari, foram adicionadas a uma longa lista de espécies mais antigas, como o retroprojetor e o telarmônio. Na realidade, entretanto, a maioria dos itens nessa lista não morreu, apenas se escassearam. Algumas das tecnologias de mídia mais antigas são preservadas por oficinas de fundo de quintal e amadores malucos. E muitas das tecnologias mais recentes ainda estão em produção, apenas sob marcas e configurações diferentes. Por exemplo, muitas das tecnologias introduzidas nos primeiros computadores são hoje usadas em relógios e brinquedos.

Com raras exceções, as tecnologias não morrem. Nesse sentido, elas diferem das espécies biológicas, que sempre acabam extintas a longo prazo. As tecnologias se baseiam em ideias e a cultura é sua memória. Elas podem ser ressuscitadas depois de esquecidas e registradas (por meios cada vez melhores) para que jamais sejam ignoradas. As tecnologias são para sempre. Elas são o elemento eterno do sétimo reino da vida.

Capítulo 4

A ascensão da exotropia

A origem do técnio pode ser recontada em histórias de criação concêntricas. Cada narrativa ilumina um conjunto mais profundo de influências. Na primeira (Capítulo 2), a tecnologia começa com os sapiens, mas logo os transcende. A segunda (Capítulo 3) revela uma força adicional em jogo no técnio, além da mente humana: a extrapolação e aprofundamento da vida orgânica como um todo. Agora, uma terceira versão amplia ainda mais o círculo, além da mente e da vida, e passa a abranger o cosmo.

As raízes do técnio remontam à vida de um átomo. A breve jornada de um átomo por um artefato tecnológico cotidiano, como as pilhas de uma lanterna, são um lampejo de existência muito diferente de tudo que veio antes em sua longa vida.

A maior parte dos átomos de hidrogênio nasceu no princípio do universo. Eles são tão velhos quanto o próprio tempo. Os átomos foram criados na fornalha do Big Bang e se dispersaram pelo universo na forma de uma névoa quente uniforme. Desde então, cada átomo trilhou uma jornada solitária. Quando um átomo de hidrogênio vaga pela inconsciência do espaço profundo, a centenas de quilômetros do átomo mais próximo, ele não está muito mais ativo do que o vácuo ao seu redor. O tempo não tem qualquer sentido sem mudança e na imensidão do espaço que preenche 99,99% do universo quase nada muda.

Depois de bilhões de anos, um átomo de hidrogênio pode ser arrebatado pelas correntes gravitacionais irradiadas de uma galáxia incipiente. Com toda a sutileza do tempo e da mudança, o átomo começa a fluir lentamente em direção a outros objetos. Depois de milhões de anos, ele encontra um segundo. Com o tempo, ele encontra outro do mesmo tipo, um átomo de hidrogênio. Eles fluem em direção um ao outro, numa atração fraca até que, depois de éons, eles encontram um átomo de oxigênio. De repente, algo estranho acontece.

Num surto de calor, eles se unem e formam uma molécula de água. Talvez a molécula seja capturada pela circulação atmosférica de um planeta. Nesse casamento, os átomos ficam presos em grandes ciclos de mudança. Com rapidez, a molécula sobe aos céus e chove de novo sobre um turbilhão de outros átomos. Na companhia de inúmeras outras moléculas de água, ela corre por esse circuito durante milhões de anos, das copiosas poças à imensidão das nuvens. Um dia, num lance do acaso, a molécula de água é capturada por uma cadeia de átomos de carbono em um corpo de água. Esses átomos de carbono são estranhamente ativos. O caminho da molécula de água volta a se acelerar. Ela começa a girar em um ciclo simples, auxiliando o transporte de cadeias de carbono. Ela tem velocidade, movimento e mudança que nunca seriam possíveis no vazio comatoso do espaço. A cadeia de carbono é roubada por outra cadeia e remontada muitas vezes até que o hidrogênio se encontra em uma célula que está sempre reestruturando suas relações e elos com outras moléculas. Agora, o átomo nunca para de mudar, nunca para de interagir.

Todos os átomos de hidrogênio do corpo humano se renovam a cada sete anos. Conforme envelhecemos, somos um verdadeiro rio de átomos tão velhos quanto o cosmo. Os carbonos no nosso corpo foram produzidos na poeira de uma estrela. A maior parte da matéria em nossas mãos, pele, olhos e coração nasceu na aurora dos tempos, bilhões de anos atrás. Somos todos muito mais velhos do aparentamos.

Para o átomo de hidrogênio típico no seu corpo, os poucos anos que ele passa correndo de uma estação celular para a próxima serão a glória mais passageira que se pode imaginar. Quatorze bilhões de anos em uma letargia inerte seguidos por uma breve aventura pelas águas da vida e depois de volta ao isolamento do espaço quando o planeta morrer. Um piscar de olhos seria uma má analogia: demorado demais. Da perspectiva de um átomo, qualquer organismo vivo é um tornado que pode capturá-lo em seu frenesi de caos e ordem, uma paixão louca que só ocorre uma vez a cada 14 bilhões de anos.

Por mais rápidas e loucas que sejam as células, a energia que flui pela tecnologia é ainda mais veloz. Na verdade, a tecnologia é mais ativa nesse aspecto – é uma aventura muito mais emocionante para o átomo – do que qualquer outra estrutura sustentável conhecida pelos seres humanos. Hoje, não existe viagem melhor, objeto energético mais sustentável no universo, do que o *chip* de computador.

Uma maneira mais precisa de dizer isso seria: de todos os objetos sustentáveis do universo, de um planeta a uma estrela, de uma margarida a um automóvel, de um cérebro a um olho, nada tem mais capacidade de conduzir uma densidade maior de energia (maior fluxo de energia por grama de matéria a cada segundo) do que algo que está no centro do seu *laptop*. Como isso pode ser verdade? A densidade energética de uma estrela é enorme em comparação com a parca energia que flui por uma nuvem de gás no espaço. Mas, por mais incrível que pareça, a densidade energética do Sol é minúscula em comparação com o fluxo intenso de energia e atividade presente em uma planta. Por mais intensa que seja a superfície solar, a estrela tem uma massa enorme e vida de dez bilhões de anos; logo, a quantidade de energia que atravessa o sistema como um todo por grama por segundo é menor do que aquela que flui por um girassol que absorve a sua luz.

A explosão de uma bomba nuclear tem uma densidade energética muito maior que a do Sol, pois é um fluxo descontrolado e insustentável de energia. Uma bomba nuclear de um megaton libera 10^{17} ergs, uma quantidade imensa de energia. Mas a vida total da explosão é uma mera hiperpiscadela de 10^{-6} segundos. Assim, se "amortizarmos" uma explosão nuclear para que sua energia seja gasta em um segundo completo em vez de microssegundos, a densidade energética seria reduzida a apenas 10^{11} ergs por segundo por grama, mais ou menos a intensidade de um *chip* de computador de um *laptop*. Em termos de energia, o microprocessador Pentium lembra uma lentíssima explosão nuclear.

O mesmo esgotamento rápido das bombas nucleares se aplica a incêndios, bombas químicas, supernovas e outros tipos de explosão. Elas literalmente se consomem a densidades incrivelmente altas, mas insustentáveis. A glória de uma estrela como o Sol é que ela pode sustentar sua fissão brilhante por bilhões de anos. Entretanto, ela ocorre a um fluxo de energia menor que o fluxo sustentável que ocorre em uma planta verde! Em vez de uma explosão ígnea, a troca de energia na grama produz a ordem gélida das folhas verdes, os ramos marrons e sementes gordas de informações que podem duplicar clones perfeitos de cada indivíduo. O fluxo contínuo de energia é maior ainda entre os animais, nos quais é possível sentir as ondas energéticas. Eles se mexem e remexem, andam e pulam e, em alguns casos, irradiam calor.

O fluxo de energia pela tecnologia é maior ainda. Medida em joules (ou ergs) por grama por segundo, nada concentra mais energia por mais tempo quanto os aparelhos eletrônicos. No extremo direito do gráfico de densidade energética acima, compilado pelo físico Eric Chaisson, está o *chip* de computador. Ele conduz mais energia por segundo por grama por seus corredorezinhos do que os animais, os vulcões ou o Sol. Esse pedacinho de tecnologia é o objeto mais energeticamente ativo de todo o universo conhecido.

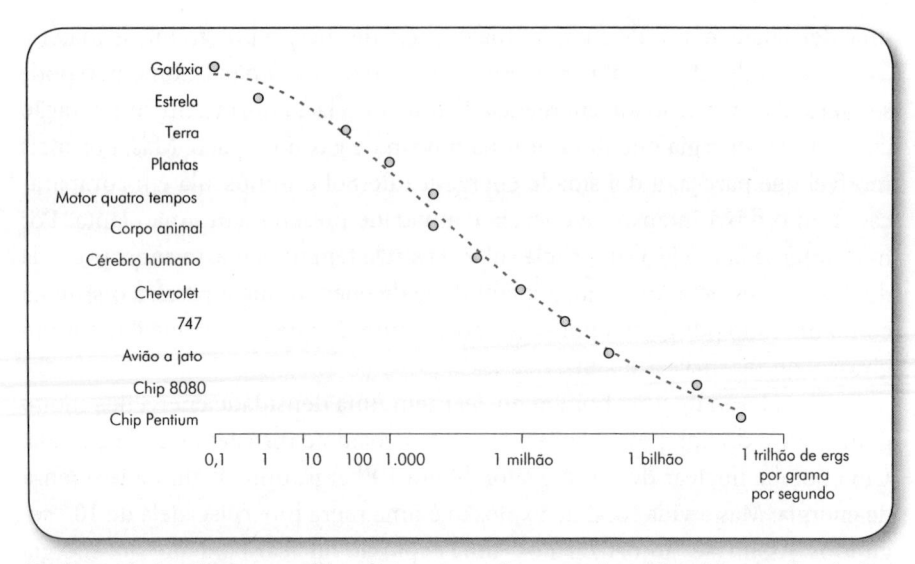

```
       Galáxia ○╌╌
        Estrela     ○╌╌
         Terra          ╌○╌
        Plantas              ╌○╌
Motor quatro tempos              ╌○╌
     Corpo animal                     ╌○╌
    Cérebro humano                       ╌○╌
       Chevrolet                              ╌○╌
          747                                     ╌○╌
      Avião a jato                                    ╌○╌
      Chip 8080                                           ╌○╌
      Chip Pentium                                             ╌○
                   ├────┬────┬────┬────┬────────┬──────┬──────┤
                  0,1   1   10  100 1.000   1 milhão  1 bilhão  1 trilhão de ergs
                                                              por grama
                                                              por segundo
```

Gradiente de densidade energética. Sistemas grandes e complexos, listados em ordem de densidade de fluxo energético, medida pela quantidade de energia que flui pelo sistema por grama por segundo da duração do sistema.

Agora podemos recontar a história do técnico como uma narrativa sobre a expansão da atividade cósmica. No princípio da criação, o universo estava esmagado em um espaço muito, muito pequeninho. O cosmo como um todo começou com um brilho menor do que o menor pedacinho da menor partícula do menor átomo. Dentro daquele ponto, tudo era igualmente quente e brilhante e denso. Todas as partes dessa mancha pequenina tinham a mesma temperatura uniforme. Na verdade, não havia espaço para diferenças e também não havia qualquer atividade.

Devido a um processo que não sabemos explicar, porém, essa manchinha se expandiu desde o primeiro momento da sua criação. Quando o universo ficou mais ou menos do tamanho da sua cabeça, o frio passou a ser possível. Antes de chegar a esse tamanho, nos primeiros três segundos, o universo era perfeitamente sólido, sem espaços vazios para aliviá-lo. Ele estava tão lotado que nem a luz conseguia se mover. Na verdade, ele era tão uniforme que as quatro forças fundamentais que atuam na nossa realidade atual (a gravidade, o eletromagnetismo e as forças nucleares forte e fraca) estavam comprimidas em uma força unificada. Nessa fase primeva, havia apenas uma energia geral, que se diferenciou em quatro forças à medida que o universo se expandiu.

Não seria exagero dizer que naqueles primeiros femtossegundos da criação, havia apenas uma coisa no universo, uma força superdensa que mandava em tudo, e essa força solitária se expandiu e se resfriou em milhares de variações de si mesma. Assim, a história do cosmo parte da unidade e avança em direção à diversidade.

À medida que o universo se expandiu, ele criou o nada. O vazio aumentou, e com ele o frio. O espaço permitiu que a energia se resfriasse e formasse a matéria, e também que a matéria se desacelerasse, que a luz irradiasse e que a gravidade e as outras forças energéticas se desdobrassem.

A energia não passa do potencial, da diferença necessária, do resfriamento. A energia só pode fluir do maior para o menor; portanto, sem um diferencial a energia não tem como fluir. O curioso é que o universo se expandiu com mais rapidez do que a matéria conseguia se resfriar e solidificar, o que significa que o potencial de resfriamento seguiu aumentando. Quanto mais rápido o universo se expandia, maior o seu potencial de se resfriar e maior as diferenças potenciais dentro dos seus limites. Depois de éons de tempo cósmico, esse diferencial crescente (entre a expansão do vazio e o calor remanescente do Big Bang) alimentou a evolução, a vida, a inteligência e, finalmente, a aceleração da tecnologia.

A energia, assim como a água sob a gravidade, flui em direção ao nível mais baixo e mais frio e não descansa até que o diferencial seja eliminado. Nos primeiros milênios depois do Big Bang, a diferença de temperatura no universo era tão pequena que o sistema teria alcançado o equilíbrio rapidamente. Se o universo não tivesse continuado a se expandir, nada muito interessante teria acontecido. Mas a expansão do universo mexeu com a situação. Com a expansão onidirecional do espaço – todos os pontos se afastando de todos os outros – o resultado foi um fundo vazio, uma espécie de porão do universo, pelo qual a energia podia fluir. Quanto mais rápida a expansão do cosmo, maior o porão que ele construía.

No fundo do porão fica o estado final do sistema, a chamada morte térmica. Tudo fica absolutamente parado. Não há mais movimento, pois não há diferença. Não há potencial. Imagine algo escuro, silencioso e idêntico em todas as direções. Todas as distinções, incluindo a diferença elementar entre isso e aquilo, foram consumidas. Esse inferno de uniformidade é chamado de *entropia* máxima. A entropia não passa de um nome científico para o desperdício, o caos e a desordem. Até onde sabemos, a única lei da física que não admite exceções em nenhuma parte do universo é a seguinte: toda a criação está indo para o fundo do porão. Tudo que existe no universo está sempre deslizando em direção à igualdade suprema da perda de calor e da entropia máxima.

Esse deslizamento está em todas as partes e se manifesta de várias maneiras diferentes. Por causa da entropia, objetos rápidos desaceleram, a ordem se transforma em caos e sempre há um custo para preservar a exclusividade de qualquer tipo de diferença ou individualidade. Qualquer diferença – seja ela em velocidade, estrutura ou comportamento – se torna menos diferente muito depressa, pois toda ação acaba "vazando" energia. Nenhuma diferença do universo é gratuita. Todas precisam ser mantidas contra a corrente.

O esforço para manter a diferença contra a atração da entropia cria o espetáculo da natureza. Um predador tal como uma águia está no topo de uma pirâmide de desperdício entrópico: em um ano, uma águia come 100 trutas, que comem 10.000 gafanhotos, que comem um milhão de folhas de grama. Assim, indiretamente, é necessário um milhão de folhas de grama para sustentar uma águia. Mas essa pilha de um milhão de folhas de grama é muito mais pesada que uma águia. A entropia causa essa ineficiência incrível. Cada movimento da vida de um animal gasta um pouquinho de calor (entropia), o que significa que cada predador captura menos energia do que a presa consumiu, uma diferença multiplicada por cada ação durante todo o período. O círculo da vida só continua porque a luz do Sol está sempre reabastecendo a grama com novas energias.

Esse inevitável desperdício é tão acentuado que é assombroso que qualquer organização persista muito tempo sem se dissolver rapidamente em um equilíbrio gelado. Tudo que consideramos bom e interessante no cosmo — organismos vivos, civilização, comunidades, inteligência, a própria evolução — dá um jeito de manter uma diferença persistente frente à indiferença vazia da entropia. Um platelminto, uma galáxia e uma câmera digital, todos compartilham dessa mesma propriedade: eles mantêm um estado de diferença muito distante da igualdade térmica. O estado de letargia e paralisia é a regra para a maioria dos átomos do universo. Enquanto o resto do cosmo cai no porão gelado, alguns poucos átomos pegam uma onda de energia para se erguer e dançar.

Esse fluxo crescente de diferença sustentável é o inverso da entropia. Nessa narrativa, chamaremos o fenômeno de *exotropia*, um virar-se para fora. *Exotropia* é outra palavra para o termo técnico *negentropia*, ou entropia negativa. O termo foi cunhado originalmente pelo filósofo Max More, com a grafia original "extropia". Adotei o termo, com uma ortografia alternativa, para sublinhar a diferença com relação ao seu oposto, a entropia. Prefiro *exotropia* a *negentropia* porque é um termo positivo para o que seria um duplo negativo com o significado de "a ausência da ausência de ordem". Em nosso contexto, a exotropia é muito mais positiva do que a mera subtração do caos. Podemos pensar na exotropia como uma força independente que dá origem a uma sequência contínua de existências improváveis.

A exotropia não é onda ou partícula, nem energia pura ou milagre sobrenatural. Ela é um fluxo imaterial muito parecido com a informação. Como a exotropia é definida como uma entropia negativa, uma reversão da desordem, ela é, por definição, um aumento em ordem. Mas o que é a ordem? Em sistemas físicos simples, os conceitos da termodinâmica são suficientes, mas no mundo real dos pepinos, cérebros, livros e caminhões com piloto automático, não temos qualquer métrica útil para a exotropia. O melhor que podemos dizer é que a exotropia lembra a informação, mas não é equivalente a ela, e que sua consequência lógica é a auto-organização.

Não podemos elaborar uma definição exata da exotropia em termos de informação porque não sabemos realmente o que é a informação. Na verdade, o termo *informação* cobre vários conceitos contraditórios que deveriam ser representados por termos independentes. Usamos a palavra *informação* para designar (1) um grupo de *bits* ou (2) um sinal significativo. Mas os *bits* aumentam e os sinais diminuem quando a entropia cresce, o que é confuso, pois um tipo de informação aumenta enquanto outro diminui. Até esclarecermos nossa linguagem, o termo *informação* é mais uma metáfora do que qualquer outra coisa. Tentarei usar a palavra com o segundo significado (nem sempre de maneira consistente): informação é um sinal de *bits* que faz uma diferença.

Para confundir ainda mais a situação, a informação é a grande metáfora do momento. Tendemos a interpretar os mistérios em torno da vida usando a iconografia sugerida pelo sistema mais complexo do qual estamos cientes no momento. A natureza costumava ser descrita como um corpo, depois um relógio na era dos relógios, depois uma máquina na era industrial. Hoje, na "era digital", aplicamos a metáfora computacional. Para explicar como nossas mentes funcionam ou como a evolução avança, aplicamos o padrão de um grande *software* que processa *bits* de informação. Nenhuma dessas metáforas históricas está errada; estão apenas incompletas. O mesmo vale para a nova metáfora da informação e da computação.

Mas a exotropia, enquanto ordem superior, precisa envolver mais do que apenas informações. Temos milhares de anos de ciência pela nossa frente e milhares de metáforas. A informação e a computação não podem representar a entidade imaterial mais complexa possível, apenas a mais complexa que já descobrimos. Algum dia, podemos descobrir que a exotropia envolve dinâmica quântica ou gravidade ou até gravidade quântica. Mas por ora, de tudo que nosso conhecimento oferece, a informação (no sentido de estrutura) é a melhor analogia para entender a natureza da exotropia.

De uma perspectiva cósmica, a informação é a força dominante do nosso mundo. Na primeira era do universo, logo depois do Big Bang, a energia dominava a existência. Naquela época, a radiação era a única coisa que existia. O universo brilhava. Aos poucos, à medida que o espaço se expandiu e resfriou, a matéria passou a dominar. Ela era informe, distribuída sem nenhuma uniformidade, mas sua cristalização gerou a gravidade, que começou a moldar o espaço. Com o surgimento da vida (na nossa vizinhança imediata), a informação ganhou influência. O processo informacional que chamamos de vida assumiu o controle da atmosfera terrestre vários bilhões de anos atrás. Agora, o técnio, outro processamento informacional, está reconquistando a terra. A ascensão da exotropia no universo (da perspectiva do nosso planeta) seria mais ou menos como o gráfico na página ao lado, no qual E = energia, M = massa e I = informação.

A ascensão da exotropia ao longo de bilhões de anos – suscitando moléculas estáveis, sistemas solares, uma atmosfera planetária, vida, mente e técnio – pode ser descrita como a acumulação lenta e gradual de informações ordenadas, ou, por outra, como a ordenação lenta e gradual de informações acumuladas.

Esse fato fica mais claro nos extremos. A diferença entre quatro garrafas de nucleotídeos nas prateleiras de um laboratório e os quatro nucleotídeos ordenados nos seus cromossomos está na estrutura adicional, ou ordenamento, que esses átomos obtêm quando participam nas espirais do seu DNA replicante. Mesmos átomos, mas mais ordem. Os átomos dos nucleotídeos adquirem ainda outro nível de estrutura e ordem quando seu anfitrião celular passa pelo processo de evolução. À medida que os organismos evoluem, o código informacional dos seus átomos é manipulado, processado e reordenado. Além das informações genéticas, os átomos passam a transmitir informações adaptativas. Eles obtêm ordem das inovações que sobrevivem. Com o tempo, os mesmos átomos podem ser promovidos a novos níveis de ordem. Por exemplo, sua casa unicelular pode se unir a outra célula e se tornar pluricelular, o que exige a arquitetura informacional para um organismo maior e não apenas o de uma célula. Transições evolucionárias posteriores, como a agregação de tecidos e órgãos, a aquisição do sexo e a criação de grupos sociais, continuam a elevar a ordem e aumentar a estrutura das informações que fluem por esses mesmos átomos.

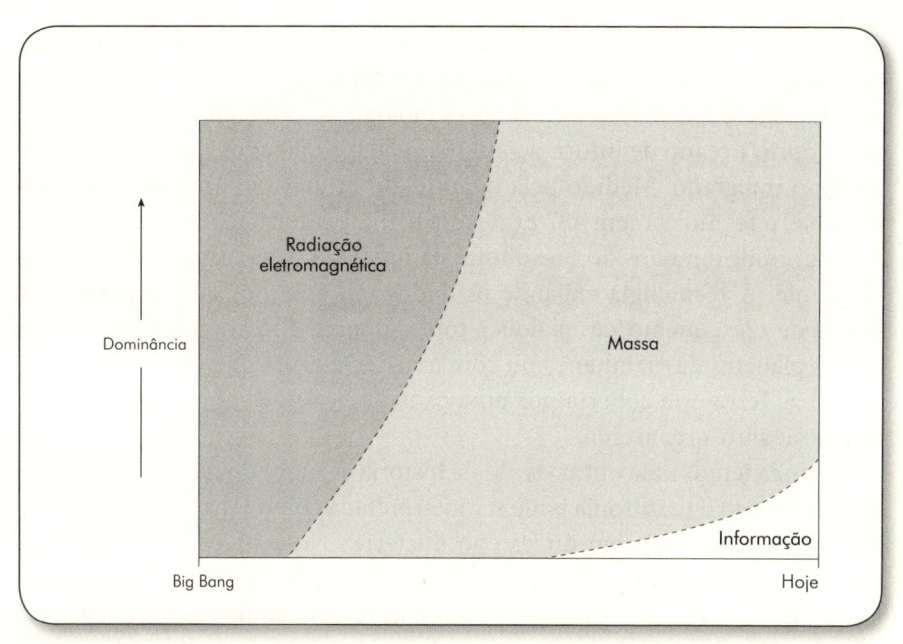

Eras dominantes do universo. A força dominante relativa na nossa área local do universo mudou desde o Big Bang. O tempo está indicado em uma escala logarítmica, com as unidades crescendo exponencialmente. Nessa escala, alguns nanossegundos na aurora dos tempos ocupam a mesma distância horizontal que alguns bilhões de anos hoje.

A evolução acumula conhecimento na sua biblioteca genética há quatro bilhões de anos. Pode-se aprender muita coisa nesse período de tempo. Cada uma das 30 milhões de espécies vivas no planeta hoje representam um fio informacional contínuo que remonta a primeira célula. Esse fio (DNA) aprende algo com cada nova geração e agrega o resultado dessa batalha ao seu código. O geneticista Motoo Kimura estima que a informação genética total acumulada desde a explosão cambriana, cerca de 500 milhões de anos atrás, é de 10 megabytes por linhagem genética (por exemplo, um papagaio ou canguru). Agora multiplique as informações únicas contidas em cada organismo individual pelo número total de organismos vivos no mundo hoje; o resultado é um tesouro de proporções astronômicas. Imagine a Arca de Noé de armazenamento digital que precisaríamos para guardar a carga genética de todos os organismos da Terra (sementes, ovos, esporos, espermas). Um estudo estima que a Terra tem 10^{30} micróbios unicelulares. Um micróbio típico, como o levedo, produz uma mutação de um *bit* por geração, o que significa um *bit* de informações únicas para cada organismo vivo. Se contarmos apenas os micróbios (cerca de 50%

da biomassa), a biosfera contém 10^{30} *bits*, ou 10^{29} *bytes*, ou 10.000 *yottabytes* de informação genética. É um monte de informação.

E essas são apenas as informações biológicas. O técnio está nadando no seu próprio oceano de informações. Ele reflete 8.000 anos de conhecimento humano integrado. Medido pela quantidade de armazenamento digital em uso hoje, o técnio contém 487 *exabytes* (10^{20}) de informações, muitas ordens de magnitude a menos do que o total da natureza, mas crescendo exponencialmente. A tecnologia expande os dados em 66% por ano, superando o índice de crescimento de qualquer fonte natural. Em comparação com os outros planetas da vizinhança ou com a matéria bruta que vaga pelo espaço sideral, a Terra está coberta por uma camada grossa de aprendizagem e informação auto-organizada.

Ainda temos uma outra versão da história cósmica do técnio. A trajetória de longo prazo da exotropia pode ser interpretada como uma fuga do material e uma transcendência em direção ao imaterial. No começo do universo, as únicas leis eram as da física. As regras da química, o momento de inércia, o torque, as cargas eletrostáticas e outras forças reversíveis da física eram a única coisa que importava. Não havia mais nada. As restrições inabaláveis do mundo material só deram origem a formas mecânicas extremamente simples: rochas, gelo, nuvens de gás. Mas a expansão do espaço, com o aumento correspondente em energia potencial, introduziu novos vetores imateriais: informação, exotropia e auto-organização. Essas novas possibilidades organizacionais (como uma célula viva) não contradiziam as regras da química e da física, e sim fluíam dessas regras. Não é como se a vida e a mente estivessem simplesmente integradas à natureza da matéria e da energia; a vida e a mente emergiram das restrições para transcendê-las. O físico Paul Davies resume bem a situação: "O segredo da vida não está na sua base química (...) A vida dá certo exatamente porque foge dos imperativos químicos".

Nossa migração econômica atual, de uma indústria baseada em materiais para uma economia do conhecimento com bens intangíveis (como *software*, *design* e produtos de mídia) é apenas o último fato em uma tendência contínua em direção ao imaterial. (Não que o processamento material tenha diminuído, apenas o processamento intangível se tornou muito mais valioso em termos econômicos.) Richard Fisher, presidente do Federal Reserve Bank de Dallas, afirma que "os dados de quase todas as partes do mundo mostram que os consumidores tendem a gastar relativamente menos em bens e mais em serviços à medida que suas rendas aumentam. (...) Depois que suas necessidades básicas foram atendidas, as pessoas tendem a querer medicina, transporte e comunicação, informação, recreação, entretenimento, consultoria financeira e jurídica e assim por diante". A desmaterialização do valor (mais valor, menos massa) é uma tendência estável no técnio. Em seis anos, o peso médio por dólar das exportações norte-americanas (as coisas mais valiosas que os Estados Unidos produzem) caiu pela metade. Hoje, 40% das exportações norte-americanas dizem respeito a serviços (intangíveis) em vez de bens manufaturados (átomos). Aos poucos, estamos substituindo os átomos rígidos e pesados por *design*, flexibilidade e inovação intangíveis. Em um sentido bastante concreto, nossa entrada na economia baseada em serviços e ideias é a continuação de uma tendência que começou com o Big Bang.

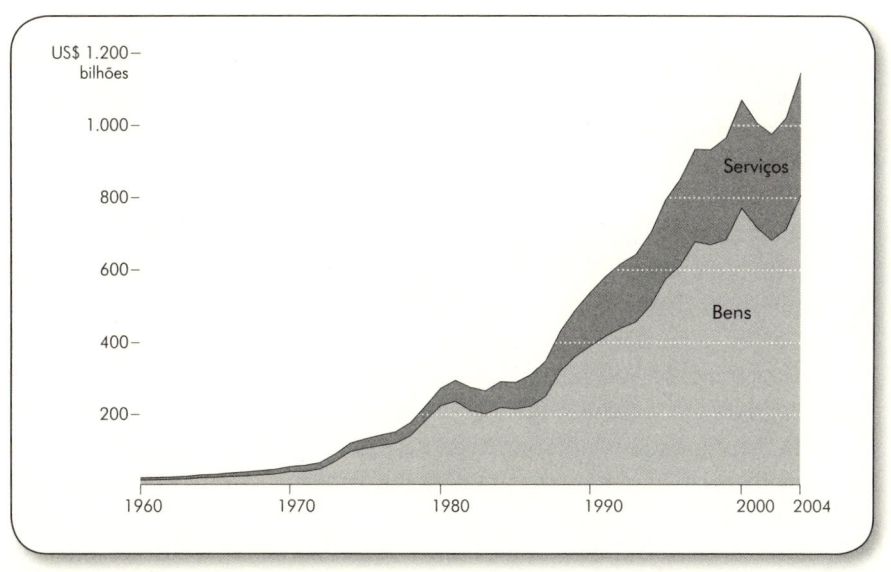

A desmaterialização das exportações norte-americanas. Em bilhões de dólares, a quantidade total anual de bens e serviços exportados dos Estados Unidos entre 1960 e 2004.

A desmaterialização não é a única maneira pela qual a exotropia avança. A capacidade do técnio de comprimir informações na forma de estruturas altamente refinadas também é um triunfo do imaterial. Por exemplo, desde Newton, a ciência consegue abstrair quantidades gigantescas de evidências sobre o movimento de qualquer objeto e representá-lo por uma lei bastante simples, por exemplo, $F = ma$. Do mesmo modo, Einstein reduziu uma infinidade de observações empíricas a um invólucro supercondensado: $E = mc^2$. Em última análise, todas as fórmulas e teorias científicas, sejam elas sobre clima, aerodinâmica, comportamento das formigas, divisão celular, elevação de montanhas ou matemática, são uma compressão de informações. Dessa maneira, nossas bibliotecas repletas de artigos acadêmicos revisados por pares, anotados, comentados, indexados e equacionados são grandes minas de desmaterialização concentrada. Mas se um livro acadêmico sobre a tecnologia da fibra de carbono é uma compressão do intangível, o mesmo vale para as próprias fibras de carbono. Elas contêm muito mais do que apenas carbono. O filósofo Martin Heidegger sugeriu que a tecnologia seria um "desvelamento" – uma revelação – de uma realidade interior. Essa realidade interior é a natureza imaterial de tudo que é fabricado.

Apesar da reputação do técnio de despejar *hardware* e engenhocas materiais nas nossas mãos, o técnio é o processo mais intangível e imaterial da história. Na verdade, ele é a força mais poderosa do mundo. Tendemos a pensar no cérebro humano como a força mais poderosa do mundo (se bem que deveríamos lembrar quem está nos dando essa ideia), mas o técnio já superou seus progenitores cerebrais. O poder das nossas mentes pode se expandir apenas um pouco, às custas de uma autorreflexão cuidadosa; pensar sobre os pensamentos nos deixa apenas incipientemente mais inteligentes. O poder do técnio, entretanto, pode ser expandido indefinidamente ao virar sua natureza transformadora para dentro de si mesma. As novas tecnologias sempre facilitam a invenção de outras tecnologias melhores; não podemos dizer o mesmo sobre os cérebros humanos. Nessa amplificação tecnológica ilimitada, a organização material do técnio se tornou a força mais dominante desta parte do universo.

Em última análise, a dominância da tecnologia tem suas raízes não no nascimento das mentes humanas, mas na sua origem na mesma auto-organização que nos deu as galáxias, planetas, vida e mentes. Ela é parte de um grande arco assimétrico que começa com o Big Bang e se estende a formas cada vez mais abstratas e imateriais com o passar do tempo. O arco é a liberação lenta e irreversível das antigas amarras da matéria e da energia.

Parte II

Imperativos

Capítulo 5

Profundo progresso

A novidade é uma parte tão elementar da vida moderna que esquecemos o quanto ela era rara na Antiguidade. No passado, quase toda mudança era cíclica: a floresta era derrubada e transformada em campo até a fazenda ser abandonada; um exército vinha e depois ia embora. A seca vinha depois da enchente e um rei, bom ou mau, sucedia o anterior. Para a maioria dos seres humanos, na maior parte do tempo, a mudança real era uma experiência rara. As poucas mudanças que ocorriam levavam séculos.

E quando as mudanças vinham, era melhor evitá-las. Se a mudança histórica tinha alguma direção percebida, era ladeira abaixo. Em alguma época do passado houvera uma era dourada, quando os jovens respeitavam os mais velhos, os vizinhos não roubavam uns aos outros no meio da noite e o coração dos homens estava mais próximo de Deus. Na Antiguidade, quando um profeta barbado previa o futuro, a notícia era quase sempre ruim. A ideia de que o futuro traria melhorias nunca teve muita popularidade até pouco tempo atrás. Mesmo hoje, o progresso está longe de ter aceitação universal. Muitos veem os avanços culturais como episódios excepcionais que podem, a qualquer momento, retroceder às tragédias do passado.

Qualquer defesa da mudança progressiva deve ser avaliada em relação às realidades da desigualdade para milhões de pessoas, a deterioração de ambientes regionais, guerras locais, genocídio e pobreza. E nenhum ser humano racional pode ignorar o fluxo contínuo de novos males criados por nossas invenções e atividades, incluindo os novos problemas gerados pelas nossas tentativas bem-intencionadas de consertar os antigos. A destruição contínua de pessoas e coisas boas parece inexorável. E é.

Mas o fluxo contínuo de coisas boas também é inexorável. Quem poderia negar os benefícios dos antibióticos, apesar de serem usados em excesso? Da eletricidade, dos tecidos, do rádio? As coisas desejáveis são incontáveis. Algumas têm seu lado ruim, mas dependemos do seu lado bom. Nós inventamos mais novidades para remediar os males do presente.

Algumas dessas soluções são piores do que os problemas que deveriam resolver, mas creio que as evidências indicam que, em média e com o tempo, as novas soluções superam os novos problemas. Um tecno-otimista sério argumentaria que, em sua vasta maioria, as mudanças culturais, sociais e tecnológicas são muito mais positivas do que negativas – que 60 ou 70 ou 80% das mudanças que ocorrem no técnio todos anos tornam o mundo um lugar melhor. Não sei qual a porcentagem real, mas creio que o equilíbrio está em algum nível acima dos 50% positivos, mesmo que não muito. Como afirmou certa vez o rabino Zalman Schachter-Shalomi, "há mais bem do que mal no mundo... mas não muito". Surpreendentemente, "não muito" é tudo que precisamos quando a alavanca do juro composto está em jogo – e é isso que o técnio é. O mundo não precisa ser perfeitamente utópico para progredir. Alguma parte das nossas ações, como a guerra, é destrutiva. Muito do que produzimos é lixo; talvez quase metade de tudo que fazemos. Mas se criarmos apenas 1 ou 2% (ou mesmo 0,1%) a mais de itens positivos do que destruirmos, o resultado é o progresso. O diferencial pode ser quase imperceptível, e talvez por isso o progresso não tenha reconhecimento universal. Quando avaliado em relação às imperfeições de larga escala da nossa sociedade, 1% melhor parece trivial. Mas quando composta pelas engrenagens da cultura, essa discrepância pequenina, ínfima, gera o progresso. Com o tempo, um mínimo percentual "não muito melhor" se acumula e forma uma civilização.

Mas será que chegamos a produzir uma melhoria anual de 1% a longo prazo? Creio que cinco conjuntos de evidências comprovam essa tendência. Um é o aumento a longo prazo em longevidade, educação, saúde e renda do indivíduo médio. Isso é fácil de medir. Em geral, quanto mais próximo dos nossos tempos viveu uma pessoa, mais longa foi sua vida, maior seu acesso ao conhecimento acumulado e mais ferramentas e opções ela tinha ao seu dispor. Isso em média. Como a guerra e o conflito podem reduzir o bem-estar localmente e temporariamente, os índices de saúde e renda flutuam entre as décadas e regiões do mundo. Entretanto, a trajetória a longo prazo (e por "longo prazo" me refiro a centenas ou até milhares de anos), observamos uma elevação contínua e mensurável.

O segundo indicador de progresso a longo prazo é a onda óbvia de desenvolvimento tecnológico a que assistimos durante nossas próprias vidas. Talvez mais do que qualquer outro sinal, esse aumento constante nos convence todos os dias de que as coisas estão melhorando. Além de melhorarem, os aparelhos também ficam mais baratos no processo. Olhamos para o passado pelas nossas janelas e percebemos que antigamente não havia vidraças. O passado também não tinha tecidos feitos em teares automáticos, refrigeradores, aço, fotografias e um depósito inteiro de bens que transbordam das prateleiras no hipermercado mais próximo. Podemos traçar as origens dessa cornucópia em uma curva descendente até o Neolítico. O artesanato da antiguidade pode ter uma sofisticação surpreendente, mas em termos de pura quantidade, variedade e complexidade, ele não é nada frente às invenções modernas. A prova disso é clara: nós compramos o novo, não o velho. Dada a opção entre uma ferramenta tradicional e uma nova, a maioria das pessoas, ontem e hoje, escolhe a mais nova. Algumas poucas pessoas colecionam ferramentas antigas, mas por maior que seja o eBay, e os mercados de pulgas ao redor do mundo, eles não são nada comparados com o mercado para produtos novos. Mas se o novo não é realmente melhor, e mesmo assim continuamos a escolhê-lo, então somos ou regularmente enganados ou regularmente burros. O motivo mais provável para buscarmos o novo é que as novidades tendem a ser melhores. E, é claro, há mais produtos novos ao nosso dispor.

O supermercado norte-americano médio vende 30.000 variedades de itens. Todos os anos, só nos Estados Unidos, são lançados 20.000 novos bens de consumo, tais como alimentos, sabonetes e bebidas, todos os quais tentam sobreviver nessas prateleiras superlotadas. A maior parte desses produtos contemporâneos tem um código de barra. A agência que emite os prefixos usados nos códigos de barra estima que pelo menos 30 milhões estejam em uso ao redor do mundo. A variedade de produtos manufaturados disponíveis no planeta certamente está na casa das dezenas de milhões, se não centenas de milhões.

Quando Henrique VIII da Inglaterra morreu em 1547, seus tesoureiros fizeram um inventário completo das suas posses. Eles tiveram um cuidado especial com a contabilidade, já que a fortuna de Henrique também era a fortuna da Inglaterra. Os contadores listaram os móveis, colheres, sedas, armaduras, armas, pratos de prata e todas as posses típicas de um rei da época. Na contabilidade final, a casa de Henrique VIII (o tesouro nacional da Inglaterra) continha 18.000 objetos.

Eu moro numa grande casa norte-americana com minha esposa, três filhos, uma cunhada e duas sobrinhas. Em um verão, eu e minha filha Ting contamos todos os objetos dentro de casa. Equipados com contador manual e uma prancheta, fomos de sala em sala, revirando os armários da cozinha e dos quartos, mexendo em gavetas que estavam fechadas havia muitos anos no escritório.

Como meu primeiro interesse era medir a variedade de objetos na nossa casa, não o número total, tentei contar o número de "gêneros tecnológicos". Contamos apenas um representante de cada tipo. A cor específica (por exemplo, amarelo ou azul) ou ornamentação ou decoração superficial do objeto não alterava o tipo. Contei apenas os arquétipos dos livros: por exemplo, um de capa mole, um de capa dura, um livro de arte grande, etc. Todos os CDs foram contados como um gênero, todas as fitas VHS como um e assim por diante. Basicamente, o conteúdo não importava. Objetos feitos de materiais diferentes contavam como espécies diferentes. Os pratos de cerâmica contavam como um, os de vidro como outro. Objetos fabricados pelo mesmo maquinário representavam uma espécie. Na despensa, todos os enlatados contavam como um. Os armários eram uma questão diferente. A maioria das roupas é fabricada com a mesma tecnologia, mas as fibras variam. As calças de brim e as camisetas de algodão eram consideradas uma espécie, as calças de lã outra, uma blusa sintética seria uma terceira. Se parecesse que tecnologias diferentes seriam necessárias para criar um produto, este contaria como uma espécie tecnológica independente.

Depois de vasculhar cada quarto, ignorando apenas a garagem (que seria um projeto por si só), chegamos a um total de 6.000 variedades de objetos na nossa casa. Como temos múltiplos exemplos de algumas variedades, como livros, CDs, pratos de papel, colheres, meias e assim por diante, estimo que o número total de objetos na nossa casa, incluindo a garagem, seja cerca de 10.000.

Sem muito esforço, nossa casa moderna normal contém o tesouro de um rei. Mas, na verdade, somos muito mais ricos do que Henrique VIII. Aliás, em muitos aspectos, o funcionário mais mal-pago do McDonald's tem uma vida muito melhor do que Henrique VIII ou qualquer uma das pessoas mais ricas do mundo até pouco tempo atrás. O funcionário do McDonald's mal consegue pagar o aluguel, mas pode comprar muitas coisas que Henrique VIII jamais poderia.

A fortuna de Henrique VIII — todo o tesouro da Inglaterra — não teria comprado um banheiro com descarga ou um condicionador de ar ou uma viagem confortável de 500 quilômetros. Qualquer taxista pode comprar os três hoje em dia. Meros 100 anos atrás, a vasta fortuna de John Rockefeller, o homem mais rico do mundo, não compraria o telefone celular de qualquer gari da casta intocável em Mumbai. Na primeira metade do século 19, Nathan Rothschild era o homem mais rico do mundo. Seus milhões não eram suficientes para comprar um antibiótico. Rothschild morreu de um abscesso infectado que, hoje, poderia ter sido curado por um tubo de neomicina, a venda por 3 dólares em qualquer farmácia. Henrique VIII tinha belas roupas e muitos servos, mas hoje ninguém aceitaria viver como ele, sem saneamento básico, no escuro, em quartos frios, isolado do mundo por estradas terríveis e pouca comunicação. Em vários aspectos, um estudante pobre morando em um pequeno dormitório universitário em Jacarta vive melhor do que Henrique VIII.

Recentemente, o fotógrafo Peter Menzel organizou uma expedição para fotografar famílias de todo o mundo cercadas pelas suas posses. Famílias de 39 países, incluindo Nepal, Haiti, Alemanha, Rússia e Peru, deixaram Menzel e seus representantes colocarem todo o conteúdo das suas casas no meio da rua ou do quintal para que os itens fossem fotografados, inventariados e publicados em um livro batizado de *Material World* ("Mundo Material"). Quase todas as famílias tinham orgulho das suas posses e pareciam felizes em frente a suas casas, em meio a um conjunto colorido de móveis, panelas, roupas e bugigangas. A quantidade média de objetos que cada uma das famílias possuía era 127.

Há uma coisa que podemos afirmar com certeza sobre as várias fotos das posses dessas famílias, e uma que não podemos. Primeiramente, é inegável que as famílias que vivem hoje nessas regiões possuíam, nos séculos passados, bem menos do que 127 objetos. Hoje, mesmo as famílias nos países mais pobres têm muito mais do que algumas das mais ricas tinham dois séculos atrás. Na América Colonial, quando o proprietário de uma casa morria, um funcionário público normalmente inventariava todas as suas posses. O inventário típico dos falecidos naquele período tinha 40, talvez 50 objetos, e quase nunca mais de 75.

O que não podemos afirmar é o seguinte: se pegarmos duas fotos das pessoas e das suas posses, uma de uma família guatemalteca com uma panela, teares e quase que nada mais, e uma de uma família islandesa, com sua lavadora/secadora, violoncelos, piano, três bicicletas, cavalo e mil outros itens, é impossível dizer qual é a família mais feliz. É aquela com todas as posses ou a que não possui quase nada?

Nos últimos 30 anos, o senso comum diz que depois que um indivíduo alcança um nível de vida mínimo, mais dinheiro não traz mais felicidade. Se você vive abaixo de um determinado nível de renda, mais dinheiro faz diferença, mas depois desse nível você não consegue comprar mais felicidade. Essa foi a conclusão do estudo clássico de Richard Easterlin, em 1974. Entretanto, uma pesquisa recente da Wharton School, na Universidade da Pensilvânia, mostra que, ao redor do mundo, a afluência traz mais satisfação. Indivíduos com renda maior *são* mais felizes. Os cidadãos dos países mais ricos tendem a apresentar, em média, uma maior satisfação.

Minha interpretação das últimas pesquisas (que também concordam com nossas intuições) é que o dinheiro compra mais escolhas, não apenas mais coisas (embora mais coisas façam parte do negócio). A felicidade não está em mais aparelhos eletrônicos e experiências. A felicidade está em ter controle sobre nosso tempo e trabalho, em uma chance de lazer de verdade, na fuga das incertezas da guerra, pobreza e corrupção, na chance de aproveitar as liberdades individuais, todos os quais são um produto do enriquecimento.

Já estive em muitos lugares, alguns dos mais pobres e dos mais ricos do mundo, as cidades mais antigas e as mais novas, as culturas mais rápidas e as mais lentas, e minha experiência é que, dada a oportunidade, as pessoas que caminham comprarão uma bicicleta, as que têm bicicletas comprarão uma motoneta, estas tentarão ter um carro e as que têm um carro sonharão com um avião. Os fazendeiros de todo o mundo trocam seu arado com tração animal pelo trator, suas cabaças por uma tigelas de metal, suas sandálias por sapatos. Sempre. Pouquíssimos voltam atrás; quase ninguém. As exceções, como os famosos *amish*, não são tão excepcionais quando analisadas de perto, pois mesmo essas comunidades adotam certas tecnologias sem voltar atrás.

Essa atração unilateral da tecnologia pode ser uma sereia mágica, enfeitiçando os inocentes a consumir algo que não querem, ou então um tirano que não conseguimos derrubar. Ou então a tecnologia oferece algo de muito desejável, algo que indiretamente leva a mais satisfação (também é possível que todas as três possibilidades sejam verdadeiras).

É impossível evitar o lado obscuro da tecnologia. Talvez ele represente quase metade do técnio. Escondidos por trás dos 10.000 itens de alta tecnologia da minha casa estão minas remotas e perigosas, escavadas para obter raros elementos minerais que emitem metais pesados tóxicos. Represas gigantes são necessárias para fornecer energia ao meu computador. As selvas se transformam em tocos depois que a madeira é removida para as minhas estantes, enquanto longas correntes de veículos e estradas são necessárias para embalar e vender todas as coisas que estão na minha casa e escritório doméstico. Toda engenhoca começa com terra, ar, luz do Sol e uma rede de outras ferramentas. Os 10.000 itens que contamos são apenas as extremidades visíveis de uma árvore enorme, com raízes profundas. Provavelmente foram necessárias 100.000 outras engenhocas físicas nos bastidores para transformar os elementos e criar nossos 10.000 produtos finais.

Enquanto isso, porém, o técnio aumenta a transparência das suas raízes, compilando cada vez mais olhos-câmeras, mais neurônios de comunicação, mais tecnologias de vigilância que revelam seus próprios processos complicados. Dispomos de mais opções para observar os custos reais das tecnologias, se assim quisermos. Será que esses sistemas de comunicação e monitoramento poderiam refrear o consumismo descontrolado? É possível. Mas a grande visibilidade e transparência das trocas e custos reais do técnio não desacelerarão o seu progresso. A conscientização sobre seu lado negativo pode até refinar a evolução do técnio e acelerar seu aprimoramento, desviando a energia do consumo frívolo e direcionando-a para avanços mais significativos.

O terceiro conjunto de evidências que apoia um avanço pequeno, contínuo e de longo prazo se encontra na esfera moral. Aqui, os parâmetros de mensuração são poucos e o dissenso sobre os fatos maior. Com o tempo, nossas leis, morais e éticas expandiram lentamente a esfera de empatia humana. Em geral, os seres humanos se identificavam principalmente com sua família. O clã familiar era "nós". Essa declaração colocava todos que estão além desse nível de intimidade como o "outro". Tínhamos (e ainda temos) regras de comportamento diferentes para quem está no círculo de "nós" e para quem está fora. Aos poucos, o círculo de "nós" se expandiu do clã familiar para a tribo e da tribo para a nação. Hoje, estamos em meio a uma expansão inacabada além da nação e talvez até da raça; quem sabe em breve cruzemos o limite da espécie. Os outros primatas são cada vez mais considerados dignos de direitos semelhantes aos dos seres humanos. Se a regra áurea da moral e da ética é "faça aos outros o que gostaria que fizessem a si", então estamos sempre expandindo nossa noção de "outros". Isso é indício de um progresso moral.

A quarta linha de evidências não prova a realidade do progresso, mas é um sinal poderoso dele. Uma literatura científica vasta e crescente destaca a imensa distância que a vida atravessou em sua jornada de quatro bilhões de anos, desde os organismos simples até os animais extremamente complexos e sociais. As mudanças na nossa cultura podem ser vistas como uma continuação do progresso que começou quatro bilhões de anos atrás, um paralelo importante que desenvolverei no próximo capítulo.

A quinta defesa da realidade do progresso é o crescimento da urbanização. Mil anos atrás, apenas uma pequena porcentagem dos seres humanos morava em cidades; hoje, 50% moram. As pessoas se mudam para as cidades para viverem em "um amanhã melhor", para aproveitarem o florescimento das escolhas e das possibilidades. Um milhão de pessoas se muda do campo para a cidade por semana, uma jornada mais no tempo do que no espaço. Na verdade, esses imigrantes estão atravessando centenas de anos, mudando-se de vilarejos medievais para as grandes áreas urbanas do século 21. As aflições das favelas têm muita visibilidade, mas não impedem a chegada de novos habitantes. Quem tem esperança continua a se mudar em busca de um maior número de liberdades e opções nas cidades, assim como todos nós. Vivemos em ambientes urbanos e suburbanos pelos mesmos motivos que os imigrantes: para conquistar a vantagem marginal de ter mais opções.

Sempre temos a opção de voltar a nosso estado anterior. Na verdade, nunca foi tão foi fácil voltar ao passado. Nos países em desenvolvimento, os cidadãos precisam apenas pegar um ônibus de volta aos seus vilarejos, onde podem viver com tradições milenares e opções limitadas. Eles não morrerão de fome. No mesmo espírito de escolha, se você acredita que o pico da existência humana foi o Neolítico, você pode ir acampar em uma clareira na Amazônia. Se você acha que a década de 1890 foi uma era dourada, pode ter uma fazenda entre os *amish*. Temos muitas oportunidades de revisitar o passado, mas poucas pessoas querem morar lá. Em vez disso, ao redor do mundo, em todos os períodos históricos e em todas as culturas, as pessoas correram aos bilhões em direção ao futuro de "algumas opções a mais", sem perder um segundo que fosse. Ao migrar para as cidades, elas votaram no progresso com seus pés.

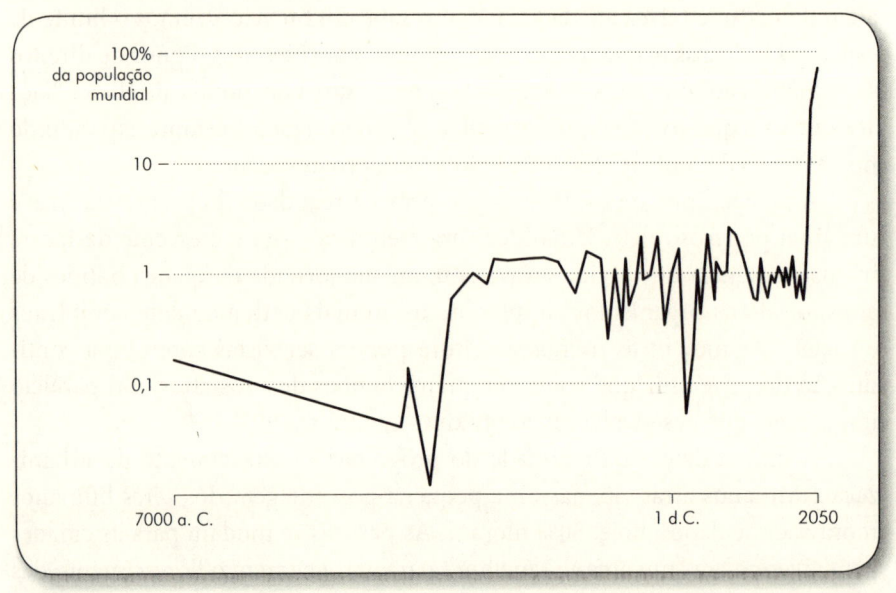

População urbana mundial. A porcentagem da população mundial total que mora em áreas urbanas, de 7000 a. C. até o presente, incluindo a porcentagem projetada para 2050. As porcentagens estão representadas em uma escala logarítmica.

As cidades são artefatos tecnológicos, a maior tecnologia que fabricamos. Seu impacto é desproporcional ao número de seres humanos que vivem nelas. Como vemos no gráfico acima, em média 1 a 2% da humanidade viveram nas cidades durante quase toda a história. Ainda assim, quase tudo que pensamos quando dizemos "cultura" nasceu nas cidades (os termos *cidade* e *civilização* têm a mesma raiz). Mas a urbanização em massa que caracteriza o técnio no presente é um fato muito recente. Assim como muitos outros gráficos que representam o técnio, nada de mais acontece até os últimos dois séculos. Nesse ponto, a população, a inovação e a informação explodem, as liberdades aumentam e as cidades passam a dominar.

Todas as promessas, paradoxos e trocas gerados pelo Progresso, com *P* maiúsculo, estão representados nas cidades. Na verdade, podemos inspecionar a noção e veracidade do progresso tecnológico em geral se analisarmos a natureza das cidades. As cidades podem ser motores de inovação, mas ninguém acha que elas são lindas, especialmente as megalópoles de hoje, com sua voracidade por energia, materiais e expansão. Elas parecem máquinas que devoram as florestas e o campo e muita gente se pergunta se também não estão nos devorando. As cidades, ainda mais do que os aparelhos eletrônicos, ressuscitam a tensão eterna que sentimos em relação ao técnio: nós compramos as últimas invenções porque queremos ou porque precisamos? A mudança em larga escala para as cidades é uma opção ou uma necessidade? As pessoas são atraídas pelas oportunidades das cidades ou expulsas contra suas vontades pelo desespero? Sem ser forçado, por que alguém abandonaria a calma de um vilarejo e invadiria uma maloca precária nas favelas?

Bem, mesmo as cidades mais lindas começam como favelas. No princípio, elas são um acampamento sazonal, com a rapidez improvisada de sempre. Os confortos são raros, a imundície é a regra. Caçadores, patrulheiros, comerciantes e pioneiros acham um bom lugar para passarem uma noite ou duas; se o campo é considerado um lugar desejável, ele cresce e se transforma em uma vila bagunçada ou um forte desconfortável ou um posto fronteiriço miserável, com prédios permanentes cercados por cabanas temporárias. Se o local do vilarejo favorece o crescimento, círculos concêntricos de posseiros se agregam até que o inchaço caótico transforme o vilarejo em uma cidadezinha. Quando a cidadezinha prospera, ela adquire um centro, cívico ou religioso, e as margens da cidade continuam a se expandir com uma bagunça ingovernável e sem nenhum planejamento. Não importa o século ou país, as margens frenéticas da cidade vão chocar e perturbar os habitantes tradicionais do local. O desdém eterno pelos recém-chegados é tão velho quanto a própria cidade. Os romanos reclamavam de cortiços, barracos e cabanas nas bordas da cidade, que "eram podres, úmidos e tortos". De vez em quando, os soldados romanos derrubavam um acampamento de posseiros, apenas para descobrir que ele fora reconstruído ou se mudara depois de algumas semanas.

Babilônia, Londres e Nova York tinham grandes guetos de colonos indesejados, que erguiam barracos de péssima qualidade e higiene inadequada e trabalhavam em ramos de caráter duvidoso. O historiador Bronislaw Geremek escreve que "as favelas constituíam uma grande parte da paisagem urbana" em Paris na Idade Média. Mesmo na década de 1780, quando Paris estava no auge, cerca de 20% dos habitantes não tinha uma "moradia fixa", ou seja, eles moravam em barracos. Numa reclamação costumeira sobre as cidades medievais francesas, um cavalheiro da época observou: "Várias famílias moram em uma casa. A família de um tecelão pode se apinhar em um mesmo quarto, onde todos se aglomeram em torno de uma lareira". O refrão se repete por toda a história. Cem anos atrás, Manhattan tinha 20.000 posseiros que moravam em casas que eles mesmos haviam erguido. Na década de 1880, no auge de Slab City ("cidade dos tabiques"), no Brooklyn (batizada pelo uso de tábuas roubadas de madeireiras), a favela continha 10.000 habitantes. Nas favelas de Nova York, informava o *New York Times* em 1858, "nove de cada dez barracos têm um só quarto, que em média não passa de três metros e meio em cada lado, e esse espaço serve todos os propósitos da família".

San Francisco foi construída por posseiros. Como reconta Rob Neuwirth em *Shadow Cities*, um livro muito esclarecedor, uma pesquisa de 1855 estimou que "95% dos proprietários em [San Francisco] não tinham escrituras legítimas das suas terras". Os posseiros estavam por toda parte, nos pântanos, nas dunas, nas bases militares. Uma testemunha afirmou que "onde havia um pedaço de terra vazio num dia, no outro ele estava coberto por meia dúzia de tendas ou barracos". A Filadélfia foi povoada em grande parte pelo que os jornais locais chamavam de *squatlers* (uma variante do termo em inglês para "posseiros"). Mesmo em 1940, um em cada cinco cidadãos de Xangai era um invasor de terra. Esse um milhão de invasores ficou na cidade e continuou a melhorar seus barracos, de modo que em uma geração a favela acabou se tornando uma das primeiras cidades do século 21.

É assim que funciona. É assim que todas as tecnologias funcionam. O aparelho eletrônico começa como um protótipo ruim e depois progride até virar algo que mal funciona. Os abrigos improvisados das favelas são melhorados com o tempo, a infraestrutura é ampliada e um dia os serviços precários se tornam oficiais. O que antes era um lar de vagabundos pobres se torna, com o passar das gerações, um lar para vagabundos ricos. Propagar favelas é a função das cidades e morar em favelas é o modo como as cidades crescem. Em quase todas as cidades modernas, todos os bairros são apenas ex-favelas que deram certo. As cidades de posseiros de hoje se tornarão os bairros de sangue azul de amanhã. Isso já está acontecendo no Rio de Janeiro e em Mumbai.

As favelas do passado e as favelas de hoje seguem a mesma descrição. A primeira impressão era e segue sendo a de sujeira e superlotação. Em um gueto de mil anos atrás e numa favela de hoje, os abrigos são improvisados e dilapidados. Os cheiros são terríveis. Mas atividade econômica é cheia de energia. Toda favela tem bares e restaurantes e a maioria tem hospedarias ou lugares onde você pode alugar uma cama. Elas têm animais, leite fresco, fruteiras, barbearias, postos de saúde, herbários, oficinas e homens armados que oferecem "proteção". Uma cidade de invasores é e sempre foi uma cidade secreta, um mundo paralelo sem permissão oficial, mas, ainda assim, uma cidade.

Assim como qualquer cidade, as favelas são altamente eficientes, talvez até mais do que as seções oficiais da cidade, pois nelas nada vai fora. Os catadores e revendedores e coletores vivem nas favelas e correm pelo resto da cidade atrás de restos; eles usam o que encontram para montar novos abrigos e alimentar a economia local. As favelas são como a pele da cidade, a borda permeável que incha à medida que o todo vai se expandindo. A cidade como um todo é uma invenção tecnológica maravilhosa que concentra o fluxo de energia e de mentes com a densidade de um *chip* de computador. Em uma área relativamente pequena, a cidade oferece moradia e trabalho em um espaço mínimo e também gera um máximo de ideias e invenções.

Stewart Brand observa no capítulo "City Planet" do seu livro *Whole Earth Discipline* que "as cidades são criadoras de riquezas; sempre foram". Ele cita o urbanista Richard Florida, que afirma que quarenta das maiores megacidades do mundo, nas quais moram 18% da população mundial, "são responsáveis por dois terços da produção econômica global e quase 9 de cada 10 inovações patenteadas". Um demógrafo canadense calculou que "80 a 90% do crescimento do PIB ocorre nas cidades". A parte nova e esfarrapada de cada cidade, as invasões e acampamentos, muitas vezes contêm seus cidadãos mais produtivos. Como lembra Mike Davis em *Planeta Favela*, "O estereótipo tradicional do morador de rua indiano é do camponês miserável, recém-chegado do campo, que sobrevive da mendicância parasítica, mas pesquisas em Mumbai revelam que quase todas [as famílias] (97%) têm pelo menos uma pessoa que trabalha e 70% estão na cidade há pelo menos seis anos". Em geral, os moradores das favelas têm empregos malpagos no setor de serviços nos distritos elegantes vizinhos; eles têm dinheiro, mas vivem na cidade invadida porque ela fica mais próxima do trabalho. Como são esforçados, eles sobem na vida com rapidez. Um relatório da ONU revela que as famílias das favelas mais antigas de Bangcoc têm em média 1,6 televisor, 1,5 telefone celular e uma geladeira; dois terços têm uma lavadora de roupas e um tocador de CD; e metade tem telefone fixo, um tocador de vídeo e uma motoneta. Nas favelas do Rio de Janeiro, a primeira geração de invasores tinha índices de alfabetização de apenas 5%, mas 94% dos seus filhos sabem ler e escrever.

Esse crescimento tem seu preço. Por mais dinâmicas e energéticas que sejam as cidades, suas fronteiras podem ser desagradáveis. Entrar em uma favela significa pisar na merda. O excremento humano apodrece nas calçadas, a urina flui pela sarjeta e o lixo se acumula em pilhas por todos os lados. Tive essa experiência muitas vezes nas grandes favelas do mundo em desenvolvimento e ela não é divertida; menos ainda para os moradores, que precisam viver com isso todos os dias. Para compensar toda essa feiúra e contaminação externa, o interior de um barraco costuma ser muito mais agradável do que se espera. O material reciclado cobre as paredes, tudo é colorido e os penduricalhos se acumulam para criar uma zona confortável. Claro, o máximo de pessoas se aglomera em cada quarto, mas para muita gente, um barraco numa favela é muito mais confortável do que uma cabana no campo. A eletricidade pirateada pode não ser confiável, mas pelo menos ela *existe*. A única torneira pode ter uma fila enorme, mas pode estar muito mais próxima do que o antigo poço. Os remédios são caros, mas estão disponíveis. E os professores aparecem para dar aula nas escolas.

Não é uma utopia. Quando chove, as favelas viram cidades de lama. A necessidade de pagar propinas para tudo é desesperadora. E os favelados sentem vergonha do óbvio baixo *status* das suas casas. Suketu Mehta, autor de *Maximum City* ("Cidade Máxima", sobre Mumbai), questiona: "Por que alguém deixaria uma casa de alvenaria no campo, com seus dois pés de manga e a vista das colinas no leste e se mudaria para cá?". Ele mesmo responde: "Para que algum dia o filho mais velho possa comprar dois quartos em Mira Road, no norte da cidade. E o mais jovem possa se mudar para ainda mais longe, para Nova Jersey. O desconforto é um investimento".

E Mehta continua: "Para o jovem em um vilarejo indiano, Mumbai não é atraente apenas por causa do dinheiro. Também é uma questão de liberdade". Stewart Brand reconta esse resumo do magnetismo das grandes cidades oferecido pela ativista Kavita Ramdas: "No campo, tudo que a mulher pode fazer é obedecer ao marido e aos parentes, moer painço e cantar. Se ela se muda para cidade, pode arranjar um emprego, começar um negócio e educar os filhos". Os beduínos da Arábia costumavam parecer o povo mais livre da Terra, vagando pelo grande deserto Rub' al-Khali, sob a tenda das estrelas e as ordens de ninguém. Mas eles estão abandonando rapidamente a vida nômade e correndo para os apartamentos de concreto tediosos nos guetos dos estados do Golfo, áreas com crescimento populacional vertiginoso. Como informa Donovan Webster na *National Geographic*, eles deixam seus camelos e bodes presos em estábulos em seus vilarejos ancestrais, pois não conseguem abandonar a riqueza e o romance da vida pastoril. Os beduínos são atraídos pelas cidades, não forçados, porque, em suas próprias palavras: "Sempre podemos voltar ao deserto e sentir o gosto da vida de antigamente. Mas essa [nova] vida é melhor do que o jeito antigo. Antes, não havia cuidados médicos, não havia escolas para os nossos filhos". Um chefe beduíno de 80 anos resume a situação muito melhor do que eu jamais poderia: "As crianças terão mais opções no futuro".

Os imigrantes não precisam vir para as cidades, mas, ainda assim, eles vêm das vilas ou dos desertos e sertões. Se você pergunta por que eles vêm, a resposta é quase sempre a mesma, igual à resposta do beduíno e dos favelados de Mumbai. Eles vêm pelas oportunidades. Eles poderiam ficar onde estão, como os *amish* preferem. Os jovens poderiam ficar nos vilarejos e adotar os agradáveis ritmos agrícolas e artesanais que seus pais seguiam. As secas e enchentes sazonais são eternas, bem como a beleza incrível da terra e a intensidade do apoio familiar e comunitário. As mesmas ferramentas funcionam. As mesmas tradições produzem os mesmos benefícios. As imensas satisfações da labuta sazonal, do lazer em abundância, dos fortes laços familiares, do conformismo reconfortante, das recompensas do trabalho físico, sempre mexem com nosso coração. Se tudo mais fosse igual, quem iria embora de uma ilha grega, de uma vila himalaica ou dos belos jardins do sul da China?

Mas as opções não são iguais. As pessoas de todo o mundo cada vez mais possuem TV e rádio e viajam à cidade para assistir filmes. Elas sabem o que é possível. A liberdade urbana faz com que seus vilarejos pareçam prisões. Por isso, elas escolhem, elas anseiam, sonham, correr para a cidade.

Alguns argumentam que elas não têm escolha. Que quem chega às favelas foi forçado contra a sua vontade a migrar para a cidade, pois suas vilas não têm mais como sustentar agricultores. Que ninguém queria ir embora. Ou talvez que depois de sobreviver da venda de café por várias gerações, essas pessoas sejam vítimas de uma mudança súbita nos mercados mundiais e que o preço do café caiu a quase zero, forçando-os a escolher entre a agricultura de subsistência e uma passagem de ônibus. Ou talvez que um avanço tecnológico, como a mineração de carvão, esteja envenenando suas terras, reduzindo o lençol freático e provocando o êxodo. Além disso, tecnologias como tratores, refrigeração e estradas para transportar os bens de campos mais distantes significam que menos agricultores são necessários, mesmo em países desenvolvidos. O desmatamento em massa para se produzir madeira para a construção civil, ou para abrir espaço para plantar mais alimentos para as cidades, também força os nativos a abandonarem seus lares ancestrais e suas tradições milenares.

A bem da verdade, não há nada tão perturbador quanto a imagem dos indígenas da Bacia Amazônica ou das selvas de Bornéu e Papua Nova Guiné usando motosserras para derrubar suas próprias florestas. Quando sua floresta nativa é derrubada, você é forçado a morar em acampamentos, depois em vilas, depois nas cidades. Quando você chega ao acampamento e perde suas habilidades de caçador-coletor, faz certo sentido perverso aceitar o único emprego disponível nas redondezas, que é cortar a floresta dos vizinhos. O corte raso de florestas primárias representa uma insanidade cultural por vários motivos, mas um dos mais importantes é que as tribos expulsas pela destruição do *habitat* não têm como voltar. Dentro de uma ou duas gerações depois exílio, elas perdem conhecimentos cruciais de como sobreviver nesse ambiente, o que impede seus descendentes de voltarem mesmo que sua terra natal fosse recuperada. Essa saída é uma viagem involuntária só de ida. No mesmo sentido, o tratamento horrendo dado às tribos indígenas das Américas pelos colonos brancos realmente obrigou esses grupos a adotarem o sedentarismo e novas tecnologias que eles não tinham nenhuma pressa de usar.

Entretanto, o corte raso é tecnologicamente desnecessário. A destruição de qualquer tipo de *habitat* é lamentável, além de estupidamente pouco tecnológica, mas não pode ser responsabilizada pela maioria das migrações. O desmatamento é um fator menor combinado à atração das luzes noturnas que levaram 2,5 bilhões de pessoas às cidades nos últimos 60 anos. Hoje, assim como no passado, a maior parte do movimento em massa em direção às cidades – centenas de milhões de pessoas por década – é realizado por gente sedentária, disposta a pagar o preço da inconveniência e da fuligem, a viver em uma favela para ter oportunidades e liberdade. Os pobres se mudam para a cidade pelo mesmo motivo que os ricos se mudam para o futuro tecnológico: eles estão atrás de possibilidades e de mais liberdades.

Em *The Progress Paradox*, Gregg Easterbrook escreve: "Se você pegasse um papel quadriculado e um lápis e plotasse em um gráfico as tendências da vida norte-americana e europeia desde o fim da Segunda Guerra Mundial, acabaria desenhando várias linhas apontadas para cima". Ray Kurzweil reuniu toda uma galeria de gráficos que representam a tendência de rápida ascensão em vários campos tecnológicos, se não na grande maioria deles. Todos os gráficos do progresso tecnológico começam lentos, com pequenas mudanças vários séculos atrás, depois começam a subir nos últimos cem anos e então alçam voo nos últimos cinquenta.

Os gráficos capturam a sensação de que a mudança está se acelerando, mesmo durante nossas próprias vidas. A novidade chega de repente (em comparação com as décadas passadas) e o intervalo entre as grandes mudanças parece cada vez menor. As tecnologias ficam melhores, mais baratas, mais rápidas, mais leves, mais fáceis, mais comuns e mais poderosas à medida que avançamos para o futuro. E não é só a tecnologia. A expectativa de vida humana aumenta, os índices de mortalidade infantil diminuem e até o QI médio da população sobe todos os anos.

Se tudo isso é verdade, então o que pensar do passado distante? Naquela época não havia indícios de progresso, pelo menos não no sentido que imaginamos hoje. Cem anos atrás, as tecnologias não estavam dobrando de potência e cortando os preços pela metade a cada 18 meses. As rodas d'água não ficavam mais baratas todos os anos. Os martelos não eram mais fáceis de usar em uma década do que na outra. O ferro não estava ficando mais resistente. A produção de sementes de milho variava com o clima da estação, em vez de melhorar todos os anos. Era impossível atualizar a canga de bois a cada 12 meses com alguma coisa melhor do que você já estava usando. E sua expectativa de longevidade, ou a dos seus filhos, era aproximadamente a mesma que fora para os seus pais. Guerras, fome, tempestades e eventos curiosos iam e vinham, mas não havia movimento contínuo em qualquer direção. Parecia haver, em suma, mudança sem progresso.

Um equívoco comum sobre a evolução humana é acreditar que as tribos históricas e os clãs pré-históricos dos primeiros sapiens tivessem alcançado um grau de justiça igualitária, liberdade e harmonia que só decaiu com o passar do tempo. De acordo com essa visão, a tendência humana de fabricar ferramentas (e armas) só causou problemas. Cada nova invenção gera um novo poder que pode ser concentrado, corrompido ou aplicado assimetricamente; logo, a história da civilização é uma longa involução. Segundo essa visão, a natureza humana é fixa, inflexível. Se isso é verdade, então as tentativas de alterar a natureza humana só podem levar ao mal, já que as novas tecnologias quase sempre corroem o que há de inerentemente sagrado no espírito humano, e a única maneira de atenuar seus efeitos é com vigilância moral estrita. Portanto, nossa propensão implacável por criar coisas é uma espécie de vício da espécie, ou uma frivolidade autodestrutiva, e se baixarmos a guarda acabaremos sucumbindo aos seus encantos.

A verdade é exatamente o oposto. A natureza humana é maleável. Usamos nossas mentes para mudar nossos valores, expectativas e a definição de quem somos. Modificamos nossa natureza desde que éramos hominídeos e, depois dessa transformação, continuamos a mudar ainda mais. Nossas invenções, como a linguagem, a escrita, a lei e a ciência, produziram um nível de progresso tão fundamental e tão integrado ao presente que agora temos a ingenuidade esperar as mesmas coisas boas do passado. Contudo, muito do que consideramos "civilizado" ou até "humano" não existia antigamente. As primeiras sociedades não eram pacíficas, mas permeadas pela guerra. Uma das causas mais comuns da morte entre adultos nas sociedades tribais era ser declarado uma bruxa ou demônio. Ninguém precisava de provas racionais para fazer essas acusações supersticiosas. Atrocidades letais eram a punição normal para infrações dentro do clã; nossa concepção de justiça não ia além da tribo imediata. A desigualdade entre os gêneros era galopante e a vantagem física dos mais fortes guiava um tipo de justiça à qual poucos modernos gostariam de se sujeitar.

Ainda assim, todos esses valores funcionaram para as primeiras comunidades humanas. As primeiras sociedades eram incrivelmente capazes de adaptação e resistência. Elas produziram arte, amor e significado. Elas tiveram muito sucesso em seus ambientes, pois suas próprias normas sociais tiveram sucesso, ainda que pareçam intoleráveis para os modernos. Se fossem forçadas a depender das nossas concepções modernas de justiça, harmonia, educação e igualdade, essas primeiras sociedades teriam fracassado. Mas todas as sociedades, incluindo as culturas aborígines atuais, evoluem e se adaptam. Seu progresso pode ser imperceptível, mas continua real.

Em todas as culturas até mais ou menos o século 17, o avanço incremental do progresso era atribuído aos deuses ou a um Deus. Somente depois que o progresso foi libertado da intervenção divina e colocado em nossas próprias mãos foi que ele começou a alimentar a si mesmo. O saneamento nos deixou mais saudáveis, e, por isso, podíamos trabalhar mais. As ferramentas agrícolas produziam mais comida com menos trabalho. Novas invenções deixaram nossos lares mais confortáveis para que concebêssemos novas ideias. Quanto mais invenções, melhor. A situação levou a um ciclo rápido de retroalimentação, no qual mais conhecimento permitia que descobríssemos e fabricássemos mais ferramentas, que por sua vez permitiam que descobríssemos e aprendêssemos mais conhecimento, e tanto o conhecimento quanto as ferramentas tornavam nossas vidas mais longas e mais fáceis. A ampliação geral do conhecimento, do conforto e das escolhas, sem falar da sensação de bem-estar, se chamava progresso.

A ascensão do progresso coincidiu com a ascensão da tecnologia. Mas o que impulsionou a tecnologia? Tivemos milhares de anos, se não dezenas de milhares, de cultura humana, de aprendizagem contínua e de transmissão de informações de uma geração para a outra, mas nada de progresso. Às vezes, é claro, uma novidade era descoberta e se disseminava lentamente, ou era redescoberta independentemente, mas qualquer melhoria mensurável entre os séculos sempre era muito pequena. Na verdade, o camponês médio em 1650 seguia uma vida praticamente idêntica à do camponês médio em 1650 a. C. ou 3650 a. C. Em alguns vales do mundo (o Nilo, no Egito, o Yangtzé, na China) e alguns locais e momentos específicos (a Grécia Clássica, a Itália Renascentista), o destino dos cidadãos podia se elevar além da média histórica, mas sempre decaía com o fim de uma dinastia ou uma mudança climática. Até 300 anos atrás, o padrão de vida do ser humano médio era praticamente intercambiável com o de qualquer outro, em qualquer tempo ou lugar: as pessoas sempre estavam famintas e tinham vidas curtas, as escolhas eram limitadas e todos eram extremamente dependentes das tradições para conseguirem meramente sobreviver até a próxima geração.

Esse ciclo lento de nascimento e morte se arrastou por milhares de anos até que, de repente – *bum!* –, as tecnologias industriais complexas surgiram e tudo começou a avançar com toda a velocidade. Qual foi a causa dessa explosão? Qual a origem do nosso progresso?

O mundo antigo – especialmente suas cidades – desfrutou de muitas invenções fabulosas. Aos poucos, aquelas sociedades acumularam maravilhas como pontes em arco, aquedutos, facas de aço, pontes suspensas, moinhos d'água, papel, corantes vegetais e assim por diante. Todas essas inovações foram descobertas por tentativa e erro. Depois de inventadas, elas foram disseminadas aos solavancos. Algumas maravilhas demoraram séculos para chegar a certos países. Esse método quase aleatório de melhoria foi transformado pela ferramenta da ciência. O registro sistemático das evidências que comprovam as crenças, a investigação de por que as coisas funcionavam e a distribuição cuidadosa das inovações comprovadas significa que a ciência logo se tornou a maior ferramenta para criar novos objetos em toda a história da Terra. A ciência era, na verdade, um método de aprendizagem superior para as culturas.

Com a invenção da ciência – que permite o invento sucessivo de muitas outras coisas – temos uma grande alavanca que pode nos lançar para o futuro a toda a velocidade. Foi que aconteceu no Ocidente a partir do século 17. A ciência catapultou a sociedade e iniciou um período de aprendizagem rápida. No século 18, a ciência lançou a Revolução Industrial e o progresso ficou visível no crescimento das cidades, longevidade e alfabetização, sem falar da aceleração das descobertas futuras.

Mas ficamos com um enigma. Os ingredientes necessários do método científico são conceituais e exigem relativamente pouca tecnologia: uma maneira de registrar, catalogar e comunicar evidências por escrito e cronometrar experimentos. Por que os gregos não inventaram a ciência? Ou os egípcios?

Um viajante do tempo de hoje poderia voltar àquela época e estabelecer o método científico na Antiguidade Clássica em Alexandria ou Atenas sem muita dificuldade. Mas será que a ideia pegaria?

Talvez não. A ciência é cara para um indivíduo. Compartilhar resultados oferece benefícios apenas marginais se você está tentando criar uma ferramenta melhor ainda hoje. Portanto, os benefícios da ciência não são óbvios ou imediatos para os indivíduos. Para dar certo, a ciência exige uma certa densidade de população ociosa, disposta a compartilhar e sustentar fracassos. Esse ócio é gerado por invenções pré-científicas, como o arado, os moinhos de grãos, animais de tração domesticados e outras técnicas que permitem um superávit contínuo de alimentos para grandes grupos de pessoas. Em outras palavras, a ciência requer prosperidade e populações.

Fora do domínio da ciência e tecnologia, uma população crescente colapsa sobre si mesma quando atinge os limites malthusianos. Mas dentro desse domínio, uma população crescente cria um ciclo de retroalimentação positivo, no qual mais pessoas participam das inovações científicas e compram os resultados, o que alimenta novas inovações, o que melhora a nutrição, aumenta o superávit de comida e expande a população, o que por sua vez alimenta ainda mais o ciclo.

Assim como o motor domestica o fogo, canalizando sua energia explosiva na forma de trabalho, a ciência domestica o crescimento populacional, canalizando sua energia explosiva na forma de prosperidade. Quanto mais a população cresce, mais cresce o progresso, e vice-versa. Os dois crescimentos têm uma forte correlação entre si.

Em tempos modernos, temos muitos exemplos de populações crescentes que acabam sofrendo declínios na qualidade de vida. É o que está acontecendo em várias partes da África. Por outro lado, a história humana tem poucos casos de aumentos de longo prazo na prosperidade causados por reduções populacionais. A diminuição populacional quase sempre está associada a reduções em prosperidade. Mesmo durante as catástrofes da Peste Negra, quando 30% da população local morreu, a mudança em qualidade de vida era heterogênea. Muitas das regiões camponesas superpovoadas da Europa e da China prosperaram com a redução da concorrência, mas a qualidade de vida dos mercados e da classe alta teve quedas significativas. A qualidade de vida foi redistribuída, mas não houve aumento líquido em progresso durante o período. A evidência das pestes é que o crescimento populacional é uma condição necessária, mas não suficiente, para o progresso.

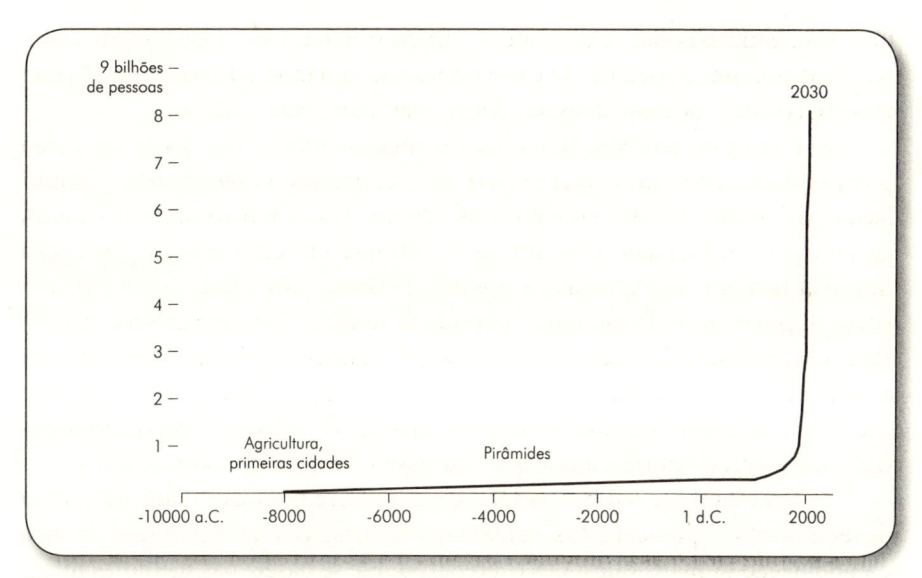

População mundial na civilização. Um gráfico típico representando a população mundial durante os últimos 12.000 anos, incluindo uma breve projeção de 30 anos no futuro.

Está claro que o progresso está profundamente enraizado no conhecimento estruturado da ciência e tecnologia. Mas o crescimento de grandes populações humanas também parece necessário para que esse crescimento progressivo possa desabrochar. O historiador Niall Ferguson acredita que em escala mundial, as origens do progresso dependem apenas da expansão populacional. De acordo com essa teoria, para elevar as populações além dos limites malthusianos é preciso haver ciência, mas em última análise é o aumento no número de seres humanos que impulsiona a ciência e, mais tarde, a prosperidade. Nesse círculo virtuoso, mais mentes humanas inventam mais coisas e compram mais invenções, incluindo ferramentas, técnicas e métodos que sustentarão mais seres humanos. Logo, mais mentes humanas representam mais progresso. O economista Julian Simon chamou as mentes humanas de "o recurso fundamental". Nesse cálculo, mais mentes são a fonte principal de progresso profundo.

Independente de o crescimento populacional ser a causa primária do progresso ou apenas um fator entre muitos, o fenômeno ajuda o crescimento do progresso de duas maneiras. Primeiro, é melhor aplicar um milhão de mentes individuais a um problema do que uma só. É mais provável que alguém vá encontrar uma solução. Segundo, e mais importante, a ciência é uma ação coletiva. A inteligência emergente do conhecimento compartilhado quase sempre supera um milhão de indivíduos.

O gênio científico isolado é um mito. A ciência é ao mesmo tempo o modo como sabemos as coisas pessoalmente e o modo como sabemos coletivamente. Quanto maior o conjunto de indivíduos na cultura, mais inteligente a ciência.

A economia também funciona do mesmo modo. Boa parte da nossa prosperidade econômica atual se deve ao crescimento populacional. A população dos Estados Unidos cresceu constantemente durante os últimos séculos, garantindo um mercado para inovações sempre em expansão. A população mundial também se expandiu no mesmo período, garantindo o crescimento econômico ao redor do mundo. A população mundial também cresceu em termos de acessibilidade e desejo, à medida que bilhões de pessoas abandonaram a agricultura de subsistência e se juntaram ao mercado. Mas tente imaginar o mesmo crescimento econômico dos últimos dois séculos se o mercado mundial ou o mercado norte-americano houvessem diminuído todos os anos.

Se é verdade que o progresso se expande com a população humana, então deveríamos ficar preocupados. Talvez você já conheça o gráfico oficial do pico da população humana que a ONU preparou. Ele se baseia nas melhores informações que temos do censo global de seres humanos vivos hoje. A estimativa máxima de seres humanos na Terra continua a mudar (para menos) em cada revisão nas últimas décadas, mas a forma do seu destino é o mesmo. Um gráfico da ONU típico para os próximos 40 anos é mais ou menos assim:

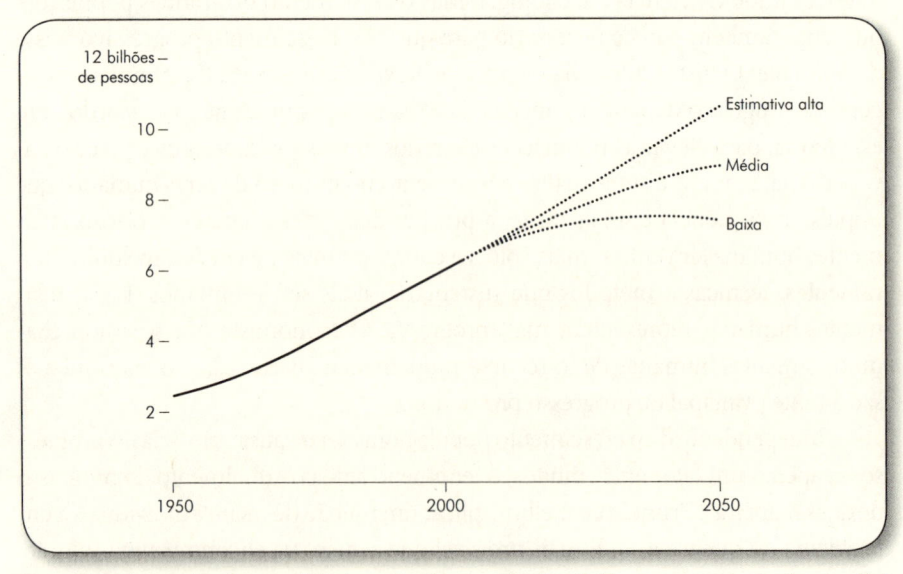

Previsões de população mundial. As projeções das Nações Unidas para a população mundial nos anos de 2002 a 2050, em bilhões, estimadas em 2002.

O problema que a imagem representa para a compreensão da origem do progresso tecnológico é que ele sempre para no mesmo lugar, bem no ano 2050. No auge. Ele não ousa avançar além do pico. Mas o que acontece quando a população chega ao pico? Será que ela afunda, paira ou sobe de novo? Por que ninguém jamais mostra o resto da história? A maioria dos gráficos simplesmente ignora a questão, sem pedir desculpa pela omissão. Mostrar apenas metade da curva é tão comum há tanto tempo que ninguém pergunta sobre a outra metade.

A única fonte que encontrei com projeções confiáveis sobre o que acontece no outro lado do pico da população humana em 2050 é um conjunto de cenários da ONU chamado *World Population in 2300*, ou seja, com projeções para os próximos 300 anos.

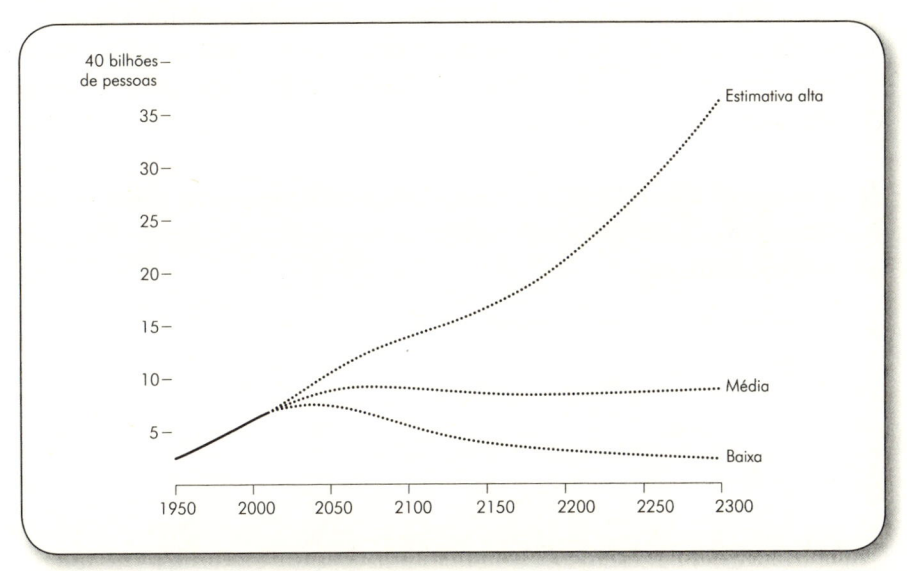

Estimativa a longo prazo da população mundial. Três cenários da Organização das Nações Unidas (alto, médio, baixo) para a população mundial nos próximos 300 anos, de 2000 a 2300, em bilhões.

Mantenha em mente que uma taxa de fecundidade mundial abaixo do nível de substituição de 2,1 filhos por mulher significa uma redução a longo prazo na população mundial, ou seja, crescimento populacional negativo. A estimativa alta da ONU parte do pressuposto que a taxa de fecundidade média de 1995 permanecerá estável no futuro, com 2,35 filhos por mulher. Já sabemos que essa versão extrema não está acontecendo. Poucos dos mais de 100 países do mundo mantiveram suas taxas de fecundidade nesse nível. A estimativa média pressupõe que a fecundidade média cairá abaixo dos níveis de substituição de 2,1 durante 100 anos e que então, por algum motivo, voltará ao nível de substituição pelos 200 anos seguintes. O relatório não sugere qualquer motivo possível para as taxas de fecundidade crescerem no mundo desenvolvido. A estimativa baixa pressupõe 1,85 filho por mulher. Hoje, todos os países da Europa estão abaixo de 2,0, enquanto o Japão está em 1,34. Mesmo esse cenário "baixo" pressupõe uma fecundidade maior em 200 anos do que a maioria dos países desenvolvidos tem hoje.

O que está acontecendo? À medida que os países se desenvolvem, suas taxas de fecundidade diminuem. O fenômeno ocorreu em todos os países que se modernizaram; a redução universal das taxas de fecundidade é conhecida pelo nome de "transição demográfica". O problema é que a transição demográfica não tem fim. Nos países desenvolvidos, a taxa de fecundidade não para de cair, e cair, e cair. Observe a Europa (gráfico abaixo) ou o Japão. Os índices de fecundidade estão caindo para zero (não *crescimento* populacional zero, um problema antigo, mas população zero). Na verdade, a taxa de fecundidade está caindo na maioria dos países, mesmo os países em desenvolvimento. Quase metade dos países do mundo já se encontra abaixo do nível de substituição.

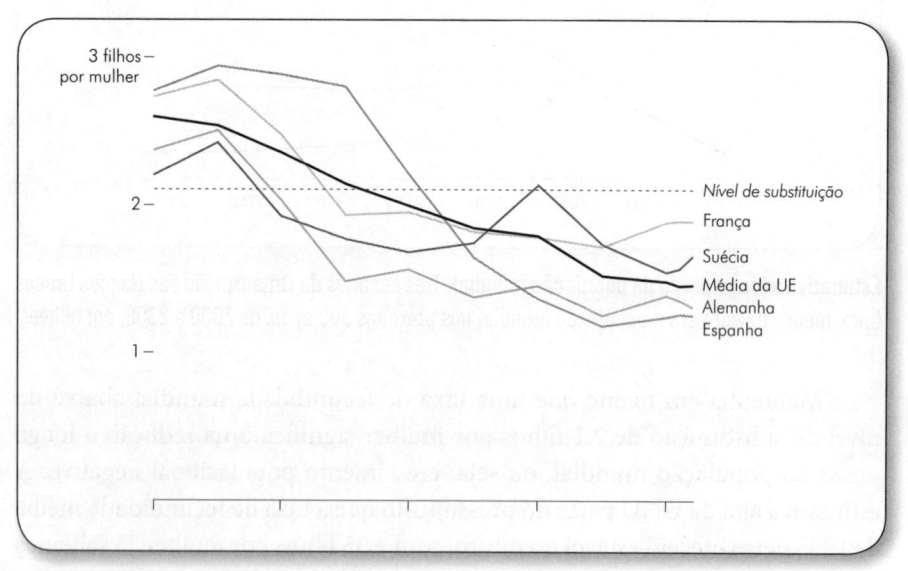

Taxas de fecundidade recentes na Europa. A linha pontilhada é a taxa de substituição, ou seja, a menor taxa pela qual um grupo populacional pode substituir a si mesmo.

Em outras palavras, quando a prosperidade aumenta devido à expansão populacional, as taxas de fecundidade diminuem, o que reduz a população. O fenômeno pode representar um mecanismo de retroalimentação em homeostasia que controlas os índices de progresso exponenciais. Ou ele pode estar errado. Os cenários da ONU para 2300 são assustadores, mas o problema com essas previsões de 300 anos é que os piores cenários não são ruins o suficiente. Os especialistas pressupõem que, mesmo no pior cenário, as taxas de fecundidade não podem cair mais do que as taxas vistas na Europa e no Japão. Mas por que eles pressupõem isso? Porque seria inédito na história. Porém, obviamente, esse nível de prosperidade também jamais aconteceu antes. Por ora, todas os indícios sugerem que o aumento da prosperidade continua reduzindo o número de filhos que a mulher média deseja ter. E se as taxas de fecundidade mundiais continuarem a cair abaixo do nível de substituição de 2,1 filhos por mulher nos países desenvolvidos e 2,3 nos países em desenvolvimento? A taxa de substituição é o número necessário apenas para manter o crescimento zero, para estabilizar a população e não deixá-la diminuir. Uma taxa média de 2,1 significa que uma parcela significativa das mulheres precisa ter três ou quatro ou cinco filhos para compensar aquelas que não têm nenhum, ou que têm apenas um ou dois. Que força contracultural está atuando para levar bilhões de mulheres modernas, educadas e trabalhadoras a terem três, quatro ou cinco filhos? Quantos dos seus filhos têm quatro filhos? Ou três? "Somente poucos" não adiantará nada a longo prazo.

Tenha em mente que uma taxa de fecundidade mundial duradoura ligeiramente abaixo do nível de substituição, digamos, 1,9 filho por mulheres, inevitavelmente levaria a população mundial a zero, pois todos os anos haveria cada vez menos bebês. Mas não precisamos nos preocupar com chegar a zero. Muito antes da população humana chegar a zero, os *amish* e os mórmons salvariam a humanidade com sua prolificidade reprodutiva e suas grandes famílias. A questão é, se o aumento da prosperidade depende do crescimento populacional, o que acontece com o progresso tecnológico profundo se passarmos por séculos de redução lenta da população mundial?

Em resposta, temos cinco cenários possíveis, com cinco suposições diferentes sobre a natureza do progresso.

Cenário 1
Talvez a tecnologia deixe o processo de ter filhos muito mais fácil ou mais barato, mas é difícil imaginar alguma maneira da tecnologia facilitar a criação de três filhos. Ou talvez haja pressão social para manter a espécie ou *status* social

em ter vários filhos. Talvez babás robóticas mudem tudo e ter mais de dois filhos vire moda. Não é impossível especular maneiras de manter um *status quo*. Mas mesmo que a população mundial se estabilize e permaneça em um número constante, não temos qualquer experiência que sugira que populações estagnadas possam produzir níveis crescentes de progresso.

Cenário 2

O censo das mentes humanas pode diminuir, mas construiremos mentes artificiais, talvez aos bilhões. Quem sabe essas mentes artificiais sejam tudo o que precisamos para manter a expansão da prosperidade. Para tanto, além de continuar a produzir ideias, elas também precisariam consumi-las, tal como fazem os seres humanos. Como elas não são humanas (se você quer uma mente humana, tenha um filho), essa espécie de prosperidade e progresso provavelmente seria muito diferente da atual.

Cenário 3

Em vez de depender da expansão do número de mentes humanas, talvez o progresso pudesse continuar a avançar aprimorando a mente humana média. Talvez o uso de tecnologias *always-on* ("sempre ligadas"), engenharia genética ou produtos farmacêuticos aumentem o potencial da mente humana individual, o que expandiria o progresso. Talvez possamos aumentar nossa atenção, dormir menos, viver mais e consumir mais, produzir mais, criar mais. O ciclo gira mais depressa com mentes menos numerosas, mas mais poderosas.

Cenário 4

Talvez nossa análise esteja equivocada. Talvez a prosperidade não tenha nada a ver com o aumento do número de mentes. Talvez o consumo não importe para o progresso. Simplesmente precisamos descobrir como aumentar a qualidade de vida, as escolhas e as possibilidades com cada vez menos pessoas (que viveriam por cada vez mais tempo). É uma visão bastante verde, mas também muito estranha ao sistema atual. Se todos os anos meu público potencial ou meus clientes potenciais são menos numerosos, preciso criar coisas por um motivo que não o crescimento do público ou do número de clientes. É difícil imaginar uma economia sem crescimento. Mas coisas mais estranhas já aconteceram.

Cenário 5

Nossa população se reduz a algumas migalhas, que entram em desespero, se reproduzem loucamente e voltam a prosperar. A população mundial oscila entre extremos.

Se as origens da prosperidade dependem apenas do crescimento populacional humano, então o progresso irá, paradoxalmente, moderar a si mesmo no próximo século. Se as origens do progresso não dependem do crescimento da população, precisamos identificá-las para que continuemos a prosperar depois de ultrapassarmos o pico populacional.

Estou narrando a história do progresso como impulsionado pelas mentes humanas, mas ainda não mencionei o fato crucial de que o uso de energia pela humanidade segue as mesmas curvas ascendentes. Indiscutivelmente, a aceleração do progresso nos últimos 200 anos foi alimentada por um aumento exponencial em energia barata e em abundância. Não é coincidência que a decolagem do progresso na aurora da era industrial começou no exato momento em que os seres humanos descobriram como utilizar a energia do carvão em vez de, ou em complemento a, tração animal. Poderíamos olhar para três curvas ascendentes do século 20 – população humana, progresso técnico e produção de energia – e nos convencemos de que as pessoas e as máquinas estavam comendo petróleo. As curvas se encaixam perfeitamente.

O aproveitamento da energia barata foi uma grande revolução no técnio. Mas se a descoberta da energia compacta fosse o *insight* mais importante, a China teria sido a primeira a se industrializar, pois os chineses descobriram como queimar seus grandes estoques de carvão pelo menos 500 anos antes da Europa. A energia barata foi um bônus importante, mas a posse de estoques de energia não resolviam o problema. A China não dispunha da ciência que foi crucial para liberar toda essa energia.

Imagine se os seres humanos tivessem nascido em um planeta sem combustíveis fósseis. O que teria acontecido? Será que a civilização teria ido longe queimando apenas madeira? É possível. Talvez tecnologias altamente eficientes abastecidas por madeira e carvão vegetal, muito além do que temos hoje em dia, tivessem alimentado um crescimento populacional denso o suficiente para inventar a ciência e, depois, usando apenas a energia do consumo de madeira, a humanidade inventasse painéis solares, energia nuclear ou sabe-se lá o quê. Por outro lado, uma civilização que nadasse em oceanos de petróleo, mas que não conhecesse a ciência, não progrediria em nada.

O progresso segue o crescimento das mentes, que por sua vez causa um eco no crescimento em energia. Combustíveis baratos e abundantes, encontrados com facilidade ao redor do mundo, permitiram a Revolução Industrial e a aceleração atual do progresso tecnológico, mas antes o técnio precisava que a ciência libertasse o poder transformador do carvão e do petróleo. Em uma dança coevolucionária, as mentes humanas dominaram a energia barata, que expandiu os alimentos para aumentar a quantidade de mentes humanas, que geraram mais invenções tecnológicas, que consumiam mais energia barata. Esse circuito de autoamplificação produz as três curvas ascendentes da população, uso de energia e progresso tecnológico, as três vertentes do técnio.

As evidências em prol da curva ascendente de progresso tecnológico são amplas e profundas. Os dados enchem livros e livros. Centenas de artigos acadêmicos registram melhorias significativas e generalizadas em várias questões que consideramos importantes. Em geral, as trajetórias dessas medições apontam todas para mesma direção: para cima. Seu peso acumulado levou Julian Simon a fazer uma previsão muito famosa há mais de uma década:

> Essas são minhas previsões de longo prazo mais importantes, desde que não haja uma guerra mundial ou revolução política: (1) As pessoas viverão por mais tempo do que hoje; menos gente morrerá jovem. (2) As famílias de todo o mundo terão rendas e qualidade de vida superiores às que têm hoje. (3) Os custos dos recursos naturais serão inferiores do que no presente. (4) As propriedades agrícolas continuarão a se tornar ativos econômicos cada vez menos importantes em relação ao valor total de todos os outros ativos econômicos. Tenho muita certeza das quatro previsões, pois quem fizesse as mesmas previsões em momentos anteriores da história teria acertado.

Vale repetir o seu motivo: Simon está apostando em uma força histórica que sustentou sua trajetória por vários séculos.

Entretanto, os especialistas usam três argumentos para atacar a noção de progresso. O primeiro é que estamos medindo algo que é, na verdade, totalmente ilusório. Segundo esse raciocínio, estamos medindo as coisas erradas. Os céticos veem uma deterioração massiva da saúde humana e a perda do espírito humano, para não falar da degradação de todo o resto. Mas qualquer objeção à realidade do progresso precisa reconhecer um fato muito simples: nos Estados Unidos, a expectativa de vida após o nascimento aumentou de

47,3 anos em 1900 para 75,7 anos em 1994. Se isso não é exemplo de progresso, o que seria? Pelo menos em um sentido, o progresso não é ilusão.

A segunda objeção argumenta que o progresso é real apenas em parte, ou seja, que os avanços materiais ocorrem de fato, mas não significam grande coisa. Apenas fatores intangíveis, como a felicidade significativa, contam. Como a significância é algo muito difícil de medir, ela também é muito difícil de otimizar. Por ora, tudo que podemos quantificar tem melhorado a longo prazo.

A terceira objeção é a mais comum hoje em dia. Ela afirma que o progresso material é real, mas caro demais para ser produzido. Em seus dias melhores, os críticos da noção de progresso concordam que a situação dos seres humanos realmente está melhorando, mas apenas porque estamos destruindo ou consumindo os recursos naturais em níveis insustentáveis.

Deveríamos levar esse argumento a sério. O progresso é real, mas suas consequências também. As tecnologias causam danos ambientais graves e reais. Mas os danos não são inerentes às tecnologias. As tecnologias modernas não precisam causar esses danos. Quando aquelas existentes são danosas, criamos outras melhores.

"Se continuarmos como estamos, será muito difícil sustentar essa situação", diz o divulgador científico Matt Ridley. "Mas não continuaremos com estamos. Nunca fazemos isso. Sempre mudamos o que fazemos e sempre ficamos muito mais eficientes no modo como usamos as coisas: energia, recursos, etc. Pense na área usada para alimentar o mundo. Se tivéssemos continuado como éramos, caçadores-coletores, precisaríamos de mais ou menos 85 Terras para alimentar 6 bilhões de pessoas. Se continuássemos como os agricultores primitivos, fazendo queimadas, precisaríamos de toda a Terra, incluindo todos os oceanos. Se tivéssemos continuado como os fazendeiros orgânicos de 1950, sem usar muitos fertilizantes, precisaríamos de 82% da área do planeta para agricultura, não os 38% que cultivamos hoje."

Nós não continuamos como somos. Não enfrentamos os problemas de amanhã com as ferramentas de hoje, e sim com as ferramentas de amanhã. É isso que chamamos de progresso.

E o amanhã terá problemas, pois o progresso não é uma utopia. É fácil confundir o progressivismo com o utopismo, pois qual a direção das melhorias eternas e crescentes se não a utopia? Infelizmente, isso confunde a direção com o destino. O futuro da perfeição tecnológica pura é impossível, mas o futuro enquanto território para expansão contínua das possibilidades é mais do que possível: ele é a estrada em que estamos agora.

Prefiro o modo como o biólogo Simon Conway Morris expressa essa ideia: "O progresso não é um subproduto nocivo dos otimistas inveterados, mas apenas parte da nossa realidade". O progresso é real. Ele é o reordenamento do mundo material possibilitado pelos fluxos de energia e pela expansão de mentes intangíveis. Hoje, os seres humanos são responsáveis pelo progresso, mas essa reorganização começou muito tempo atrás, com a evolução biológica.

Capítulo 6

Transformação predestinada

Enquanto sétimo reino da vida, o técnio agora está amplificando, estendendo e acelerando o progresso auto-organizado que impulsiona a evolução biológica pelos séculos e milênios. O técnio pode ser pensado como "a evolução acelerada". Assim, a melhor maneira de descobrir para onde vai o técnio é discernir para onde vai a própria evolução está indo e o que a colocou nessa direção.

Neste capítulo, defendo a tese de que o curso da evolução biológica não é uma deriva aleatória pelo cosmo, como afirma a ortodoxia atual nos livros acadêmicos. Em vez disso, a evolução – e, por consequência, o técnio – tem uma direção inerente, moldada pela natureza da matéria e da energia. Essa direção agrega certas inevitabilidades à forma da vida. Essas tendências não místicas também se integram à natureza da tecnologia, o que significa que certos aspectos do técnio também são inevitáveis.

Para seguir essa trajetória, precisamos começar pelo começo: a origem da vida. Tal como o robô que constrói a si mesmo, o mecanismo que chamamos de vida montou a si mesmo lentamente quatro bilhões de anos atrás. Desde aquela autoinvenção improvável, a vida evoluiu e gerou centenas de milhões de criaturas improváveis. Mas será que elas são tão improváveis assim?

Quando Charles Darwin estava trabalhando na sua teoria da seleção natural, ele se preocupava muito com o olho. Ele tinha muita dificuldade para explicar como o olho poderia ter evoluído aos poucos, passo a passo, pois a retina, a lente e a pupila parecem tão perfeitamente ajustadas ao todo e tão inúteis sem qualquer outra parte. Os críticos da teoria da evolução de Darwin naquela época consideravam o olho um milagre. Mas os milagres, quase que por definição, só acontecem uma vez. Nem Darwin nem seus críticos souberam apreciar o fato de que o olho tipo câmera não evoluiu apenas uma vez, por mais miraculoso que pareça, mas sim seis vezes durante a história da vida na

Terra. A incrível arquitetura ótica de uma "câmera biológica" também é encontrada em certos polvos, lesmas, anelídeos marinhos, águas-vivas e aranhas. Essas seis linhagens de criaturas sem relação entre si têm apenas um ancestral cego e muito distante em comum, então cada uma recebe o crédito pela evolução independente dessa maravilha. Cada uma das seis manifestações é uma conquista impressionante; afinal de contas, os seres humanos levaram milhares de anos de muito trabalho para montar o primeiro olho tipo câmera artificial que funciona.

Será que as seis automontagens independentes do olho tipo câmera sinalizam um grau supremo de improbabilidade, como uma moeda que cai cara 6 milhões de vezes seguidas? Ou a invenção múltipla significa que o olho é um funil natural que atrai a evolução, tal como a água em um poço no fundo do vale? E também temos oito outros tipos de olhos, todos os quais evoluíram mais de uma vez. O biólogo Richard Dawkins estima que "o olho evoluiu independentemente de 40 a 60 vezes no reino animal", levando-o à seguinte afirmação: "ao que parece, a vida, pelo menos como a conhecemos neste planeta, tem uma ansiedade quase indecente por desenvolver olhos evolutivamente. Podemos prever com confiança que uma amostra estatística de reprises [evolucionárias] culminaria em olhos. E não qualquer olho, mas olhos compostos como vemos em insetos, camarões ou trilobitas, e olhos tipo câmera, como os nossos e os das lulas. (...) Só é possível criar olhos de algumas poucas maneiras, e a vida como a conhecemos pode já ter descoberto todas elas".

É possível que a evolução gravite em direção a formas específicas, a estados naturais? A pergunta é muito importante para o técnico, pois se a evolução demonstra uma atração por certas soluções universais, o mesmo vale para a tecnologia, sua extensão acelerada. Nas últimas décadas, a ciência descobriu que, mantendo-se todos os outros fatores sendo iguais, os sistemas adaptativos complexos (dos quais a evolução é um exemplo) tendem a se estabilizar em alguns padrões recorrentes. Tais padrões não são encontrados em todas as partes do sistema, de modo que a estrutura que aparece é considerada ao mesmo tempo "emergente" e predeterminada pelo sistema adaptativo complexo como um todo. Como a mesma estrutura se repetirá várias vezes, aparentemente saída do nada – como um vórtice que aparece instantaneamente entre as moléculas d'água em uma banheira sendo esvaziada – tais estruturas também podem ser consideradas inevitáveis.

Com alguma perplexidade, os biólogos seguem guardando no fundo da gaveta uma lista sempre crescente de fenômenos idênticos que recorrem na história da vida. Eles não têm certeza do que fazer com esses casos curiosos.

Mas alguns cientistas acreditam que essas invenções recorrentes são "vórtices" biológicos, padrões familiares que emergem das interações complexas da evolução. As 30 milhões de espécies estimadas que coabitam na Terra estão conduzindo milhões de experimentos todas as horas. Elas estão sempre se reproduzindo, brigando, matando ou alterando umas às outras. Dessa recombinação abrangente, a evolução segue convergindo para características semelhantes em ramos distantes da árvore da vida. Essa atração a formas recorrentes é conhecida pelo nome de *evolução convergente*. Quanto mais taxonomicamente separadas as linhagens, mais impressionante a convergência.

Os primatas do Velho Mundo têm visão colorida e um olfato inferior em relação a seus primos distantes, os macacos do Novo Mundo. Os macacos-aranha, lêmures e saguis têm um olfato muito apurado, mas carecem de visão tricolor. Quer dizer, todos exceto o bugio, que, em paralelo aos primatas do Velho Mundo, tem visão tricolor e um olfato rudimentar. O ancestral comum do bugio e dos primatas do Velho Mundo é muito distante, então a evolução da visão tricolor entre os bugios foi um fenômeno independente. Examinando os genes da visão colorida, os bioquímicos descobriram que tanto o bugio quanto os primatas do Velho Mundo usam receptores adaptados aos mesmos comprimentos de onda, e apresentam exatamente os mesmos aminoácidos em três posições críticas. Além disso, o olfato reduzido de ambos os grupos foi causado pela inibição dos mesmos genes olfativos, desligados na mesma ordem e nos mesmos detalhes. "Quando forças semelhantes convergem, resultados semelhantes emergem. A evolução é incrivelmente reproduzível", afirma o geneticista Sean Carroll.

A noção da reprodutibilidade da evolução é altamente controversa. Como a convergência não é somente uma polêmica da biologia, pois também é uma forte indicação de convergência no técnio, vale a pena analisar mais evidências em seu favor na natureza. Dependendo de como medimos o conceito de "independente", o catálogo de exemplos visíveis de evolução independente convergente tem centenas de casos e não para de crescer. Qualquer lista incluirá a evolução tripla das asas nos pássaros, morcegos e pterodátilos (répteis contemporâneos dos dinossauros), todos os quais batem suas asas para voar. O último ancestral comum a essas três linhagens não tinha asas, o que significa que a evolução das asas foi independente em cada linha. Apesar da vasta distância taxonômica, as asas nos três casos têm formas incrivelmente semelhantes: pele esticada sobre membros ósseos. A navegação por ecolocalização ocorreu quatro vezes: nos morcegos, nos golfinhos e em duas espécies de pássaros moradores de cavernas (o guácharo, na América do Sul, e a salangana, na Ásia). A bipedalidade recorre nos seres humanos e nos pássaros. Os compostos anticongelantes evoluíram duas vezes em peixes de águas geladas, uma no Ártico e outra na Antártida. Tanto os beija-flores quanto as mariposas-beija-flor evoluíram para flutuar acima das flores, sugando o néctar por meio de um pequeno tubo. O sangue quente evoluiu mais de uma vez, a visão binocular várias, em ramos taxonômicos muito distantes uns dos outros. Os brioziários, uma família de corais, desenvolveu evolutivamente colônias helicoidais bastante características seis vezes em 400 milhões de anos. A cooperação social evoluiu entre as formigas, abelhas, roedores e mamíferos. Em sete ramos distintos do reino vegetal houve a evolução de espécies insetívoras, que consomem insetos para obter nitrogênio. As folhas das suculentas evoluíram várias vezes a distâncias taxonômicas enormes, a propulsão a jato, duas. As bexigas natatórias evoluíram independentemente entre vários tipos de peixes, moluscos e águas-vivas. O bater de asas compostas de membranas esticadas sobre estruturas esqueléticas emergiu mais de uma vez entre os insetos. Embora os seres humanos tenham desenvolvido tecnicamente aeronaves com asas fixas e com asas rotatórias, ainda não conseguimos construir uma aeronave viável que utilize o bater de asas. Por outro lado, seres planadores com asas fixas (esquilos-voadores, peixes-voadores) e asas giratórias (várias sementes) evoluíram várias vezes. Na verdade, três espécies de roedores voadores também demonstram sinais de convergência: o esquilo-voador é semelhante à filandra e ao marsupial petauro-do-açúcar, ambos da Austrália.

Por causa das suas viagens tectônicas solitárias pelo tempo geológico, o continente australiano é um laboratório para a evolução paralela. A Austrália oferece vários exemplos de marsupiais convergindo com os mamíferos placentários do Velho Mundo, mesmo no passado. Os dentes caninos em forma de sabre são encontrados no tilacosmilo, um marsupial extinto, e no também extinto tigre dentes-de-sabre. Os leões marsupiais tinham garras retráteis assim como os felinos.

Os dinossauros, nossos primos distantes icônicos, desenvolveram independentemente uma série de inovações em paralelo com nossos ancestrais vertebrados comuns. Além dos paralelos entre os pterodátilos voadores e os morcegos, os ictiossauros lembravam os golfinhos e os mosassauros representavam um paralelo das baleias. Os tricerátopes desenvolveram bicos semelhantes aos dos papagaios e aos dos polvos e lulas. Os lagartos da família dos *Pygopodidae* não tinham pernas, assim como as cobras reptilianas que surgiriam posteriormente.

Quanto menor a distância taxonômica entre as linhagens, mais comum (mas menos significativa) a convergência. A evolução da "língua-arpão" para capturar presas à distância foi independente entre sapos e camaleões. Todos os três principais filos de cogumelos desenvolveram espécies que produzem frutos parecidos com trufas escuras, densas e subterrâneas; só na América do Norte, mais de 75 gêneros de cogumelos incluem "trufas", muitos dos quais tiveram evoluções independentes.

Para alguns biólogos, as convergências são uma mera curiosidade estatística, algo como encontrar alguém com mesmo nome e aniversário. É esquisito, mas e daí? Com espécies e tempo suficientes, seria estranho não encontrar duas cujos caminhos se cruzaram morfologicamente. Mas, na verdade, as características homólogas são a regra na biologia. A maior parte da homologia é invisível e ocorre entre espécies relacionadas. É natural que as espécies relacionadas compartilhem certas características, assim como que aquelas sem relação entre si compartilhem menos, então a homologia não relacionada é mais significativa e destacada. Seja como for, a maioria dos métodos usados pela vida são usados por mais de um organismo e em mais de um filo. O raro é encontrar um traço que *não* foi reutilizado em algum outro lugar na natureza. Richard Dawkins desafiou o naturalista George McGavin a listar "inovações biológicas" que só evoluíram uma vez; McGavin compilou apenas algumas, como o besouro-bombardeiro, que mistura dois produtos químicos na hora para esguichar um líquido venenoso nos inimigos, ou a aranha-de-água, que usa uma bolha para respirar. A invenção independente e simultânea parece ser a regra na natureza. Como defenderei no próximo capítulo, a invenção independente e simultânea também parece ser a regra no técnio. Em ambos os reinos, na evolução natural e na evolução tecnológica, a convergência cria inevitabilidades. A inevitabilidade é ainda mais controversa que a reprodutibilidade, então precisamos de ainda mais evidências.

Voltando ao olho recorrente. A retina é coberta por uma camada de uma proteína bastante especializada, que executa a função complicada de perceber a luz. Essa proteína, a rodopsina, transfere a energia fotônica da luz a um sinal elétrico que é enviado pelo nervo ótico. A rodopsina é uma molécula arcaica que, além de estar presente nas retinas dos olhos tipo câmera, também é encontrada no olho sem lente mais primitivo de um verme qualquer. Ela ocorre em todo o reino animal e retém sua estrutura em todas as espécies que a produzem, já que é extremamente eficiente. A molécula provavelmente é a mesma há bilhões de anos. Várias moléculas fotossensíveis concorrentes (criptocromos) não têm a mesma eficiência ou robustez, o que sugere que a rodopsina é simplesmente a melhor molécula para a visão que conseguimos produzir em dois bilhões de anos de tentativas. Mas a grande surpresa é que a rodopsina é outro exemplo de evolução convergente, pois evoluiu duas vezes em dois reinos diferentes no passado distante: uma no Archaea e outra no Eubacteria.

O fato deveria ser chocante. O número de proteínas possíveis é astronômico. O alfabeto tem 20 símbolos-base (aminoácidos) que compõem cada "palavra" proteica, cada uma das quais tem, em média, cerca de 100 símbolos, ou 100 bases (na verdade, muitas proteínas são muito maiores do que isso, mas 100 é um valor grande o suficiente para o nosso cálculo). O número total de proteínas que a evolução poderia gerar (ou descobrir) é 100^{20}, ou 10^{39}. Isso significa que há mais proteínas possíveis do que estrelas no universo. Mas vamos simplificar o problema. Como apenas uma "palavra" de aminoácidos em um milhão se dobra e forma uma proteína funcional, podemos reduzir drasticamente essa magnitude e concordar que o número de proteínas funcionais possíveis é igual ao número de estrelas no universo. Descobrir uma proteína específica seria equivalente a encontrar, por pura sorte, uma estrela específica na vastidão do espaço.

Por essa analogia, a evolução usa uma série de saltos para encontrar novas proteínas (novas estrelas). Ela pula de uma proteína para "próxima" parecida e depois para a nova forma seguinte, até chegar a alguma proteína diferente e remota, muito diferente da primeira. É como viajar para um sol distante pulando de estrela em estrela. Mas em um universo grande como o nosso, depois de cair em uma estrela distante após cem pulos aleatórios, seria impossível voltar à posição original pelo mesmo processo aleatório. Seria uma impossibilidade estatística. Mas é isso que a evolução fez com a rodopsina. De todas as estrelas-proteínas do universo, ela encontrou esta – uma proteína que não é aprimorada há bilhões de anos – duas vezes.

E a impossibilidade do raio que cai duas vezes no mesmo lugar continua a ocorrer no mundo biológico. Em um artigo chamado *Convergent Evolution* ("Evolução Convergente"), o evolucionista George McGhee escreve: "A evolução da morfologia do ictiossauro ou da toninha não é trivial. 'Assombroso' seria a melhor descrição para o fato de um grupo de tetrápodes terrestres, completos com quatro patas e uma cauda, ser capaz de involuir seus membros e caudas e transformá-los em nadadeiras semelhantes às dos peixes. Altamente improvável, se não impossível? Mas aconteceu duas vezes, de modo convergente em répteis e mamíferos, dois grupos de animais sem qualquer relação próxima. Precisaríamos voltar ao Carbonífero para encontrar um ancestral comum aos dois; logo, seus legados genéticos são muito, muito diferentes. Ainda assim, o ictiossauro e a toninha reevoluíram independentemente nadadeiras".

Mas o que, então, orienta esse retorno ao improvável? Se a mesma proteína, ou forma "contingente", evoluiu duas vezes, é óbvio que nem todos os passos do processo podem ser aleatórios. A principal orientação para essas jornadas paralelas é o ambiente em comum. Ambas as formas de rodopsina, a encontrada no reino Archaea e aquela do Eubacteria, e tanto o ictiossauro quanto o golfinho, flutuam nos mesmos mares, com as mesmas vantagens proporcionadas pela adaptação. No caso da rodopsina, como a sopa molecular em torno das moléculas precursoras é basicamente a mesma, a pressão seletiva tenderá a favorecer a mesma direção em cada passo. Na verdade, a equivalência de nicho ambiental quase sempre é o motivo dado para as ocorrências de evolução convergente. Desertos áridos e arenosos em continentes diferentes tendem a produzir roedores saltadores com orelhas grandes e caudas longas, pois o clima e o terreno esculpem um conjunto semelhante de pressões e vantagens.

Sim, mas então por que nem todos os desertos parecidos produzem um rato-canguru ou o gerbo? E por que os roedores dos desertos não são todos alguma versão dos ratos-cangurus? A resposta ortodoxa é que a evolução é um processo altamente contingente, na qual eventos aleatórios e o puro acaso mudam o destino dos envolvidos, de modo que chegar à mesma solução morfológica é muito raro até mesmo em ambientes similares. A contingência e a sorte são fatores tão poderosos na evolução que, na verdade, o milagre é haver alguma convergência. Com base no número de formas possíveis que podem ser montadas com as moléculas da vida e no papel central da deleção e mutação aleatória em formá-las, a convergência significativa a partir de origens independentes deveria ser tão rara quanto os milagres.

Mas cem, ou até mil, casos isolados de evolução convergente significativa sugerem que algo mais está acontecendo. Alguma outra força impulsiona a auto-organização evolucionária em direção a soluções recorrentes. Uma diferente dinâmica além da loteria da seleção natural está guiando o curso da evolução para que ela chegue mais de uma vez a um mesmo destino remoto e improvável. Não estou falando de uma força sobrenatural, mas de uma dinâmica fundamental tão simples quanto a própria evolução. E a mesma força afunila a convergência na tecnologia e na cultura.

A evolução é atraída por certas formas recorrentes e inevitáveis por duas pressões:

1. As restrições negativas geradas pelas leis da geometria e da física, que limitam o escopo das possibilidades da vida.
2. As restrições positivas produzidas pela complexidade auto-organizadora de caminhos metabólicos e genes interligados, que geram algumas poucas possibilidades que se repetem.

As duas dinâmicas criam uma força que direciona a evolução. Ambas as dinâmicas continuam a operar no técnio e também moldam as inevitabilidades da sua história. Abordarei uma influência por vez, começando pelo modo como a física e a química moldam a vida e, por extensão, as invenções da nossa mente no técnio.

A diversidade de escala das plantas e dos animais é magnífica. Os insetos podem ser microscópicos, como os piolhos, ou gigantes, como os escaravelhos chineses do tamanho de sapatos; as sequoias podem chegar a 100 metros de altura, enquanto certas plantas alpinas em miniatura cabem num dedal; baleias-azuis imensas chegam ao tamanho de navios, enquanto os camaleões-pigmeus podem ter apenas dois centímetros. Entretanto, as dimensões de cada espécie não são arbitrárias. Elas seguem uma razão de escala incrivelmente constante tanto nas plantas quanto nos animais. A razão é determinada pela física da água. A força de uma parede celular é determinada pela tensão superficial da água; por sua vez, essa constante determina a altura máxima por comprimento de um corpo, qualquer que ele seja. Essas forças físicas não são relevantes apenas na Terra, mas em todo o universo, então podemos esperar que todo e qualquer organismo baseado na água, evolua quando e onde evoluir, convergirá à mesma escala de tamanho universal (ajustada para a gravidade local).

O metabolismo da vida tem limitações semelhantes. Os animais pequenos vivem intensamente e morrem jovens. Os animais grandes são mais lentos. A velocidade da vida entre os animais – o índice de consumo energético das suas células, a velocidade das contrações musculares, o tempo de gestação ou amadurecimento – é incrivelmente proporcional ao seu tamanho e longevidade. A frequência cardíaca e a taxa metabólica são proporcionais à massa da criatura. Essas limitações são derivadas das regras fundamentais da física e da geometria e das vantagens naturais de se minimizar as superfícies energéticas (superfície pulmonar, superfície celular, capacidade circulatória etc.). Em comparação com o elefante, o coração e o pulmão dos camundongos é superveloz, mas ambos contam o mesmo número de batidas e respirações por vida. É como se os animais recebessem 1,5 bilhão de batidas e pudessem escolher como usá-las. Os camundongos fazem uma versão superacelerada da vida do elefante.

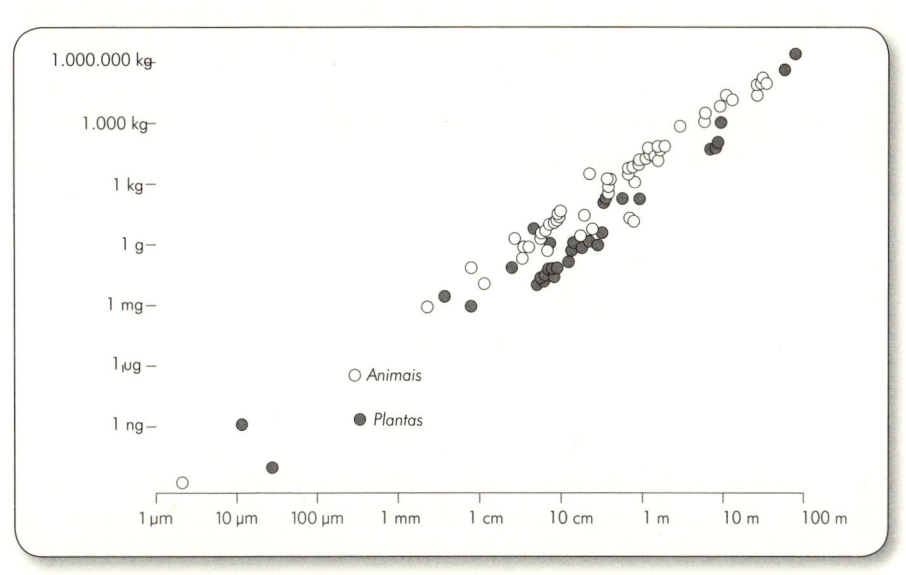

Razão de tamanho na vida. A razão entre a massa e o comprimento de um organismo é uma constante entre plantas e animais.

Na biologia, essa razão metabólica constante era um fato conhecido para os mamíferos, mas os pesquisadores estão descobrindo que uma lei semelhante governa todas as plantas, bactérias e até ecossistemas. As sopas diluídas de algas oceânicas geladas são equivalentes a uma versão em câmera lenta do coração de sangue quente. A quantidade de energia por quilograma (ou densidade energética) que flui por uma planta ou ecossistema é equivalente ao metabolismo. Muitos processos vitais – do número de horas que cada animal precisa ao tempo necessário para chocar um ovo, da velocidade com a qual a floresta acumula massa de madeira à taxa de mutação do DNA – parecem todos seguir uma lei de escala metabólica universal. "Descobrimos que apesar da incrível diversidade da vida, do tomateiro à ameba e ao salmão, depois de ajustar os dados para tamanho e temperatura, muitas dessas taxas e tempos metabólicos são incrivelmente parecidos", afirmam James Gillooly e Geoffrey West, os pesquisadores que descobriram essa lei. "A taxa metabólica é a taxa biológica fundamental", dizem eles, um "relógio universal" marcado em energia, a velocidade pela qual procede toda a vida, de todos os tipos. O relógio é inevitável para todos os seres vivos.

O mundo biológico está repleto de outras limitações físicas. A simetria bilateral (lados direito e esquerdo iguais) recorre em quase todas as famílias da vida. A simetria fundamental parece trazer vantagens adaptativas em vários níveis, do equilíbrio de movimento superior à redundância prudente (dois de cada coisa!) e à compressão eficiente do código genético (basta duplicar o primeiro lado). Outras formas geométricas, como o tubo para transporte de nutrientes em plantas ou animais (o intestino) ou as patas, são apenas a física do bom senso. Algumas formas recorrentes, como a chanfradura arbórea dos ramos das árvores e dos corais ou a espiral das pétalas das flores, se baseiam na matemática do crescimento. Elas se repetem porque a matemática é eterna. Toda a vida na Terra se baseia em proteínas, e a maneira como estas se dobram e desdobram nas células determina os traços e comportamentos das criaturas. Os bioquímicos Michael Denton e Craig Marshall afirmam que "avanços recentes na química das proteínas sugerem que pelo menos um conjunto de formas biológicas, as dobraduras proteicas básicas, é determinado por leis da física semelhantes àquelas que deram origem aos cristais e aos átomos. Elas dão todos os sinais de serem formas platônicas fixas". Em última análise, as proteínas – as moléculas essenciais da diversidade da vida – também são governadas por um conjunto limitado de leis recorrentes.

Se montássemos uma grande planilha com todas as características físicas de todos os organismos vivos da Terra, o resultado seria vários espaços em branco para organismos que, pela lógica, seriam possíveis, mas não existem. Essas criaturas lacunares obedeceriam às leis da biologia e da física, mas nunca nasceram. Essas formas de vida possíveis incluiriam uma cobra mamífera (por que não?), uma aranha voadora ou uma lula terrestre. Na verdade, algumas delas ainda poderiam evoluir na Terra, desde que a flora e fauna atual tenham tempo suficiente. Essas criaturas especulativas são absolutamente plausíveis, pois são convergentes, reciclando (mas recombinando) formas morfológicas que se repetem em toda a biosfera.

Quando artistas e escritores de ficção científica fantasiam sobre planetas alternativos cheios de criaturas vivas, por mais que tentem pensar livremente e fugir dos limites terrenos, muitos dos organismos que eles imaginam também retêm várias das formas encontradas na Terra. Muita gente diria que é falta de imaginação; sempre nos surpreendemos com as formas bizarras encontradas nas profundezas do oceano do nosso próprio planeta, por isso, com certeza, a vida em outros planetas também estará cheia de surpresas. Outros, incluindo eu, concordam que seremos surpreendidos, mas que dadas as possibilidades, o vasto espaço imaginário de todas as maneiras possíveis de estruturar átomos e formar organismos, as descobertas em outros planetas preencherão apenas uma pequena parcela das possibilidades. A vida em outros planetas será surpreendente pelo que fizer com as formas que já conhecemos. O biólogo George Wald, que ganhou um Prêmio Nobel pelo seu trabalho sobre os pigmentos retinianos, fez a seguinte afirmação para a NASA: "Sempre digo aos meus alunos: aprenda sua bioquímica aqui e vocês passarão em todas as provas no sistema da estrela Arcturus".

A limitação física da infinitude nunca fica mais evidente do que na estrutura do DNA. A molécula de DNA é tão incrível que a colocamos numa classe só dela. Como todo aluno sabe, o DNA é uma cadeia helicoidal dupla que pode se organizar em folhas planas, anéis intercalados ou até em um octaedro. Essa singular molécula-ginasta funciona como um molde dinâmico que imprime um conjunto gigantesco de proteínas, responsáveis pelas características físicas dos tecidos, cuja interação mútua gera vastos ecossistemas de complexidade. Desse único semicristal onipotente nasce a variedade estupenda da vida em todas as suas formas inesperadas. Reestruturações sutis nessa minúscula espiral milenar produzem a majestade de um saurópode de 20 metros de altura, a joia delicada que é uma libélula verde iridescente e a pureza gélida das pétalas de uma orquídea branca, além, é claro, da mente humana em toda a sua complexidade. E tudo de um semicristal minúsculo.

Se reconhecermos que nenhuma força sobrenatural está atuando além do alcance da evolução, então todas essas estruturas (e muito mais) devem, em algum sentido, estar contidas na estrutura do DNA. De onde mais elas viriam? Os detalhes de todas as linhagens de carvalho e das futuras espécies de carvalho residem, de alguma maneira, na semente original do DNA. E se reconhecermos que nenhuma força sobrenatural está atuando além do alcance da evolução, então nossas mentes, todas as quais descendem da mesma primeira célula original, também devem estar codificadas implicitamente no DNA. E se isso vale para as nossas mentes, então o que dizer do técnio? A estação espacial, o Teflon e a Internet também estavam diluídas no genoma, esperando o trabalho evolucionário constante para serem precipitados, assim como o carvalho finalmente se manifestou depois de bilhões e bilhões de anos?

Claro que uma mera inspeção da molécula não revela toda essa cornucópia; seria inútil tentar encontrar uma girafa na escada espiralada do DNA. Mas podemos buscar moléculas "sementes" alternativas como uma maneira de reprisar esse desdobramento e tentar descobrir se algo além do DNA poderia gerar a mesma diversidade, confiabilidade e evolutibilidade. Vários cientistas procuraram alternativas ao DNA no laboratório, usando a engenharia química para criar DNAs "artificiais", construindo moléculas semelhantes ao DNA ou desenvolvendo uma bioquímica totalmente inédita. Temos várias razões práticas para inventar uma alternativa ao DNA (por exemplo, para criar células que funcionem no espaço), mas por ora não temos qualquer alternativa com a mesma versatilidade e brilhantismo do DNA.

A primeira abordagem óbvia na busca por uma molécula de DNA alternativa é substituir pares de bases ligeiramente modificados à hélice (pense nos vários degraus da escadaria espiralada do DNA). Em *Origins of Life and Evolution of the Biospheres* ("Origens da Vida e Evolução das Biosferas"), K. D. James e A. D. Ellington escrevem que "os experimentos com estruturas de pares de base alternativos sugerem que o conjunto atual de purinas e pirimidinas [os tipos canônicos de pares de bases] são, em muitos sentidos, ideais. (...) Em geral, os análogos artificiais do ácido nucléico que foram examinados em experimentos se mostraram incapazes de autorreplicação".

A ciência, é claro, está cheia de descobertas que eram consideradas improváveis, implausíveis ou impossíveis. No caso da vida capaz de auto-organização, deveríamos hesitar bastante antes de fazermos generalizações sobre as alternativas, já que tudo que podemos dizer se baseia numa amostra de (por ora) exatamente um elemento, a Terra.

Mas a química é a química em qualquer lugar do universo. O carbono está no centro da vida porque é um elemento gregário e contêm vários ganchos com os quais os outros elementos podem se conectar, sem falar de uma relação particularmente amigável com o oxigênio. O carbono se oxida com facilidade, dando combustível para os animais, e a clorofila das plantas também o reduz com facilidade. E, claro, o carbono é a espinha dorsal para longas cadeias de uma ampla variedade de megamoléculas. O silício, elemento-irmão do carbono, é o candidato alternativo mais provável para o surgimento de formas de vida não baseadas em carbono. O silício também é muito prolífico na ligação com uma ampla variedade de elementos e é ainda mais abundante no nosso planeta do que o carbono. Quando os autores de ficção científica sonham com formas de vida alternativas, muitas se baseiam em silício. Na vida real, entretanto, o silício possui várias desvantagens críticas. É difícil usar o silício para formar cadeias com o hidrogênio, o que limita o tamanho dos seus derivados. As ligações entre dois átomos de silício são instáveis na água. Quando o silício se oxida, seu produto respiratório é uma precipitação mineral, não o dióxido de carbono gasoso; logo, é difícil dissipá-lo. Uma criatura de silício exalaria uma tempestade de areia. Basicamente, o silício produz uma vida seca. Sem uma matriz líquida, é difícil imaginar como transportar moléculas complexas e permitir que elas interajam umas com as outras. Ou talvez a matriz seja uma amônia líquida gelada. Mas ao contrário do gelo, que flutua e isola o líquido não congelado, a amônia congelada afunda, permitindo que o oceano como um todo congele. Essas preocupações não são hipotéticas; elas se baseiam em experimentos que tentaram produzir alternativas à vida baseada em carbono. Por ora, todas as evidências indicam que o DNA é a molécula "perfeita".

Apesar de uma mente inteligente como a nossa ser capaz de inventar uma nova base para a vida, encontrar uma base que possa criar a si mesma é um problema muito mais complicado. Uma base sintética em potencial criada em laboratório poderia ser robusta o suficiente para sobreviver por conta própria, mas não conseguiria organizar a si mesma. Se fosse possível ignorar a necessidade do nascimento autorrealizado, também seria possível pular para vários tipos de sistemas complexos que nunca evoluiriam por conta própria (esse é, na verdade, o "emprego" das mentes: produzir tipos de complexidade que a autocriação evolucionária não consegue). Os robôs e as inteligências artificiais não precisam se organizar a partir de rochas metálicas porque são fabricados em vez de nascerem sozinhos.

Já o DNA precisou se auto-organizar. De longe, a parte mais incrível desse poderoso núcleo da vida é que ele montou a si mesmo. Os ingredientes baseados em carbono mais básicos de todos – como o metano ou o formaldeído – são abundantes no espaço e até mesmo em superfícies planetárias. Porém, nenhuma das condições abióticas (relâmpagos, calor, corpos quentes, impacto, congelamento/descongelamento) com os quais experimentamos para estimular a organização dessas peças de Lego do universo e formar os oito açúcares que compõem o RNA e o DNA conseguiu gerar formas sustentáveis de qualquer um deles. Todos os caminhos conhecidos para criar apenas um desses açúcares, a ribose (o *R* em RNA) são tão complicados que é difícil reproduzi-los em laboratório. Por ora, seria impensável imaginar que essas condições existam na natureza. E isso para apenas uma das oito moléculas predecessoras essenciais. Os cientistas jamais encontraram as condições necessárias (e potencialmente contraditórias) para cultivar dezenas de outros compostos instáveis e levá-los à autogeração.

Ainda assim, cá estamos, então sabemos que esses caminhos peculiares podem ser encontrados. Nem que seja só uma vez. Mas a dificuldade suprema de caminhos improváveis simultâneos trabalharem em paralelo sugere que talvez uma única molécula possa navegar por esse labirinto, automontar suas dezenas de partes, autorreplicar-se depois de nascer e então liberar toda a variedade estarrecedora, estrambólica e estupenda que demonstra a vida na Terra. Não basta encontrar uma molécula que se autorreplica *e* gera níveis cada vez maiores de complexidade.

Talvez haja toda uma série de núcleos químicos maravilhosos com a mesma capacidade. O desafio é encontrar uma que faça tudo isso e ainda faça a si mesma.

Por ora, nenhum outro candidato chegou perto de oferecer a mesma mágica. É por isso que Simon Conway Morris chama o DNA de "a molécula mais estranha do universo". O bioquímico Norman Pace afirma que talvez haja uma "bioquímica universal" baseada nesta molécula mais incrível de todas. Ele especula: "Parece provável que os elementos básicos da vida em qualquer parte do universo serão semelhantes aos nossos, se não nos detalhes, pelo menos em nível geral. Assim, os 20 aminoácidos comuns são as estruturas de carbono mais simples imagináveis que conseguem produzir os grupos funcionais usados na vida". Parafraseando George Wald: se você quer estudar ETs, estude o DNA.

Um outro fato sugere o poder exclusivo (talvez universalmente exclusivo) do DNA. Dois biólogos moleculares, Stephen Freeland e Laurence Hurst, utilizaram computadores para gerar sistemas de códigos genéticos aleatórios (os equivalentes do DNA, mas sem DNA) em um mundo químico simulado. Como calcular a soma combinatória de todos os códigos genéticos possíveis exigiria muito mais tempo do que o universo tem disponível, os pesquisadores usaram um subconjunto de possibilidades como amostra e se concentraram em sistemas que classificaram como quimicamente viáveis. Eles exploraram um milhão de variações do que estimam serem 270 milhões de alternativas viáveis e classificaram os sistemas de acordo com o quanto cada um minimizava os erros no mundo simulado (um bom código genético se reproduz com precisão, sem erros). Depois da eficiência dos códigos genéticos ser medida por 1 milhão de simulações, o resultado foi uma curva normal típica em forma de sino. Em um extremo, o DNA terrestre. De um milhão de códigos genéticos alternativos, nosso sistema de DNA atual foi "o melhor código possível", concluíram Freeland e Hurst. Ele pode não ser perfeito, mas pelo menos é "um em um milhão".

A clorofila verde é outra molécula estranha. Onipresente na Terra, a molécula está longe do ideal. O espectro do Sol atinge seu auge na frequência amarela, mas a clorofila é otimizada para vermelho/azul. Como observa George Wald, a "tripla combinação de capacidades" da clorofila (sua alta fotorreceptividade, sua capacidade de armazenar a energia capturada e transmiti-la para outras moléculas e sua capacidade de transferir hidrogênio para reduzir o dióxido de carbono) tornou a molécula essencial para a evolução das plantas que coletam energia solar, "apesar do espectro de absorção problemático". Wald especula que essa não otimização prova que nenhuma outra molécula baseada em carbono executaria melhor a função de transformar luz em açúcar; afinal, se ela existisse, vários bilhões de anos de evolução já não teriam produzido essa alternativa melhor?

Pode parecer que estou me contradizendo quando aponto para a convergência devido à otimização máxima da rodopsina e depois para a não otimização da clorofila. Não creio que o nível de eficiência seja essencial. Em ambos os casos, a escassez de alternativas é a maior evidência em prol da inevitabilidade. No caso da clorofila, nenhuma forma alternativa aparece depois de bilhões de anos, apesar da imperfeição da molécula; no caso da rodopsina, apesar da existência de alguns concorrentes menores, a mesma molécula foi encontrada duas vezes num vasto campo vazio. A evolução sempre acaba voltando a algumas poucas soluções que dão certo.

Sem dúvida nenhuma, pesquisadores muito inteligentes em algum laboratório vão conseguir criar uma base alternativa ao DNA orgânico e produzirão um rio de novas vidas. Superacelerada, essa base sintética poderá evoluir e dar origem a muitos tipos de novas criaturas, incluindo seres sencientes. Entretanto, esse sistema de vida alternativa, esteja ele baseado em silício, nanotubos de carbono ou gases nucleares em uma nuvem negra, teria suas próprias inevitabilidades, canalizadas pelas limitações contingentes às sementes originais. Ele não poderia fazer qualquer coisa evoluir, mas poderia produzir muitos tipos de vida que a nossa base jamais conseguiria. Alguns autores de ficção científica brincaram com a ideia de que o próprio DNA seria uma molécula artificial nesses moldes. Quem sabe o DNA não é a obra engenhosa de algumas inteligências superiores em jalecos brancos, despejada no universo para semear os planetas naturalmente durante bilhões de anos? Nós seríamos apenas uma de muitas sementinhas que brotaram dessa fórmula genérica. Essa teoria de jardinagem interplanetária explicaria muito, mas não eliminaria a qualidade única do DNA. E também não eliminaria os canais que o DNA estabeleceu para a evolução na Terra.

As limitações da física, química e geometria governam a vida desde as origens – e ainda dominam na era do técnio. "Por trás de toda a diversidade da vida, um conjunto finito de formas naturais recorre sempre e sempre, em qualquer lugar do universo onde haja vida baseada em carbono", afirmam os bioquímicos Michael Denton e Craig Marshall. A evolução simplesmente não tem como criar todas as proteínas possíveis, todas as moléculas coletoras de luz possíveis, todos os membros possíveis, todos os meios de locomoção possíveis, todas as formas possíveis. A vida não é ilimitada em todas as direções; ela é limitada em muitas direções pela natureza da própria matéria.

Minha tese é que os mesmos fatores limitam a tecnologia. A tecnologia se baseia na mesma física e química que a vida. Mais do que isso, enquanto o sétimo reino (acelerado) da vida, o técnio é limitado por muitos dos mesmos fatores que orientam a evolução da vida. O técnio não pode produzir todas as invenções imagináveis ou todas as ideias possíveis. Pelo contrário, em muitas direções, o técnio está sujeito aos limites da matéria e da energia. Mas as limitações negativas da evolução são apenas metade dessa história.

A segunda grande força por trás da evolução na sua grande jornada é a série de limitações positivas que canalizam a inovação evolucionária em certas direções. Em conjunto com as limitações das leis da física, descritas acima, a exotropia da auto-organização orienta a evolução em uma determinada trajetória. Essas inércias internas são incrivelmente importantes na evolução biológica, mas são ainda mais relevantes na evolução tecnológica. Na verdade, no técnio, as limitações positivas autogeradas são mais do que metade da história: agora elas estão em primeiro plano.

Entretanto, a existência de limitações internas que orientam a evolução biológica está longe de ser uma ortodoxia no mundo da ciência. A noção da evolução direcional tem uma história controversa, manchada pela associação com a crença em uma essência sobrenatural da vida. Apesar de não estar mais associada com o sobrenatural, a ideia da evolução direcional agora está ligada à ideia do "inevitável", um conceito que muitos cientistas modernos são incapazes de tolerar.

Respeitando as evidências disponíveis, gostaria de oferecer a melhor defesa possível de uma evolução biológica direcionada. É uma história complicada, essencial para entender a biologia e também para discernir o futuro da tecnologia. Afinal, se eu puder demonstrar a existência de uma direção gerada internamente dentro da evolução natural, então fica mais fácil enxergar meu argumento de que o técnio estende essa direção. Assim, enquanto nos aprofundamos nas forças que dirigem a evolução da vida, lembre-se que essa longa explicação é um argumento paralelo para o mesmo tipo de evolução no campo da tecnologia.

Começarei essa segunda metade da história lembrando que a força exotrópica, apesar da nova atenção que está recebendo, não é o único motor da evolução. A evolução é causada por vários fatores, incluindo as limitações físicas que descrevi acima. Porém, no entendimento científico ortodoxo da evolução como existe hoje, a mudança é atribuída a uma única fonte: a variação aleatória. Na natureza pura e absoluta, os sobreviventes que se reproduzem são selecionados naturalmente devido às variações aleatórias herdadas pelos seus descendentes; logo, na evolução, o avanço aleatório e sem direção é a única opção possível. A grande descoberta das últimas três décadas de pesquisas sobre sistemas adaptativos complexos sugere o contrário: que *a variação apresentada pela seleção natural nem sempre é aleatória*. Os experimentos mostram que algumas mutações "aleatórias" demonstram uma certa tendenciosidade: a variação é governada pela geometria e pela física e, acima de tudo, as variações muitas vezes são moldadas pelas possibilidades inerentes nos padrões recorrentes de auto-organização (como no caso do vórtice da banheira).

Antigamente, a noção de variação não aleatória era uma heresia. Contudo, à medida que os biólogos criaram mais modelos de computador, a ideia de que a variação não é aleatória se tornou consenso científico entre alguns teóricos. Redes de genes capazes de autorregulação (encontradas em todos os cromossomos) tendem a favorecer certos tipos de complexos. "Algumas mutações possivelmente úteis são tão prováveis que podem ser vistas como codificadas no genoma implicitamente", diz o biólogo L. H. Caporale. Os caminhos metabólicos das células podem se autocatalizar, formar uma rede e então adotar certos ciclos preferenciais. Essa descrição é o oposto da visão tradicional, pela qual o interno (a fonte da mutação) criava a mudança, enquanto o externo (a fonte ambiental da adaptação) a selecionava ou direcionava. Na nova visão, o externo (limitações físicas e químicas) cria formas, enquanto o interno (auto-organização) seleciona ou direciona. E quando o interno direciona, ele redireciona para formas recorrentes. Nas palavras do paleontólogo W. B. Scott, a complexidade da evolução cria "canais herdados para mudanças preferenciais".

Na versão dos livros-texto, a evolução é uma força poderosíssima, impulsionada por um único mecanismo quase matemático: mutações aleatórias herdadas, selecionadas de acordo com sobrevivência adaptativa, um fenômeno também chamado de seleção natural. A visão modificada emergente reconhece forças adicionais. Ela propõe que a força criativa da evolução se apoia em *três* pilares: o adaptativo (o agente clássico), mais o contingente e o inevitável (as três forças também reaparecem no técnio). As três forças podem ser descritas como os três vetores da evolução.

O vetor adaptativo é a força ortodoxa ensinada nos livros-textos tradicionais. Tal como Darwin imaginou, os organismos que melhor se adaptam ao ambiente sobrevivem o suficiente para se reproduzirem. Assim, toda e qualquer nova estratégia de sobrevivência em um novo ambiente, venha de onde vier, será selecionada a longo prazo e produzirá uma adaptação bem definida para a espécie em questão. A força adaptativa é fundamental em todos os níveis da evolução.

O segundo vetor na tríade da evolução é o acaso, também chamado de contingência. Muito do que acontece na evolução se resume a uma loteria, não à adaptação do superior. Boa parte das filigranas da especiação são o produto do acaso, de alguma causa improvável que leva uma espécie a um caminho contingente. As manchas individuais nas asas de uma borboleta-monarca não são estritamente adaptativas; elas são pura sorte. Esses inícios aleatórios podem levar a estruturas completamente inesperadas em um momento posterior. E essas estruturas subsequentes podem ser menos complexas ou menos elegantes do que as predecessoras. Em outras palavras, muitas das formas que vemos na evolução se devem a contingências aleatórias no passado e não seguem uma sequência progressiva. Se rebobinássemos a fita da história e apertássemos *play* mais uma vez, o resultado seria diferente (neste momento sou forçado a explicar aos leitores mais jovens que "rebobinar a fita", assim como "discar um número", "revelar um filme" ou "girar a manivela", é um esqueuônimo, uma expressão que herdamos de uma tecnologia que não é mais usada. Nesse caso, "rebobinar a fita" significa reproduzir uma sequência desde um mesmo ponto de partida.).

Stephen Jay Gould, que inventou a ideia de "rebobinar a fita da vida" em seu clássico *Vida Maravilhosa*, apresenta uma defesa elegante da ubiquidade da contingência na evolução. Ele baseou seu argumento nas evidências de um conjunto de fósseis pré-cambrianos misteriosos encontrados no Xisto de Burgess, no Canadá. Um jovem aluno de pós-graduação chamado Simon Conway Morris passou anos executando o trabalho tedioso de dissecar esses fósseis minúsculos sob um microscópio. Depois de uma década de muito estudo, Morris anunciou que o Xisto de Burgess continha um tesouro de biota desconhecida até então, com muito mais diversidade do que a vida como existe hoje. Mas essa antiga diversidade de arquétipos fora dizimada por desastres infelizes cerca de 530 milhões de anos atrás, deixando a evolução posterior com relativamente poucos tipos de organismos, o mundo comparativamente menos diverso do presente. Estruturas superiores foram eliminadas por puro azar. Gould interpretou esse massacre aleatório de uma diversidade maior e mais antiga como um argumento poderoso em prol da contingência e contra a ideia de direcionalidade na evolução. Para Gould, as evidências do Xisto de Burgess demonstravam que as mentes humanas não eram inevitáveis, pois nada na evolução era inevitável. Gould conclui o livro dizendo: "O *insight* mais profundo da biologia sobre a natureza, o *status* e o potencial da humanidade se resume a uma simples expressão, a alma da contingência: o *Homo sapiens* é uma entidade, não uma tendência".

A expressão "entidade, não tendência" é a ortodoxia da teoria evolucionária moderna: a contingência inerente e a aleatoriedade suprema da evolução proíbem as tendências em qualquer direção. Entretanto, pesquisas posteriores rejeitaram a noção de que o Xisto de Burgess continha toda a diversidade que se imaginava originalmente, o que contradiz as conclusões de Gould. O próprio Simon Conway Morris mudou de ideia sobre suas primeiras classificações radicais. Ao que parece, muitos dos organismos do Xisto de Burgess não eram formas novas e esquisitas, mas sim formas velhas e esquisitas, então a contingência era muito menos prevalente na macroevolução e o progresso muito mais provável,

O curioso é que, nos anos que se seguiram ao grande livro de Gould, Morris se tornou o maior paleontólogo a defender a ideia de convergência, direcionalidade e inevitabilidades na evolução. Em retrospecto, o Xisto de Burgess prova que a contingência é uma força importante na evolução, mas não a única.

O terceiro pilar do tripé evolucionário é a inevitabilidade estrutural, a força negada pelos dogmas atuais da biologia. A contingência pode ser pensada como uma força "histórica", ou seja, um fenômeno no qual a história é relevante, mas o componente estrutural do motor da evolução pode ser considerado "anistórico", no sentido de produzir mudanças independentes da história. Rebobine a fita e a história é a mesma. Esse aspecto da evolução acaba forçando inevitabilidades. Por exemplo, o ferrão venenoso defensivo evoluiu pelo menos doze vezes: na aranha, na arraia, na urtiga, na centopeia, no peixe-pedra, na abelha, na anêmona-do-mar, no ornitorrinco macho, na água-viva, no escorpião, nos moluscos conídeos e nas cobras. Sua recorrência não se deve a uma história comum, mas à matriz comum da vida e ao fato das estruturas comuns não surgirem devido ao ambiente externo, mas sim à força interna da complexidade auto-organizada. O vetor é uma força exotrópica, a auto-organização emergente que surge em sistemas com o nível de complexidade da vida evolucionária. Como vimos nos capítulos anteriores, os sistemas complexos adquirem sua própria inércia, criando padrões recorrentes aos quais o sistema tende a voltar. Essa ordem interna emergente guia o sistema de acordo com seus interesses egoístas e, desse modo, agrega uma direção ao processo contínuo da evolução. O vetor impulsiona o caos da evolução em direção a certas inevitabilidades.

Em um gráfico, o tripé evolucionário ficaria assim:

A tríade da evolução. Os três vetores evolucionários da vida. O nome em negrito indica o reino em que opera, enquanto o nome em itálico indica suas consequências.

Todas as três dinâmicas estão presentes, em diversas proporções, nos diferentes níveis da natureza, equilibrando e compensando umas às outras, combinando-se para produzir a história de cada criatura. Uma metáfora ajuda a desembaraçar as três forças: a evolução de uma espécie é como um rio que serpenteia pela terra. A "particularidade" detalhada do rio, o perfil específico dos seus contornos nas margens e no fundo, nasce dos vetores das mutações adaptativas e da contingência (que nunca se repetirão), mas a "fluviosidade" universal do rio (que recorre em todos os rios) ao correr pelo vale nasce da gravidade interna da convergência e da ordem emergente.

As seis linhagens independentes de dinossauros que seguiram o mesmo caminho evolucionário morfológico são outro exemplo dos microdetalhes contingentes que decoram os macroarquétipos inevitáveis. Com o tempo, todas as seis apresentaram uma redução semelhante (inevitável) nos dedos laterais dos membros traseiros, um alongamento dos ossos longos das patas e um encurtamento dos "dedos". Poderíamos dizer que esse padrão faz parte da "dinossauridade". Como se ensaiam em seis linhagens, essas estruturas arquetípicas não são meramente aleatórias. Bob Bakker, o modelo do paleontologista de *Parque dos Dinossauros* e um especialista, na vida real, em dinossauros, afirma que "esse caso incrível de convergência e paralelismo iterativo [nas seis linhagens de dinossauros] (...) é um argumento poderoso em prol da tese de que as mudanças de longo prazo observadas no registro fóssil são o produto de uma seleção natural direcional e não de flutuações genéticas aleatórias".

Em 1897, o paleontólogo Henry Osborn, um dos primeiros especialistas em dinossauros e mamíferos, escreveu: "Meu estudo dos dentes em muitos e muitos filos de Mammalia no passado me convenceu da existência de predisposições fundamentais de se variar em certas direções; que a evolução dos dentes é marcada de antemão por influências hereditárias que remontam a centenas de milhares de anos atrás".

É importante definir o que está "marcado de antemão". Na maioria dos casos, os detalhes da vida são contingentes. O rio da evolução determina apenas as formas mais amplas da vida,. Pode-se pensar nisso como vastos arquétipos, com, por exemplo, os tetrápodes (quadrupedalidade), a forma das cobras, os olhos (câmeras esféricas), os intestinos espiralados, as bolsas de ovos, as asas que batem, os corpos com segmentos repetidos, as árvores, os cogumelos, os dedos. Trata-se de silhuetas gerais, não indivíduos. O biólogo Brian Goodwin propõe que "todas as principais características morfológicas dos indivíduos — corações, cérebros, intestinos, membros, olhos, folhas, flores, raízes, troncos, galhos, para ficar apenas com os mais óbvios — são os resultados emergentes de princípios morfogênicos" e reapareceriam se rebobinássemos a fita da vida. Assim como outros arquétipos recorrentes, eles são padrões que o cérebro percebe sem que você esteja consciente disso. A sua mente diz "ah, é uma ostra", deixando que você preencha os detalhes específicos da cor, textura e espécie individual. A forma "ostra", dois hemisférios côncavos articulados que se fecham, é o arquétipo recorrente, a forma predeterminada.

Vista de longe, de uma distância de bilhões e bilhões de anos, é como se a evolução quisesse criar certas estruturas, da mesma maneira como Richard Dawkins sugere que a vida quer produzir olhos, pois ela segue repetindo a invenção. A evolução parece um agitado processo caótico, mas tem uma tendência que leva à redescoberta das mesmas formas e à produção das mesmas soluções. É quase como se a vida tivesse um imperativo. Ela "quer" materializar certos padrões. Até o mundo físico parece ter as mesmas tendências.

Temos muitos sinais de que nossa vizinhança do universo tende a favorecer o surgimento da vida. Nosso planeta está perto o suficiente do Sol para ser quente, mas longe o suficiente para não queimar. A Terra tem uma Lua grande e próxima que desacelera a rotação, alongando o dia e estabilizando o planeta a longo prazo. A Terra compartilha o Sol com Júpiter, que funciona como imã de cometas. O gelo desses cometas capturados também pode ter dado origem aos oceanos da Terra. O nosso planeta também tem um núcleo magnético, que gera um escudo para raios cósmicos. O planeta tem o nível de gravidade apropriado para reter a água e o oxigênio. Ele tem uma crosta fina, o que permite a agitação das placas tectônicas. Todas essas variáveis estão em uma zona Cachinhos Dourados, nem de menos, nem demais. Pesquisas sugerem que a galáxia também tem uma zona Cachinhos Dourados. Se o planeta está perto demais do centro da galáxia, ele é bombardeado constantemente por radiação cósmica mortal; se está longe demais, quando a massa planetária se condensa da poeira estelar, o novo corpo não tem os elementos pesados necessários para o surgimento da vida. Nosso sistema solar está bem no meio dessa pequena zona ideal. É fácil perder o controle de listas desse tipo e incluir todos os aspectos da vida na Terra. Tudo é perfeito! O catálogo logo começa a lembrar um daqueles anúncios falsos de "Procura-se", secretamente criados para favorecer um único candidato predeterminado.

Alguns desses fatores Cachinhos Dourados vão se revelar meras coincidências, mas nas palavras de Paul Davies, sua quantidade e profundidade sugerem que "as leis da natureza jogam a favor da vida". De acordo com essa visão, "podemos confiar que a vida emerge da sopa assim como um cristal emerge da solução saturada, com sua forma final predestinada pelas forças interatômicas".

Cyril Ponnamperuma, um dos pioneiros da biogênese (o estudo da origem da vida), acreditava que "os átomos e moléculas têm propriedades inerentes que parecem orientar a síntese" em direção à vida. O teórico da biologia Stuart Kauffman acredita que suas simulações abrangentes das redes prebióticas demonstram que, sob as condições corretas, a emergência da vida é inevitável. Segundo ele, nossa existência nesse mundo não é um caso de "nós, os acidentais, mas sim de nós, os esperados". Em 1971, o matemático Manfred Eigen escreveu: "A evolução da vida, se baseada em um princípio físico derivável, deve ser considerada um processo inevitável".

Christian de Duve, ganhador do Prêmio Nobel por seu trabalho na área da bioquímica, vai ainda mais longe. Ele acredita que a vida é um imperativo cósmico. Em seu livro *Poeira Vital*, ele escreve: "A vida é o produto de forças determinísticas. A vida está destinada a surgir sob as condições dominantes e também surgirá em qualquer lugar e a qualquer momento que as mesmas condições forem obtidas. (...) A vida e a mente não emergem devido a acidentes bizarros, mas como manifestações naturais da matéria, gravadas no corpo do universo".

Se a vida é inevitável, por que não os peixes? Se os peixes são inevitáveis, por que não a mente? Se a mente o é, por que não a Internet? Simon Conway Morris especula que "o que era impossível bilhões de anos atrás se torna cada vez mais inevitável".

Uma maneira de testar o imperativo cósmico é simplesmente rebobinar e reprisar a fita da vida. Gould disse que rebobinar a fita da vida seria o grande experimento "impraticável", mas ele estava errado. Nós podemos sim rebobinar a vida.

As novas ferramentas do sequenciamento e da clonagem genética possibilitam a reprise da evolução. Basta escolher uma bactéria simples (*E. coli*), selecionar um indivíduo e fazer dúzias de clones idênticos do mesmo micróbio. A seguir, realize o sequenciamento genético do genótipo de um deles e coloque cada clone restante em uma câmara de incubação idêntica, com as mesmas configurações, e alimente todos os sistemas da mesma maneira. Deixe as bactérias clonadas se multiplicarem livremente em volumes paralelos por 40.000 gerações. A cada 1.000 gerações, retire algumas bactérias de cada volume, congele-as para ter uma imagem do momento e sequencie os genomas evoluídos. Compare os genótipos evoluídos paralelos de cada volume. Se quiser reprisar a fita da evolução, você sempre pode recuperar um espécime congelado e recultivar o micróbio em outra câmara idêntica.

Richard Lenski, professor da Michigan State University, tem realizado exatamente esse experimento no seu laboratório. Os resultados revelam que, em geral, múltiplas evoluções produziram traços semelhantes no fenótipo, o corpo físico da bactéria. As mudanças no genótipo ocorreram mais ou menos nos mesmos lugares, ainda que a codificação exata possa variar bastante. Isso sugere uma convergência da forma geral, com os detalhes específicos deixados para o acaso. Lenski não é o único cientista que está realizando experimentos desse tipo. Outros experimentos mostram resultados semelhantes na evolução paralela: em vez de obter algo novo em cada experimento, o resultado é aquilo que um artigo científico chama de "a convergência de múltiplas linhagens evolutivas em fenótipos semelhantes". Como conclui o geneticista Sean Carroll: "A evolução pode se repetir e de fato se repete em vários níveis de estruturas e padrões, assim como em genes individuais. (...) Essa repetição derruba a ideia de que se rebobinássemos e reproduzíssemos essa história da vida, os resultados seriam todos diferentes". Podemos rebobinar a fita da vida, e quando o fazemos em um ambiente constante, a história quase sempre é mais ou menos a mesma.

Os experimentos sugerem que uma trajetória atravessa a evolução e que essa longa estrada faz com que algumas formas improváveis passem a ser inevitáveis. Esse paradoxo das inevitabilidades improváveis precisa de alguma explicação.

A incrível complexidade da vida disfarça sua singularidade. A vida é uma só. Toda a vida que existe hoje é descendente de uma linha ininterrupta de duplicação, desde uma molécula anciã que trabalhava dentro de uma célula primitiva. Apesar da diversidade magnífica da vida, em um nível fundamental, ela está repetindo bilhões e bilhões de vezes as mesmas soluções que deram certo no passado. Comparadas com todos os arranjos possíveis da matéria e da energia no universo, as soluções da vida são poucas. Como os biólogos descobrem organismos desconhecidos todos os dias, temos motivos para nos maravilharmos com a inventividade e exuberância da natureza. Mas em comparação com o que os nossos cérebros poderiam imaginar, a diversidade da vida na Terra ocupa um cantinho muito restrito. Nossos universos imaginários alternativos são cheios de criaturas muito mais diversas, criativas e malucas do que a vida real. Mas nossas criaturas imaginárias nunca dariam certo, pois seriam repletas de contradições físicas. O mundo do real e do possível é muito menor do que parece à primeira vista.

Os arranjos físicos específicos de matéria, energia e informação que produzem moléculas engenhosas, como a rodopsina, a clorofila ou o DNA, ou mesmo a mente humana, são tão raros no espaço de todas as coisas possíveis que são estatisticamente improváveis, quase a ponto de serem impossíveis. Todo organismo (e artefato) é um arranjo altamente improvável dos seus átomos constituintes. Entretanto, dentro da longa cadeia de reprodução da auto-organização e da evolução incansável, essas formas se tornaram altamente improváveis, e até inevitáveis, pois essa engenhosidade aberta tem poucas opções de como funcionar de verdade no mundo real; logo, a evolução precisa trabalhar com essas opções. Assim, a vida é uma improbabilidade inevitável. E quase todas as fases e formas arquetípicas da vida também são improbabilidades inevitáveis ou, em outras palavras, inevitabilidades improváveis.

Isso significa que algo como a mente humana também é a inevitabilidade improvável da evolução. Rebobine a fita e ela (em outro planeta ou em um período de tempo paralelo) produziria a mente mais uma vez. Quando Stephen Jay Gould afirmou que "*Homo sapiens* é uma entidade, não uma tendência", a frase foi elegante, mas absolutamente errada. Se reprisássemos essa oração, mas de trás para frente, não consigo imaginar uma frase mais sucinta para resumir a mensagem da evolução do que a seguinte:

O *Homo sapiens* é uma tendência, não uma entidade.

A humanidade é um processo. Sempre foi, sempre será. Todo organismo vivo está se tornando alguma coisa. E o organismo humano mais ainda, pois de todos os seres vivos (que conhecemos), nós somos os que têm o fim mais aberto. Nossa evolução enquanto *Homo sapiens* recém começou. Somos pais e filhos do técnio – a evolução acelerada – e, portanto, nada mais nada menos que transformação evolucionária predestinada. "Pareço ser um verbo", como disse o inventor/filósofo Buckminster Fuller.

Da mesma forma, também podemos afirmar: o técnio é uma tendência, não uma entidade. O técnio e suas tecnologias constituintes estão mais próximas de um grande processo do que de um grande artefato. Nada está completo, tudo está em fluxo e a única coisa que importa é a direção do movimento. Mas se o técnio tem uma direção, qual é ela, exatamente? Se as formas mais amplas das tecnologias são inevitáveis, qual o próximo passo?

Nos capítulos seguintes, mostrarei como tendências inatas do técnio convergem em formas recorrentes, tal e qual a evolução biológica, o que leva a invenções inevitáveis. Além disso, essas tendências autogeradas também criam um certo grau de autonomia, semelhante à autonomia conquistada pelos seres vivos. Finalmente, essa autonomia que emerge naturalmente nos sistemas tecnológicos também cria um conjunto de "desejos". Ao seguirmos as tendências de longo prazo da evolução, podemos descobrir o que a tecnologia deseja.

Capítulo 7

Convergência

Em 2009, o mundo festejou o 200º aniversário de Charles Darwin e prestou homenagem ao impacto da sua teoria na nossa ciência e cultura. Mas as comemorações ignoraram Alfred Russel Wallace, que descobriu a mesma teoria da evolução, mais ou menos na mesma época, 150 anos atrás. Mais estranho ainda, Wallace e Darwin descobriram a teoria da seleção natural depois de lerem o mesmo livro de Thomas Malthus sobre crescimento populacional. Darwin não publicou sua revelação até ser provocado pela descoberta paralela de Wallace. Se Darwin tivesse morrido em alto mar durante sua famosa viagem (um destino muito comum naquela época) ou sucumbido a uma de suas muitas doenças durante os anos de estudo em Londres, estaríamos festejando o aniversário de Wallace como o único gênio por trás da teoria. Wallace, um naturalista que morava no Sudeste Asiático, também enfrentou várias doenças graves. Na verdade, ele estava sofrendo de um caso de febre malárica enquanto lia Malthus. Se o pobre Wallace tivesse sucumbido à infecção na Indonésia e Darwin tivesse morrido, as anotações de outros naturalistas da época deixam claro que uma terceira pessoa teria chegado à teoria da evolução por seleção natural, mesmo que jamais tivesse lido Malthus. Alguns autores creem que o próprio Malthus chegou perto de reconhecer a ideia. Ninguém teria descrito a teoria exatamente da mesma maneira, usado os mesmos argumentos ou citado as mesmas evidências, mas de um jeito ou de outro estaríamos celebrando o 150º aniversário da mecânica da evolução natural.

O que parece uma coincidência engraçada se repete várias vezes na história das invenções técnicas e não apenas das descobertas científicas. Alexander Graham Bell e Elisha Gray solicitaram a patente para o telefone no mesmo dia, 14 de fevereiro de 1876. Essa simultaneidade improvável (Gray fez o pedido três horas antes de Bell) levou a acusações mútuas de espionagem, plágio, suborno e fraude. O advogado de patentes de Gray deu o péssimo conselho de que o cliente deveria desistir do seu pedido de prioridade, pois o telefone "não merecia considerações sérias". Mas fosse a dinastia do inventor vitorioso Bell ou Gray, com certeza ainda teríamos linhas telefônicas cruzando os Estados Unidos: Bell recebeu a patente-mestre, mas pelo menos três outros engenheiros além de Gray haviam construído modelos funcionais de telefones nos anos anteriores. Na verdade, Antonio Meucci patenteara seu "teletrofono" mais de dez anos antes, em 1860, usando os mesmos princípios que Bell e Gray. Mas como não falava inglês muito bem, era pobre e não tinha tino para os negócios, Meucci não conseguiu renovar sua patente em 1874. E o inimitável Thomas Edison não estava longe nessa corrida; inexplicavelmente, Edison não ganhou a corrida do telefone, mas inventou o microfone no ano seguinte.

Park Benjamin, autor de *The Age of Electricity*, observou em 1901 que "nenhuma invenção elétrica de qualquer importância já foi realizada sem que a honra de sua origem tenha sido reclamada por mais de uma pessoa". Aprofunde-se na história de qualquer tipo de descoberta, em todo e qualquer campo, e você encontrará mais de um candidato à primeira prioridade. Na verdade, você provavelmente vai descobrir que toda novidade tem *muitos* pais. As manchas solares foram descobertas não por dois, mas por seis observadores diferentes, incluindo Galileu, todos em 1611. Conhecemos seis inventores diferentes do termômetro e três da agulha hipodérmica. Antes de Edward Jenner, seis outros cientistas descobriram a eficácia das vacinações independentemente. A adrenalina foi isolada "pela primeira vez" em quatro ocasiões. Três gênios diferentes descobriram (ou inventaram) as frações decimais. O telégrafo elétrico foi reinventado por Joseph Henry, Samuel Morse, William Cooke, Charles Wheatstone e Karl Steinheil. O francês Louis Daguerre é famoso por ter inventado a fotografia, mas três outras pessoas (Nicephore Niepce, Hercules Florence e William Henry Fox Talbot) também criaram o mesmo processo independentemente. A invenção dos logaritmos costuma ser creditada a dois matemáticos, John Napier e Henry Briggs, mas um terceiro, Joost Burgi, inventou a função três anos antes. Vários inventores na Inglaterra e nos Estados Unidos criaram a máquina de escrever ao mesmo tempo. A existência do oitavo planeta, Netuno, foi prevista por dois cientistas independentes no mesmo ano, 1846. A liquefação do oxigênio, a eletrólise do alumínio e a estereoquímica do carbono, para ficar com apenas três exemplos do mundo da química, foram descobertas independentemente por mais de uma pessoa, e em todos os casos as descobertas simultâneas ocorreram com menos de um mês de diferença entre si.

William Ogburn e Dorothy Thomas, sociólogos da Universidade de Columbia, pesquisaram as biografias, correspondências e anotações pessoais de cientistas para reunir todas as descobertas e invenções paralelas entre 1420 e 1901 que pudessem. Eles escrevem: "O barco a vapor é reclamado como descoberta 'exclusiva' por Fulton, Jouffroy, Rumsey, Stevens e Symmington. Pelo menos seis homens diferentes, Davidson, Jacobi, Lilly, Davenport, Page e Hall, afirmam terem realizado a aplicação da eletricidade às ferrovias de modo independente. Dados os motores elétricos e as ferrovias, as ferrovias elétricas não seriam inevitáveis?".

Inevitável! Essa palavra de novo. Casos comuns da descoberta independente e simultânea de invenções equivalentes sugerem que a evolução da tecnologia converge da mesma maneira que a biológica. Se isso é verdade, se pudéssemos rebobinar a fita da história, a mesma sequência de invenções surgiria em uma ordem muito parecida a cada vez que apertássemos o botão *play*. As tecnologias seriam inevitáveis. O surgimento de arquétipos morfológicos também sugere que essa invenção tecnológica tem uma direção, uma tendência. E essa tendência é, pelo menos em parte, independente dos inventores humanos.

Na verdade, as invenções independentes, equivalentes e simultâneas ocorrem em todos os campos da tecnologia. Se essa convergência indicasse que as descobertas são inevitáveis, os inventores pareceriam conduítes pelos quais uma invenção iminente se manifesta no mundo. Poderíamos imaginar que os inventores seriam intercambiáveis, se não quase aleatórios.

Foi exatamente isso que o psicólogo Dean Simonton descobriu. Ele usou o catálogo de invenções simultâneas pré-1900 de Ogburn e Thomas e agregou várias outras listas semelhantes, mapeando o padrão de descobertas paralelas de 1.546 casos de invenção. Simonton comparou o número de descobertas realizadas por dois indivíduos com aquelas realizadas por três, quatro, cinco ou seis pessoas. O número de descobertas por seis pessoas era menor, claro, mas a razão exata entre os múltiplos produziu um padrão estatístico conhecido como distribuição de Poisson. É o mesmo padrão que vemos em mutações no DNA dos cromossomos e outros eventos aleatórios raros em grandes grupos de agentes possíveis. A curva de Poisson sugeria que o sistema de "quem descobriu o quê" era basicamente aleatório.

É claro que a distribuição de talento não é uniforme. Alguns inovadores (como Edison, Isaac Newton ou William Thomson Kelvin) são simplesmente melhores do que os outros. Mas se os gênios não conseguem se adiantar ao inevitável, como os melhores inventores se tornam excelentes? Simonton descobriu que quanto mais proeminente um cientista (determinado pelo número de páginas que sua biografia ocupa em enciclopédias), maior o número de descobertas simultâneas nas quais ele participou. Kelvin se envolveu em 30 conjuntos de descobertas simultâneas. Além de contribuições acima da média de "próximos passos", os grandes descobridores também participam dos passos mais impactantes; naturalmente, as áreas de investigação que atraem muitos outros indivíduos e, logo, produzem múltiplos. Se a descoberta é uma loteria, os grandes descobridores compram muitos e muitos bilhetes.

Os casos históricos de Simonton revelam que o número de inovações duplicadas aumentou com o passar do tempo: as descobertas simultâneas estão mais frequentes. Com o passar dos séculos, a velocidade das ideias cresceu, o que também acelerou as codescobertas. O grau de sincronia também está aumentando. A distância entre a primeira e a última descoberta em um múltiplo concorrente diminuiu com os séculos. Estamos longe da era em que 10 anos se passavam entre o anúncio público de uma descoberta ou invenção e a data em que o último pesquisador ouviria falar dela.

A sincronia não é apenas um fenômeno do passado, quando a comunicação era de baixa qualidade; ela está viva no presente. Os cientistas do AT&T Bell Labs receberam o Prêmio Nobel por inventar o transistor em 1948, mais dois físicos alemães inventaram o transistor independentemente dois meses depois em um laboratório parisiense da Westinghouse. A história popular dá o crédito pela invenção do computador binário programável a John von Neumann nos últimos anos da Segunda Guerra Mundial, mas a ideia e um protótipo funcional com fita perfurada foram desenvolvidos de maneira independente na Alemanha alguns anos antes, em 1941, por Konrad Zuse. Em um caso comprovado de paralelismo moderno, o computador binário pioneiro de Zuse passou completamente despercebido nos Estados Unidos e na Grã-Bretanha até muitas décadas depois. A impressora a jato de tinta foi inventada duas vezes: uma nos laboratórios da Canon no Japão, outra na Hewlett-Packard, nos Estados Unidos, e as principais patentes foram solicitadas pelas duas empresas com meses de diferença uma da outra em 1977. "Toda a história das invenções é uma sequência eterna de casos paralelos", escreveu o antropólogo Alfred Kroeber. "Alguns observadores podem achar que esses eventos emocionantes são apenas uma piada sem sentido, um capricho da sorte, mas outros vislumbrarão neles a grande inevitabilidade inspiradora que se ergue muito acima dos acidentes da personalidade."

O segredo militar em torno dos reatores nucleares durante a Segunda Guerra Mundial criou um laboratório-modelo que ilumina em retrospecto a inevitabilidade tecnológica. Equipes independentes de cientistas nucleares ao redor do mundo corriam contra o relógio para conquistar a energia atômica. Devido à vantagem militar estratégica óbvia dessa energia, as equipes eram ou inimigos isolados, ou aliados desconfiados e ignorantes ou separadas pelo segredo do "conhecimento necessário" dentro do mesmo país. Em outras palavras, a história da descoberta corria em paralelo entre sete equipes. O trabalho altamente colaborativo de cada equipe independente foi muito bem documentado e avançou por diversos estágios de desenvolvimento tecnológico. Em retrospecto, os pesquisadores podem traçar caminhos paralelos para as mesmas descobertas. O físico Spencer Weart examinou como seis dessas equipes descobriram independentemente uma fórmula essencial para a fabricação de bombas nucleares. A equação, conhecida como a fórmula dos quatro fatores, permite que os engenheiros calculem a massa crítica necessária uma reação em cadeia. Trabalhando em paralelo, mas isolados uns dos outros, as equipes da França, Alemanha e União Soviética, assim como três equipes norte-americanas, descobriram a fórmula ao mesmo tempo. O Japão chegou perto, mas nunca conseguiu resolver o problema. O alto grau de simultaneidade, com seis invenções simultâneas, sugere que a fórmula era inevitável naquele momento.

Entretanto, quando Weart examinou a formulação final de cada equipe, ele viu que as equações variavam. Países diferentes usavam notações matemáticas diferentes para expressar as equações, enfatizavam fatores diferentes, variavam em suas premissas e na interpretação dos resultados e davam importâncias diferentes ao *insight* geral. Na verdade, a equação foi praticamente ignorada por quatro equipes, que a consideravam uma mera teoria. Apenas duas equipes integraram a equação ao trabalho experimental, uma das quais teve sucesso e conseguiu fabricar uma bomba.

Em sua forma abstrata, a fórmula era inevitável. Ninguém duvida que se um grupo não a descobrisse, os outros cinco descobririam. Mas a expressão específica da fórmula não era algo inevitável, e tal expressão intencional pode fazer muita diferença (o destino político do país que aplicou a fórmula, os Estados Unidos, é radicalmente diferente do destino daqueles que não souberam explorar a descoberta).

Newton e Gottfried Leibniz recebem o crédito por terem inventado (ou descoberto) o cálculo, mas na verdade os métodos de cada um eram muito diferentes entre si e as duas abordagens só foram harmonizadas com o passar dos séculos. O método usado por Joseph Priestley para gerar oxigênio era diferente do método de Carl Scheele; usando lógicas diferentes, ambos descobriram o inevitável estágio seguinte. Os dois astrônomos que previram corretamente a existência de Netuno (John Couch Adams e Urbain Le Verrier) na verdade calcularam órbitas diferentes para o planeta. Por acaso, as duas órbitas coincidiam em 1846, então eles encontraram o mesmo corpo celeste usando meios diferentes.

Mas será que esses fatos não passam de coincidências estatísticas? Dados os milhões de invenções na história da humanidade, não seria apenas normal que algumas acontecessem ao mesmo tempo em que as outras? O problema é que a maioria dos múltiplos não é informada. Como afirma o sociólogo Robert Merton, "todas as descobertas isoladas são múltiplos iminentes", ou seja, muitos múltiplos em potencial são abandonados assim que a notícia da primeira invenção é anunciada. A seguinte observação, encontrada nas anotações do matemático Jacques Hadamard em 1949, é muito comum: "Depois de começar a trabalhar em um conjunto de questões e ver que vários autores começaram a seguir a mesma linha, acabo abandonando o problema e investigo algo de diferente". Ou então um cientista registra suas descobertas e invenções, mas fica ocupado demais para publicar o trabalho ou nunca se satisfaz com os resultados. Apenas as anotações dos grandes pensadores são analisadas com cuidado, então a menos que você seja Cavendish ou Gauss (cujas anotações revelam vários múltiplos que nunca foram publicados), suas ideias não publicadas não são contadas. Outras pesquisas concorrentes são ocultas por segredos de Estado, segurança nacional ou por interesses corporativos. Muitas não são disseminadas pelo medo da concorrência. Até pouco tempo atrás, muitos exemplos de descobertas e invenções duplicadas não eram reconhecidas porque estavam descritas em um linguajar técnico impenetrável. Finalmente, algumas descobertas são tão contraintuitivas ou politicamente incorretas que acabam sendo ignoradas.

Além disso, depois que uma descoberta é revelada e adicionada ao repositório do conhecimento geral, todas as investigações posteriores que chegam aos mesmos resultados são contadas como mera corroboração do original, mesmo que tenham usado métodos diferentes. Cem anos atrás, a falha da comunicação estava na baixa velocidade, pois um pesquisador em Moscou ou no Japão podia levar décadas para ouvir falar de uma invenção inglesa. Hoje, o problema é o volume. Tanta coisa é publicada, com tanta velocidade e em tantas áreas, que é muito fácil não ver que algo já foi feito. As reinvenções independentes surgem o tempo todo, às vezes na mais absoluta inocência e com séculos de atraso. Mas como é impossível provar a independência, os atrasados são listados como confirmações, não como prova da inevitabilidade.

Nenhuma evidência em prol da simultaneidade onipresente das invenções é mais forte do que as próprias impressões dos cientistas. A maioria dos pesquisadores considera que "perder a corrida" para outra pessoa trabalhando com as mesmas ideias é o padrão infeliz e doloroso da profissão. Em 1974, o sociólogo Warren Hagstrom entrevistou 1.718 pesquisadores norte-americanos e perguntou se suas pesquisas já haviam sido antecipadas ou "furadas" por outros. Quarenta e seis por cento dos pesquisados acreditavam que seu trabalho fora antecipado em "uma ou duas vezes", enquanto 16% afirmaram que foram antecipados em três vezes ou mais. Jerry Gaston, outro sociólogo, entrevistou 203 físicos nucleares na Grã-Bretanha e obteve resultados semelhantes: 38% disseram que foram antecipados em uma vez e outros 26% em mais de uma.

Ao contrário das pesquisas acadêmicas, que enfatizam trabalhos anteriores e créditos adequados, os inventores tendem a mergulhar de cabeça sem pesquisar metodicamente tudo que veio antes. Isso significa que, do ponto de vista do escritório de patentes, a reinvenção é a norma. Quando os inventores encaminham pedidos de patente, eles precisam citar invenções relacionadas anteriores. Dentre os inventores pesquisados, um terço afirma que não sabia de pedidos anteriores relacionados à mesma ideia enquanto desenvolvia a própria invenção. Eles só descobriram as patentes concorrentes quando começaram a preparar o pedido com o "estado da técnica" necessário. A grande surpresa é que um terço afirmou não estar ciente das invenções anteriores citadas nos próprios pedidos até ser informado pelos pesquisadores (isso é bem possível, pois as citações de patente podem ser agregadas pelo advogado de patente do inventor ou mesmo pelo examinador do escritório de patentes). O estudioso do direito patentário Mark Lemley afirma que, nessa área, "uma grande porcentagem das disputas por prioridade envolve invenções quase simultâneas". Em um estudo sobre essas disputas por prioridade quase simultâneas, Adam Jaffe, da Brandeis University, mostrou que em 45% dos casos, ambas as partes conseguiram provar que tinham um "protótipo funcional" da invenção com menos de seis meses de diferença entre si; quando aumentamos a diferença para um ano, o mesmo vale para 70% dos casos. Segundo Jaffe, "esses resultados apoiam a ideia de que invenções simultâneas ou quase simultâneas são uma característica comum da inovação".

As descobertas simultâneas têm um ar de inevitabilidade. Depois que a rede de tecnologias de apoio necessária é estabelecida, o próximo passo tecnológico adjacente parece emergir quase que automaticamente. Se o inventor X não produzi-lo, o inventor Y irá. Mas o passo será dado, e na sequência certa.

Isso não significa que o iPod, com seu invólucro branco perfeito, era inevitável. Podemos dizer que a invenção do microfone, do *laser*, do transistor, da turbina a vapor e da roda d'água e a descoberta do oxigênio, do DNA e da lógica booleana eram todas inevitáveis mais ou menos na era em que ocorreram. Entretanto, a forma específica do microfone, seus circuitos detalhados, ou a engenharia específica do *laser*, os materiais do transistor, as dimensões da turbina a vapor, a notação característica das fórmulas químicas ou os detalhes de qualquer invenção não eram inevitáveis. Pelo contrário, eles variam bastante de acordo com a personalidade do inventor ou descobridor, os recursos disponíveis, a cultura e sociedade nos quais nascem, o financiamento da descoberta e a influência da sorte e do acaso. Uma luz baseada em um filamento de tungstênio dentro de uma ampola oval com vácuo interno não é inevitável, mas a lâmpada elétrica incandescente é.

O conceito geral da lâmpada elétrica incandescente pode ser abstraído de todos os detalhes variáveis (voltagem, altura, tipo de ampola) e ainda produzir o mesmo resultado – neste caso, transformar eletricidade em iluminação. O conceito geral é semelhante ao arquétipo na biologia, enquanto a materialização específica do conceito está mais próxima da ideia de espécie. O arquétipo é determinado pela trajetória do técnico, enquanto a espécie é contingente.

A lâmpada elétrica incandescente foi inventada, reinventada, coinventada ou "inventada originalmente" dezenas de vezes. Em *Edison's Electric Light: Biography of an Invention*, Robert Friedel, Paul Israel e Bernard Finn listam 23 inventores de lâmpadas incandescentes anteriores a Edison. Seria mais justo dizer que Edison foi o *último* primeiro inventor da luz elétrica. Essas 23 lâmpadas, cada uma das quais original aos olhos dos seus inventores, variavam enormemente no modo como concretizavam a abstração da "lâmpada elétrica". Inventores diferentes empregaram diversos formatos de filamento, materiais de fiação, cargas elétricas e planos para as bases. Mas independentes uns dos outros, todos pareciam estar correndo em direção ao mesmo *design* arquetípico. Podemos pensar nesses protótipos como 23 tentativas diferentes de descrever a lâmpada genérica inevitável.

Muitos cientistas e inventores, e também muita gente de fora da ciência, odeia a ideia de que o progresso da tecnologia é inevitável. A noção causa mal-estar porque contradiz uma crença profunda e universal de que a escolha humana é central para nossa humanidade e essencial para uma civilização sustentável. A admissão de que alguma coisa é "inevitável" parece uma desistência, uma rendição a forças invisíveis e inumanas além do nosso alcance. Segundo esse raciocínio, essa ideia falsa pode nos seduzir e nos convencer a abdicarmos nossa responsabilidade de moldar nossos próprios destinos.

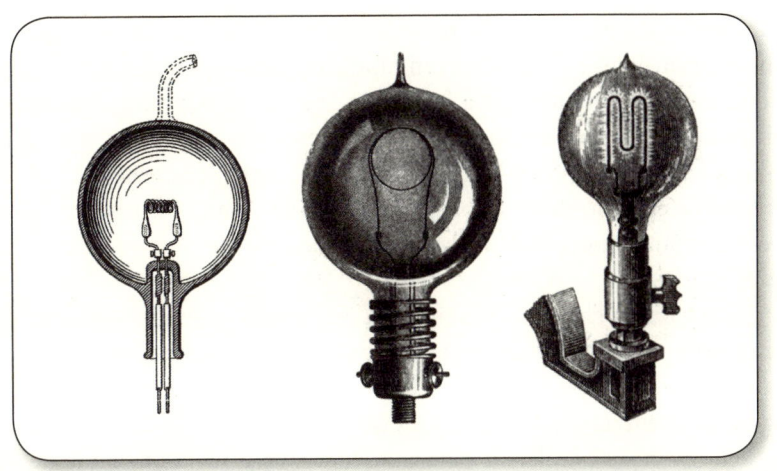

Variedades de lâmpadas. Três lâmpadas elétricas inventadas de modo independente: a de Edison, a de Swan e a de Maxim.

Por outro lado, se as tecnologias são mesmo inevitáveis, então a escolha é apenas uma ilusão e a única maneira de escapar desse feitiço seria destruir todas as tecnologias. Abordarei essas preocupações em um capítulo posterior, mas por ora gostaria de destacar um fato curioso sobre essa última crença. Apesar de muita gente afirmar que a noção de determinismo tecnológico é errada (em ambos os sentidos da palavra), seu comportamento sugere o contrário. Independente de suas ideias racionais sobre a inevitabilidade, na minha experiência, *todos* os inventores e criadores agem como se suas próprias invenções e descobertas fossem iminentemente simultâneas. Todos os criadores, inventores e descobridores que conheço correm para distribuir e patentear suas ideias antes que algum concorrente tente fazer o mesmo ou então tentam terminar suas obras-primas antes que alguém lance algo parecido. Algum inventor nos últimos 200 anos achou que ninguém mais teria a mesma ideia que ele (e estava certo)?

Nathan Myhrvold é um homem renascentista e inventor inveterado que costumava comandar as pesquisas frenéticas da Microsoft, mas queria acelerar o ritmo de inovação fora do reino digital, como cirurgia, metalurgia ou arqueologia, nas quais a inovação muitas vezes fica em segundo plano. Myhrvold fundou uma fábrica de ideias chamada Intellectual Ventures. Ele emprega uma equipe interdisciplinar de inovadores brilhantes que se reúnem e tentam imaginar ideias patenteáveis. Essas reuniões ecléticas de um a dois dias geram 1.000 patentes por ano. Em abril de 2009, o jornalista Malcolm Gladwell escreveu um perfil da empresa de Myhrvold para a revista *New Yorker*, com a ideia de observar que não é preciso ter um monte de gênios para inventar a próxima grande novidade. Quando uma ideia está "no ar", suas muitas manifestações são inevitáveis. Basta ter um número suficiente de indivíduos inteligentes e prolíficos tentando capturá-las. E, claro, vários advogados especializados para patentear o resultado desse trabalho por atacado. Gladwell observa: "O gênio não é uma fonte singular de *insights*; ele é meramente uma fonte eficiente de *insights*".

Gladwell não chegou a perguntar a Myhrvold quantas invenções do seu laboratório se revelam ideias que outras pessoas também têm, então eu mesmo perguntei. Myhrvold respondeu: "Ah, uns 20%... até onde sabemos. Só tentamos patentear um terço das nossas ideias".

Se a invenção paralela é a norma, então até a ideia brilhante de Myhrvold de criar uma fábrica de patentes deveria ter ocorrido a outras pessoas ao mesmo tempo. E claro que ocorreu. Anos antes do nascimento da Intellectual Ventures, o empreendedor digital Jay Walker lançou a Walker Digital Labs. Walker é famoso por ter inventado a Priceline, o sistema de reservas para hotéis e companhias aéreas na qual o cliente determina o preço. No seu laboratório de invenções, Walker montou um processo institucional no qual as equipes interdisciplinares de grandes especialistas se reúnem e pensam em ideias que serão úteis nos próximos 20 anos, o horizonte temporal das patentes. Eles filtram milhares de ideias e refinam algumas para serem patenteadas. Quantas ideias eles abandonam porque o escritório de patentes ou eles mesmos descobrem que já foram antecipadas (o termo jurídico para "furada") por outros? "Depende da área", afirma Walker. "Se for um espaço superlotado com muita inovação acontecendo, como o *e-commerce*, e caso se trate de uma 'ferramenta', provavelmente 100% das ideias já foram pensadas antes. Na nossa experiência, o escritório de patentes rejeita cerca de dois terços das patentes disputadas por terem sido 'antecipadas'. Em outro espaço, como em invenções de jogos, cerca de um terço é bloqueado pelo estado da técnica ou outros inventores. Mas se a invenção é um sistema complexo, em um espaço incomum, não tem muita gente. Sabe, a maioria das invenções é uma questão de tempo... de quando ocorrerão, e não se ocorrerão."

Danny Hillis, outro homem renascentista e inventor inveterado, é cofundador de uma oficina de protótipos inovadores chamada Applied Minds, uma terceira fábrica de ideias. Como você deve imaginar pelo nome ("Mentes Aplicadas"), a empresa usa pessoas inteligentes para criar invenções. Seu *slogan* é "a pequena empresa da Grande Ideia". Assim como a Intellectual Ventures de

Myhrvold, o grupo de Hillis gera milhares de ideias em áreas interdisciplinares: bioengenharia, brinquedos, visão eletrônica, parques de diversão, salas de controle militares, diagnóstico de câncer e ferramentas de mapeamento. Algumas ideias são vendidas como patentes simples; para outras, a Applied Minds cria máquinas físicas ou *software* operacional. Perguntei a Hillis "qual porcentagem das ideias você descobre que alguém já teve antes, ou ao mesmo tempo, ou até depois?". Hillis respondeu com uma metáfora. Ele vê a tendência à simultaneidade como um funil. "Talvez dezenas de milhares de pessoas concebam a possibilidade da mesma invenção ao mesmo tempo. Mas menos de uma em dez imagina *como* transformá-la em realidade. Destas, apenas uma em dez vai realmente resolver os detalhes práticos e as soluções específicas. Destas, apenas uma em dez vai conseguir fazer com que o projeto funcione a longo prazo. Finalmente, quase sempre apenas uma dessas milhares de pessoas que tiveram a ideia vai conseguir fazer com que a invenção dê certo dentro da cultura. No nosso laboratório, nos envolvemos com todos esses níveis de descoberta, nas proporções esperadas." Em outras palavras, na fase conceitual, a simultaneidade é onipresente e inevitável; as ideias brilhantes sempre terão muitos e muitos pais. Mas todas as fases diminuem um pouco o número de pais. Você até pode ser a única pessoa tentando levar a ideia ao mercado, mas a essa altura está apenas no topo de uma grande pirâmide de outras pessoas que tiveram a mesma ideia.

Inventores	Fase	Tarefa	Exemplo
10.000–1.000	Pensar na possibilidade	Reconhecer uma oportunidade para soluções	Deveríamos usar a eletricidade para iluminação
1.000	Ideia de como	Imaginar os elementos cruciais das soluções	Um fio incandescente em uma ampola selada!
100	Detalhes especificados	Selecionar soluções específicas	Tungstênio soldado, bomba à vácuo, coletor de escape da solda
10	Aparelho funcional	Provar que as soluções funcionam e são confiáveis	Protótipos por Swan, Latimer, Edison, Davy, etc.
1	Possibilitar a adoção	Convencer o mundo a adotar as suas soluções	Lâmpada (e sistema elétrico) de Edison

A pirâmide invertida da invenção. O tempo avança para baixo, com as quantidades envolvidas diminuindo em cada nível.

Qualquer pessoa razoável olharia para essa pirâmide e diria que a probabilidade de algo como a lâmpada dar certo é de 100%, ainda que a probabilidade de Edison ser o inventor é de, bem, 1 em 10.000. Hillis também observa outra consequência. Cada estágio da encarnação pode recrutar novos indivíduos. Quem trabalha nas fases posteriores não precisa necessariamente ter sido um dos pioneiros da ideia. Dada a magnitude da redução, os números sugerem que seria improvável que a primeira pessoa a fazer a invenção dar certo também seja a primeira a ter a ideia.

Outra maneira de ler esse gráfico é reconhecer que as ideias nascem abstratas e se tornam mais específicas com o passar do tempo. À medida que as ideias universais se tornam mais específicas, elas também se tornam menos inevitáveis, mais condicionais e mais sensíveis às intenções humanas. Apenas a essência conceitual da invenção ou descoberta é inevitável. Os detalhes de como esse núcleo essencial (a "cadeiridade" de uma cadeira) se manifestam na prática (de compensado, com um encosto arredondado) e irão provavelmente variar bastante, dependendo dos recursos disponíveis aos inventores do momento. Quanto mais abstrata a nova ideia continua, mais universal e simultânea ela será (compartilhada por dezenas de milhares de pessoas). À medida que ela se torna mais concreta e adquire as limitações de uma forma material bem específica, menos pessoas compartilham a ideia e muito menos previsível ela se torna. O projeto final da primeira lâmpada comercial ou do primeiro transistor seria impossível de antecipar, ainda que o conceito fosse inevitável.

Mas e quanto aos grandes gênios, como Einstein? Ele não derruba a noção de inevitabilidade? O senso comum diz que as ideias altamente criativas de Einstein sobre a natureza do universo, anunciadas pela primeira vez em 1905, eram tão extraordinárias, tão à frente do seu tempo e tão únicas que se ele não tivesse nascido, talvez ainda não tivéssemos a teoria da relatividade depois de um século. Einstein era um gênio especial, sem dúvida nenhuma. Mas, como sempre, outros cientistas estavam trabalhando nos mesmos problemas. Hendrik Lorentz, um físico teórico que estudava ondas de luz, introduziu uma estrutura matemática do espaço-tempo em julho de 1905, o mesmo ano que Einstein. Em 1904, o matemático francês Henri Poincaré demonstrou que observadores em espaços diferentes terão relógios que "marcarão o que poderíamos chamar de tempo local" e que "segundo o princípio da relatividade, o observador não pode saber se está parado ou em movimento absoluto". E Wilhelm Wien, vencedor do Prêmio Nobel de Física de 1911, propôs ao comitê sueco que Lorentz e Einstein deveriam dividir o prêmio em 1912 pelo trabalho sobre a relatividade especial. Wien disse ao comitê: "Enquanto Lorentz deve ser considerado o descobridor original do conteúdo matemático do princípio da relatividade, foi Einstein que o reduziu a um princípio simples. Logo, devemos considerar os méritos de ambos os pesquisadores como estando no mesmo nível" (nenhum dos dois ganhou o prêmio naquele ano). Entretanto, de acordo com Walter Isaacson, autor de uma biografia brilhante das ideias de Einstein chamada *Einstein: Sua Vida, Seu Universo*, "Lorentz e Poincaré nunca foram capazes de duplicar o salto de Einstein mesmo *depois* de lerem seu artigo". Mas Isaacson, que comemora o gênio especial de Einstein para os *insights* da relatividade, admite que "outra pessoa teria tido essa ideia, mas não antes de dez anos ou mais". Assim, o gênio icônico da raça humana consegue se adiantar talvez 10 anos em relação ao inevitável. Para o resto da humanidade, o inevitável chega no horário marcado.

A trajetória do técnio é mais fixa em alguns reinos do que em outros. Com base nos dados, "a matemática tem mais inevitabilidade aparente do que as ciências físicas", escreveu Simonton. "E os empreendimentos tecnológicos parecem ser os mais determinados." O reino das invenções artísticas (aquelas produzidas pelas tecnologias da música, escrita, mídia, etc.) contém muita criatividade idiossincrática e parece ser a própria antítese do inevitável, mas nem sempre consegue escapar das correntes do destino.

Os filmes de Hollywood apresentam um hábito perturbador de serem lançados em pares: dois filmes que chegam aos cinemas ao mesmo tempo sobre asteroides apocalípticos (*Impacto Profundo* e *Armagedon*) ou uma formiga heroica (*Vida de Inseto* e *Formiguinhaz*) ou um policial durão cujo parceiro é um cão relutante (*K-9 - Um Policial Bom pra Cachorro* e *Uma Dupla Quase Perfeita*). Qual a causa dessa semelhança, o gênio simultâneo ou o roubo ganancioso? Uma das poucas leis imutáveis dos estúdios e das editoras é que o criador de um filme ou romance de sucesso será processado imediatamente por alguém alegando que o vencedor roubou sua ideia. Às vezes a ideia *foi* roubada, mas também é muito comum que dois escritores, dois cantores ou dois diretores criem obras semelhantes ao mesmo tempo. O bibliotecário Mark Dunn escreveu uma peça chamada *Frank's Life*, montada em um pequeno teatro de Nova York em 1992, sobre um homem que não percebe que sua vida é um *reality show*. No seu processo contra os produtores de *O Show de Truman*, lançado em 1998, Dunn lista 149 semelhanças entre sua peça e o filme, que trata de um homem que não percebe que sua vida é um *reality show*. Entretanto, os produtores de *O Show de Truman* alegam que têm um roteiro registrado e datado de 1991, um ano antes da peça ser montada. Não é difícil acreditar que a ideia de um filme sobre o herói de um *reality show* secreto era inevitável.

Em um artigo na *New Yorker*, Tad Friend analisou a questão da expressão cinemática sincronizada sugerindo que "o aspecto mais divertido dos processos por violação de *copyright* é a frequência com a qual os estúdios tentam provar que a trama era tão batida que eles nunca poderiam ter roubado a ideia de uma única fonte". Na prática, os estúdios dizem: todas as partes desse filme são clichês roubados de tramas/histórias/temas/piadas que estão no ar. Friend continua:

> Seria de se esperar que a imaginação coletiva da humanidade fosse capaz de produzir dezenas de métodos fictícios de perseguir um tornado, mas parece que só há um. Quando Stephen Kessler processou Michael Crichton por "Twister", ele estava incomodado porque em "Catch the Wind", seu roteiro sobre caçadores de tornados, os personagens colocam um aparelho coletor de dados chamado Toto II no caminho do furacão, semelhante ao aparelho Dorothy em "Twister". Não era coincidência, disse a defesa: alguns anos antes, dois outros roteiristas haviam escrito um roteiro chamado "Twister" que também envolvia um aparelho chamado Toto.

Tramas, temas e trocadilhos podem ser inevitáveis quando estão na atmosfera cultural, mas todos queremos encontrar criações totalmente inesperadas. De vez em quando, parece que encontramos uma obra de arte realmente original e não predestinada. Seu padrão, premissa e mensagem se originam de uma mente humana única e têm um brilhantismo que ilumina nosso horizonte. Por exemplo, uma mente original com uma história original como J. K. Rowling, autora da série Harry Potter, uma obra-prima da imaginação. Depois que Rowling lançou Harry Potter em 1997 e teve um sucesso tremendo, ela venceu o processo judicial aberto por um escritor norte-americano que publicara uma série de livros infantis treze anos antes; a série tratava sobre Larry Potter, um menino bruxo órfão que usa óculos em um mundo cheio de Trouxas. Em 1990, Neil Gaiman escreveu uma história em quadrinhos sobre um menino inglês de cabelo moreno que, no dia do seu décimo segundo aniversário, descobre que é um bruxo e recebe uma coruja de um visitante mágico. Ou pense na história de Jane Yolen de 1991, sobre Henry, um menino que estuda em uma escola mágica para jovens bruxos e precisa derrotar um bruxo malvado. Finalmente, temos *O Segredo da Plataforma 13*, publicado em 1994, sobre um portal para um submundo mágico localizado em uma plataforma rodoviária. Temos muitos bons motivos para acreditar em J. K. Rowling quando diz que nunca leu qualquer desses livros (por exemplo, pouquíssimos livros da série dos Trouxas foram impressos e quase nenhum foi vendido; e os quadrinhos adolescentes de

Gaiman não costumam agradar mães solteiras) e muitos outros para aceitar o fato que essas ideias surgiram por um processo de criação espontânea e simultânea. A invenção múltipla acontece o tempo no mundo das artes, assim como na da tecnologia, mas ninguém se dá ao trabalho de catalogar as semelhanças até elas envolverem uma montanha de dinheiro ou fama. Como a série Harry Potter é uma fábrica de dinheiro, descobrimos que neste momento da cultura ocidental, por mais estranho que pareça, histórias sobre meninos bruxos com corujas de estimação em escolas mágicas que entram em mundos estranhos por plataformas em estações ferroviárias são inevitáveis.

Assim como na tecnologia, o núcleo abstrato de uma forma de arte irá se cristalizar e se transformar em cultura assim que o solvente estiver pronto. Ele pode aparecer e reaparecer várias vezes. Mas qualquer espécime específico será inundado por texturas e personalidades insubstituíveis. Se Rowling não tivesse escrito Harry Potter, outro autor teria criado uma história semelhante em linhas gerais, pois já vimos tantas outras com partes paralelas. Mas só Rowling poderia ter escrito a série Harry Potter, as obras reais com todas as suas particularidades deliciosas. A inevitabilidade não está no gênio especial de indivíduos independentes como Rowling, mas no gênio evolutivo do técnio como um todo.

Assim como na evolução biológica, é difícil provar qualquer afirmação sobre a inevitabilidade. Provas convincentes exigem executar uma progressão mais de uma vez e mostrar que o resultado é sempre o mesmo. É preciso mostrar aos céticos que, quaisquer que sejam as perturbações inseridas no sistema, os resultados são idênticos. Afirmar que a trajetória em larga escala do técnio é inevitável significaria demonstrar que, se reprisássemos a história, as mesmas invenções abstratas surgiriam mais uma vez e mais ou menos na mesma ordem relativa. Sem uma máquina do tempo confiável, não temos como obter provas absolutas. Entretanto, três tipos de evidências são uma forte indicação de que os caminhos das tecnologias são inevitáveis.

1. Sempre descobrimos que as invenções e descobertas, em sua maioria, foram realizadas de modo independente por mais de uma pessoa.
2. Na Antiguidade, observamos cronologias independentes da tecnologia em continentes diferentes que convergem em uma dada ordem.
3. Nos tempos modernos, observamos sequências de aprimoramentos que são difíceis de parar, atrasar ou modificar.

Em relação ao primeiro ponto, o registro moderno sobre a descoberta simultânea é bastante claro: o fenômeno é a regra na ciência e tecnologia e não é desconhecido no mundo das artes. A segunda linha de evidências, relativa à Antiguidade, é mais difícil de produzir, pois envolve o registro de ideias durante um período anterior à escrita. Nesse caso, dependemos de dicas sobre os artefatos arqueológicos. Alguns desses objetos sugerem que as descobertas independentes convergem em paralelo e formam uma sequência uniforme de invenções.

Até as redes de comunicação rápida envolverem a Terra com sua instantaneidade assombrosa, o progresso das civilizações ocorria principalmente na forma de linhas independentes nos vários continentes. Os continentes semoventes do nosso planeta, flutuando em placas tectônicas, são ilhas gigantes. Essa geografia produz um laboratório para testarmos o paralelismo. Desde 50.000 anos atrás, na aurora dos sapiens, até o ano 1.000 d. C., quando as viagens marítimas e a comunicação terrestre se aceleraram, a sequência de invenções e descobertas nos quatro continentes principais (Europa, África, Ásia e as Américas) representou uma série de progressões independentes.

Na pré-história, a difusão das inovações avançava apenas alguns quilômetros por ano, no máximo, e consumia gerações para cruzar cadeias de montanhas e séculos para cruzar as regiões. Uma invenção nascida na China levava um milênio para chegar à Europa e nunca veria a América. Por milhares de anos, as descobertas africanas apenas respingaram na Ásia e na Europa. O continente americano e a Austrália estavam separados dos outros por oceanos intransponíveis até a era das navegações. Qualquer tecnologia importada pelas Américas precisou chegar por uma ponte de terra em um período de tempo relativamente curto, entre 20.000 e 10.000 a. C., e quase nada depois disso. Qualquer migração para a Austrália também dependia de uma ponte de terra geologicamente temporária que se fechou 30.000 anos atrás, com um fluxo apenas marginal desde então. As ideias circulavam principalmente dentro de cada continente. O grande berço da descoberta societária dois mil anos atrás (Egito, Grécia e o Levante) estava posicionado entre os continentes, roubando a importância das fronteiras comuns daquela encruzilhada. Entretanto, apesar de conduítes cada vez mais rápidos entre as áreas adjacentes, as invenções ainda demoravam para circular dentro de cada continente e quase nunca cruzavam os oceanos.

O isolamento forçado nos dá uma maneira de rebobinar a fita da tecnologia. De acordo com os indícios arqueológicos, a zarabatana foi inventada duas vezes, uma nas Américas e outra nas ilhas do Sudeste Asiático. A arma era desconhecida em todo o mundo, exceto nessas duas regiões distantes. Essa separação drástica torna o nascimento da zarabatana um belo exemplo de invenção convergente com duas origens independentes. A semelhança da arma nas duas culturas não causa surpresa: ela é um tubo oco, muitas vezes esculpido em duas metades amarradas por tiras. Basicamente, ela consiste num cano de bambu ou cana, então não poderia ser mais simples. O incrível é que um conjunto quase idêntico de invenções serve de apoio para o instrumento. As tribos das Américas e da Ásia usam tipos semelhantes de dardos, recheados com um pistão fibroso; ambas mergulham as pontas dos dardos em venenos que são letais para os animais, mas não prejudicam a carne; ambas levam os dardos em aljavas, impedindo que a ponta envenenada perfure a pele por acidente; e ambas empregam a mesma pose peculiar quando usam o instrumento. Quanto mais longo o tubo, mais precisa a trajetória, mas também mais o cano treme na hora de mirá-lo. Assim, tanto nas Américas quanto na Ásia, os caçadores seguram a zarabatana em uma pose pouco intuitiva, com as mãos próximas à boca e os cotovelos distantes do corpo, e giram o extremo oposto do instrumento em pequenos círculos. A ponta cobre o alvo brevemente com cada revolução. Assim, a precisão é uma questão de saber exatamente quando soprar. Toda essa invenção nasceu duas vezes, como um cristal encontrado em dois mundos diferentes.

Paralelos entre as culturas da zarabatana. Posição de fogo de uma zarabatana na Amazônia (esquerda), comparada com a posição em Bornéu (direita).

Na pré-história, os caminhos paralelos foram percorridos muitas vezes. O registro arqueológico nos ensina que técnicos da África Ocidental desenvolveram o aço séculos antes dos chineses. Na verdade, o bronze e o aço foram descobertos independentemente em quatro continentes. Os ameríndios e os asiáticos domesticaram ruminantes como lhamas e gado. O arqueólogo John Rowe compilou uma lista de 60 inovações culturais compartilhadas por duas civilizações separadas por 12.000 quilômetros: os antigos mediterrâneos e as culturas andinas. A lista de invenções paralelas incluía o estilingue, os barcos de junco, espelhos de bronze circulares com cabos, chumbadas de prumo pontiagudas e tábuas para contagem de pedras (o que chamamos de ábaco). Entre as sociedades, as invenções recorrentes são a norma. Os antropólogos Laurie Godfrey e John Cole concluem que "a evolução cultural seguiu trajetórias semelhantes em várias partes do mundo".

Mas talvez a comunicação entre as civilizações da Antiguidade fosse mais intensa do que nós, homens modernos e sofisticados, conseguimos imaginar. O comércio pré-histórico era bastante robusto, mas ainda raro entre os continentes. Ainda assim, com poucas evidências, algumas teorias minoritárias (chamadas de hipótese Shang-Olmec) afirmam que as civilizações mesoamericanas mantinham um comércio transoceânico considerável com a China. Outras especulações sugerem trocas culturais prolongadas entre os maias e a África Ocidental ou entre os astecas e o Egito (aquelas pirâmides na selva!), ou mesmo entre os maias e os viquingues. A maior parte dos historiadores rejeita essas possibilidades e outras teorias semelhantes sobre relações profundas e contínuas entre a Austrália e a América do Sul ou entre a África e a China antes do ano 1400. Além de algumas semelhanças superficiais em algumas formas de arte, o registro arqueológico empírico ou outras evidências não sugerem qualquer contato transoceânico sustentado na Antiguidade. Mesmo que alguns barcos isolados tivessem vindo da China ou da África e chegado, por exemplo, nas praias do Novo Mundo pré-colombiano, esses encontros ocasionais não teriam sido suficientes para provocar os muitos paralelos encontrados entre eles. É altamente improvável que a canoa costurada e resinada dos aborígines do norte da Austrália tenha a mesma origem que a canoa costurada e resinada dos algonquinos americanos. É muito mais provável que elas sejam exemplos de invenção convergente e tenham surgido independentemente em culturas que seguiram caminhos paralelos.

Quando pensamos em séries continentais, começamos a perceber uma sequência de invenções muito familiar. No mundo inteiro, todas as progressões tecnológicas seguem uma ordem aproximada com semelhanças incríveis entre si. Lascas de pedra permitem o controle do foco e depois levam a cutelos e maças. A seguir vêm os pigmentos de ocre, os enterros, o equipamento de pesca, os projéteis leves, os buracos em pedras, a costura e a escultura de bonecas. A sequência é relativamente uniforme. As pontas afiadas sempre vêm depois do fogo e antes dos enterros, enquanto os arcos precedem a solda. Boa parte do ordenamento é uma mecânica "natural". Obviamente, é preciso dominar as lâminas antes de se criar um machado. Os têxteis sempre vêm depois da costura, pois é preciso ter fios antes de usar qualquer tipo de tecido. Mas muitas outras sequências não têm uma lógica causal simples. Não conhecemos qualquer motivo óbvio para as primeiras artes em rochas precederem a primeira tecnologia de costura, mas é isso que acontece todas as vezes. A metalurgia não é obrigada a vir depois da cerâmica, mas ela nunca aparece antes.

O geógrafo Neil Roberts examinou os caminhos paralelos da domesticação de plantas e animais em quatro continentes. Como as matérias-primas biológicas potenciais de cada continente são bastante variadas (um tema explorado em detalhes por Jared Diamond em *Armas, Germes e Aço*), apenas algumas espécies nativas de plantas e animais são domesticadas em cada região. Ao contrário dos pressupostos anteriores, a agricultura e a pecuária não foram inventada apenas uma vez e depois difundidas pelo mundo. Em vez disso, como diz Roberts, "Em geral, as evidências bioarqueológicas indicam que a difusão global de plantas e animais domesticados foi rara antes dos últimos 400 anos. Os sistemas agrícolas baseados nos três grandes grãos (trigo, arroz e milho) têm centros de origem independentes". O consenso atual é que a agricultura foi (re)inventada seis vezes. E essa "invenção" é uma série de invenções, uma sequência de domesticações e ferramentas. E as diversas regiões realizaram essas invenções e domesticações em ordens semelhantes. Por exemplo, em mais de um continente, os seres humanos domesticaram os cães antes dos camelos e os grãos antes das raízes.

O arqueólogo John Troeng catalogou 53 inovações pré-históricas, além da agricultura, que se originaram independentemente três vezes, em três regiões diferentes do planeta: África, Eurásia ocidental e Leste Asiático/Austrália. Vinte e uma das invenções também foram descobertas pelos habitantes das Américas, o que significa que estas surgiram espontaneamente em quatro continentes. As quatro regiões estão distantes o suficiente para que Troeng aceite que qualquer invenção em uma delas representa uma descoberta paralela e independente em relação às outras. Como é sempre verdade entre as tecnologias, a invenção de uma prepara o terreno para a seguinte, e cada pedacinho do técnio evolui em uma sequência que parece predestinada.

Com a ajuda de um estatístico, analisei o quanto as quatro sequências dessas 53 invenções estavam em paralelo umas com as outras. Descobri que a correlação com uma sequência idêntica obedecia a um coeficiente de 0,93 para as três regiões e 0,85 para todas as quatro. Em linguagem leiga, um coeficiente maior do que 0,50 está acima do aleatório, enquanto um coeficiente de 1,00 é uma combinação perfeita. Assim, um coeficiente de 0,93 indica que as sequências de descobertas foram praticamente idênticas, e 0,85 indica uma relação ligeiramente menor. O grau de coincidência na série é significativo, dados os registros incompletos e a datação imprecisa inerentes à pré-história. Basicamente, a direção do desenvolvimento tecnológico é a mesma sempre que ocorre.

Para confirmar essa direção, a bibliotecária de referência Michele McGinnis e eu também compilamos uma lista com as datas em que invenções pré-industriais, como o tear, o relógio de sol, o cofre e o imã, apareceram pela primeira vez em cada um dos cinco continentes: África, Américas, Europa, Ásia e a Austrália. Algumas dessas descobertas ocorreram durante eras em que a comunicação e a viagem eram mais frequentes do que em períodos pré-históricos, então a independência de cada invenção é menos certa. Descobrimos evidências históricas de que 83 inovações foram inventadas em mais de um continente. E, mais uma vez, quando ordenamos as descobertas, a sequência de desenvolvimentos tecnológicos da Ásia é significativamente semelhante às sequências das Américas e da Europa.

A conclusão é que em tempos históricos, assim como na pré-história, as tecnologias com origens geográficas distintas convergem ao mesmo caminho de desenvolvimento. Independente das diferentes culturas que o sustentam, dos diversos sistemas políticos que o governam e das diversas reservas de recursos naturais que o alimentam, o desenvolvimento do técnio segue um caminho universal. Em termos gerais, a história da tecnologia segue contornos predestinados.

O antropólogo Alfred Kroeber ressalva: "As invenções são determinadas culturalmente. Tal declaração não deve receber uma conotação mística. Ela não significa, por exemplo, que desde o princípio dos tempos estava predestinado que os tipos móveis seriam descobertos na Alemanha em torno de 1450 ou que o telefone seria inventado nos Estados Unidos em 1876". Significa apenas que a próxima tecnologia pode surgir quando todas as condições necessárias geradas pelas anteriores são satisfeitas. "As descobertas se tornam praticamente inevitáveis quando os prerrequisitos de conhecimento e ferramentas se acumulam", diz o sociólogo Robert Merton, que estudou as invenções simultâneas na história. O caldo de tecnologias existentes que permeia as sociedades nunca para de engrossar e sempre cria uma matriz supersaturada e cheia de um potencial incrível. Depois que a ideia certa está plantada, a invenção inevitável praticamente explode no cenário, como a formação de um cristal de gelo com o congelamento da água. Mas como a ciência já demonstrou, apesar da água estar destinada a se tornar cristais de gelo quando a temperatura baixa o suficiente, nenhum floco de neve é igual ao outro. O caminho do congelamento é predeterminado, mas a expressão individual desse estado predestinado ainda permite muita margem de erro, liberdade e beleza. O padrão real de cada floco de neve é imprevisível, ainda que a forma hexagonal prototípica seja fixa. Para uma molécula tão simples, as variações sobre o tema esperado são infinitas. E isso é ainda mais verdadeiro para as invenções extremamente complexas da atualidade. A forma cristalina da lâmpada incandescente ou do telefone ou do motor a vapor era predestinada, mas sua expressão imprevisível varia em um milhão de formações possíveis, dependendo das condições específicas nas quais evolui.

Isso não é muito diferente do que ocorre no mundo natural. O nascimento de qualquer espécie depende da existência de um ecossistema de outras espécies para sustentar, desviar e provocar sua metamorfose. O fenômeno é chamado de coevolução por causa da influência recíproca entre as espécies. No técnico, muitas descobertas aguardam a invenção de uma outra espécie tecnológica: a ferramenta ou plataforma apropriada. As luas de Júpiter foram descobertas por vários cientistas diferentes apenas um ano depois da invenção do telescópio. Mas os instrumentos em si não fizeram as descobertas. Os astrônomos esperavam pelos corpos celestiais. Como ninguém esperava os germes, Antonie van Leeuwenhoek só encontrou os micróbios 200 anos depois da invenção do microscópio. Além de instrumentos e ferramentas, a descoberta também precisa do conjunto certo de crenças, expectativas, vocabulários, explicações, *know-how*, recursos, financiamento e apreciação antes que possa surgir. Mas todos esses fatores também são alimentados pelas novas tecnologias.

Uma invenção ou descoberta muito à frente do seu tempo não vale nada, pois ninguém tem como acompanhá-la. O ideal é que a inovação abra apenas o próximo passo adjacente ao que já é conhecido e convide a cultura a dar um passo à frente. Uma invenção excessivamente futurista, visionária ou pouco convencional pode dar errado no começo (ela pode prescindir de materiais essenciais que ainda não foram inventados, de um mercado crítico ou do entendimento apropriado) e ter sucesso mais tarde, quando a ecologia das ideias secundárias consegue alcançá-la. As teorias da hereditariedade genética propostas por Gregor Mendel em 1865 estavam corretas, mas foram ignoradas por 35 anos. Seus *insights* brilhantes não foram adotados porque não explicavam os problemas que os biólogos tinham na época e porque sua explicação não operava por mecanismos conhecidos, então suas descobertas estavam fora do alcance até dos indivíduos mais avançados da área. Décadas depois, a ciência precisou enfrentar as questões urgentes que as descobertas de Mendel respondiam. Nesse momento, suas ideias estavam a apenas um passo de distância. Em poucos anos, três cientistas diferentes (Hugo de Vries, Karl Erich Correns e Erich Tschermak) redescobriram independentemente a obra esquecida de Mendel, que nunca desaparecera. Kroeber afirma que se pudéssemos impedir esses três de fazer suas redescobertas e esperássemos mais um ano, seis cientistas, não apenas três, teriam dado o próximo passo óbvio de então.

A sequência inerente do técnio dificulta bastante a possibilidade de pular tecnologias. Seria maravilhoso se uma sociedade sem qualquer infraestrutura tecnológica pudesse saltar para uma tecnologia digital leve e 100% limpa e ignorar a fase industrial suja e pesada. O fato de bilhões de pessoas pobres no mundo em desenvolvimento comprarem celulares baratos e ignorarem a longa espera pelos telefones fixos da era industrial criou a esperança de que essas sociedades também pudessem pular outras tecnologias no futuro. Mas uma análise mais cuidadosa da adoção de celulares na China, Índia, Brasil e África mostra que a explosão mundial na telefonia móvel foi acompanhada por uma explosão paralela em linhas fixas com fios de cobre. Os telefones celulares não cancelam a telefonia fixa. Em vez disso, aonde os celulares vão, o cobre segue. Os celulares treinam clientes recém-educados na aquisição de conexões de banda larga e conexões de voz de maior qualidade, transmitidas pela fiação de cobre. Os telefones celulares, painéis solares e outras tecnologias do tipo não estão pulando a fase industrial; elas estão apenas acelerando a chegada de um setor da economia que está relativamente atrasado na região.

As novas tecnologias são construídas sobre um alicerce de tecnologias antigas que é invisível para nós. Apesar da camada vital de elétrons que compõem a economia moderna, uma boa parte do que acontece todos os dias tem um escopo industrial: mover átomos, reorganizar átomos, minerar átomos, queimar átomos, refinar átomos, empilhar átomos. Telefones celulares, páginas da Internet e painéis solares dependem da indústria pesada, que por sua vez depende da agricultura.

O mesmo se dá com os nossos cérebros. A maior parte das atividades cerebrais é dedicada a processos primitivos, como caminhar, que sequer conseguimos perceber conscientemente. Em vez disso, percebemos apenas uma fina camada cognitiva que evoluiu apenas recentemente, posicionada sobre e dependente das funções regulares dos processos antigos. É impossível aplicar o cálculo sem saber contar. Da mesma maneira, os telefones celulares só são possíveis depois dos fios. A infraestrutura digital precisa vir depois da industrial. Por exemplo, um esforço recente de informatizar todos os hospitais da Etiópia recebeu muita atenção, mas foi abandonado porque a eletricidade das instalações não era confiável. De acordo com um estudo do Banco Mundial, quando uma tecnologia avançada é introduzida em países em desenvolvimento, ela normalmente atinge apenas 5% de penetração antes de parar de crescer. Ela não se dissemina mais do que isso antes que as tecnologias fundamentais anteriores alcancem o país em questão. Os países de baixa renda ainda estão devorando as tecnologias industriais a toda a velocidade, o que é muito inteligente da parte deles. É preciso ter certas infraestruturas caras (estradas, saneamento básico, aeroportos, fábricas de máquinas, sistemas elétricos, usinas de energia) para fazer com que a alta tecnologia funcione. Em um relatório sobre saltar tecnologias anteriores, a revista *The Economist* conclui: "Os países que se mostraram incapazes de adotar as tecnologias antigas estão em desvantagem quando se trata das novas".

Mas isso significa que se pudéssemos colonizar um planeta desabitado e parecido com a Terra seríamos forçados a recapitular toda a história e começar com galhos afiados, sinais de fumaça e construções de lama e tijolos e reconstruir todas as eras seguintes? Não poderíamos criar uma sociedade do zero usando as tecnologias mais sofisticadas à nossa disposição?

Creio que tentaríamos, mas não daria certo. Se estivéssemos civilizando Marte, uma retroescavadeira seria tão valiosa quando um rádio. Assim como a predominância das funções inferiores em nossos cérebros, os processos industriais predominam no técnio, ainda que ambos estejam cobertos por vernizes informacionais. Em alguns casos, a desmassificação da alta tecnologia não passa de uma ilusão. Apesar do técnio realmente avançar com o uso de menos átomos para fazer mais trabalho, a tecnologia da informação não é um mundo virtual abstrato. Os átomos ainda são relevantes. À medida que o técnio progride, as informações são agregadas a materiais da mesma maneira que informações e ordem são agregados aos átomos em uma molécula de DNA. A alta tecnologia é uma fusão perfeita de *bits* e átomos. Ela está agregando inteligência à indústria, não removendo a indústria e deixando apenas as informações.

As tecnologias são como organismos que precisam de uma sequência de desenvolvimentos para chegar a certos estágios. As invenções seguem essa sequência uniforme em todas as civilizações e sociedades, independentemente do gênio humano. É impossível pular uma fase por vontade própria. Mas depois do estabelecimento da rede de espécies tecnológicas secundárias, a invenção emerge com uma urgência tal que a ideia ocorre a vários indivíduos ao mesmo tempo. Em muitos sentidos, a progressão de invenções marcha em direção às formas ditadas pela física e pela química em uma sequência determinada pelas regras da complexidade. É o que poderíamos chamar de o imperativo da tecnologia.

Capítulo 8

Escute a tecnologia

No começo da década de 1950, várias pessoas tiveram a mesma ideia ao mesmo tempo: as coisas estão melhorando com tanta rapidez e tanta regularidade que talvez as melhorias estejam seguindo um padrão. Se pudéssemos colocar o progresso tecnológico atual em um gráfico e extrapolássemos as curvas, poderíamos prever o futuro. Um dos primeiros grupos a aplicar esse conceito sistematicamente foi a Força Aérea dos Estados Unidos. A corporação precisava de um cronograma de longo prazo dos tipos de aviões que deveria financiar, mas a indústria aeroespacial era uma das fronteiras que mais avançava no mundo da tecnologia. Obviamente, a Força Aérea precisava construir os aviões mais rápidos possíveis, mas como o projeto, a aprovação e a produção de novos tipos de aeronaves é um processo que demora décadas, os generais acharam que seria prudente tentar prever quais tecnologias futuristas mereciam o financiamento do governo.

Assim, em 1953, o Escritório de Pesquisa Científica da Força Aérea criou um gráfico com a história das aeronaves mais rápidas em existência. O primeiro voo dos Irmãos Wright atingiu 6,8 km/h em 1903, e eles alcançaram 60 km/h dois anos depois. O recorde de velocidade aérea continuou a aumentar todos os anos; em 1947, o voo mais rápido ultrapassou 1.000 km/h em um Lockheed Shoot Star pilotado pelo Coronel Albert Boyd. O recorde foi quebrado quatro vezes em 1953, culminando com o F-100 Super Sabre, que alcançou 1.215 km/h. A área estava avançando muito depressa. E tudo apontava para o espaço. De acordo com Damien Broderick, autor de *The Spike*, a Força Aérea:

> criou um gráfico com as curvas e metacurvas da velocidade. E o resultado foi algo absurdo. Eles não acreditavam no que viam. A curva dizia que poderiam ter máquinas que alcançariam velocidade orbital... em quatro anos. E não demoraria muito para levar uma carga além da gravidade imediata da Terra. A curva insinuava que eles poderiam ter satélites quase que imediatamente e que, se assim desejassem, se quisessem gastar o dinheiro e realizar a pesquisa e a engenharia, poderiam chegar à Lua logo em seguida.

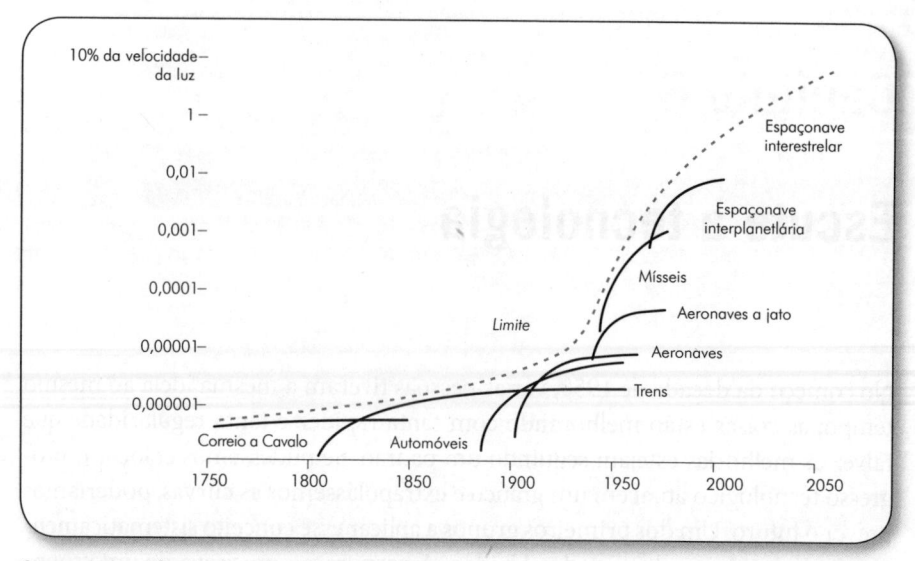

Curva de tendência da velocidade. O gráfico de recordes de velocidade históricos da Força Aérea norte-americana até a década de 1950 e suas expectativas das maiores velocidades no futuro próximo.

É importante lembrar que em 1953, nada da tecnologia necessária para essas viagens futuristas existia. Ninguém sabia como ir tão rápido e sobreviver. Mesmo os visionários mais fanáticos e otimistas não esperavam uma viagem à Lua antes de um quase metafórico "ano 2000". A única voz dizendo que poderíamos chegar lá mais cedo era uma curva numa folha de papel. Mas a curva acabou se revelando correta, embora não politicamente correta. Em 1957, a União Soviética (não os Estados Unidos!) lançaram o Sputnik, o que obedecia ao cronograma da curva. E depois de 12 anos, os foguetes norte-americanos zarparam para a Lua. Como lembra Broderick, os seres humanos chegaram à Lua "quase um terço de século antes do que malucos por viagem especial como Arthur C. Clarke esperavam".

O que a curva sabia e Arthur C. Clarke não? Como ela contabilizava os esforços secretos dos russos e outras dezenas de equipes ao redor do mundo? A curva era uma profecia autorrealizável ou a revelação de uma tendência inevitável com raízes profundas na natureza do técnio? Talvez a resposta esteja numa das várias curvas de tendência desenvolvidas desde então. A mais famosa é a tendência conhecida pelo nome de Lei de Moore. Em resumo, a Lei de Moore prevê que os *chips* de computador perderão metade do tamanho e metade do custo a cada 18-24 meses. Nos últimos 50 anos, a Lei acertou na mosca.

Ela se mostrou verdadeira e estável, mas será que a Lei de Moore revela um imperativo do técnio? Em outras palavras, a Lei de Moore é, de alguma maneira, inevitável? A resposta é de suma importância para a civilização por vários motivos. Primeiro, a Lei de Moore representa a aceleração tecnológica da informática, que por sua vez está acelerando todo o resto. Turbinas a jato mais rápidas não aumentam a produtividade das plantações de milho e *lasers* melhores não aceleram as descobertas farmacêuticas, mas *chips* de computador mais velozes levam a todos esses resultados. Hoje em dia, todas as tecnologias seguem a tecnologia da informática. Segundo, descobrir a inevitabilidade de uma área crítica da tecnologia sugere que o resto do técnio também pode estar sujeito à invariância e à direcionalidade.

O primeiro a perceber essa tendência essencial de aumentos contínuos em capacidade computacional foi Doug Engelbart. Em 1960, Engelbart era pesquisador do Stanford Research Institute (hoje SRI International) em Palo Alto, Califórnia, a instituição que inventaria a interface "janelas e *mouse*" que hoje todos os computadores utilizam. Quando começou sua carreira em engenharia, Engelbart trabalhava na indústria aeroespacial, testando modelos de aeronaves em túneis de vento, onde aprendeu que reduções sistemáticas em escala produziam uma ampla variedade de consequências inesperadas e benefícios. Quanto menor o modelo, melhor ele voava. Engelbart imaginou como os benefícios de escalas menores, ou "similitude", como batizou o conceito, funcionariam em uma nova invenção que o SRI estava estudando: múltiplos transistores em um *chip* de silício integrado. Se fossem menores, talvez os circuitos produzissem o mesmo tipo de similitude mágica: quanto menor o *chip*, melhor. Engelbart apresentou suas ideias sobre similitude a uma plateia de engenheiros na Conferência de Circuitos em Estado Sólido, em 1960. A plateia incluía Gordon Moore, um pesquisador da Fairchild Semiconductor, uma nova empresa que fabricava *chips* integrados.

Nos anos seguintes, Moore começou a acompanhar as estatísticas reais dos primeiros protótipos de *chips*. Em 1964, ele tinha dados suficientes para extrapolar a forma da curva até então. Com o crescimento da indústria de semicondutores, Moore continuou a agregar dados à sua análise. Ele controlava parâmetros de todos os tipos: número de transistores fabricados, custo por transistor, número de pinos, velocidade lógica e componentes por *wafer*. Mas um deles estava formando uma curva coerente. As tendências diziam algo que ninguém mais acreditava: que os *chips* continuariam a diminuir em um ritmo previsível. Mas até onde essa tendência poderia chegar?

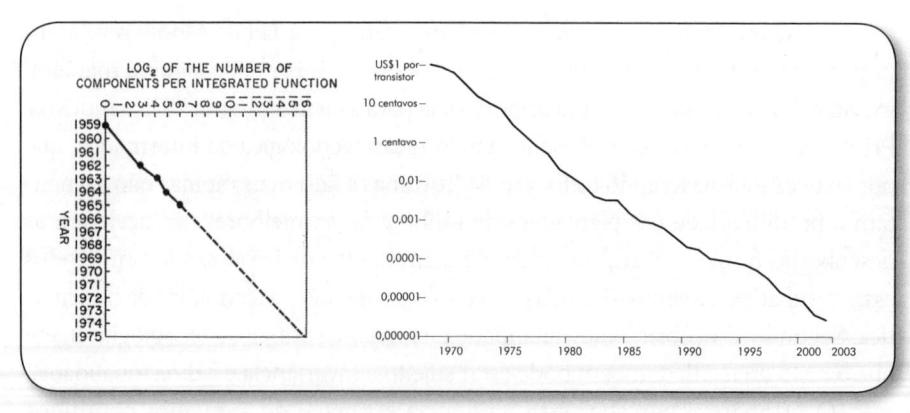

O gráfico da Lei de Moore. O gráfico original da Lei de Moore contém apenas cinco pontos de dados e uma extrapolação radical dos próximos dez anos (esquerda). A continuação da Lei de Moore desde 1968 (direita).

Moore começou a trabalhar com Carver Mead, outro ex-aluno da Caltech. Mead era engenheiro elétrico e um dos primeiros especialistas em transistores. Em 1967, Moore perguntou a Mead quais seriam os limites teóricos para a miniaturização microeletrônica no futuro. Mead não fazia ideia, mas começou a calcular e fez uma descoberta incrível: a eficiência do *chip* aumentaria com o cubo da redução da escala. Os benefícios da redução eram exponenciais. Além de ficar mais barata, a microeletrônica também ficaria melhor. Segundo Moore: "diminuindo os elementos, tudo melhora simultaneamente. Não há necessidade de trocas e compensações. A velocidade dos nossos produtos aumenta, o consumo de energia diminui, a confiabilidade do sistema dá saltos, mas, acima de tudo, o custo de fazer qualquer coisa diminui por causa da tecnologia".

Hoje, quando olhamos para o gráfico da Lei de Moore, encontramos várias características marcantes nessa história de 50 anos. Em primeiro lugar, vemos uma imagem de *aceleração*. Mais do que um aumento, a linha reta marca um aumento de dez vezes em cada ponto (pois o eixo horizontal usa uma escala exponencial). A computação por silício não está apenas melhorando, ela está melhorando cada vez mais depressa. A aceleração implacável durante cinco décadas é rara na biologia e inexistente no técnio antes do século 20. Assim, o gráfico representa um fenômeno de aceleração cultural tanto quanto de *chips* de silício. Na verdade, a Lei de Moore passou a representar o princípio de um futuro acelerado que alicerça nossas expectativas com relação ao técnio.

Em segundo lugar, mesmo à primeira vista, fica óbvio que a linha de Moore segue uma regularidade espetacular. Desde os primeiros momentos, o progresso apresenta uma qualidade mecânica perturbadora. Por 50 anos, sem exceção, os *chips* melhoraram exponencialmente com o mesmo índice de aceleração, não mais, não menos. A linha não teria como ficar mais reta mesmo se fosse engendrada por um tirano tecnológico. Será mesmo possível que essa trajetória estrita e inabalável é resultado do caos do mercado global e da competição científica descoordenada e desenfreada? A Lei de Moore é uma direção impulsionada pela natureza da matéria e da computação? Ou seria esse crescimento contínuo um subproduto da ambição econômica?

Os próprios Moore e Mead acreditam na segunda opção. Em 2005, no quadragésimo aniversário da lei, Moore escreveu que "na verdade, a Lei de Moore é uma lei econômica". Carver Mead foi ainda mais claro: segundo ele, a Lei de Moore "diz respeito à crença das pessoas em um sistema, não à uma lei da física. Ela diz respeito à crença humana, e quando os seres humanos acreditam em alguma coisa, eles colocam toda a sua energia em transformá-la em realidade". Caso essa passagem não seja clara o suficiente, Mead continua:

> Depois que ela aconteceu tanto tempo atrás, as pessoas começaram a falar nisso em retrospecto, e em retrospecto realmente é uma curva que passa por alguns pontos, então ela lembra uma lei física e as pessoas falam nela desse jeito. Mas quando você vive a situação, e eu vivo, ela não parece uma lei física. Ela envolve a atividade humana, a visão, aquilo no qual podemos acreditar.

Finalmente, em outra referência, Carver Mead afirma: "A permissão para acreditar que [a lei] vai continuar" é o que faz com que ela continue. Em um artigo de 1996, Gordon Moore concorda com a ideia: "Mais do que tudo, depois que algo assim se estabelece, ele se torna mais ou menos uma profecia autorrealizável. A Semiconductor Industry Association publica um mapa tecnológico, que continua essa [melhoria geracional] a cada três anos. Todo mundo no setor reconhece que se você basicamente não acompanhar a curva, vai acabar ficando para trás. Então ela meio que impulsiona a si mesma".

As expectativas de progresso futuro claramente orientam os investimentos no presente, e não apenas em semicondutores, mas em todos os aspectos da tecnologia. A curva invariante da Lei de Moore ajuda a focar o dinheiro e a inteligência em metas muito específicas: acompanhar o progresso da lei. O único problema com a aceitação de metas autodeterminadas enquanto fonte desse progresso regular é que as outras tecnologias que se beneficiariam da mesma crença não mostram o mesmo crescimento astronômico. Se é tudo uma questão de acreditar em uma profecia autorrealizável, por que a Lei de Moore não vale para o aumento de desempenho das turbinas a jato, ligas de aço ou híbridos de milho? Uma aceleração fantástica e baseada apenas na fé com certeza seria ideal para os consumidores e geraria bilhões de dólares para os investidores, certo? Não seria difícil encontrar empreendedores ávidos por acreditar nessas profecias.

Mas então o que a curva da Lei de Moore está nos contando que os especialistas não conseguem enxergar? Que essa aceleração contínua é mais do que um acordo. Ela nasce de dentro da tecnologia. Outras tecnologias, também materiais de estado sólido, demonstram curvas de progresso contínuo como a da Lei de Moore. Elas também obedecem a uma lei aproximada de melhoria exponencial e incrivelmente contínua. Pense no desempenho de custo da banda de comunicação e do armazenamento digital nos últimos vinte anos. O crescimento exponencial nesses setores forma uma curva paralela à do circuito integrado, exceto que a forma da curva é tão semelhante que seria justo perguntar se as duas curvas não passam de reflexos da Lei de Moore. Os telefones são altamente informatizados e os discos de armazenamento são os órgãos dos computadores. Como o progresso em velocidade e custo da capacidade de banda e armazenamento depende direta ou indiretamente da aceleração da capacidade computacional, pode ser impossível separar o destino da banda e do armazenamento do que acontece com os *chips*. Talvez as curvas da banda e do armazenamento sejam apenas derivações de uma única superlei? Sem a Lei de Moore por trás delas, será que elas conseguiriam se sustentar?

Nas altas rodas da tecnologia, a queda vertiginosa do preço do armazenamento digital é chamada de Lei de Kryder. É a Lei de Moore do armazenamento, batizada em homenagem a Mark Kryder, o ex-diretor técnico da Seagate, uma grande fabricante de discos rígidos. A Lei de Kryder diz que o custo por desempenho dos discos rígidos está diminuindo exponencialmente em 40% por ano. Kryder afirma que se os computadores parassem de melhorar e de baratear todos os anos, o armazenamento continuaria a melhorar ainda assim. Nas palavras de Kryder: "Não há qualquer relação direta entre a Lei de Moore e a Lei de Kryder. A física e os processos de fabricação dos aparelhos semicondutores e do armazenamento magnético são diferentes. Assim, é bem possível que o escalonamento dos semicondutores pare e o escalonamento dos discos rígidos continue".

Larry Roberts, o principal arquiteto da ARPANET, a primeira versão da Internet, guarda estatísticas detalhadas sobre as melhorias em comunicação. Ele percebeu que a tecnologia da comunicação em geral também demonstra aumentos de qualidade semelhantes aos da Lei de Moore. A curva de Roberts mostra uma queda exponencial contínua nos custos de comunicação. Será que o progresso em fiação também estaria correlacionado com o progresso nos *chips*? Roberts observa que o desempenho da tecnologia da comunicação "é fortemente influenciado pela Lei de Moore e muito semelhante a ela, mas não é idêntico, como poderíamos esperar".

Examinemos outra encapsulação do progresso acelerado. O biofísico Rob Carlson está há mais de uma década tabulando o progresso do sequenciamento e síntese de DNA. Usando um gráfico semelhante ao da Lei de Moore, mas com desempenho de custo por par de base, essa tecnologia também apresenta uma queda contínua quando plotada em um eixo logarítmico. Se os computadores não ficassem melhores, mais rápidos e mais baratos todos os anos, o sequenciamento e síntese de DNA continuaria a se acelerar? Segundo Carlson: "Se a Lei de Moore parasse, acho que o efeito não seria muito grande. A única área afetada seria o processamento das informações brutas das sequências em formas que os seres humanos conseguem compreender. Analisar os dados do DNA é um processo pelo menos tão caro quanto obter a sequência do DNA físico".

O mesmo tipo de progresso exponencial contínuo por trás dos *chips* de computador também alimenta três indústrias informacionais. Os observadores mais atentos dessas trajetórias, os próprios fundadores das suas respectivas "leis", acreditam que essas melhorias representam linhas de aceleração independentes e não são derivadas do progresso geral dos *chips*.

Melhorias consistentes com o comportamento de uma lei física precisam ser mais do que apenas uma profecia autorrealizável por mais um motivo: a obediência à curva muitas vezes começa antes que alguém observe a lei e, portanto, antes que ela possa influenciar qualquer grupo ou indivíduo. O crescimento exponencial do armazenamento magnético começou em 1956, quase uma década antes de Moore formular sua lei para semicondutores e 50 anos antes que Kryder formulasse a existência da sua curva. Segundo Rob Carlson: "Quando publiquei as curvas exponenciais do DNA pela primeira vez, alguns críticos disseram que não conheciam minhas evidências de quedas exponenciais nos custos de sequenciamento. Assim, as tendências estavam operando mesmo quando ninguém acreditava nelas".

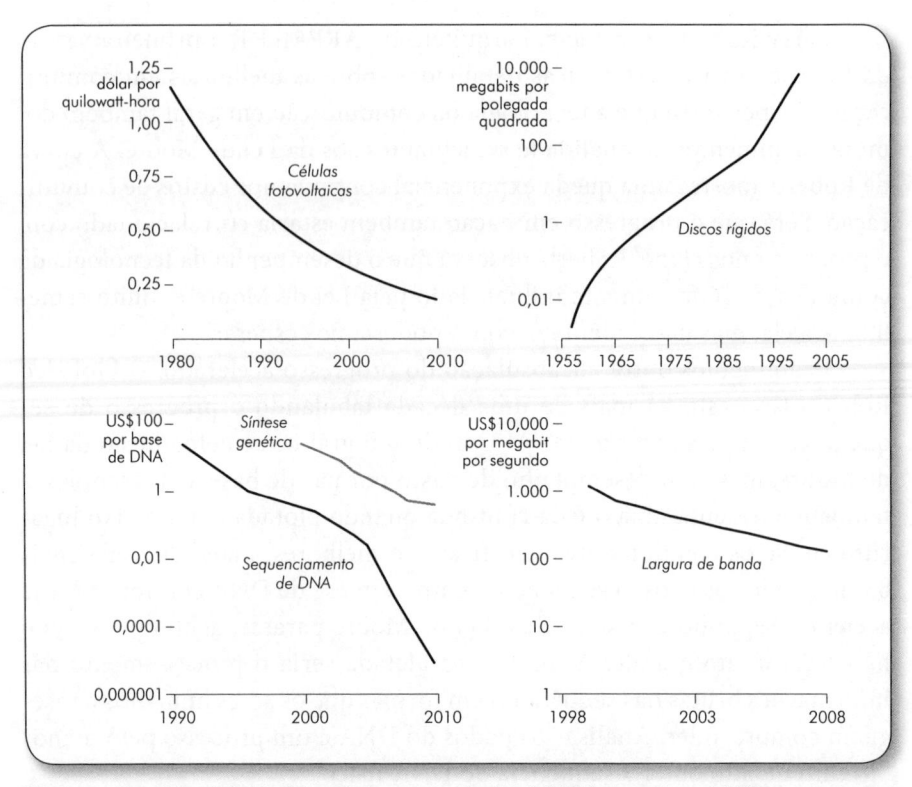

Quatro outras leis. Células fotovoltaicas: o custo da eletricidade solar cai (dólares por quilowatt) e espera-se que continue essa tendência linear. Discos rígidos: a densidade máxima de armazenamento disponível por ano. Sequenciamento de DNA: o custo por par de bases de DNA sequenciado (linha escura) ou sintetizado (linha clara) cai exponencialmente. Largura de banda: o custo por *megabit* por segundo cai exponencialmente.

O inventor e escritor Ray Kurzweil mergulhou em documentos históricos para provar que algo parecido com a Lei de Moore remonta pelo menos a 1900, muito antes dos computadores eletrônicos e, obviamente, muito antes que a profecia autorrealizável tivesse construído o caminho para esses avanços. Kurzweil estimou o número de cálculos por segundo por 1.000 dólares realizado pelas máquinas analógicas do começo do século 20, pelas calculadoras mecânicas e posteriormente pelos primeiros computadores com tubos de vácuo e estendeu o mesmo cálculo aos *chips* semicondutores modernos. Ele estabeleceu que essa taxa aumentou exponencialmente nos últimos 109 anos. Mais do que isso, a curva (vamos chamá-la de Lei de Kurzweil) atravessa cinco espécies tecnológicas diferentes de computação: eletromecânica, relés, tubos de vácuo, transistores e circuitos integrados. Uma constante oculta que opera em cinco paradigmas tecnológicos independentes por mais de um século não pode ser apenas um mapa do setor. Os dados sugerem que a natureza dessas taxas tem suas raízes no âmago do técnico.

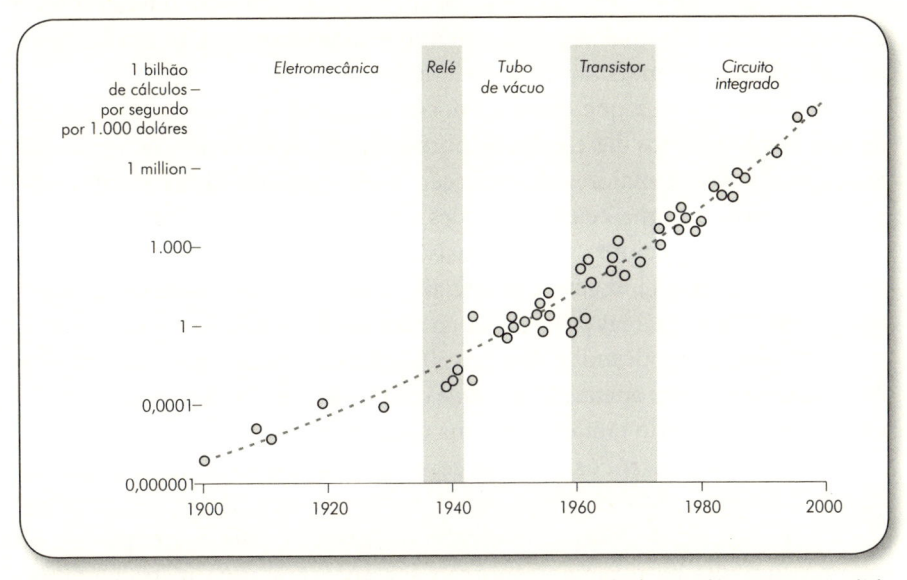

Lei de Kurzweil. Ray Kurzweil transformou seus métodos de cálculo anteriores em uma métrica uniforme de computação para criar uma previsão constante da Lei de Moore.

O imperativo da tecnologia se manifesta na aceleração rígida do progresso no sequenciamento de DNA, armazenamento magnético, semicondutores, largura de banda e densidade de *pixels*. Quando uma curva fixa é revelada, cientistas, investidores, profissionais de marketing e jornalistas se agarram à trajetória e passam a utilizá-la para orientar seus experimentos, investimentos, cronogramas e publicidade. O mapa se torna o território. Ao mesmo tempo, como as curvas começam e avançam de um modo que não depende de estarmos conscientes ou não do progresso e não desviam muito de uma linha reta mesmo sob pressões competitivas e financeiras gigantescas, a trajetória deve estar, de alguma maneira, ligada aos materiais.

Para ver até onde chega esse tipo de imperativo no técnico, coletei todos os exemplos de progresso exponencial atual que consegui. Eu não estava buscando exemplos nos quais a quantidade total produzida (watts, quilômetros, *bits*, pares de base, tráfego, etc.) estivesse aumentando exponencialmente, pois eles são distorcidos pelo crescimento populacional.

Mais pessoas usam mais coisas, mesmo sem melhorias. Em vez disso, procurei exemplos que mostravam taxas de desempenho (por exemplo, quilos por polegada e iluminação por dólar) com aumentos constantes ou aceleração. A página ao lado lista exemplos encontrados em uma busca rápida e a velocidade com a qual seu desempenho está dobrando. Quanto menor o período de tempo, mais rápida a aceleração.

A primeira coisa que chama a nossa atenção é que todos os exemplos demonstram os efeitos das escalas menores ou de trabalhar com elementos minúsculos. As escalas maiores não oferecem melhorias exponenciais, tais como a construção de arranha-céus ou estações espaciais cada vez maiores. Os aviões não estão ficando maiores, voando mais rápido ou consumindo combustível com mais eficiência a índices exponenciais. Gordon Moore brinca que se a tecnologia das viagens aéreas progredisse ao mesmo ritmo que os *chips* da Intel, os aviões comerciais modernos custariam 500 dólares, dariam a volta na Terra em 20 minutos e usariam apenas 19 litros de combustível em toda a viagem. Mas o avião também seria do tamanho de uma caixa de sapatos!

Nesse reino microcósmico, ao contrário do macromundo em que vivemos, a energia não é tão importante. É por isso que não vemos progressos do nível da Lei de Moore em escalas maiores: a escala dos requisitos de energia aumenta na mesma proporção, e a energia é uma restrição poderosa, ao contrário da informação, que pode ser duplicada com liberdade. Pelo mesmo motivo, o progresso exponencial não beneficia o desempenho dos painéis solares (que têm progresso apenas linear) ou as baterias: ambos geram ou armazenam altas quantidades de energia. Assim, toda a nova economia é construída em torno de tecnologias que precisam de pouca energia e trabalham bem em escalas menores: fótons, elétrons, *bits*, *pixels*, frequências e genes. À medida que essas invenções vão sendo miniaturizadas, elas se aproximam cada vez mais dos átomos puros, dos *bits* crus e da essência do imaterial. Assim, nessas áreas, o caminho fixo e inevitável do progresso é derivado dessa essência elementar.

A segunda coisa que chama a nossa atenção nesse conjunto de exemplos é a pequena amplitude das curvas ou tempo de duplicação (em meses). O indicador específico otimizado nessas tecnologias dobra entre 8 e 30 meses (a Lei de Moore fala em duplicação a cada 18 meses). Todos esses parâmetros estão ficando duas vezes melhores a cada um ou dois anos. O que diabos está acontecendo? A explicação do engenheiro Mark Kryder é que "duas vezes melhor a cada dois anos" é um subproduto da estrutura corporativa, que é onde a maioria dessas invenções acontece. As empresas precisam de um a dois anos corridos para conceber, projetar, prototipar, testar, fabricar e comercializar uma nova melhoria. Além disso, enquanto aumentos de cinco a dez vezes são muito difíceis, quase todo engenheiro consegue produzir melhorias por um fator de dois. *Voilà*! Duas vezes melhor a cada dois anos. Se for verdade, essa afirmação sugere que a apesar da trajetória contínua de progresso ser um resultado direto do técnico, o ângulo específico da inclinação não é um número sobrenatural (dobrar a cada 18 meses), mas um mero produto dos ciclos de trabalho humanos.

Tecnologia	Métrica	Meses
Throughput da fibra ótica	Comprimentos de onda por fibra	9
Rede ótica	Dólares por *bit*	9
Wireless	*Bits* por segundo	10
Comunicação	*Bits* por dólar	12
Armazenamento magnético	*Gigabits* por polegada quadrada	12
Câmeras digitais	*Pixels* por dólar	12
Microprocessador	Dólares por ciclo	13
Potência de supercomputador	FLOPS	14
RAM	*Mebibytes* por dólar	16
Transistor	Dólares por transistor	18
Consumo de energia da CPU	Watts por centímetro quadrado	18
Pixels	Por matriz	19
Armazenamento em disco rígido	*Gigabytes* por dólar	20
Chip	MIPS	21
Sequenciamento de DNA	Dólares por par de bases	22
Velocidade de dados via *trunkline*	*Bits* por segundo	22
Microprocessador	Transistores por *chip*	24
Multiprocessador	Megahertz por dólar	27
Largura de banda	*Kilobits* por segundo por dólar	30
Microprocessador	Hertz	36

Tempo de duplicação. Índices de desempenho de diversas tecnologias, medidos em termos do número de meses necessários para dobrar o seu desempenho.

Por ora, não conseguimos enxergar onde essas curvas vão acabar, mas sabemos que em algum ponto do futuro todas elas alcançarão um platô. A Lei de Moore não continuará para sempre. A vida é assim mesmo. Qualquer crescimento exponencial específico sempre se atenua e forma uma curva em S. É o padrão arquetípico do crescimento: depois de uma ascensão lenta, os ganhos decolam como um foguete e, depois de um longo prazo, vão se reduzindo aos poucos. Em 1830, os Estados Unidos tinham apenas 37 quilômetros de ferrovias. Esse número dobrou em dez anos, dobrou de novo na década seguinte e seguiu dobrando pelos 60 anos seguintes. Em 1890, qualquer fã de ferrovias razoável teria previsto que em 100 anos os Estados Unidos teriam centenas de milhões de quilômetros de ferrovias. Haveria uma ferrovia levando à casa de cada norte-americano. Em vez disso, hoje temos menos de 400.000 quilômetros. Mas os norte-americanos não paramos de nos locomover, apenas transferimos nossa mobilidade e transporte para um outro tipo de invenção. Nós construímos autoestradas e aeroportos. Os quilômetros viajados seguiram crescendo, mas o crescimento exponencial daquela tecnologia específica chegou a um auge e então parou.

Boa parte dos avanços do técnio se devem à nossa tendência de mudar de ideia sobre o que consideramos importante. Dominar uma tecnologia cria novos desejos tecnológicos. Um exemplo recente: as primeiras câmeras digitais tinham resoluções baixíssimas, então os cientistas começaram a amontoar cada vez mais *pixels* ao sensor para aumentar a qualidade das imagens. De repente, o número de *pixels* possível por matriz estava em uma curva exponencial, no território dos *megapixels* e além. O aumento da contagem de *megapixels* se tornou o principal atrativo das novas câmeras. Mas depois de uma década de aceleração, os consumidores deixaram de dar bola para o número de pixels, pois a resolução atual já era suficiente. Os consumidores passaram a se preocupar com a velocidade dos sensores de *pixels* ou a resposta a baixa luminosidade, elementos com os quais ninguém se importava até então. E assim nasceu uma nova métrica e uma nova curva. Enquanto isso, a curva exponencial de mais *pixels* por matriz foi se arrefecendo.

A Lei de Moore terá um destino semelhante. Quando, ninguém sabe. Décadas atrás, o próprio Gordon Moore previu que a lei acabaria quando chegássemos a processos de fabricação com 250 nanômetros, mas esse foi o nível de 1997. Hoje, o setor trabalha com o objetivo de 20 nanômetros. Quer a Lei de Moore – enquanto contagem da densidade dos transistores – ainda tenha uma, duas ou três décadas para impulsionar nossa economia, podemos ter certeza de que ela vai esfriar, assim como tendências anteriores foram sublimadas por outras grandes revoluções. À medida que a Lei de Moore perde a força, encontraremos soluções alternativas à produção de milhões e milhões de transistores. Na verdade, talvez já tenhamos todos os transistores por *chip* para fazermos tudo que quisermos, se pelo menos soubéssemos como dar o próximo passo.

Moore começou medindo o número de "componentes" por polegada quadrada e depois passou para transistores; hoje medimos transistores por dólar. Assim como no caso dos *pixels*, depois que uma tendência exponencial em *chips* de computador (por exemplo, a densidade de transistores) se desacelera, começamos a nos importar com outro parâmetro (por exemplo, velocidade das operações ou número de conexões), então passamos a medir uma nova métrica e a criar um novo gráfico. De repete, outra "lei" aparece. À medida que as características da nova técnica são estudadas, exploradas e otimizadas, seu ritmo natural é revelado, e quando essa trajetória é extrapolada, a nova lei se transforma na meta dos criadores. No caso da computação, com o tempo, esse novo atributo dos microprocessadores se tornará a nova Lei de Moore.

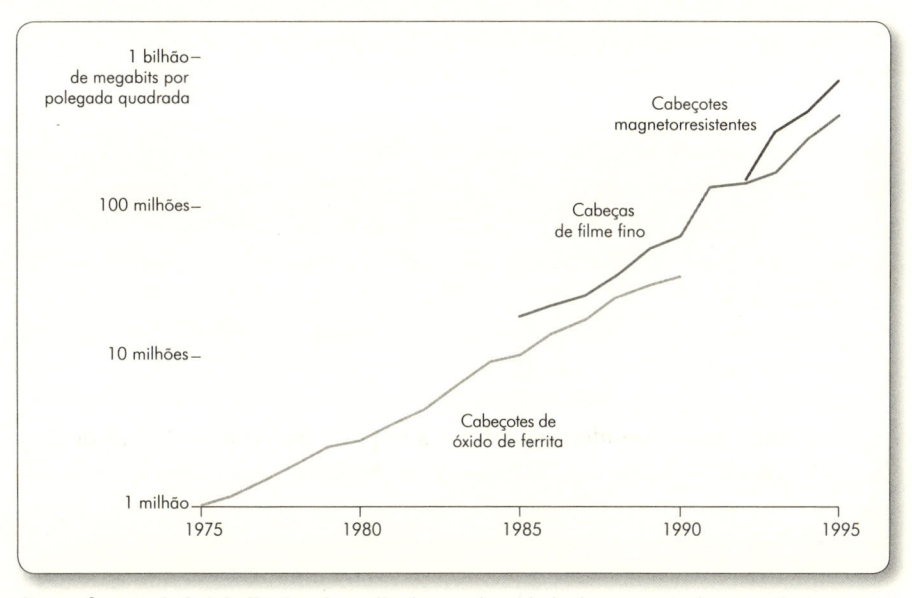

O *continuum* da Lei de Kryder. As melhorias na densidade de gravação das tecnologias magnéticas continuam sem interrupções ao longo de várias plataformas tecnológicas diferentes.

Assim como o gráfico de recordes de velocidade que à Força Aérea criou em 1953, a curva é um dos meios que o técnio usa para se comunicar. Carver Mead, que viajou pelos Estados Unidos apresentando a Lei de Moore para todo mundo que encontrava, acredita que precisamos "escutar a tecnologia". As curvas falam em uníssono. Quando uma curva atinge um platô, outra curva em S assume o seu progresso. Se investigarmos de perto qualquer curva duradoura, enxergaremos como as definições e métricas mudam com o tempo para acomodar novas tecnologias substitutas.

Por exemplo, uma análise detalhada da Lei de Kryder sobre a densidade dos discos rígidos mostra que ela é composta de uma sequência de linhas de tendência menores imbricadas. A primeira tecnologia de discos rígidos, que usava óxido de ferrita, durou de 1975 a 1990. A segunda tecnologia, o filme fino, com desempenho ligeiramente melhor e aceleração ligeiramente maior, coexistiu com o óxido de ferrita e durou de 1985 a 1995. A terceira inovação tecnológica, a magnetorresistência, começou em 1993 e se aprimorou com velocidades ainda maiores. As curvas ligeiramente desarmônicas dessas tecnologias se combinam para formar uma trajetória única e constante.

O gráfico abaixo disseca o que acontece para uma tecnologia genérica.

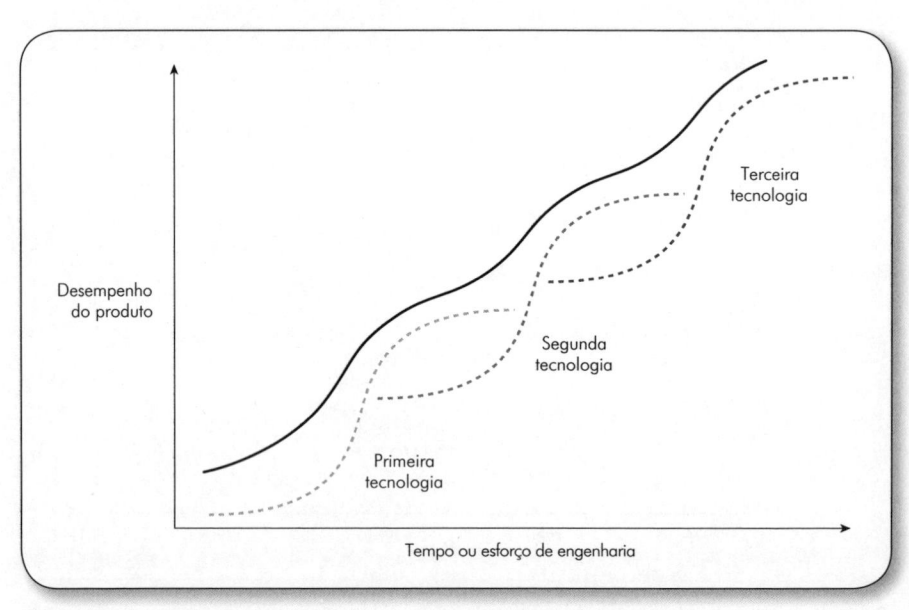

Curvas em forma de S compostas. Nesse gráfico idealizado, o desempenho tecnológico é medido no eixo vertical, enquanto o horizontal captura o tempo ou esforço de engenharia. Uma série de curvas sub-*S* fazem emergir uma inclinação invariante em larga escala.

Muitas e muitas curvas em forma de *S*, cada uma das quais com seu próprio período limitado de crescimento exponencial, se sobrepõem e produzem uma linha de crescimento exponencial emergente de longo prazo. A megatendência cobre mais de uma tecnologia, o que sugere um poder transcendente.

À medida que um surto exponencial se mistura com o outro, uma tecnologia estabelecida transmite sua energia para o próximo paradigma e continua a alimentar o crescimento implacável. A unidade específica que está sendo mensurada também pode se transformar de uma subcurva para a outra. Podemos começar contando o tamanho dos *pixels*, depois passar para a densidade de *pixels* e então para a velocidade dos *pixels*. O último traço de desempenho pode não estar evidente nas primeiras tecnologias, revelando-se apenas a longo prazo, talvez enquanto a megatendência continua indefinidamente. No caso dos computadores, como a métrica de desempenho dos *chips* é recalibrada a cada nova fase tecnológica, a Lei de Moore – redefinida – nunca chegará ao fim.

A morte lenta e gradual da tendência "mais transistores por *chip*" é inevitável. Em média, no entanto, o desempenho das tecnologias digitais continuará a dobrar a cada dois anos no futuro próximo. Isso significa que nossos aparelhos e sistemas de maior importância cultural continuarão a ficar 50% mais rápidos, mais baratos e melhores todos os anos. Imagine se você ficasse 50% mais esperto todos os anos ou pudesse lembrar de 50% mais fatos este ano do que no anterior. O técnio como o conhecemos possui uma capacidade profunda e sensacional de melhorias anuais de 50%. O otimismo da contemporaneidade depende do avanço regular e confiável da promessa de Moore: que tudo ficará significativa, séria e agradavelmente melhor e mais barato no futuro. Se tudo que criamos será melhor da próxima vez, isso significa que a Era de Ouro ainda está por vir, e não no passado. Mas se a Lei de Moore desaparecesse, o que aconteceria com nosso otimismo? Desapareceria também?

Mesmo que quiséssemos, que força na Terra seria capaz de atrapalhar a versão longa da Lei de Moore? Imagine que fizéssemos parte de uma vasta conspiração para impedir o progresso da Lei de Moore, que acreditássemos que ela incita o otimismo indevido e encoraja expectativas errôneas de uma superinteligência artificial que nos concederá o dom da imortalidade. O que poderíamos fazer? Como impediríamos a Lei de Moore? Aqueles que acreditam que a força da lei depende principalmente das expectativas que se reforçam mutuamente diriam: basta anunciar que a Lei de Moore vai acabar. Se um número grande o suficiente de fiéis inteligentes declarassem que a Lei de Moore acabou, então ela acabaria. O ciclo da profecia autorrealizável estaria quebrado. Mas se basta que um rebelde siga em frente e faça novas descobertas, então o feitiço estaria quebrado. A corrida reiniciaria até que a física das escalas menores chegasse ao fim.

Outras pessoas mais espertas poderiam argumentar que, como o regime econômico como um todo determina o tempo de duplicação da Lei de Moore, seria possível diminuir a qualidade da economia progressivamente até que ela impedisse o avanço da lei. Talvez uma revolução armada pudesse instalar uma política de comando autoritária (como no velho comunismo de estado) cujo crescimento econômico pífio aniquilaria a infraestrutura necessária para aumentos exponenciais em capacidade computacional. A possibilidade é intrigante, mas tenho as minhas dúvidas. Se numa história contrafactual o comunismo tivesse vencido a Guerra Fria e a microeletrônica fosse inventada em uma sociedade soviética global, creio que nem esse aparato político alternativo seria capaz de esmagar a Lei de Moore. Talvez o progresso fosse mais lento e a curva menos inclinada, talvez o tempo de duplicação fosse de cinco anos, mas não duvido que os cientistas stalinistas tentariam aproveitar a lei do microcosmo. Eles logo ficariam abismados pelas mesmas maravilhas técnicas que nos impressionam: *chips* que melhoram exponencialmente com a aplicação de esforços lineares.

Suspeito que, além do tempo de duplicação, nossa influência sobre a Lei de Moore é mínima. A Lei de Moore representa as Moiras modernas. Na mitologia grega, as Moiras eram as três parcas, normalmente representadas como três solteironas sombrias. Uma Moira tecia o fio da vida do recém-nascido. A outra contava o comprimento do fio. E a terceira cortava o fio na hora da morte. O começo e o fim dos indivíduos era algo predestinado. Mas o que acontecia entre os dois pontos não era inevitável. Deuses e humanos podiam trabalhar dentro dos limites dos seus destinos.

As trajetórias inflexíveis descobertas por Moore, Kryder, Roberts, Carlson e Kurzweil tecem o técnio e formam uma longa linha. A direção dessa linha é inevitável, determinada pela natureza da matéria e da descoberta. Mas sua sinuosidade está aberta, a nosso dispor para completá-la.

Escute a tecnologia, diz Carver Mead. O que as curvas estão dizendo. Imagine que estamos em 1965. Você viu as curvas que Gordon Moore descobriu. O que aconteceria se você acreditasse na história que elas estavam tentando nos contar: que todos os anos, tão certo quanto o inverno segue o verão e o dia segue a noite, os computadores ficariam 50% melhores e 50% menores e 50% mais baratos, ano após ano, e que em cinco décadas eles seriam 30 milhões de vezes mais poderosos do que naquele momento (foi isso que aconteceu). Se você tivesse certeza disso em 1965, ou pelo menos razoavelmente convencido, que fortuna não teria ganhado! Nenhuma outra profecia seria necessária, nenhuma previsão, nenhum outro detalhe para otimizar os benefícios futuros. Enquanto sociedade, se tivéssemos acreditado apenas na trajetória da Lei de Moore, e em mais nenhuma, teríamos nos educado de um modo diferente, feito investimentos diferentes, nos preparado com mais sabedoria para aproveitar os poderes incríveis que a lei faria brotar no futuro.

As taxas de crescimento fixas dos transistores, largura de banda, armazenamento, *pixels* e sequenciamento de DNA são apenas alguns dos primeiros fios das Moiras que descobrimos na breve história do técnio acelerado. Ainda descobriremos outros, com ferramentas ainda por serem inventadas. Essas "leis" são reflexos do técnio e seu surgimento não depende do clima social. À medida que nascem em uma sequência predeterminada, elas também darão origem ao progresso e inspirarão novos poderes e novos desejos. Talvez essas dinâmicas autônomas surgirão na genética, nos produtos farmacêuticos ou na cognição. Depois que um crescimento dinâmico surge e ganha visibilidade, o combustível das finanças, da concorrência e dos mercados força a lei aos limites do possível e não para até que a curva tenha consumido todo o seu potencial.

Nossa escolha, e ela é uma escolha importante, é nos prepararmos para esse dom, mas também para os problemas que o acompanham. Podemos escolher melhorar nossa capacidade de antecipar esses saltos inevitáveis. Podemos escolher aprender e educar nossos filhos para trabalharem com sabedoria e lerem com inteligência os frutos desses avanços. E podemos escolher modificar nossos pressupostos jurídicos, políticos e econômicos para enfrentar as trajetórias predestinadas que encontraremos no futuro. O que não podemos fazer, entretanto, é fugir delas.

Quando vislumbramos nosso destino tecnológico no horizonte, não temos por que nos horrorizar com sua inevitabilidade. O melhor seria dar o primeiro passo e nos preparar para o futuro

Capítulo 9

Escolhendo o inevitável

Uma vez eu vi nosso destino tecnológico com meus próprios olhos. Em 1964, quando era apenas um menino inocente, visitei boquiaberto a Feira Mundial de Nova York. O futuro inevitável estava lá, e eu o engoli todo sem mastigar. O pavilhão da AT&T tinha um videofone funcional. A ideia do videofone circulava na ficção científica havia mais de cem anos, um caso claro de previsão profética. E eis que havia ali um que funcionava de verdade. Eu pude vê-lo, mas não tive a chance de experimentá-lo. Fotos de como ele animaria nossas vidas suburbanas foram publicadas em várias revistas, incluindo a *Popular Science*. Todos esperávamos que ele fosse aparecer nas nossas vidas a qualquer momento. Bem, alguns dias atrás, 45 anos depois, eu estava usando um videofone igual àquele previsto em 1964. Na nossa sala de estar na Califórnia, inclinados em direção à tela branca e curvada pela qual nossa filha falava de Xangai, minha esposa e eu estávamos imitando aquelas ilustrações de revista da família reunida em torno de um videofone. Enquanto nossa filha nos assistia pela sua tela na China, conversávamos alegremente sobre trivialidades familiares. Nosso videofone era exatamente o que todos imaginavam que seria, exceto por três aspectos significativos: ele não era exatamente um telefone, mas sim nosso iMac e o *laptop* dela; a ligação era gratuita (via Skype, não AT&T); e apesar de gratuito e perfeitamente fácil de usar, o videofone não se tornou comum, mesmo na minha família. Assim, ao contrário daquela primeira visão futurista, o videofone inevitável não se tornou o método de comunicação padrão da modernidade.

Podemos dizer então que o videofone era inevitável? Quando utilizada em relação à tecnologia, a palavra "inevitável" tem dois sentidos. No primeiro caso, uma invenção só precisa existir uma vez. Nesse sentido, toda tecnologia realizável é inevitável, pois mais cedo ou mais tarde algum engenheiro maluco vai montar tudo que pode ser montado. Mochilas voadoras, casas submarinas, gatos que brilham no escuro, pílulas de amnésia: com o tempo, todas as inven-

O primeiro vislumbre do videofone. Do pavilhão da Bell Telephone na Feira Mundial de Nova York de 1964.

ções acabam conjuradas na forma de protótipos ou demonstrações. E como a invenção simultânea é a regra, não a exceção, qualquer invenção que pode ser inventada será inventada mais de uma vez. Mas poucas serão adotadas em larga escala. A maioria não funcionará direito. Ou, o que é mais comum, funcionará, mas ninguém desejará possuí-la. Nesse sentido trivial, toda tecnologia é inevitável. Rebobine a fita do tempo e ela será inventada.

O segundo sentido de "inevitável", mais concreto, exige um nível de viabilidade e aceitação comum. O uso de uma tecnologia deve dominar o técnio ou pelo menos seu setor da tecnosfera. Mas mais do que ubiquidade, o inevitável deve possuir movimento em larga escala e avançar com autonomia, além das escolhas de bilhões de seres humanos com livre arbítrio. Ele não pode ser desviado por meros caprichos sociais.

O videofone foi imaginado em detalhe várias vezes, em vários momentos e sob vários regimes econômicos. O conceito queria muito acontecer. Um artista desenhou a ideia em 1878, apenas dois anos depois do telefone ser patenteado. O correio alemão demonstrou uma série de protótipos funcionais em 1938. Versões comerciais, batizadas de Picturephones, foram instaladas em cabines telefônicas nas ruas de Nova York depois da Feira Mundial de 1964, mas a AT&T cancelou o produto dez anos depois por causa da falta de interesse. No auge, os Picturephones não tinham muito mais do que 500 assinantes, apesar de praticamente todo mundo reconhecer a visão. Poderíamos dizer que em vez de ser um progresso inevitável, a invenção estava batalhando contra seu próprio fracasso inevitável.

E ainda assim, ele está de volta. Talvez ele seja mais inevitável em um período de 50 anos. Talvez fosse cedo demais, talvez as tecnologias de apoio necessárias estivessem ausentes e as dinâmicas sociais ainda precisassem amadurecer. Nesse aspecto, as várias primeiras tentativas podem ser interpretadas como provas da sua inevitabilidade, da sua ânsia implacável por nascer. E talvez a tecnologia ainda esteja em trabalho de parto. Outras inovações ainda poderão tornar o videofone mais comum. Por exemplo, talvez ainda seja necessário criar algumas inovações, como maneiras de direcionar o olhar para firmar contato visual entre os interlocutores, em vez de ambos se focarem na câmera descentralizada, ou métodos para que a tela mude o foco entre múltiplos participantes em uma mesma conversa.

A hesitação do videofone serve de argumento em prol de duas teses: (a) que ele claramente tinha que acontecer e (b) que ele claramente não tinha que acontecer. O que leva à pergunta: as tecnologias avançam pela própria inércia como "um fluxo autônomo, autossustentável e inescapável", nas palavras do crítico da tecnologia Langdon Winner, ou nós temos um livre arbítrio inegável em relação à sequência das mudanças tecnológicas, um posicionamento que nos torna (individual ou coletivamente) responsáveis por cada passo?

Gostaria de sugerir uma analogia.

Quem você é, em parte, é uma função dos seus genes. Todos os dias os cientistas identificam novos genes responsáveis por essa ou aquela característica nos seres humanos, revelando as maneiras pelas quais o "*software*" hereditário está por trás do corpo e do cérebro. Hoje sabemos que comportamentos como vício, ambição, propensão a riscos, timidez e muitos outros têm fortes componentes genéticos. Ao mesmo tempo, "quem você é" claramente depende do ambiente e da sua criação. Todos os dias a ciência descobre mais evidências de como somos moldados por nossas famílias, colegas e formação cultural. A força do que os outros acham sobre nós é gigantesca. Além disso, as pesquisas mais recentes também estão descobrindo cada vez mais provas de que os fatores ambientais influenciam os genes. Portanto, os dois fatores na verdade são cofatores no sentido estrito da palavra: eles determinam um ao outro. Seu ambiente (por exemplo, o que você come) pode afetar seu código genético, que por sua vez pode guiá-lo em direção a certos outros ambientes. Desemaranhar as duas influências é um mistério e tanto.

Finalmente, no sentido mais amplo da expressão, quem você é, sua personalidade, espírito, o que faz da vida, é determinado pelas suas escolhas. A forma da sua vida é determinada em grande parte por elementos que estão além do seu controle, mas a liberdade de escolha dentro dessas restrições é grande e significativa. Dentro dos limites da genética e do ambiente, você é responsável pela trajetória da sua vida. Você decide se deve falar a verdade quando depõe num tribunal, mesmo que tenha uma tendência genética ou familiar à mentira. Você decide se deve correr o risco de fazer amizade com um estranho, seja qual for sua tendência cultural ou genética à timidez. As decisões vão além do condicionamento ou de tendências inerentes. A liberdade não é total, longe disso. Você não pode decidir sozinho que vai ser o homem mais rápido do mundo (genética e criação têm funções importantes), mas ainda pode escolher correr mais rápido do que nunca. A hereditariedade e a educação na família e na escola definem os extremos do quanto você pode ser inteligente ou generoso ou traiçoeiro, mas você escolhe ser mais inteligente, mais generoso ou mais traiçoeiro hoje do que ontem. Você pode habitar um corpo e um cérebro que querem ser preguiçosos ou descuidados ou cheios de imaginação, mas a evolução de cada uma dessas qualidades depende de você (mesmo que não seja naturalmente predisposto a tomar decisões).

O curioso é que esse aspecto aberto de nós mesmos representa aquilo que as outras pessoas mais lembram sobre nós. O modo como enfrentamos a enxurrada de escolhas da vida real dentro das grandes jaulas do nascimento e da nossa formação é o que nos torna quem somos. É o que as pessoas lembram quando morremos. Não o que é predeterminado, mas o que é escolhido.

Com a tecnologia acontece a mesma coisa. Em parte, o técnio é predeterminado por sua natureza inerente, que é o grande tema deste livro. Assim como nossos genes causam o avanço inevitável do desenvolvimento humano, desde o óvulo fertilizado, passando pelo embrião, o feto, o bebê, a criança, o adolescente e assim por diante, as grandes tendências da tecnologia também avançam em estágios de desenvolvimento pré-estabelecidos.

Nas nossas vidas, não temos qualquer escolha quanto a entrarmos ou não na adolescência. Os hormônios estranhos vão surgir e nossos corpos e mentes são forçados a mudar. As civilizações seguem um desenvolvimento semelhante, ainda que os contornos dessa história sejam menos claros por causa da falta de exemplos. Mas ainda conseguimos enxergar um ordenamento necessário: primeiro a sociedade controla o fogo, depois a metalurgia e então a eletricidade, mas esta não pode surgir depois da comunicação mundial. Podemos discordar sobre quais elementos pertencem à sequência, mas não podemos negar a existência de alguma ordem predeterminada.

Mas a história também é relevante. Os sistemas tecnológicos ganham força própria e se tornam tão complexos e autoagregadores que formam um ambiente recíproco para outras tecnologias. A infraestrutura criada para sustentar o automóvel a gasolina é tão grande que, depois de um século de expansão, ela passou a afetar tecnologias fora do setor de transporte. Por exemplo, combinado com o sistema de rodovias, a invenção do condicionador de ar encorajou a construção de subúrbios subtropicais. A invenção do ar gelado barato alterou a paisagem no sul e sudoeste dos Estados Unidos. Se o condicionamento de ar fosse implementado em uma sociedade sem automóveis, o padrão de consequências seria diferente, apesar dos sistemas de refrigeração de ar conterem suas próprias energias e inerências tecnológicas. Assim, todo novo desenvolvimento do técnio depende dos antecedentes históricos das tecnologias anteriores. Na biologia, esse efeito é chamado de coevolução, ou seja, o "ambiente" de uma espécie é o ecossistema de todas outras espécies com as quais ela interage, e todas estão em fluxo. Por exemplo, presas e predadores evoluem juntos e instigam a evolução um do outro, numa corrida armamentista infindável. Hospedeiro e parasita formam um dueto ao tentarem superar um ao outro, e um ecossistema se adapta ao alvo móvel representado por uma nova espécie que se adapta a ele.

Dentro dos limites estabelecidos pelas forças inevitáveis, nossas escolhas causam consequências que ganham força com o passar do tempo, até que todas essas contingências formem necessidades tecnológicas e se tornem quase imutáveis para as gerações futuras. Uma velha história sobre o longo alcance das escolhas passadas é basicamente verdade: as carroças romanas eram construídas de acordo com as medidas das carruagens de guerra do Império porque era mais fácil seguir os sulcos deixados na estrada pelos veículos militares. As carruagens eram desenhadas para acomodar a largura de dois grandes cavalos de guerra, o que corresponde à medida inglesa de 1,44 metro (4 pés e 8,5 polegadas). Quando as legiões romanas invadiram a Grã-Bretanha, elas construíram as grandes estradas imperiais com 1 metro e 44 centímetros de largura. Quando os ingleses começaram a construir linhas férreas, eles usaram a mesma largura para que pudessem continuar utilizando as carruagens com cavalos. E quando começaram a construir ferrovias para carruagens sem cavalos, os trilhos naturalmente eram colocados a 1 metro e 44 centímetros de distância uns dos outros. As primeiras ferrovias dos Estados Unidos foram construídas por trabalhadores trazidos das Ilhas Britânicas com as mesmas ferramentas e moldes com os quais estavam acostumados. Agora pulemos para o ônibus espacial norte-americano, cujas peças são montadas em diversos locais do país e montadas na Flórida. Como os dois foguetes de combustível sólido das laterais da unidade de propulsão foram fabricados em Utah e transportados por uma linha ferroviária que atravessava um túnel não muito mais largo que um trilho normal, os foguetes em si não podiam ter diâmetro muito maior do que 1 metro e 44 centímetros. Como conclui um piadista: "Assim, uma característica crucial do sistema de transporte mais avançado do mundo foi determinado 2 mil anos atrás pela largura da bunda de dois cavalos". E é mais ou menos assim que a tecnologia vai se restringindo com o passar do tempo.

Os últimos 10.000 anos de tecnologia influenciam a marcha predeterminada da tecnologia em cada nova era da humanidade. As condições embrionárias do sistema elétrico, por exemplo, podem orientar a natureza da rede futura de vários modos diferentes. Os engenheiros podem escolher a corrente alternada (CA), que favorece a centralização, ou a corrente contínua (CC), que favorece a descentralização. Ou o sistema pode ser instalado em 12 volts (por amadores) ou 250 volts (por profissionais). O regime jurídico pode favorecer ou não a proteção patentária, e os modelos de negócios podem ser construídos em torno do lucro ou de organizações de caridade sem fins lucrativos. As especificações iniciais afetaram o modo como a Internet se desenvolveu em relação à rede elétrica. Todas essas variáveis alteram o sistema, que passa a avançar em direções culturais diferentes. Mas a eletrificação em si, em alguma forma, era uma fase necessária e inevitável para o técnio. A Internet também era inevitável, mas a natureza da sua encarnação depende do teor das tecnologias que a precederam. Os telefones eram inevitáveis, mas o iPhone não era. Nós aceitamos o fenômeno análogo no mundo da biologia: a adolescência humana é inevitável, mas a delinquência juvenil não. O padrão exato da adolescência inevitável que se manifesta em cada indivíduo depende em parte da sua biologia, que depende em parte da sua saúde e ambiente, mas também do modo como ele emprega seu livre arbítrio.

Assim como a personalidade, a tecnologia é moldada por uma tríade de forças. O principal fator é o desenvolvimento predestinado, ou seja, o que a tecnologia quer. O segundo é a influência da história tecnológica, a gravidade do passado, como no exemplo da canga dos cavalos que determina o tamanho de um foguete. A terceira força é o livre arbítrio coletivo da sociedade que molda o técnio, ou seja, nossas escolhas. Sob a primeira força da inevitabilidade, o caminho da evolução tecnológica é guiado pelas leis da física e pelas tendências de auto-organização que existem dentro do grande sistema complexo e adaptativo. O técnio tende em direção a certas macroformas, mesmo quando rebobinamos a fita do tempo. O que vem depois depende da segunda força, ou seja, do que já aconteceu, de modo que a energia da história limita as opções futuras. Essas duas forças colocam o técnio em um caminho restrito e limitam gravemente nossas opções. Gostamos de imaginar que "tudo é possível no futuro"; na verdade, em se tratando de tecnologia, nem tudo é possível.

Em contraste com as duas primeiras, a terceira força é o nosso livre arbítrio, a capacidade de fazer escolhas de uso individuais e decisões políticas coletivas. Em comparação com todas as possibilidades que conseguimos imaginar, nossa gama de opções é limitada. Mas em comparação com 10.000 anos atrás, ou mesmo 1.000 anos atrás, ou até com o ano passado, nossas possibilidades estão se expandindo. Apesar de restritas no sentido cósmico da palavra, nossas escolhas são tão abundantes que nem sabemos o que fazer com elas. E com a força do técnio por trás delas, essas escolhas reais continuarão a se expandir (apesar do caminho maior estar predestinado).

Esse paradoxo é reconhecido não apenas pelos historiadores da tecnologia, mas também pelos historiadores em geral. Na visão do historiador cultural David Apter: "A liberdade humana existe dentro dos limites estabelecidos pelo processo histórico. Nem tudo é possível, mas muito ainda pode ser escolhido". O historiador da tecnologia Langdon Winner resume essa convergência do livre arbítrio e do destino da seguinte maneira: "A tecnologia avança continuamente, como que por causa e efeito. Esse fato não nega a criatividade humana, a inteligência, as idiossincrasias, a sorte ou o desejo obstinado por seguir um caminho e não outro. Todos esses elementos são absorvidos pelo processo e se tornam momentos nas progressões".

Não é coincidência que a natureza triádica do técnio seja igual à natureza triádica da evolução biológica. Se o técnio for realmente a aceleração prolongada da evolução da vida na Terra, ele deve ser governado pelas mesmas três forças.

Um vetor representa o inevitável. As leis básicas da física e a auto-organização emergente guiam a evolução em direção a formas predestinadas. As espécies específicas, sejam elas biológicas ou tecnológicas, são imprevisíveis em seus microdetalhes, mas os macropadrões (motores elétricos, computação binária) são predeterminados pela física da matéria e a auto-organização. Essa força inescapável pode ser interpretada como a inevitabilidade estrutural da evolução biológica e tecnológica (mostrada no quadrante inferior esquerdo do diagrama da página 176).

O segundo elemento da tríade é o aspecto histórico/contingente da mudança evolucionária (inferior direito). Os acidentes e as circunstâncias alteram o curso da evolução de várias maneiras diferentes. Com o tempo, essas contingências se acumulam para criar ecossistemas com sua própria energia interna. O passado importa.

A terceira força que atua dentro da evolução é a função adaptativa, o motor implacável da otimização e inovação criativa que está sempre resolvendo os problemas da sobrevivência. Na biologia, trata-se da incrível força da seleção natural, cega e inconsciente (mostrada no quadrante superior).

```
         FUNCIONAL
         ADAPTATIVO
            /\
           /  \
          / VIDA \
         /_____\
ESTRUTURAL        HISTÓRICA
INEVITÁVEL        CONTINGENTE
```

A tríade da evolução biológica. Os três vetores evolucionários da vida.

No técnio, porém, a função adaptativa não é inconsciente, como no caso da seleção natural. Ela é aberta ao livre arbítrio e às escolhas dos seres humanos. Esse domínio intencional é composto pelas inúmeras decisões que tomamos nas expressões políticas das invenções inevitáveis e pelas bilhões de decisões que os indivíduos tomam sobre usar ou evitar, e de que forma, certas invenções. A evolução biológica não tem um grande projetista inteligente, mas o técnio tem: o sapiens. E, claro, esse *design* aberto consciente (quadrante superior) é o motivo pelo qual o técnio se tornou a força mais poderosa do mundo.

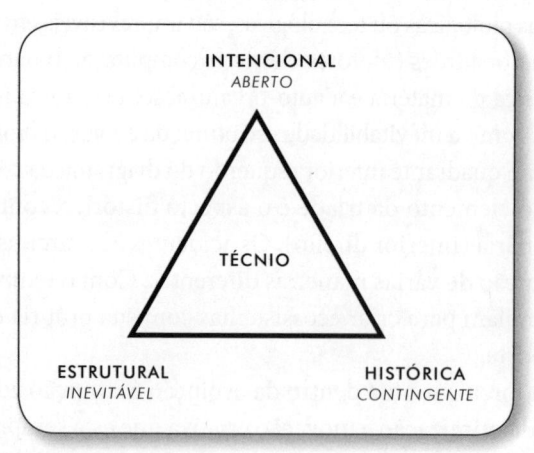

```
         INTENCIONAL
           ABERTO
            /\
           /  \
          /TÉCNIO\
         /_____\
ESTRUTURAL        HISTÓRICA
INEVITÁVEL        CONTINGENTE
```

A tríade da evolução tecnológica: No técnio, o vetor funcional é ocupado por uma força equivalente: o intencional.

As outras duas pernas da evolução tecnológica são idênticas às outras duas pernas da evolução biológica. As leis básicas da física e da auto-organização emergente fazem com que a evolução tecnológica atravesse uma série inevitável de formas estruturas: veículos de quatro rodas, navios hemisféricos, livros com páginas, etc. Ao mesmo tempo, a contingência histórica das invenções passadas forma uma inércia que altera o rumo da evolução, mas sempre dentro dos limites dos desenvolvimentos inevitáveis. É a terceira perna, a escolha coletiva de indivíduos com livre arbítrio, que define a personalidade do técnico. E assim como as escolhas livres que fazemos em nossas vidas individuais cria o tipo de pessoa que somos (nossa "pessoa" inefável), nossas escolhas dão forma ao técnico.

A macroescala dos contornos de um sistema de automação industrial (fábricas com linhas de montagem, energia obtida de combustível fóssil, educação em massa, obediência ao relógio) pode estar além da nossa escolha, mas as características de cada uma dessas partes não está. Temos amplo espaço para selecionar os detalhes da nossa educação em massa, de modo que podemos orientar o sistema para maximizar a igualdade ou favorecer a excelência ou cultivar inovações. Podemos fazer com que a invenção da linha de montagem industrial tenda a otimizar a produção ou otimizar as habilidades dos trabalhadores; cada caminho produz uma cultura diferente. Todos os sistemas tecnológicos podem ser montados com características alternativas que mudariam a natureza e a personalidade da tecnologia em questão.

A partir do espaço, é fácil ver as consequências de cada escolha. Os satélites que sobrevoam nosso planeta registram a iluminação noturna das cidades.

A Coreia do Norte à noite. A ausência da abundância tecnológica moderna vista em uma foto noturna de satélite do leste da Ásia. O contorno da Coreia do Norte está marcado em branco.

Para um observador em órbita, cada cidade iluminada da Terra representa um *pixel* no retrato noturno do técnio. Uma camada de luzes bem distribuídas indica o desenvolvimento tecnológico. Na Ásia, uma área contínua de luz é interrompida por uma grande mancha escura. A forma sombria segue o contorno exato de um país renegado, a Coreia do Norte.

Paul Romer, um economista da Universidade de Stanford, lembra que esse incrível espaço negativo é o resultado de decisões políticas. Todos os ingredientes tecnológicos para a iluminação noturna estão presentes na Coreia do Norte, como vemos pelas luzes brilhantes ao redor do país, mas a república comunista adotou, enquanto país, uma expressão mínima e esparsa do sistema elétrico. O resultado é um mapa chocante da escolha tecnológica.

Em *Não zero*, Robert Wright oferece uma analogia maravilhosa para explicar o papel do inevitável na forma como se aplica à tecnologia, que parafrasearei a seguir. Segundo Wright, faz sentido afirmar que o destino de uma sementinha, tal como uma semente de papoula, é se transformar em uma planta. A flor produz uma semente e a semente se transforma em uma planta, tudo de acordo com a rotina fixa e eterna criada por bilhões de anos de flores. As sementes brotam, é isso que elas fazem. Em um sentido fundamental, é inevitável que uma semente de papoula se transforme em uma planta, apesar de várias delas acabarem em *bagels* nas padarias de Nova York. Não precisamos que 100% das sementes cheguem à próxima fase para reconhecer a direção inexorável do crescimento da papoula, pois sabemos que o interior de cada semente de papoula é um programa de DNA. A semente "quer" ser uma planta. Para ser preciso, a semente de papoula existe para criar troncos, galhos e flores de um tipo específico. O destino da semente é considerado menos uma probabilidade estatística de quantas unidades completam a jornada e mais uma questão do que ela foi criada para fazer.

Em *Não zero*, Robert Wright oferece uma analogia maravilhosa para explicar o papel do inevitável na forma como se aplica à tecnologia, que parafrasearei a seguir. Segundo Wright, faz sentido afirmar que o destino de uma sementinha, tal como uma semente de papoula, é se transformar em uma planta. A flor produz uma semente e a semente se transforma em uma planta, tudo de acordo com a rotina fixa e eterna criada por bilhões de anos de flores. As sementes brotam, é isso que elas fazem. Em um sentido fundamental, é inevitável que uma semente de papoula se transforme em uma planta, apesar de várias delas acabarem em *bagels* nas padarias de Nova York. Não precisamos que 100% das sementes cheguem à próxima fase para reconhecer a direção inexorável do crescimento da papoula, pois sabemos que o interior de cada semente de papoula é um programa de DNA. A semente "quer" ser uma planta. Para ser preciso, a semente de papoula existe para criar troncos, galhos e flores de um tipo específico. O destino da semente é considerado menos uma probabilidade estatística de quantas unidades completam a jornada e mais uma questão do que ela foi criada para fazer.

Dizer que o técnio se força a atravessar certas formas tecnológicas inevitáveis não significa que todas as tecnologias eram uma certeza matemática. Na verdade, isso indica mais uma direção e menos um destino. Para ser preciso, as tendências de longo prazo do técnio revelam o desenho do técnio, que por sua vez indica o que ele foi criado para fazer.

A inevitabilidade não é um defeito. A inevitabilidade facilita as previsões. Quanto melhores nossas previsões, melhor podemos nos preparar para o futuro. Quando conhecemos os contornos básicos das forças persistentes, podemos educar melhor nossos filhos nas habilidades e conhecimentos necessários para terem sucesso nesse mundo. Podemos modificar os padrões das nossas leis e instituições públicas para refletir a realidade futura. Se, por exemplo, percebermos que o código genético de todo mundo será sequenciado ao nascer ou antes (o que é inevitável), então a alfabetização genética se torna uma política essencial. Todos precisam saber os limites do que o DNA pode ou não nos ensinar, como ele varia ou não entre os indivíduos da mesma família, que fatores podem impactar sua integridade, que informações sobre ele podem ser compartilhadas, o que conceitos como "raça" e "etnia" significam nesse contexto e como usar esse conhecimento para adaptar os serviços de saúde prestados a cada indivíduo. Temos um mundo à nossa espera e vai demorar para explorá-lo, mas podemos começar a discutir e resolver essas escolhas de antemão, pois sua vinda, de acordo com os princípios exotrópicos, é inevitável.

À medida que o técnio avança, melhores ferramentas de previsão nos ajudam a identificar o inevitável. Voltando à analogia da adolescência, como podemos antecipar o início inevitável dessa fase do desenvolvimento humano, conseguimos enfrentá-la com sucesso. Os adolescentes são biologicamente propensos a correr riscos para estabelecer sua independência. A evolução "quer" adolescentes que correm riscos. Saber que comportamentos arriscados são um elemento esperado na adolescência reconforta os adolescentes (você é normal, não uma aberração) e a sociedade (calma, eles vão crescer) e nos convida a aproveitarmos esses riscos normais para produzir melhorias e ganhos pessoais. Se confirmarmos que uma rede mundial de conexões contínuas é uma fase inevitável do crescimento de uma civilização, então podemos nos reconfortar com sua inevitabilidade e interpretar o fato como um convite para criarmos a melhor rede global possível.

As possibilidades só crescem com o avanço do técnio; se formos sábios e inteligentes, também ganhamos mais maneiras de antecipar essas tendências predestinadas. Nossas escolhas tecnológicas reais são importantes. Apesar de limitadas por formas predeterminadas de desenvolvimento, as especificidades de cada fase são muito relevantes para nós.

As invenções e descobertas são cristais inerentes ao técnio, esperando para se manifestarem. Não há nada de mágico nesses padrões, nada de místico na tecnologia ter uma direção. Todos os sistemas adaptativos e complexos que mantêm uma auto-organização estável – das galáxias às estrelas-do-mar à mente humana – apresentam formas emergentes e direções inerentes. Podemos chamar essas formas de inevitáveis porque, assim como o redemoinho em espiral no fundo da banheira ou os flocos de neve em uma tempestade de inverno, elas sempre se manifestam quando as condições certas estão presentes. Mas, claro, elas nunca assumem exatamente a mesma forma, nunca têm os mesmos detalhes.

O vórtice do técnio criou seus próprios planos, seu próprio imperativo, sua própria direção. Ele não está mais sob o domínio absoluto de seu pai e criador, a humanidade. Nós nos preocupamos especialmente, como fazem todos os pais, à medida que o poder e a independência do técnio vão aumentando.

Mas sua autonomia também gera grandes benefícios para a humanidade. O aumento a longo prazo do progresso real se deve ao crescimento do técnio como sistema vivo. E os aspectos mais atraentes da tecnologia também se devem a essas tendências de longo prazo e que aceleram a si mesmas.

A ânsia por autopreservação, autoextensão e autocrescimento é o estado natural de todo e qualquer ser vivo. Não nos ressentimos da natureza egoísta do leão ou do gafanhoto ou de nós mesmos. Mas sempre há um momento na infância da nossa prole biológica quando a sua natureza egoísta infantil nos confronta e precisamos reconhecer que nossos filhos têm seus próprios planos. Apesar da sua vida em si ser uma continuação clara da nossa própria (todas as suas células foram derivadas, sem interrupção, das nossas), nossos filhos têm vida independente. Por mais bebês que já tenhamos visto, sempre ficamos perturbados com esses primeiros momentos de independência.

Coletivamente, estamos em um desses momentos na história do técnio. Esse ciclo natural é uma parte cotidiana da biologia, mas essa é a primeira vez que o encontramos na tecnologia. E isso nos deixa apreensivos. Nosso choque ao descobrir o egoísmo na tecnologia tem a ver com o fato de que, por definição, nós somos e sempre seremos parte do técnio. Nas palavras da psicóloga Sherry Turkle, a tecnologia é o nosso "segundo eu". Ela é "outro" e "nós" ao mesmo tempo. Ao contrário dos nossos filhos biológicos, que crescem e desenvolvem mentes completamente independentes, a autonomia do técnio inclui a nós e nossas mentes coletivas. Somos parte dessa natureza egoísta.

Assim, o dilema contínuo da tecnologia nunca vai nos deixar. Ela é uma ferramenta cada vez mais complexa que estamos sempre utilizando e atualizando para melhorar o mundo; e ela é um superorganismo que está sempre amadurecendo e do qual fazemos parte, um organismo que segue uma direção além do nosso controle. Os seres humanos são mestres e escravos do técnio e nosso destino é interpretar esse papel duplo e desconfortável. Assim, sempre teremos conflitos em relação à tecnologia e sempre teremos dificuldade para fazer nossas escolhas.

Mas nossa preocupação não deve ser com adotar ou não o técnio. Essa fase já passou, já estamos em uma relação simbiótica. Em uma macroescala, o técnio está seguindo seu progresso inevitável. Na microescala, entretanto, a intenção é soberana. Podemos escolher nos alinharmos com essa direção, expandir as escolhas e possibilidades para tudo e para todos e executar os detalhes com beleza e elegância. Ou podemos escolher (erroneamente, na minha opinião) resistirmos ao nosso segundo eu.

O conflito que o técnio provoca nos nossos corações é causado pela nossa recusa em aceitar nossa natureza: a verdade é que formamos um contínuo com as máquinas que criamos. Somos seres humanos que criaram a si mesmos, nossa maior invenção. Quando rejeitamos a tecnologia como um todo, estamos odiando a nós mesmos.

"A natureza nos dá confiança, mas a tecnologia nos dá esperança", afirma Brian Arthur. Essa esperança está em aceitar nossas próprias naturezas. Ao nos alinharmos com o imperativo do técnio, podemos nos preparar melhor para guiá-lo quando possível e ficamos mais cientes sobre aonde ele está indo. Seguindo o que a tecnologia quer, fica mais fácil capturar tudo que ela nos oferece.

Parte III

Escolhas

Capítulo 10

O Unabomber tinha razão

Em 1917, Orville Wright previu que "o aeroplano ajudará a paz de várias maneiras; acredito particularmente que ele terá a tendência de tornar a guerra impossível". Wright estava ecoando os sentimentos do jornalista norte-americano John Walker, que em 1904 declarou: "Como máquina de paz, o valor [do aeroplano] para o mundo será incalculável". Essa não foi a primeira grande promessa da tecnologia. Naquele mesmo ano, Júlio Verne anunciou: "O submarino pode vir a causar a interrupção absoluta das batalhas, pois as frotas se tornarão inúteis e, à medida que outros materiais bélicos continuarem a melhorar, a guerra se tornará impossível".

Alfred Nobel, o sueco que inventou a dinamite e criou o Prêmio Nobel, acreditava sinceramente que seus explosivos seriam um instrumento de dissuasão das guerras: "Minha dinamite levará à paz antes de mil convenções mundiais". Na mesma veia, em 1893, quando perguntaram "Essa arma não vai deixar a guerra mais terrível?", Hiram Maxim, o inventor da metralhadora, respondeu: "Não, ela vai tornar a guerra impossível". Guglielmo Marconi, o inventor do rádio, disse ao mundo em 1912: "O futuro da comunicação sem fio vai tornar a guerra impossível, pois vai torná-la ridícula". O general James Harbord, presidente do conselho da RCA em 1925, acreditava que "o rádio transformará em realidade o conceito de paz na Terra aos homens de boa vontade".

Na década de 1890, pouco depois que o telefone começou a ser comercializado, John J. Carty, engenheiro-chefe da AT&T, profetizou: "Um dia construiremos um sistema telefônico mundial, o que criará a necessidade de todos os povos usarem uma língua comum ou o entendimento comum de todas as línguas, unindo todas as pessoas da Terra em uma irmandade. Por toda a Terra se ouvirá uma grande voz saída do éter e proclamando 'Paz na Terra aos homens de boa vontade'".

Nikola Tesla afirmou que sua invenção da "transmissão econômica de energia sem fio (...) trará paz e harmonia à Terra". Isso foi em 1905; como a transmissão econômica de energia sem fio ainda não existe, as esperanças da paz mundial ainda não morreram.

David Nye, um historiador da tecnologia, acrescenta à lista de invenções que aboliriam a guerra de uma vez por todas e levariam à paz mundial: o torpedo, o balão de ar quente, o gás venenoso, as minas terrestres, os mísseis e as armas a *laser*. Segundo Nye: "Todas as novas formas de comunicação, do telégrafo e telefone ao rádio, filme, televisão e Internet, foram saudadas como protetores da liberdade de expressão e movimento irrestrito das ideias".

Em um artigo do *New York Times* sobre a TV a cabo interativa em 1971, George Gent escreveu: "Os defensores saudaram o programa como (...) um passo importante em direção ao sonho da filosofia política de uma democracia participativa". Hoje, as promessas sobre os efeitos pacíficos e democratizantes da televisão são minúsculos em comparação com as mesmas promessas feitas sobre a Internet. Mas como observa o futurista Joel Garreau, "dado o que aconteceu com a televisão, fico abismado que a informática seja vista como um sacramento".

Não é que essas invenções não tenham seus benefícios, ou mesmo que não tenham benefícios democráticos, mas o fato é que cada nova tecnologia cria mais problemas do que resolve. "Os problemas são as respostas às soluções", afirma Brian Arthur.

A maior parte dos novos problemas do mundo são problemas criados por tecnologias anteriores. Esses problemas tecnogênicos são quase invisíveis para nós. Todos os anos, 1,2 milhão de pessoas morrem em acidentes automobilísticos. O sistema de transporte tecnológico dominante mata mais do que o câncer. Aquecimento global, toxinas ambientais, obesidade, terrorismo nuclear, propaganda política, perda de espécies e abuso de drogas são apenas alguns dos vários problemas tecnogênicos graves que afetam o técnio. Como afirma o tecnocrítico Theodore Roszak: "Quanto do que identificamos como 'progresso' na sociedade urbana-industrial não passa de desfazer os males herdados da última geração de inovações tecnológicas?".

Se adotamos a tecnologia, precisamos confrontar seus custos. O progresso tornou anacrônico milhares de empregos tradicionais e os estilos de vidas que giravam em torno dessas formas de trabalho. Hoje, centenas de milhões de pessoas odeiam seus empregos e não amam os frutos do seu trabalho. Em alguns casos, esses empregos causam dores físicas, invalidez ou doenças crônicas. A tecnologia cria muitos empregos indubitavelmente perigosos (mineração de carvão, por exemplo). Ao mesmo tempo, a mídia e a educação em massa treinam os seres humanos para evitarem trabalhos manuais sem componentes tecnológicos e para buscarem empregos no técnio digital. O divórcio entre as mãos e a cabeça causa problemas para a psique humana. Na verdade, a natureza sedentária dos empregos mais bem remunerados é um risco de saúde tanto para o corpo quanto para a mente.

A tecnologia cresce até preencher todos os buracos e espaços entre nós. Monitoramos a vida dos nossos vizinhos e de todo mundo que conseguimos espionar. Temos 5.000 "amigos" na nossa lista, mas espaço para apenas 50 nos nossos corações. Nossa capacidade de afetar o mundo se expandiu além da nossa capacidade de nos importarmos uns com os outros. A mediação tecnológica revira nossas vidas e nos deixa abertos à manipulação por multidões, publicitários espertos, governos e as tendências inconscientes do sistema.

O tempo gasto com as máquinas precisa sair de algum lugar. A enxurrada de novos aparelhos eletrônicos rouba o tempo que seria usado em outros dispositivos ou em outras atividades humanas. Cem mil anos atrás, a tecnologia estava quase ausente no dia dos sapiens caçadores-coletores. Dez mil anos atrás, um fazendeiro passaria algumas horas por dia com uma ferramenta em uma mão. Meros 1.000 anos trás, a tecnologia medieval era onipresente na periferia das relações humanas, mas não tinha uma função central. Hoje, a tecnologia se coloca no centro de tudo que fazemos, vemos, ouvimos e criamos. A tecnologia permeia a comida, o sexo, a educação de crianças e adultos, a morte. Nossas vidas estão sujeitas ao relógio.

Enquanto força mais poderosa do mundo, a tecnologia tende a dominar nossas ideias. Devido à sua onipresença, ela monopoliza qualquer atividade e questiona qualquer solução não tecnológica, considerada impotente ou pouco confiável. Devido à sua capacidade de nos ampliar, damos precedência ao que é produzido em relação ao que nasce. Qual esperamos que será mais eficaz, uma erva selvagem ou um fármaco sintético? Mesmos nossos elogios culturais da excelência alheia tendem em direção ao mecânico: "brilhante", "tinindo", "uma máquina", "que nem um relógio". Todos esses termos sugerem a superioridade do artificial. Somos prisioneiros da estrutura tecnológica que o poeta William Blake chamou de "as algemas forjadas pela mente".

O simples fato de uma máquina ser *capaz* de fazer uma tarefa muitas vezes se torna razão suficiente para que ela *faça* a tarefa, mesmo que com baixa qualidade no começo. As primeiras versões produzidas por máquinas de itens como roupas, tigelas de porcelana, papel, cestos e sopa enlatada não eram muito boas, apenas muito baratas. Em geral, inventamos uma máquina com um fim específico e limitado e então, no que Neil Postman chama de síndrome de Frankenstein, os planos da invenção se expandem. Postman escreve: "Depois que uma máquina é construída, descobrimos, e sempre ficamos surpresos, que ela tem ideias próprias, que mais do que ser capaz de mudar nossos hábitos (...) ela muda nossos hábitos mentais". Assim, os seres humanos se tornaram adjuntos ou, para usar a expressão de Karl Marx, apêndices das máquinas.

Muita gente acredita que a única maneira do técnio crescer é consumindo recursos insubstituíveis, *habitats* milenares e inúmeras criaturas silvestres, mas que sua única contribuição à biosfera é poluição, asfalto e montanhas de lixo obsoleto. Pior ainda, essa mesma tecnologia tira de quem tem menos, dos países com mais recursos naturais e menos poder econômico, e enriquece os mais poderosos. Assim, o progresso engorda a vida de uns poucos sortudos e deixa os pobres azarados morrerem de fome. Muitas pessoas que reconhecem o progresso do técnio evitam acolher de braços abertos o imperativo tecnológico por causa do seu efeito adverso no meio ambiente.

Essa invasão do técnio é real. Em muitos casos, o progresso tecnológico foi produzido às custas de *habitats* ecológicos. O aço é minerado da terra, a madeira vem da derrubada de florestas, o plástico e a energia são retirados do petróleo e despejam poluentes no ar. As fábricas substituem pântanos e pradarias. Um terço da superfície terrestre já foi alterado pela agricultura ou habitação humana. Não é difícil compilar uma lista longuíssima de montanhas aplainadas, lagos envenenados, rios represados, selvas derrubadas, ares poluídos e diversidades aniquiladas. Pior ainda, a civilização é responsável pela extinção permanente de várias espécies únicas de vida. Em uma escala geológica, a taxa normal de perda de espécies é de uma a cada quatro anos. Atualmente, perdemos no mínimo quatro vezes esse valor; e provavelmente estamos eliminando espécies a uma velocidade milhares de vezes superior.

(Por acaso conheço um pouco sobre esse extermínio porque comandei por dez anos uma iniciativa para catalogar toda a vida na Terra. Temos evidências históricas da extinção de cerca de 2.000 espécies nos últimos 2.000 anos, ou uma por ano, quatro vezes a taxa normal. Mas a grande maioria dessas extinções ocorreu nos últimos 200 anos, então nossa média anual conhecida é significativamente maior hoje em dia. Como identificamos cerca de 5% de todas as espécies da Terra, e muitas das espécies anônimas estão nos mesmos *habitats* precários que as extinções documentadas, podemos extrapolar qual o número total de espécies em extinção. As estimativas chegam a 50.000 por ano. Na verdade, ninguém tem ideia de quantas espécies realmente vivem na Terra, ou quantas delas já foram identificadas, mesmo na ordem de magnitude mais próxima, então tudo que podemos dizer com certeza é que estamos eliminando as espécies com mais rapidez, um grande crime por si só.)

Ainda assim, não há nada de inerente ao técnio que insista na perda de espécies. Para cada método tecnológico em uso que causa a perda de *habitats*, podemos imaginar uma solução alternativa sem esse efeito. Na verdade, para cada tecnologia X que podemos inventar, há (ou poderia haver) uma tecnologia Y correspondente com o potencial de ser mais ambientalmente correta. Sempre teremos maneiras de aumentar a eficiência energética e de uso de materiais, de imitar processos biológicos com mais precisão ou de reduzir a pressão sobre os ecossistemas. "Não consigo imaginar uma tecnologia que não possa se tornar várias ordens de magnitude mais verde", afirma Paul Hawken, um renomado defensor das tecnologias ambientalmente corretas. "Mas na minha opinião, ainda nem chegamos no reino das tecnologias verdes." É verdade que melhorias mais ambientalmente corretas podem causar efeitos adversos imprevisíveis no meio ambiente, mas isso significa apenas que precisamos de outra inovação para remediar o problema. Nesse sentido, o potencial das tecnologias mais verdes nunca acaba. Como é impossível detectar um limite para a biofilia das tecnologias futuras, esse horizonte aberto indica que a natureza da tecnologia é inerentemente pró-vida. Em seu nível mais fundamental, o técnio tem o potencial de ser compatível com a vida. Ele só precisa transformar esse potencial em realidade.

Na bela expressão do futurista Paul Saffo, muitas vezes confundimos uma visão clara do futuro com uma pequena distância. Na realidade, a tecnologia cria uma dissonância preocupante entre o que podemos imaginar e o que podemos fazer. Não consigo imaginar uma explicação melhor disso do que a visão do cineasta George Lucas sobre o dilema eterno da tecnologia. Em 1997, entrevistei Lucas sobre um novo método avançado de filmagem que ele criara para os novos filmes da série *Guerra nas Estrelas*. O processo misturava computadores, câmeras, animação e atores reais em um grande mundo cinemático integrado e criava várias camadas de imagens, quase como uma pintura em celuloide. Desde então, a técnica foi adotada por vários diretores de vanguarda no gênero dos filmes de ação, incluindo James Cameron em *Avatar*. Na época, o novo processo radical de Lucas representava o apogeu da alta tecnologia. Mas apesar da técnica inovadora ser futurística, ela não fez com que os novos filmes fossem melhores. Eu perguntei: "Você acha que a tecnologia está deixando o mundo melhor ou pior?" Lucas respondeu:

> Se você analisar a curva da ciência e de tudo que sabemos, ela explode que nem um foguete. Estamos nesse foguete e numa ascensão perfeitamente vertical em direção às estrelas. Mas a inteligência emocional da humanidade é tão importante quanto, se não mais ainda, do que nossa inteligência intelectual. Temos o mesmo analfabetismo emocional que 5.000 anos atrás; portanto, nossa linha emocional é totalmente horizontal. O problema é que o horizontal e o vertical estão se distanciando cada vez mais. E quanto maior essa distância, maiores as consequências.

Creio que subestimamos o estresse causado por essa diferença. A longo prazo, a erosão do eu tradicional pode se mostrar uma parte maior dos custos do técnio do que a erosão da biosfera. Langdon Winner sugere a existência de uma conservação da força vital: "Na medida em que os homens despejam suas vidas no aparato, sua própria vitalidade é reduzida. A transferência da energia e personalidade humana deixa os homens vazios, ainda que eles nunca possam reconhecer esse vazio".

A transferência não é inevitável, mas ela acontece. À medida que as máquinas assumem cada vez mais o papel que era dos seres humanos, tendemos a fazer cada vez menos atividades familiares. Nós não caminhamos tanto, pois deixamos os carros se deslocarem por nós. Não cavamos mais, exceto com retroescavadeiras. Não caçamos nem coletamos mais nossa comida. Não martelamos. Não costuramos. Não lemos se não formos obrigados. Não calculamos. Estamos no processo de terceirizar nossas memórias para o Google e aguardamos com ansiedade o momento em que os robôs de limpeza serão baratos o suficiente e não precisaremos mais fazer faxina. Eric Brende, um estudante de engenharia que passou dois anos vivendo entre os *amish*, escreve: "Duplicar capacidades humanas vitais pode ter apenas duas consequências: atrofiar as capacidades ou criar uma competição entre o *Homo sapiens* e a máquina. Nenhuma das duas é aceitável para os membros do primeiro grupo que ainda têm amor próprio". A tecnologia vai erodindo nossa dignidade humana, questionando nosso papel no mundo e nossa própria natureza.

Isso pode nos levar a loucura. O técnio é uma força global além do controle humano e parece não ter limites. A sabedoria popular não enxerga qualquer contraforça para impedir que a tecnologia usurpe todas as superfícies disponíveis do planeta, criando uma ecumenópolis extrema, uma cidade de proporções planetárias, como a Trantor na ficção científica de Isaac Asimov ou o planeta Coruscant na série *Guerra nas Estrelas*. Os ecologistas pragmáticos argumentariam que o técnio superaria a capacidade dos sistemas naturais da Terra muito antes da formação de uma ecumenópolis, levando à paralisia ou ao colapso. Os cornucópicos, que acreditam que o técnio é capaz de substituições infinitas, não veem obstáculos para o crescimento eterno da área civilizada e aguardam a ecumenópolis de braços abertos. Ambas as possibilidades são perturbadoras.

Cerca de 10.000 anos atrás, os seres humanos chegaram a um ponto em que nossa capacidade de modificar a biosfera excedeu a capacidade do planeta de nos modificar. Esse momento limítrofe foi o começo do técnio. Estamos em um segundo momento-chave, no qual a capacidade do técnio de nos alterar excede nossa capacidade de alterar o técnio. Algumas pessoas chamam esse momento de Singularidade, mas creio que ainda não achamos o nome certo. Langdon Winner afirma que "a consciência humana é insignificante perante o artifício técnico enquanto fenômeno agregado [o que chamo de técnio], que torna os sistemas ininteligíveis às pessoas que deveriam manipulá-lo e controlá-lo; por essa tendência de exceder as habilidades humanas e ainda operar com sucesso de acordo com sua própria estrutura interna, a tecnologia é um fenômeno total que constitui uma 'segunda natureza' muito além do que desejamos e esperamos de seus componentes individuais".

Ted Kaczynski, o terrorista condenado que explodiu dezenas de profissionais tecnofílicos, com três vítimas fatais, estava certo sobre uma coisa: a tecnologia tem seus próprios planos. Ela é egoísta. O técnio não é, como a maioria das pessoas imagina, uma série de artefatos e aparelhos eletrônicos individuais à venda no mercado. Quando afirma que a tecnologia é um sistema dinâmico e holístico, Kaczynski, na voz do Unabomber, ecoa os argumentos de Winner e muitas das afirmações que faço neste livro. O técnio não é mero *hardware*; ele está mais próximo de um organismo. O técnio não é inerte nem passivo; ele busca e se apropria de recursos para a própria expansão. Mais do que a mera soma das ações humanas, o técnio transcende as ações e desejos da humanidade. Creio que Kaczynski estava certo nesses pontos. Em seu infame manifesto gigante de 35.000 palavras, o Unabomber escreveu:

> O sistema não existe e não pode existir para satisfazer as necessidades humanas. Em vez disso, é o comportamento humano que deve ser modificado para se adaptar às necessidades do sistema. Isso não tem qualquer relação com a ideologia política ou social que pode fingir orientar o sistema tecnológico. É culpa da tecnologia, pois o sistema não é guiado pela ideologia, mas sim pela necessidade técnica.

Eu também argumento que o técnio é guiado pela "necessidade técnica". Em outras palavras, os aspectos interesseiros, as tecnologias que possibilitam mais tecnologia e os sistemas que preservam a si mesmos, assim como os vieses inerentes que levam o técnio em certas direções além do desejo humano, são uma parte integral desse vasto complexo de sistemas tecnológicos. Kaczynski escreve: "A tecnologia moderna é um sistema unificado no qual todas as partes dependem de todas as outras. É impossível se livrar das partes 'ruins' da tecnologia e ficar apenas com as 'boas'".

A verdade das observações de Kaczynski não o absolve pelos assassinatos que cometeu nem justifica seu ódio insano. Kaczynski enxergou algo na tecnologia que o fez responder com violência. Mas apesar do desequilíbrio mental e dos pecados morais, ele ainda foi capaz de articular sua visão com uma clareza surpreendente. Kaczynski detonou 16 bombas e assassinou 3 pessoas (e feriu outras 23) para publicar seu manifesto. O desespero e os crimes horrendos escondem uma crítica que conquistou um pequeno grupo de seguidores entre outros luditas. No texto, com uma precisão acadêmica meticulosa, Kaczynski faz sua afirmação principal de que "a liberdade e o progresso tecnológico são incompatíveis" e, portanto, o progresso tecnológico deve ser revertido. A seção central do argumento é de uma clareza impressionante, dadas as queixas mal-humoradas contra esquerdistas antes e depois dessa parte do texto.

Li praticamente todos os livros sobre a filosofia e teoria da tecnologia e entrevistei alguns dos grandes pensadores que estão ponderando a natureza dessa força. Então foi uma grande decepção descobrir que uma das análises mais astutas do técnio foi escrita por um terrorista doente mental e assassino em massa. O que fazer? Alguns amigos e colegas me aconselharam a nem sequer mencionar o Unabomber neste livro. Alguns ficaram profundamente ofendidos por tê-lo mencionado.

Estou citando passagens extensas do manifesto do Unabomber por três motivos. Primeiro, ele apresenta de maneira sucinta um argumento sobre a autonomia no técnio, muitas vezes melhor do que eu conseguiria. Segundo, não encontrei um exemplo melhor da visão de muitos céticos da tecnologia (uma visão compartilhada por muitos cidadãos comuns, mas com menos força) de que os maiores problemas do mundo não são causados por invenções individuais, mas por todo o sistema autossustentável da tecnologia em si. Terceiro, creio que é importante comunicar que a autonomia emergente do técnio não é reconhecida apenas pelos defensores da tecnologia, mas também por quem a despreza.

O Unabomber estava certo sobre a natureza autoglorificadora do técnio, mas discordo de muitas das outras teses de Kacyznski, especialmente suas conclusões. Kacyznski errou porque seguia uma lógica sem ética, mas como seria de esperar de um matemático, era uma lógica muito perspicaz.

Até onde consigo entender, o argumento do Unabomber é o seguinte:

- As liberdades pessoais são limitadas pela sociedade, como devem ser, pelo bem da ordem, em qualquer civilização
- Quanto mais a tecnologia fortalece a sociedade, menor a liberdade individual.
- A tecnologia destrói a natureza, fortalecendo-se ainda mais.
- Mas por estar destruindo a natureza, o técnio está destinado a entrar em colapso.
- Enquanto isso, a autoamplificação da tecnologia evolui com mais força do que a política.
- Usar a tecnologia para tentar domar o sistema apenas fortalece o técnio.
- Como não pode ser domada, a civilização tecnológica deve ser destruída, não reformada.
- Como não pode ser destruída pela tecnologia ou política, os seres humanos devem levar o técnio ao seu autocolapso inevitável.
- Logo, devemos atacá-lo quando estiver por baixo e matá-lo antes que possa se reerguer.

Em suma, Kaczynski afirma que a civilização é a fonte de todos os nossos problemas, não a cura. Ele não foi o primeiro a fazer essa acusação. A retórica exaltada contra a máquina da civilização remonta a Freud e até antes. Mas os ataques contra a sociedade industrial se aceleraram com a aceleração da própria indústria. O lendário ativista ecológico Edward Abbey considerava a civilização industrial uma "locomotiva destruidora" que estava arrasando o planeta e os seres humanos. Abbey fez tudo que podia pessoalmente para impedir a locomotiva, sabotando os equipamentos de madeireiras e coisas do tipo. Abbey foi o guerreiro icônico do movimento Earth First! que inspirou muitos seguidores incendiários. O teórico luddista Kirkpatrick Sale, que ao contrário de Abbey gritava contra a máquina enquanto morava em um prédio confortável em Manhattan, refinou a ideia da "civilização enquanto doença" (em 1995, provocado por mim, Sale apostou 1.000 dólares comigo nas páginas da revista *Wired* que a civilização entraria em colapso até 2020). Mais recentemente, a ideia de desfazer a civilização e voltar a um estado mais puro, mais humano e mais primitivo se acelerou, acompanhando a densidade crescente da malha de conexões globais e da tecnologia *always-on*. Diversos revolucionários de poltrona lançaram livros e *sites* anunciando o fim dos tempos. Em 1999, John Zerzan publicou uma antologia de leituras contemporâneas sobre o tema, intitulada *Against Civilization* ("Contra a Civilização"). E em 2006, Derrick Jensen escreveu um tratado de 1.500 páginas sobre como e por que derrubar a civilização tecnológica, com sugestões práticas sobre os melhores lugares para começar; por exemplo, linhas de energia, oleodutos e a infraestrutura informacional.

Kaczynski lera jeremiadas anteriores contra a sociedade industrial e chegou ao seu ódio contra a civilização do mesmo modo que muitos outros amantes da natureza, homens das montanhas e defensores da volta à terra. Ele foi levado a se retirar do resto da sociedade. Kaczynski foi derrotado pelas inúmeras regras e expectativas sociais impostas a um jovem professor universitário de matemática. Ele escreveu: "As regras e regulações são opressivas por natureza. Mesmo as regras 'boas' reduzem a liberdade". Kaczynski tinha uma frustração profunda com sua incapacidade de se integrar com a sociedade profissional (ele se demitiu do cargo de professor assistente) para o qual ele e a sociedade o preparam durante anos. No manifesto, essa frustração é expressa nas seguintes palavras:

> O homem moderno está amarrado por uma rede de regras e regulações. (...) A maioria dessas regulações não pode ser eliminada, pois elas são necessárias para o funcionamento da sociedade industrial. Quando a oportunidade adequada está ausente (...) as consequências são tédio, desmoralização, baixa autoestima, sentimentos de inferioridade, derrotismo, depressão, ansiedade, culpa, frustração, hostilidade, abuso de esposas ou filhos, hedonismo insaciável, comportamento sexual anormal, desordens do sono, desordens alimentares, etc. [As regras da sociedade industrial] tornaram a vida vazia, sujeitaram os seres humanos a indignidades e levaram a sofrimento psicológico generalizado. Por "sentimentos de inferioridade" queremos dizer não apenas os sentimentos de inferioridade no sentido mais estrito do termo, mas todo um espectro de traços relacionados: baixa autoestima, sentimentos de perda de controle, tendências depressivas, derrotismo, culpa, auto-ódio, etc.

Kaczynski sofreu essas ignomínias, pelas quais culpava a sociedade, e fugiu para as montanhas, onde achava que teria mais liberdades. No estado de Montana, Kaczynski construiu uma cabana sem eletricidade ou água corrente. Ele tinha uma vida relativamente autossustentável, longe das regras e do alcance da civilização tecnológica (mas assim como Thoreau em Walden, ele ia à cidade para reabastecer seu estoque de suprimentos). Entretanto, sua fuga da tecnologia foi perturbada mais ou menos em 1983. Um dos oásis silvestres que Kaczynski adorava visitar era o que ele descrevia como um "platô que remontava à Era Terciária", a dois dias de caminhada da cabana. O lugar era uma espécie de retiro secreto para ele. Como Kaczynski contaria a um repórter do *Earth First! Journal*, "é uma espécie de terreno ondulado, não plano, e quando você chega à borda tem essas ravinas bruscas que formam precipícios. Havia até uma cachoeira". A área em torno da cabana estava recebendo muito trânsito de caçadores e praticantes de caminhadas ecológicas, então em 1983 ele se retirou para o lugar secreto no platô. Como ele contaria em outra entrevista na prisão:

> Quando cheguei lá, descobri que tinham construído uma estrada bem no meio. [A voz de Kaczynski se perde; ele pausa, depois continua.] Você não consegue imaginar como fiquei aborrecido. Foi naquele momento que decidi que, em vez de tentar adquirir mais habilidades para viver na natureza, eu trabalharia para revidar contra o sistema. Vingança. Não foi a primeira vez que cometi sabotagem, mas dali em diante, esse tipo de coisa se tornou uma prioridade.

É fácil simpatizar com o sofrimento de Kaczynski enquanto dissidente. Ele tentou escapar educadamente da civilização tecnológica com uma fuga para os seus limites extremos, onde é possível estabelecer um estilo de vida relativamente livre de tecnologia... e então a besta da civilização/desenvolvimento/tecnologia industrial o persegue e destrói o paraíso. Será impossível fugir? A máquina é onipresente! Implacável! Ela precisa ser derrotada!

Ted Kaczynski, é claro, não foi o único amante da natureza a sofrer com as invasões da civilização. Tribos ameríndias inteiras foram expulsas para áreas remotas pelo avanço da cultura europeia. Elas não estavam fugindo da tecnologia em si (os indígenas não hesitavam em adotar as armas mais avançadas quando podiam), mas o efeito foi o mesmo: distanciá-los da sociedade industrial.

Kaczynski argumenta que, por vários motivos, é impossível escapar das garras da tecnologia industrial: primeiro, porque se você usa *qualquer* parte do técnico, o sistema exige servidão; segundo, porque a tecnologia não se "reverte", ela nunca liberta algo que dominou; e terceiro, porque não temos a opção de quais tecnologias usar a longo prazo. Nas palavras do manifesto:

> O sistema PRECISA regular o comportamento humano em detalhes para funcionar. No trabalho, as pessoas precisam cumprir suas ordens, se não a produção se tornaria um caos. As burocracias PRECISAM ser administradas de acordo com regras rígidas. Permitir qualquer autonomia pessoal significativa a burocratas de baixo nível atrapalharia o sistema e levaria a acusações de injustiça devido às diferenças no modo como cada burocrata exercita seus poderes. É verdade que algumas restrições à nossa liberdade poderiam ser eliminadas, mas EM GERAL, a regulação das nossas vidas por grandes organizações é um elemento necessário para o funcionamento da sociedade industrial-tecnológica. O resultado é uma sensação de falta de controle por parte do indivíduo médio.
>
> Outro motivo para a tecnologia ser uma força social tão poderosa é que, dentro do contexto de cada sociedade, o progresso tecnológico avança apenas em uma direção e jamais pode ser revertido. Depois que uma inovação técnica é introduzida, as pessoas quase sempre ficam dependentes dela, a menos que seja substituída por uma inovação ainda mais avançada. Não só elas ficam dependentes de um novo item de tecnologia enquanto indivíduos, o sistema como um todo fica ainda mais dependente da novidade. Quando um novo item de tecnologia é introduzido como opção que um indivíduo pode aceitar ou não como bem entender, ele não CONTINUA necessariamente opcional. Em muitos casos, a nova tecnologia muda a sociedade de tal forma que as pessoas acabam se descobrindo FORÇADAS a utilizá-lo.

Kaczynski acreditava com tanto fervor nesse último ponto que repete o argumento em uma outra seção do tratado. É uma crítica importante. Depois de aceitarmos que os indivíduos entregam sua liberdade e dignidade à "máquina" e que cada vez têm menos opção se querem ou não fazê-lo, o resto da tese de Kaczynski é uma consequência relativamente lógica:

> Mas tampouco estamos sugerindo que a raça humana entregaria o poder para as máquinas voluntariamente ou que as máquinas assumiriam o controle por vontade própria. O que sugerimos é que não seria difícil para a raça humana se colocar em uma posição de dependência tamanha das máquinas que a única escolha prática seria aceitar todas as decisões da máquina. À medida que a sociedade e os problemas que ela enfrenta se tornam mais complexos e as máquinas se tornam mais inteligentes, as pessoas deixarão as máquinas tomarem cada vez mais decisões por elas, pelo

simples fato que as decisões tomadas pela máquina produzirão resultados melhores que as decisões tomadas pelo homem. Mais cedo ou mais tarde, as decisões necessárias para manter o funcionamento do sistema serão tão complexas que os seres humanos serão incapazes de tomá-las de uma maneira inteligente. A essa altura, na prática, as máquinas estarão no controle. As pessoas não poderão mais apenas desligar as máquinas, pois elas serão tão dependentes que desligá-las seria o mesmo que cometer suicídio. (...) A tecnologia vai adquirir algo como controle absoluto sobre o comportamento humano.
A resistência pública vai impedir o controle tecnológico do comportamento humano? Com certeza, desde que haja uma tentativa de introduzir todo o controle de uma vez só. Mas como o controle tecnológico será introduzido por uma longa sequência de pequenos avanços, não haverá qualquer resistência pública racional e eficaz.

Acho difícil argumentar contra essa última seção. É verdade que dependeremos cada vez mais de meios mecânicos (computadorizados) para gerenciar a complexidade crescente do mundo construído pelo homem. A bem da verdade, já dependemos. Aeronaves ultracomplexas são comandadas por piloto automático. Algoritmos controlam redes elétricas e de comunicação ultracomplexas. E, para o bem ou para o mal, computadores já controlam nossa complexíssima economia. Com certeza, à medida que construímos infraestruturas ainda mais complexas (comunicação móvel baseada em localização, engenharia genética, geradores de fusão, automóveis com piloto automático), dependeremos cada vez mais das máquinas para administrá-las e tomar decisões. Nesses serviços, apertar o interruptor e desligar a máquina não é uma opção. Na verdade, se quiséssemos desligar a Internet neste exato instante, não seria nada fácil, especialmente se outras pessoas quisessem mantê-la ligada. Em vários sentidos, a Internet foi desenhada para nunca desligar. Jamais.

Finalmente, se o triunfo do domínio tecnológico é o desastre que Kaczynski descreve – roubando das as almas a liberdade, a iniciativa e a sanidade, e roubando do meio ambiente da sustentabilidade – e se a prisão é de fato inescapável, então o sistema deve ser destruído. Não reformado, pois isso apenas o estenderia. Eliminado. Do manifesto:

> Até que o sistema industrial seja destruído por completo, a destruição de tal sistema deve ser o ÚNICO objetivo dos revolucionários. Os outros objetivos desviariam a atenção e energia do principal. Mais do que isso, se os revolucionários se permitirem outro objetivo que não a destruição da tec-

nologia, eles se sentirão tentados a usar a tecnologia como ferramenta para alcançar esse outro objetivo. Se caírem em tentação, estarão caindo de volta na armadilha tecnológica, pois a tecnologia moderna é um sistema unificado e muito bem organizado, de modo que para reter ALGUMA tecnologia, seríamos obrigados a reter a MAIORIA das tecnologias, e assim acabamos sacrificando apenas níveis insignificantes de tecnologia.

A única esperança de sucesso é lutar contra o sistema tecnológico como um todo; mas isso é revolução, não reforma. (...)

Já que o sistema industrial está doente, devemos destruí-lo. Se chegarmos a um meio-termo e permitirmos que ele se recupere da doença, o sistema acabará eliminando toda a nossa liberdade.

Foi por esses motivos que Ted Kaczynski se mudou para as montanhas e tentou escapar das garras da civilização, planejando, em seguida, a sua destruição. O plano era fabricar as próprias ferramentas (qualquer coisa que pudesse fazer à mão) e evitar a tecnologia (itens cuja fabricação exige um sistema). A cabana de uma peça era tão bem construída que o governo a retirou de sua propriedade como uma unidade absolutamente intacta, como uma peça de plástico, e guardou-a em um armazém (ela foi reconstruída e hoje está no Newseum, em Washington, D.C.). A cabana ficava longe da estrada; Kaczynski usava uma *mountain bike* para ir à cidade. Ele curava carne de caça no sótão da cabana e passava as noites montando explosivos complexos sob a luz amarela de uma lâmpada de querosene. As bombas eram ataques contra os profissionais que administravam a sociedade que Kaczynski odiava. Embora fossem letais, elas eram uma maneira ineficaz de atingir seus objetivos, pois ninguém sabia por que elas eram enviadas. Kaczynski precisava de um cartaz para anunciar por que a civilização merecia ser destruída. Ele precisava publicar um manifesto nos principais jornais e revistas do mundo. Depois que lessem o documento, alguns poucos indivíduos especiais enxergariam suas prisões e se uniriam à causa. Talvez outras pessoas também decidissem bombardear os gargalos da civilização e seu imaginário Clube da Liberdade ("FC" [*Freedom Club*] é como ele assinou o manifesto, escrito na primeira pessoa do plural) teria mais membros além dele.

Os ataques contra a civilização não se materializaram depois que o manifesto foi publicado (mas ajudou as autoridades a prendê-lo). Às vezes, um membro da Earth First! queimava um prédio em uma propriedade invadida ou colocava açúcar no tanque de gasolina de uma retroescavadeira. Durante protestos pacíficos contra o G7, alguns anarquistas anticivilização (que se declaram anarcoprimitivistas) quebraram as vitrines de restaurantes de *fast food* e cometeram outros atos de vandalismo. Mas o ataque em massa à civilização nunca aconteceu.

O problema é que a premissa mais básica de Kaczynski, o primeiro axioma do seu argumento, é falso. O Unabomber sustenta que a tecnologia rouba a liberdade. Mas a maioria das pessoas acredita no contrário. Elas são atraídas pela tecnologia porque reconhecem que suas liberdades se multiplicam quando têm mais acesso a ela. Eles (ou seja, nós) consideram realisticamente que, sim, algumas opções são eliminadas quando adotamos uma nova tecnologia, mas muitas outras se abrem, de modo que o resultado final é um aumento líquido nos níveis de liberdade, escolhas e possibilidades.

A cabana do Unabomber. A biblioteca e a bancada de trabalho de Ted Kaczynski, onde ele construía bombas.

Tomemos o exemplo do próprio Kaczynski. Ele passou 25 anos numa espécie de confinamento solitário autoimposto, vivendo em uma cabana suja e esfumaçada, sem eletricidade, água corrente ou um vaso sanitário. Ele cortou um buraco no chão para urinar no meio da noite. Em termos de padrões materiais, a cela que Kaczynski ocupa numa prisão de segurança *supermáxima* no Colorado é um aumento de quatro estrelas nas suas acomodações: a cela é maior, mais limpa, mais quente e tem água corrente, eletricidade e um vaso sanitário, sem falar de comida gratuita e uma biblioteca muito maior. Na sua vida de eremita em Montana, Kaczynski tinha toda a liberdade que a neve e o clima permitiam. Ele tinha algumas opções limitadas do que fazer à noite. Kaczynski podia estar pessoalmente satisfeito com esse mundo limitado, mas suas escolhas eram poucas, ainda que tivesse liberdade absoluta dentro desses limites. Era algo como "você tem liberdade para plantar batatas a qualquer hora do dia". Kaczynski confundiu amplidão com liberdade. Ele podia fazer o que bem entendesse dentro das escolhas limitadas à sua disposição, mas acreditava erroneamente que essa liberdade mesquinha era superior à vasta quantidade de alternativas que oferecem menos amplidão em cada escolha. Um círculo amplo de escolhas abrange muito mais liberdade do que o simples aumento da amplidão dentro de um conjunto limitado de escolhas.

Só posso comparar as restrições da cabana com as minhas próprias, ou talvez com as de todos os leitores deste livro. Estou plugado ao ventre da máquina. Mas a tecnologia me permite trabalhar em casa, então eu passeio nas montanhas quase todas as tardes, em florestas povoadas por pumas e coiotes. Posso ouvir um matemático palestrar sobre a última teoria dos números num dia e me perder na imensidão do Vale da Morte no outro com o mínimo de equipamento. Minhas opções de como passar o dia são de uma variedade incrível. Elas não são infinitas, e algumas opções estão indisponíveis, mas em comparação com o grau de escolhas e liberdades que Ted Kaczynski tinha na sua cabana, minhas liberdades são esmagadoramente maiores.

Esse é o principal motivo pelo qual bilhões de pessoas estão abandonando as cabanas nas montanhas (muito parecidas com a de Kaczynski) ao redor do mundo. Um jovem esperto que vive em uma pecinha esfumaçada em Laos ou Camarões ou Bolívia fará todo o possível e enfrentará todos os perigos para chegar à cidade, onde as escolhas e liberdades são muito maiores, como é óbvio para todo e qualquer imigrante. Se encontrasse o argumento de Kaczynski sobre a grande liberdade daquela prisão claustrofóbica de onde fugiu, esse jovem diria que a ideia é maluca.

Os jovens não estão sob os efeitos de um feitiço tecnológico que distorce suas mentes e os forçam a acreditar que a civilização é melhor. Nas montanhas, o único feitiço que os domina é o da pobreza. Eles sabem claramente do que estão desistindo quando vão embora. Eles entendem o conforto e apoio da família, o quanto a comunidade adquirida em um vilarejo não tem preço, as bênçãos do ar puro e a integridade inspiradora do mundo natural. Eles sentem a perda do acesso imediato a esses elementos, mas ainda deixam suas cabanas porque a soma geral ainda favorece as liberdades criadas pela civilização. Eles podem e irão retornar às montanhas para se sentirem rejuvenescidos.

Minha família não tem televisão. Nós temos um carro, mas vários amigos meus moram no centro da cidade e não têm. Evitar certas tecnologias é possível, sem dúvida. Os *amish* fazem isso bem. Diversos indivíduos conseguem. Entretanto, o Unabomber estava certo em dizer que escolhas que começam opcionais podem, com o tempo, se tornar mais obrigatórias. Em primeiro lugar, certas tecnologias (por exemplo, saneamento básico, vacinações, semáforos) costumavam ser uma questão de escolha pessoal, mas hoje são forçadas pelo sistema. E também temos outras tecnologias sistemáticas, como os automóveis, que reforçam a si mesmas. O sucesso e a facilidade dos carros tiram dinheiro do transporte público, tornando ônibus e trens menos desejáveis e encorajando a compra de veículos pessoais. Milhares de outras tecnologias seguem a mesma dinâmica: quanto mais pessoas participam, mais essencial elas se tornam. Viver sem essas tecnologias integradas exige mais esforço, ou pelo menos alternativas mais conscientes. Essa rede de tecnologias que reforçam a si mesmas se transformaria em uma espécie de força caso as escolhas, possibilidades e liberdades criadas por elas não fossem maiores do que as perdas.

Os anticivilizacionistas também argumentam que adotamos as tecnologias por causa da lavagem cerebral do sistema e porque nossa única opção é dizer sim. Somos incapazes, por exemplo, de resistir a mais do que algumas tecnologias individuais, então somos prisioneiros dessa grande mentira artificial.

É possível que o técnio tenha feito lavagem cerebral com todo mundo, exceto alguns anarcoprimitivistas esclarecidos que gostam de explosões. Eu estaria mais disposto a acreditar na quebra desse feitiço se a alternativa do Unabomber à civilização fosse mais clara. O que acontece depois que destruímos a civilização?

Tenho lido os textos dos colapsistas anticivilizacionistas para descobrir o que eles têm em mente para depois do colapso do técnio. Os sonhadores anticivilizacionistas passam bastante tempo imaginando maneiras de derrubar a civilização (arregimentar *hackers*, desaparafusar torres de energia, explodir represas), mas não pensam muito sobre o que viria depois. O que eles têm é uma noção de como era o mundo antes da civilização. Segundo eles, o mundo era assim (a passagem foi retirada do livro *Green Anarchy Primer* ["Introdução à Anarquia Verde"]):

> Antes da civilização, o estado geral era de muito tempo livre, autonomia e igualdade de gêneros consideráveis, uma abordagem não destrutiva ao mundo natural, a ausência de violência organizada e de instituições formais ou mediadoras e bastante saúde e robustez.

E então veio a civilização e todos males (literalmente) da Terra:

> A civilização inaugurou a guerra, a subjugação das mulheres, o crescimento populacional, o trabalho maçante, os conceitos de propriedade, as hierarquias arraigadas e praticamente todas as doenças conhecidas, para ficar com apenas alguns de seus derivados devastadores.

Alguns anarquistas verdes falam em recuperar a alma, em fazer fogueiras com pauzinhos, discutem se o vegetarianismo é uma boa ideia para caçadores, mas ninguém tem ideia de como grupos de pessoas poderiam ir ou de fato vão além do modo de sobrevivência. Supostamente o objetivo deveria ser "renativizar", mas os renativizadores não gostam de descrever a vida nesse estado renatural. Um autor de vários textos sobre anarquia verde com quem conversei, Derrick Jensen, rejeita a falta de alternativas à civilização. Ele me disse simplesmente: "Não oferecemos alternativas porque não precisamos. As alternativas já existem, elas existem — e funcionam — há milhares e dezenas de milhares de anos". Ele está falando, é claro, da vida tribal, mas não no sentido moderno. Ele entende tribal com nada de agricultura, nada de antibióticos, apenas madeira, pele e pedra.

A grande dificuldade dos anticivilizacionistas é que uma alternativa sustentável e desejável à civilização é inimaginável. Somos incapazes de concebê-la. É impossível ver esse mundo como um lugar para o qual gostaríamos de nos mudar. Não conseguimos imaginar como essa estrutura primitiva de pele e pedra satisfaria todos os nossos talentos individuais. E como não conseguimos imaginá-la, ela nunca vai acontecer, pois nada jamais foi criado sem antes ser imaginado.

Apesar da sua incapacidade de imaginar uma alternativa desejável e coerente, todos os anarcoprimitivistas concordam que alguma combinação de harmonia com a natureza, dietas pouco calóricas, posses reduzidas e a utilização exclusiva de coisas que você mesmo criou produzirá um nível de contentamento, felicidade e significado que a humanidade não conhece há 10.000 anos.

Mas se esse estado de pobreza feliz é tão desejável e tão bom para a alma, por que nenhum anticivilizacionista vive nessas condições? Nas minhas pesquisas e entrevistas pessoais, todo mundo que se declara anarcoprimitivista vive na modernidade. Todos moram na armadilha identificada pelo Unabomber. Eles escrevem seus ataques contra a máquina em computadores de última geração. Enquanto bebem café. A diferença entre a rotina deles e a minha é mínima. Eles não abandonaram as conveniências da civilização pelos prazeres de uma vida nômade de caça e coleta.

Exceto, talvez, um purista: o Unabomber. Kaczynski foi mais longe do que os críticos, pois viveu a história no qual acreditava. À primeira vista, a história parece promissora. Uma análise mais cuidadosa nos traz de volta à mesma conclusão: ele era um sanguessuga da civilização. A cabana do Unabomber estava abarrotada de coisas que ele comprara da máquina: raquetes de neve, botas, moletons, comida, explosivos, colchões, baldes e garrafas plásticas, etc., vários itens que ele podia ter feito com as próprias mãos e não fez. Depois de 25 anos de experiência, por que Kaczynski não criou suas próprias ferramentas, independentes do sistema? Com base nas fotos da bagunça que era sua cabana, Kaczynski fazia compras no Wal-Mart. A quantidade de comida que ele caçava e coletava era ínfima. Em vez disso, ele pegava a bicicleta, alugava um carro velho e dirigia até a cidade e aos supermercados para reabastecer seus suprimentos. O Unabomber não estava disposto a se sustentar sem a civilização.

Além da ausência de uma alternativa desejável, o último problema de se destruir a civilização como conhecemos é que a alternativa, tal como imaginada por quem diz "odiar a civilização", não sustentaria mais do que uma pequena fração das pessoas vivas hoje. Em outras palavras, o colapso da civilização mataria bilhões. Ironicamente, os habitantes das zonas rurais mais pobres seriam os maiores sobreviventes, pois poderiam voltar à caça e à coleta com menos problemas que o resto, mas depois que a comida acabasse e as doenças se espalhassem, bilhões de urbanitas morreriam em meses ou até semanas. Os anarcoprimitivos estão confiantes com relação a essa catástrofe e argumentam que acelerar o colapso poderia salvar vidas no final das contas.

Mais uma vez, a exceção parece ser Ted Kaczynski, que em uma entrevista depois de ser preso enfrentou de olhos abertos a ideia da mortandade em massa:

> Para aqueles que percebem a necessidade de eliminar o sistema tecnoindustrial, se você está trabalhando para o seu colapso, na prática você está matando um monte de gente. Se o sistema cair, o resultado vai ser desordem social, fome, ninguém mais vai ter peças sobressalentes ou combustível para os equipamentos agrícolas, ninguém mais vai ter os pesticidas ou fertilizantes dos quais a agricultura moderna depende. E se não vai haver comida o suficiente para todo mundo, o que acontece? Nas minhas leituras, não encontrei nenhum radical que enfrentasse essa questão.

É de se imaginar que Kaczynski "enfrentou" pessoalmente a conclusão lógica de derrubar a civilização: o ato mataria bilhões de pessoas. Ele deve ter decidido que assassinar mais algumas no começo do processo não teria lá muita importância. Afinal, o complexo tecnoindustrial matara a humanidade dele, então se fosse preciso matar algumas dezenas de seres humanos para matar o sistema que escraviza bilhões, as mortes valeriam a pena. A morte de bilhões também seria justificada, pois todos aqueles infelizes nas garras da tecnologia tinham perdido suas almas, assim como ele. Depois que a civilização desaparecesse, a próxima geração seria livre de verdade. Todos pertenceriam ao Clube da Liberdade.

O grande problema é que o paraíso que Kaczynski está oferecendo, a solução para a civilização, por assim dizer, a alternativa ao técnio autônomo emergente, é uma cabana de madeira minúscula, enfumaçada, esquálida e fétida na qual absolutamente ninguém mais quer morar. É um "paraíso" do qual bilhões de pessoas estão fugindo. A civilização tem os seus problemas, mas em praticamente todos os sentidos ela é melhor do que a cabana do Unabomber.

O Unabomber está certo em dizer que a tecnologia é uma máquina holística e que preserva a si mesmo. Ele também está certo em afirmar que a natureza egoísta do sistema causa prejuízos específicos. Certos aspectos do técnio são prejudiciais aos seres humanos, pois desativam nossas identidades. O técnio também contém o poder de prejudicar a si mesmo: como não é mais regulado pela natureza ou pelos seres humanos, o técnio poderia se acelerar tanto que extinguiria a si mesmo. Finalmente, o técnio pode prejudicar a natureza caso não seja redirecionado.

Mas apesar dos defeitos da tecnologia serem reais e concretos, o Unabomber está errado em querer exterminá-la. E ele está errado por vários motivos, um dos mais importantes sendo que a máquina da civilização oferece mais liberdades reais do que a alternativa. A máquina tem seu custo, um custo que estamos apenas começando a reconhecer, mas por ora os benefícios do crescimento do técnio são maiores do que uma alternativa sem a máquina.

Muita gente não acredita nisso. Nem por um segundo. Várias conversas me ensinaram que uma certa porcentagem de leitores deste livro vai rejeitar essa conclusão e ficar do lado de Kaczynski. Meus argumentos de que os aspectos positivos da tecnologia são ligeiramente superiores aos negativos não convencem esse grupo.

Esses leitores acreditam (de todo coração) que a expansão do técnio rouba nossa humanidade e o futuro dos nossos filhos. Assim, os supostos benefícios descritos nestes capítulos devem ser uma ilusão, um truque que usamos para nos enganar e permitir nosso vício em novidades.

Eles apontam para os defeitos que eu não tenho como negar. Quanto "mais" nós temos, menos contentes, menos sábios, menos felizes nos tornamos. Eles estão certos em dizer que diversas pesquisas de opinião capturam esse desconforto. Os mais cínicos acreditam que o progresso estende nossas vidas apenas para que continuemos insatisfeitos por mais décadas. No futuro, a ciência vai nos dar a vida eterna e nós seremos infelizes para sempre.

Minha pergunta é a seguinte: se a tecnologia é tão horrível, por que continuamos correndo atrás dela, mesmo depois que Ted Kaczynski expôs sua verdadeira natureza? Por que os ecoguerreiros inteligentes e comprometidos não largam tudo de mão, como o Unabomber tentou?

Uma teoria: ao concentrar nossos espíritos em coisas e objetos, o materialismo desenfreado do técnio elimina a possibilidade de uma vida com mais significado. Em uma fúria cega para encontrar algum sentido na vida, consumimos tecnologia, comprando de uma maneira louca, energética, incansável e obsessiva a única resposta que parece estar à venda: mais tecnologia. Acabamos precisando de cada vez mais tecnologia para nos sentirmos cada vez menos satisfeitos. "Precisar de mais para ficar menos satisfeito" é uma definição de dependência. Logo, de acordo com essa lógica, a tecnologia é uma dependência. Em vez de uma compulsão obsessiva pela televisão, pela Internet ou por mensagens de celular, temos uma obsessão compulsiva pelo técnio como um todo. Talvez estejamos viciados no surto de dopamina que a novidade nos oferece.

Isso explicaria porque até quem intelectualmente despreza a tecnologia ainda acaba fazendo compras. Em outras palavras, estamos cientes do mal que ela nos faz e até mesmo de como ela nos escraviza (passamos os olhos pelo tratado do Unabomber), mas continuamos a acumular vastas doses de aparelhos eletrônicos e objetos (talvez com sentimento de culpa), pois não conseguimos evitar. Somos incapazes de resistir à tecnologia.

Se isso fosse verdade, a solução seria um tanto perturbadora. Todas as dependências são curadas com uma mudança no dependente, não no objeto de desejo. Seja com programas de 12 passos (como o AA) ou medicamentos, o problema é resolvido na cabeça dos dependentes. No final, a liberdade não vem de uma mudança na natureza da televisão, da Internet, das máquinas de jogos ou do álcool, mas da relação entre o dependente e esses objetos. Eles só superam dependência quando assumem o controle do seu descontrole. Se o técnio é uma dependência, não podemos resolvê-la tentando mudar o técnio.

Uma versão alternativa dessa explicação é que estamos dependentes, mas não estamos cientes disso. Estamos enfeitiçados. Hipnotizados pelas luzes do técnio. A tecnologia é uma espécie de magia negra que afeta o nosso discernimento. Nessa narrativa, a tecnologia da mídia disfarça as verdadeiras cores do técnio com um véu de utopia. Os novos benefícios nos cegam imediatamente para as novas e terríveis dependências que ele traz. Estamos operando sob uma espécie de feitiço.

Mas esse feitiço global deve ser uma alucinação consensual, pois todos queremos as mesmas novidades: os melhores remédios, os menores celulares, os carros mais legais. E deve ser um feitiço poderosíssimo, pois afeta todos os membros da espécie, independente de raça, idade, geografia ou renda. Isso significa que todos os leitores deste texto estão enfeitiçados. A teoria universitária da moda é que estamos sendo enganados e amaldiçoados por corporações que exploram a venda de tecnologia e, supostamente, pelos executivos que mandam nessas corporações. Mas isso significaria que os CEOs estão cientes da farsa, ou acima dela. Na minha experiência, eles estão no mesmo barco que todo mundo. Pode acreditar, depois de prestar consultoria para vários CEOs, sei que eles não são capazes de uma conspiração desse nível.

A teoria mais fora de moda sustenta que a tecnologia está nos enganando por conta própria. Ela usa as mídias tecnológicas para fazer lavagem cerebral, nos convencendo de que é absolutamente benevolente e apagando nossa memória sobre suas desvantagens. Como um defensor da ideia de que o técnio tem seus próprios planos, considero essa teoria plausível. O antropomorfismo do conceito não me incomoda. Entretanto, por essa lógica, seria de se esperar que os povos menos tecnologicamente adeptos seriam os menos enganados e os mais cientes dos perigos óbvios da tecnologia. Eles deveriam ser as crianças que veem o imperador nu. Ou a pele de cordeiro sobre o lobo. Na realidade, esses indivíduos mais pobres que não estão sob o feitiço da mídia quase sempre são os mais ávidos por adotar as novidades. Eles encaram a locomotiva do técnio e dizem: quero tudo isso, agora. Ou então, caso se considerem sábios, dizem: quero apenas as coisas boas, nada daquelas idiotices viciantes.

Por outro lado, são quase sempre as pessoas mais tecnologicamente mediadas, os especialistas que dirigem Toyota Prius, blogam e tuítam, que "veem" ou acreditam na presença do feitiço do técnio. Ao meu ver, essa inversão não faz sentido.

Resta apenas uma teoria: nós escolhemos a tecnologia de livre e espontânea e vontade, com seus grandes defeitos e defeitos óbvios, pois calculamos inconscientemente suas virtudes. Em um cálculo totalmente silencioso, observamos viciosas dependências alheias, o prejuízo ao meio ambiente, as distrações em nossas próprias vidas, a confusão sobre personalidade que as diversas tecnologias geram e comparamos todos esses elementos com os benefícios. Não acredito que o procedimento seja absolutamente racional; creio que também contamos histórias sobre a tecnologia, que por sua vez são agregadas ao cálculo com tanto peso quanto as vantagens e desvantagens. Em última análise, no entanto, fazemos uma análise risco-benefício bastante real. Mesmo o xamã mais primitivo faz o mesmo cálculo quando decide se vai trocar uma peça de couro por um machete. Ele sabe o que acontece quando os outros arranjam uma lâmina de metal. Nós fazemos o mesmo com as tecnologias desconhecidas, mas não tão bem. E na maior parte do tempo, depois de pesarmos as vantagens e desvantagens na balança da nossa experiência, nossa conclusão é que a tecnologia oferece mais benefícios do que prejuízos, mas não muito. Em outras palavras, fazemos essas escolhas de livre e espontânea vontade. E pagamos o preço.

Mas enquanto seres humanos irracionais, às vezes vários motivos diferentes nos levam a tomar uma decisão que não é a melhor possível. Os custos da tecnologia não são fáceis de ver e as expectativas de virtude costumam ser exageradas. Para aumentar a probabilidade de tomarmos decisões melhores, precisamos (quase odeio dizer isso) de mais tecnologia. Para revelar todos os custos da tecnologia e acabar com os exageros, precisamos de ferramentas e processos informacionais de maior qualidade e em maiores quantidades. Precisamos de tecnologias como o automonitoramento em tempo real do uso, o compartilhamento transparente de problemas, as análises aprofundadas dos resultados de testes, as retestagens incansáveis, o registro preciso da cadeia de fontes no sistema de produção e uma contabilidade honesta das externalidades negativas, como a poluição. A tecnologia pode nos ajudar a revelar os custos da tecnologia e a fazer escolhas melhores sobre como adotá-la.

Paradoxalmente, ferramentas tecnológicas melhores que iluminassem as desvantagens tecnológicas elevariam a reputação da própria tecnologia. Elas resgatariam o cálculo do subconsciente e o racionalizariam. Com as ferramentas certas, as trocas e compensações se tornariam objeto de estudo da ciência.

Finalmente, uma verdadeira articulação dos defeitos de cada tecnologia nos faria ver que adotamos o técnio por nossa livre e espontânea vontade e que ele não é uma dependência ou um feitiço.

Capítulo 11

Lições dos *hackers* da seita *amish*

Em toda e qualquer conversa sobre as vantagens de evitar os atrativos viciantes da tecnologia, os *amish* se destacam como uma alternativa respeitável. Os *amish* têm a reputação de luditas, de pessoas que se recusam a empregar as tecnologias da moda. Os *amish* mais estritos são famosos por não usarem eletricidade ou automóveis, cultivando suas terras com ferramentas manuais e se locomovendo com cavalos e carroças. Os *amish* preferem tecnologias que eles mesmos podem construir ou consertar e são, em geral, econômicos e relativamente autônomos. Os *amish* trabalham ao ar livre e com as próprias mãos, o que conquista os Dilberts médios que trabalham em cubículos, sempre na frente de um computador. Além disso, seu estilo de vida mínimo está prosperando (a população *amish* cresce 4% por ano), enquanto os trabalhadores de escritório e operários de classe média estão cada vez mais desempregados e atrofiados.

O Unabomber não era *amish*, e os *amish* não são colapsistas. Eles criaram uma espécie de civilização que parece oferecer lições valiosas sobre como equilibrar as bênçãos e os males da tecnologia.

Mas a vida dos *amsih* está longe de ser antitecnológica. Na verdade, durante minhas várias visitas, descobri que os *amish* são *hackers* e consertadores engenhosos, os grandes mestres do faça-você-mesmo. Muitas vezes, eles são surpreendentemente pró-tecnologia.

Primeiros, alguns poréns. Os *amish* não são um grupo monolítico. As práticas variam em cada paróquia. O hábito de um grupo em Ohio pode não ser compartilhado por uma paróquia de Nova York, mas ser seguido mais à risca por outra em Iowa. Além disso, sua relação com a tecnologia não é harmônica. A maioria dos Amish utiliza algumas coisas velhas e outras novíssimas, assim como todo mundo. É importante observar que, em última análise, as práticas *amish* se devem a crenças religiosas: as consequências tecnológicas são secundárias. Com frequência, os *amish* não têm motivos lógicos para as suas políticas. Finalmente, as práticas *amish* mudam com o tempo. Neste momento, os *amish* estão se adaptando ao mundo e adotando novas tecnologias ao seu próprio ritmo. Em muitos sentidos, a visão dos *amish* como luddistas antiquados não passa de lenda urbana.

Como toda lenda, o mito *amish* é baseado em fatos. Os *amish*, especialmente os da velha guarda (os estereótipos *amish* dos cartões-postais) relutam *mesmo* em adotar novidades. Na sociedade contemporânea, o padrão é dizer sim às novidades, mas nas comunidades Old Order Amish, o padrão é "ainda não". Quando as novidades aparecem, sua reação automática é ignorá-las. Assim, muitos deles nunca disseram sim aos automóveis quando eles eram novos. Em vez disso, eles viajam em carroças puxadas por cavalos, como sempre fizeram. Algumas ordens exigem que a carroça seja aberta (assim os usuários, por exemplo, adolescentes, não serão tentados por um espaço fechado onde fazer besteira); outras permitem carroças fechadas. Algumas ordens permitem tratores nas fazendas, desde que os tratores tenham rodas de aço; assim, é impossível "trapacear" e usar o trator na estrada como um carro. Alguns grupos permitem que os fazendeiros coloquem motores a dísel nas colheitadeiras ou debulhadoras, desde que motor só ative a máquina e não mova o veículo, o que significa que a engenhoca pesada e fumacenta é puxada por cavalos. Algumas seitas permitem carros, mas somente se forem pintados todos de preto (nada cromado) para que os membros da comunidade não se sintam tentados a comprarem o último modelo.

Por trás de todas essas variações, a motivação dos *amish* é fortalecer suas comunidades. Quando os carros surgiram no começo do século passado, os *amish* perceberam que aqueles que o possuiam abandonavam a comunidade para fazer piqueniques ou fazer turismo em outras cidades em vez de visitar a família ou os doentes aos domingos ou fazer compras nas lojas locais aos sábados. Assim, o objetivo da proibição à mobilidade ilimitada era dificultar viagens a locais distantes e manter a energia concentrada na comunidade local. Algumas paróquias foram mais estritas do que as outras nessa decisão.

Um motivo comunitário semelhante está por trás da prática dos Old Order Amish de viver sem eletricidade. Os *amish* notaram que quando o gerador da cidade levava energia às suas casas, a paróquia ficava mais presa aos ritmos, políticas e preocupações citadinas. A crença religiosa dos *amish* está alicerçada no princípio de que eles devem "estar no mundo, mas não ser dele", e que, portanto, devem permanecer separados de todas as maneiras possíveis. Ligar-se à eletricidade ligava os *amish* ao mundo, então eles abandonaram os benefícios elétricos para poderem continuar fora do mundo. Ainda hoje, quem visita as casas dos *amish* não vê fios elétricos correndo para as casas. Os *amish* vivem fora da rede. Viver sem eletricidade ou carros elimina a maior parte do que esperamos da modernidade. Nada de eletricidade significa nada de Internet, TV ou telefone, então a vida *amish* está em um contraste marcante com a complexidade de nossas vidas modernas.

Mas quando você visita uma fazenda *amish*, a simplicidade desaparece. Aliás, a simplicidade desaparece antes de você chegar à fazenda. Na estrada, você cruza com crianças *amish* de suspensórios e chapéus de palha andando de patins. Na frente de uma escola, vi vários patinetes estacionados, que é como as crianças vão para a aula. Mas na mesma rua, um fluxo constante de caminhonetes sujas cruzava em frente à escola. Todas estavam cheias de *amish* barbados na traseira. O que estava acontecendo?

Bem, os *amish* fazem uma distinção entre usar algo e ter algo. Os Old Order Amish não podem ter caminhonetes, mas eles andam nelas. Eles não tiram carteira de motorista, não compram automóveis, não pagam seguro nem se tornam dependentes dos carros e do complexo industrial-automobilístico, mas eles chamam táxis. E como as comunidades têm homens *amish* demais e fazendas de menos, muitos homens trabalham em pequenas fábricas. Esses *amish* contratam caminhonetes dirigidas por gente de fora da comunidade para levá-los de casa para o trabalho e do trabalho para casa. Portanto, até o pessoal das carroças usa carros, mas eles impõem as próprias condições (e economizam muito, diga-se de passagem).

Os *amish* também fazem uma distinção entre as tecnologias existentes em seu trabalho e as tecnologias existentes em suas casas. Lembro de uma das minhas primeiras visitas, a um *amish* que tinha uma oficina de marcenaria perto de Lancaster, Pensilvânia. Vamos chamá-lo de Amos, mas esse não era o seu nome de verdade: os *amish* preferem não chamar a atenção para si mesmos, o que explica sua relutância em serem fotografados ou verem seus nomes na imprensa. Acompanhei Amos quando ele entrou em um prédio de concreto encardido. A maior parte do interior recebia pelas janelas uma luz natural fraca, mas em uma sala atulhada de objetos, havia uma única lâmpada elétrica sobre a mesa de reuniões de madeira. O anfitrião viu que fiquei olhando para a lâmpada; quando me virei para ele, Amos deu de ombros e disse que a lâmpada estava lá para visitantes como eu.

Enquanto o resto da grande oficina não tinha eletricidade além daquela lâmpada nua, equipamento mecânico não faltava. O lugar estava vibrando com o barulho ensurdecedor de lixadeiras, motosserras e plainas mecânicas, entre outras. Havia homens barbados cobertos de serragem para todos os lados, empurrando pedaços de madeira contra máquinas histéricas. Eu não estava em um círculo de artesãos renascentistas que construíam obras-primas à mão. Era uma fabriqueta que produzia móveis de madeira com o uso de máquinas. Mas de onde vinha a energia? Não de moinhos de vento.

Amos me levou aos fundos da oficina para me mostrar um gerador a dísel do tamanho de uma caminhonete. Era gigante. Além do motor a combustão, o espaço também contava com um tanque enorme para, Amos explicou, armazenar ar comprimido. O motor a dísel consumia combustível de petróleo para alimentar o compressor, que enchia o reservatório com pressão. Do tanque, uma série de canos de alta pressão corria por toda a fábrica. Uma mangueira flexível de borracha endurecida ligava cada ferramenta ao cano. A oficina inteira trabalhava com ar comprimido. Todas as máquinas usavam energia pneumática. Amos até me mostrou um interruptor pneumático que ele podia usar para ligar e desligar ventiladores para secagem de tinta.

Os *amish* chamam esse sistema pneumático de "eletricidade *amish*". No começo, os sistemas pneumáticos eram criados para as oficinas, mas o conceito foi considerado tão útil que acabou migrando para as residências. Na verdade, existe toda uma indústria artesanal que adapta ferramentas e eletrodomésticos para serem usados com eletricidade *amish*. Os adaptadores compram uma batedeira de alto nível, por exemplo, e arrancam o motor elétrico. A seguir, eles instalam um motor pneumático de tamanho apropriado, adicionam conectores pneumáticos e pronto, agora a mãe *amish* tem uma batedeira na sua cozinha sem eletricidade. É possível comprar máquinas de costura pneumáticas e lavadoras/secadoras de roupa pneumáticas (com calor obtido de tanques de propano). Em uma demonstração de pura nerdice *punkpneumáticas* (*air-punk*?), os *hackers amish* tentam superar uns aos outros na construção de versões pneumáticas de aparelhos elétricos. Suas habilidades mecânicas são impressionantes, especialmente quando lembramos que nenhum deles estudou além do oitavo ano. Eles adoram exibir seus *hacks* mais elaborados. E todo consertador que encontrei disse que os aparelhos pneumáticos são superiores aos elétricos, pois o ar é mais poderoso e tem maior durabilidade, então os aparelhos sobrevivem a motores que queimam depois de alguns anos de trabalho pesado. Não sei se essa suposta superioridade é verdadeira ou mera autojustificativa, mas ela é um refrão constante entre os *amish*.

Visitei uma oficina adaptada administrada por menonita estrito. Marlin era um homem baixinho e sem barba (os menonitas não usam barbas). Ele andava de carroça e não tinha telefone, mas a oficina atrás da sua casa tinha eletricidade. Ele e sua equipe usavam eletricidade para produzir partes pneumáticas. Assim como no resto da comunidade, Marlin trabalhava junto com os filhos. Alguns dos meninos, vestidos com roupa de Gente Simples (outro nome para os *amish* e grupos correlatos), usavam uma empilhadeira movida a propano com rodas metálicas (sem borracha, para não poder ser usada na estrada) para carregar pilhas de metal pesado enquanto outros fabricavam peças metálicas de precisão para motores pneumáticos e fogões a querosene, outro item favorito dos *amish*. As tolerâncias necessárias chegavam a um milésimo de polegada. Assim, alguns anos atrás, a oficina instalou uma fresadora computadorizada de 400.000 dólares no quintal, atrás do estábulo. A ferramenta é gigante, do tamanho de um caminhão. Ela era operada pela filha de 14 anos de Marlin, de vestido longo e touca. Com a máquina computadorizada, a menina fabricava peças para uma vida *amish* fora da rede.

Digo "fora da rede" em vez de "sem eletricidade" porque eu não parava de encontrar eletricidade nas casas dos *amish*. Depois que você instala um gerador a dísel gigantesco atrás do celeiro para alimentar as unidades de refrigeração que armazenam o leite (a principal fonte de renda dos *amish*), não é difícil ligar um geradorzinho elétrico, nem que seja para recarregar baterias. As fazendas *amish* tem calculadoras a bateria, lanternas, cercas elétricas e soldas elétricos alimentadas por geradores. Os *amish* também usam baterias em rádios e telefones (nos celeiros ou oficinas) ou nas sinaleiras e faróis obrigatórios das carroças. Um *amish* muito esperto passou meia hora me explicando a maneira engenhosa que ele encontrou para fazer com que o sinal se desligasse automaticamente depois que carroça terminasse a curva, igual ao que acontece em um carro.

Hoje em dia, os painéis solares estão ficando populares entre os *amish*. Eles os utilizam para obter energia sem ficarem presos à rede, que era sua principal preocupação. A energia solar é usada principalmente para tarefas utilitárias, como bombear água, mas aos poucos ela vai invadir as residências. É o que acontece com a maioria das inovações.

Os *amish* usam fraldas descartáveis (por que não?), fertilizantes químicos e pesticidas, e são grandes fãs do milho geneticamente modificado. Na Europa, esse milho é chamado de "comida Frankenstein". Perguntei a alguns anciãos *amish* sobre ele. Por que eles plantam organismos geneticamente modificados? Bem, eles responderam, o milho é suscetível à broca-do-milho, uma praga que morde a parte inferior do caule e às vezes derruba o pé. As colheitadeiras modernas com 500 cavalos de força não notam essa queda, elas apenas sugam todo o material e cospem o milho em um cesto. Os *amish* colhem o milho semimanualmente. Os pés são cortados a máquina e atirados na debulhadora. Mas se vários pés estão quebrados, eles precisam ser atirados a mão. É muito trabalho e muito pesado. Então os *amish* plantam milho Bt. Esse mutante genético carrega consigo os genes do inimigo da broca-do-milho, o *Bacillus thuringiensis*, que produz uma toxina letal para o inseto. Menos pés de milho são quebrados e a colheita pode ser auxiliada por máquinas, o que aumenta a produtividade. Um ancião *amish* cujos filhos administram a fazenda disse que estava velho demais para ficar atirando o peso enorme dos pés de milho quebrados e que só ajudaria na colheita se eles plantassem milho Bt. A alternativa era comprar equipamentos de colheita modernos e caríssimos, o que ninguém queria fazer. Então, a tecnologia dos organismos geneticamente modificados permitiu que os *amish* continuassem a usar os velhos equipamentos, comprovados e sem dívidas, e realizassem o objetivo principal de manter a fazenda familiar unida. Eles não usaram essas palavras, mas deixaram claro que consideravam os organismos geneticamente modificados uma tecnologia apropriada para fazendas familiares.

Os *amish* ainda estão debatendo tecnologias como inseminação artificial, energia solar e a Internet. Eles usam a Internet em bibliotecas (utilizam-na, mas não a possuem). Na verdade, nos cubículos das bibliotecas públicas, alguns *amish* montam *sites* para as suas empresas. Sim, um "*site amish*" parece o final de uma piada, mas eles não são poucos. E quanto a inovações pós-modernas como os cartões de crédito? Alguns *amish* adquiriram cartões, provavelmente para as empresas em um primeiro momento. Com o tempo, no entanto, os bispos *amish* locais perceberam problemas com gastos excessivos e as taxas de juros esmagadoras resultantes. Os fazendeiros se endividavam, o que afetava a comunidade em geral e não apenas os indivíduos, pois as famílias precisavam ajudá-los a se recuperar (é para isso que as comunidades e famílias existem, afinal). Assim, depois de um período de teste, os anciãos se decidiram contra os cartões de crédito.

Um homem *amish* me disse que o problema dos telefones, *pagers*, BlackBerrys e iPhones (sim, ele conhecia essas marcas) é que "você recebe mensagens em vez de estabelecer diálogos". Não lembro de ter ouvido um resumo tão perfeito da modernidade. Henry, com sua longa barba branca que contrastava com seus olhos jovens, me disse: "Se tivesse uma TV, eu assistiria a ela". O que poderia ser mais simples do que isso?

Nenhuma decisão futura interessa tanto os *amish* quanto o debate sobre aceitar ou não os telefones celulares. Antigamente, os *amish* construíam uma casinha no final da entrada onde instalavam um telefone e secretária eletrônica para serem usados por todos os vizinhos. A casinha protegia o usuário da chuva e do frio e mantinha a rede longe de casa, enquanto a longa distância reduzia o uso do telefone a ligações essenciais, não a fofocas e conversa fiada. Os telefones celulares têm uma novidade. É um telefone sem fios, fora da rede. Como um homem *amish* me disse: "Qual a diferença se eu fico na cabine telefônica com um telefone sem fio ou fora dela com um celular? Diferença nenhuma". Além disso, os celulares foram adotados pelas mulheres, que podem se manter em contato com familiares em locais distantes, já que elas não dirigem. E os bispos notaram que o celular é tão pequeno que pode ficar escondido, uma preocupação importante para um povo dedicado a desencorajar o individualismo. Os *amish* ainda não tomaram uma decisão quanto ao celular. Ou talvez seja mais correto dizer que eles se decidiram por "talvez".

Para pessoas que vivem fora da rede, sem TV, Internet ou livros além de uma Bíblia, é estarrecedor o quanto os *amish* são bem informados. Eles tinham opinião formada sobre praticamente tudo o que eu contava. E o mais surpreendente é que pelo menos um membro da igreja experimentara quase todas as últimas novidades. Na verdade, os *amish* dependem do entusiasmo desses primeiros usuários para fazer experimentos até que a novidade se revele prejudicial.

O padrão de adoção típico para uma nova tecnologia é mais ou menos assim: Ivan é um *geek* alfa entre os *amish*. Ele é sempre o primeiro a experimentar um novo aparelho eletrônico ou técnica. Ele coloca na cabeça que a nova geringonça seria muito útil. Ele inventa uma justificativa de por que o aparelho se encaixa com a orientação *amish*. Então ele procura o bispo com uma proposta: "Eu gostaria de experimentar isso". O bispo responde: "Certo, Ivan, faça o que bem entender com isso. Mas você precisa estar disposto a desistir dele se nós decidirmos que não está lhe ajudando ou que está prejudicando os outros". Então Ivan adquire a tecnologia e começa a utilizá-la, sob os olhos atentos dos vizinhos, familiares e bispos. Eles avaliam os benefícios e as desvantagens. Qual o impacto na comunidade? E em Ivan? O uso de telefones celulares entre os *amish* começou assim. De acordo com as histórias que me contaram, os primeiros *geeks* alfas entre os *amish* a pedirem permissão para usarem telefones celulares foram dois ministros que também trabalhavam em construção civil. Os bispos relutaram em dar permissão, mas sugeriram um meio-termo: manter os celulares nas *vans* dos motoristas. A *van* seria uma casinha telefônica móvel., e, então, a comunidade poderia observar os construtores. Como sistema parecia funcionar, outros usuários adotaram a tecnologia. Ainda assim, a qualquer momento, mesmo muitos anos depois, os bispos ainda podem dizer não.

Visitei uma oficina que construía as famosas carroças *amish*. De fora, os veículos parecem simples e antiquados. Mas quando inspecionei o processo na oficina, ficou claro que envolvem o uso de tecnologias sofisticadas e estruturas surpreendentemente complexas. Fabricadas de fibra de vidro leve e resistente, elas são moldadas a mão e equipadas com materiais de aço inoxidável e luzes LED muito legais. David, o filho adolescente do dono, também trabalhava na oficina. Assim como muitos *amish*, que trabalham junto aos pais desde pequenos, David era incrivelmente maduro e preparado. Perguntei o que ele achava que os *amish* fariam quanto aos celulares. Ele colocou a mão no bolso do macacão e puxou um telefone. "Eles provavelmente vão aceitá-los", sorriu. David logo acrescentou que tinha um aparelho porque trabalhava com o corpo de bombeiros voluntários (claro, claro). Contudo, completou seu pai, se os celulares forem aceitos, "não teremos fios atravessando as ruas e chegando às nossas casas".

Em busca do objetivo de se modernizarem sem se integrarem à rede, alguns *amish* instalaram inversores ligados aos geradores a dísel para produzir energia 110 volts independente. No começo, o sistema era usado para alimentar eletrodomésticos especializados, como cafeteiras elétricas. Vi uma casa que tinha uma copiadora elétrica no escritório doméstico. Será que a aceitação dos eletrodomésticos modernos vai seguir aumentando e aumentando aos poucos até que, em 100 anos, os *amish* terão o que temos hoje (e que até lá teremos abandonado)? E quanto aos carros? Será que os membros da Old Order vão dirigir calhambeques com motores de combustão interna tradicionais quando, digamos, o resto do mundo estiver usando mochilas voadoras pessoais? Perguntei a David, o *amish* de 18 anos, o que ele espera usar no futuro. Para minha surpresa, ele tinha uma resposta adolescente imediata: "Se os bispos permitirem que a igreja abandone as carroças, eu sei exatamente o que vou comprar: um Ford 460 V8 preto". É um carro poderoso, com 500 cavalos. Algumas ordens menonitas permitem carros genéricos, desde que sejam pretos; nada cromado ou chamativo. Então um carrão preto pode! O pai fabricante de carroças interrompeu mais uma vez: "Mesmo que isso aconteça, sempre haverá alguns *amish* com cavalos e carroças".

E David admitiu: "Quando eu estava decidindo se entraria para igreja ou não, pensei nos meus futuros filhos e se eu os criaria sem restrições. Não consegui imaginar isso". Uma expressão comum entre os *amish* é "segurar a linha". Todos reconhecem que a linha está sempre se movendo, mas não pode desaparecer.

O livro *Living Without Electricity* ("Vivendo sem Eletricidade") apresenta um gráfico de quantos anos os *amish* demoram para adotar uma tecnologia depois que ela foi adotada pelo resto dos Estados Unidos. Minha impressão é que os *amish* estão vivendo mais ou menos 50 anos no passado. Metade das invenções que eles usam hoje surgiram nos últimos 100 anos. Eles não adotam todas as novidades, mas quando finalmente o fazem, é meio século depois de todo mundo. A essa altura, os benefícios e custos estão claros e a tecnologia é estável e barata. Os *amish* estão sempre adotando tecnologias, mas no seu próprio ritmo. Eles são *geeks* lentos. Como ouvi de um homem *amish*: "Não queremos impedir o progresso, só queremos desacelerá-lo". Mas o estilo de adoção lenta dos *amish* é instrutivo:

1. Eles são seletivos. Sabem como dizer não e não tem medo de recusar novidades. Eles ignoram mais do que adotam.
2. Eles avaliam as novidades por experiência, não por teoria. Eles deixam os primeiros usuários se divertirem e criarem novidades enquanto eles assistem.
3. Eles têm critérios que usam para fazer escolhas. As tecnologias devem aprimorar a família e a comunidade e distanciá-los do mundo externo.
4. As escolhas são comunais, não individuais. A comunidade determina e executa a direção tecnológica.

O método funciona para os *amish*, mas será que funciona para o resto da humanidade? Não sei. Ele nunca foi tentado. E se os primeiros usuários e *hackers* entre os *amish* nos ensinaram alguma coisa, é que precisamos experimentar. Seu lema é "experimentar antes e abandonar depois, se necessário". Sabemos muito bem como experimentar, nem tanto como abandonar. Seguir o modelo *amish* exigiria que aprendêssemos a abandonar enquanto grupo, algo muito difícil para uma sociedade pluralista. O abandono social exige apoio mútuo. Não conheço evidências de que o fenômeno exista fora das comunidades *amish*, mas seria um sinal fortíssimo caso surgisse.

Os *amish* se tornaram muitos bons em administrar tecnologias. Mas o que eles ganham com essa disciplina? Todo esse esforço deixa mesmo suas vidas melhores? É fácil ver o que eles estão perdendo, mas será que os *amish* ganharam alguma coisa que também gostaríamos de ter?

Pouco tempo atrás, um *amish* veio de bicicleta até nossa casa, situada em meio à neblina da costa do Pacífico, e eu tive a oportunidade de fazer essa pergunta com mais profundidade. Ele apareceu na nossa porta suado e esbaforido depois da longa subida morro acima entre as sequoias até a nossa casa. Estacionada a alguns metros estava sua engenhosa bicicleta dobrável Dahon, que ele pedalara da estação de trem até nós. Como a maioria dos *amish*, esse rapaz não voava, então ele atravessou o país da Pensilvânia à Califórnia com a bicicleta armazenada durante três dias. Essa não foi sua primeira viagem a San Francisco. Da última vez, ele andara de bicicleta por toda a costa da Califórnia. Na verdade, esse rapaz *amish* conheceu todo o mundo de trem, bicicleta e navio.

Durante a semana seguinte, o visitante *amish* ficou no nosso quarto de hóspedes. Durante o jantar, ele nos regalou com histórias sobre sua infância e adolescência em uma comunidade Old Order tradicional de Gente Simples. Vou chamar esse nosso amigo de Leon. Ele é um *amish* incomum em vários sentidos. Eu conheci Leon pela Internet. A Internet, obviamente, é o último lugar onde você esperaria encontrar um homem *amish*, mas Leon lera algumas coisas que eu postara sobre os *amish* no meu *site* e me enviou uma mensagem. Ele nunca fez ensino médio (a educação formal dos *amish* termina depois do oitavo ano), mas é um dos poucos *amish* a ir para faculdade. Com mais de 30 anos, hoje Leon é um dos estudantes mais velhos no seu *campus*. Ele gostaria de estudar medicina e quem sabe se tornar o primeiro médico *amish*. Muitos ex-*amish* fizeram faculdade ou se tornaram médicos, mas nenhum fez isso sem abandonar a igreja Old Order. Leon é incomum por ser um membro de uma igreja de Gente Simples que, ainda assim, também adora a capacidade de viver no mundo "exterior".

Os *amish* praticam uma tradição muito interessante, chamada *rumspringa*, pela qual os adolescentes podem abandonar seus uniformes caseiros (suspensórios e chapéus para os meninos, vestidos compridos e toucas para as meninas) e passar a usar calças folgadas e minissaias, comprar carros, ouvir música e fazer festa por alguns anos antes de decidirem abandonar para sempre essas amenidades modernas e se juntarem à igreja Old Order. A exposição íntima e real ao universo tecnológico significa que eles estão perfeitamente cientes do que o mundo tem a oferecer e do que estão se privando. Leon está numa espécie de *rumspringa* permanente, ainda que não faça festa e trabalhe bastante. Seu pai tem uma oficina mecânica (um emprego comum entre os *amish*), então Leon é um gênio com ferramentas. Eu estava em meio a uma reforma do encanamento do banheiro na tarde em que Leon chegou, e ele logo assumiu o trabalho. Fiquei impressionado com seu domínio absoluto das peças que eu comprara na ferragem. Eu já ouvi falar de mecânicos *amish* que não dirigem, mas que, ainda assim, sabem consertar todo e qualquer modelo de carro.

Enquanto Leon falava de como foi crescer com o cavalo e a carroça como único meio de transporte e sobre o que aprendeu na sua escolinha onde todas as séries aprendiam numa mesma sala de aula, seu rosto irradiava uma saudade fervorosa. Agora que estava longe, Leon sentia falta do conforto da vida na Old Order. Os estranhos acham que a vida sem eletricidade, aquecimento central ou automóveis é uma punição cruel. Curiosamente, no entanto, a vida *amish* oferece mais lazer do que as urbes modernas. Nas histórias de Leon, ele sempre tinha tempo para jogai beisebol, ler, visitar os vizinhos e cultivar *hobbies*.

Os observadores dos *amish* gostam de afirmar que eles são um povo muito trabalhador. Mas Eric Brende, um estudante de pós-graduação do MIT que abandonou seu diploma em engenharia para viver junto a uma comunidade Old Order Amish/menonita, teve uma grande surpresa quando descobriu quanto esse estilo de vida oferecia oportunidades de lazer. Brende, que não é *amish*, eliminou todos os aparelhos que podia e tentou viver o estilo mais Simples possível junto com a esposa, uma história que ele reconta no livro *Better Off*. Brende passou mais de dois anos adotando gradualmente o que chama de um estilo de vida "minimista". Os minimistas usam "a menor quantidade possível de tecnologia para atingir um objetivo". Assim como seus vizinhos Old Order Amish/menonitas, Brende empregava um mínimo de tecnologia: nada de eletrodomésticos ou ferramentas elétricas. Sem entretenimento eletrônico, longas viagens de carro ao trabalho e os deveres domésticos necessários para se manter as tecnologias complexas existentes, Brende descobriu que tinha muito mais tempo para lazer de verdade. Na verdade, as limitações de cortar madeira a mão, transportar esterco com cavalos e lavar os pratos a luz de lampião liberaram o primeiro lazer de verdade da sua vida. Ao mesmo tempo, o trabalho manual duro e cansativo era extremamente recompensador. Além de mais prazer, Brende me disse que também descobriu mais sentimentos de realização.

Wendell Berry é um pensador e fazendeiro que trabalha no estilo tradicional, com cavalos em vez de tratores, muito parecido com os *amish*. Assim como Eric Brende, Berry obtém uma satisfação tremenda com a estrutura visível do trabalho manual e dos resultados agrícolas. Berry também é um mestre das palavras e comunica melhor do que ninguém o "dom" do minimalismo. Em uma das histórias de *The Gift of Good Land* ("A Dádiva da Boa Terra"), Berry captura o êxtase de realização conquistado com a tecnologia mínima.

> Verão passado nós guardamos nossa segunda colheita de alfafa em uma tarde extremamente quente e úmida. (...) Não havia brisa nenhuma. O ar quente e úmido parecia se enrolar e se grudar na gente enquanto carregávamos as carroças. Era pior ainda no celeiro, onde o teto de zinco aumentava a temperatura e deixava o ar ainda mais parado e abafado. Trabalhamos em mais silêncio do que o normal, sem ter fôlego para conversar. Era um inferno, sem dúvida. E não havia um botão para apertar em lugar nenhum. Mas nós ficamos e fizemos o trabalho, ficamos até felizes de trabalhar, e não tivemos nenhum ataque futurológico. Quando terminamos, contamos

histórias e rimos e conversamos por um tempão, sentados em uma pilha de toras à sombra de um olmo enorme. Foi um dia agradável.
Por que foi agradável? Ninguém jamais descobriria a resposta por uma "projeção lógica". A questão é complexa demais e profunda demais para a lógica. O dia foi agradável, para começar, porque nós terminamos o serviço. Não é lógico, mas faz sentido. Além disso, o feno era bom e nós o empilhamos de maneira apropriada. Além disso, gostamos uns dos outros e trabalhamos juntos porque queremos.
E então, seis meses depois daquele suor todo, chega uma tarde de janeiro fria de doer quando vou ao estábulo alimentar os cavalos. Já é quase noite e está nevando muito. O vento norte está atirando neve pelas frestas do estábulo. Coloco palha nas baias e milho nas gamelas, subo no palheiro e atiro o feno cheiroso nas manjedouras. Volto à porta dos fundos e abro-a; os cavalos entram e se enfileiram no corredor para as suas cocheiras, a neve branca empilhada nas costas. O estábulo se enche com os sons deles comendo. Está na hora de voltar para casa. Tenho meu conforto à espera: conversa, janta, fogão quentinho, algo para ler. Mas também sei que os meus bichos estão todos bem alimentados e confortáveis e o meu conforto cresce por causa do deles. (...) E quando saio e fecho a porta, estou satisfeito.

Leon, nosso amigo *amish*, falou da mesma equação: menos distrações, mais satisfação. A acolhida imediata e sempre disponível da comunidade era palpável. Imagine: os vizinhos pagariam suas contas médicas se fosse preciso, construiriam sua casa em algumas semanas sem cobrar nada e, acima de tudo, permitiriam que você fizesse o mesmo por eles. O mínimo de tecnologia, sem o ônus de inovações culturais como o seguro ou cartões crédito, força todos a uma dependência cotidiana de amigos e vizinhos. As estadias hospitalares são pagas pelos membros da igreja, que também visitam os doentes periodicamente. Os celeiros destruídos por incêndios e tempestades são reconstruídos pelo esforço coletivo, não por uma seguradora. Conselhos financeiros, matrimoniais e comportamentais são oferecidos por semelhantes, não especialistas. A comunidade é tão autônoma quanto o possível e somente chega a esse nível por ser uma comunidade. Comecei a entender o forte apelo do estilo de vida *amish* para os jovens adultos da comunidade e por que, ainda hoje, poucos jovens abandonam os *amish* depois da *rumspringa*. Leon observou que dos cerca de 300 amigos da sua idade na igreja, apenas 2 ou 3 abandonaram essa vida tecnologicamente limitada; todos se juntaram a igrejas ligeiramente menos estritas, mas ainda longe da média norte-americana.

Mas o custo dessa proximidade e dependência é ter escolhas limitadas. Nada de educação além da oitava série. Poucas opções de carreira para os homens, nenhuma além de dona de casa para as mulheres. Para os *amish* e minimis-

Lições dos *hackers* da seita *amish* 221

tas, o sentimento de realização precisa desabrochar dentro do espaço tradicional da vida de fazendeiro, artesão ou dona de casa. Nem todo mundo, porém, nasceu para ser fazendeiro. Nem todo ser humano combina perfeitamente com os ritmos do cavalo e do milho e das estações ou com a inspeção eterna da conformidade comunitária. No mundo dos *amish*, onde se encaixaria um gênio da matemática? Ou alguém que poderia passar o dia inteiro compondo músicas?

Perguntei a Leon se toda a bondade da vida *amish*, todo o conforto da ajuda mútua, do trabalho manual satisfatório, da infraestrutura comunitária confiável, ainda seria possível se, digamos, as crianças estudassem até o segundo ano do ensino médio em vez de apenas o oitavo do ensino fundamental. Apenas para começar. Ele respondeu: "bem, você sabe, os hormônios começam lá pelo primeiro ano, e os meninos, até algumas meninas, simplesmente não querem ficar na classe e resolver exercícios. Eles precisam usar as mãos e não só as cabeças e ficam loucos de vontade de serem úteis. As crianças aprendem mais na prática nessa idade". Faz sentido. Quando eu era adolescente, queria muito fazer coisas "na prática" em vez de ficar preso numa sala de aula abafada.

Esse é um assunto delicado entre os *amish*, mas a forma atual do estilo de vida autônomo dessas comunidades depende muito do técnico ao redor dos seus enclaves. Eles não mineram o metal que usam para construir as cortadoras de grama. Eles não perfuram o solo ou processam o querosene que utilizam. Eles não fabricam os painéis solares que colocam nos telhados. Eles não cultivam ou tecem o algodão das roupas. Eles não educam ou treinam os próprios médicos. Como se sabe, eles não participam de qualquer espécie de força armada. (Mas em compensação, os *amish* são voluntários exemplares fora do seu mundo. Poucos grupos se voluntariam mais, ou com mais habilidade e emoção, do que os *amish*/menonitas. Eles viajam de ônibus ou barco a terras distantes para construir casas e escolas para os necessitados.) Se os *amish* precisassem gerar toda a própria energia, cultivar todas as fibras para os vestuários, minerar todo o metal, colher e serrar toda a madeira, eles não seriam mais *amish*, pois estariam usando máquinas enormes, administrando fábricas perigosas e trabalhando em vários outros setores que não caberiam muito bem no quintal de casa (um dos critérios usados para decidir se uma profissão é ou não apropriada). Mas sem alguém para fabricar tudo isso, os *amish* não poderiam manter seu estilo de vida ou prosperidade. Em suma, eles dependem do resto do mundo para preservar seu modelo atual. A escolha da adoção de tecnologia mínima é uma escolha, mas uma escolha possibilitada pelo técnico. Seu estilo de vida está dentro do técnico, não fora dele.

Passei muitos anos me perguntei por que a grande maioria dos dissidentes ao estilo *amish* se encontram primordialmente na América do Norte (o grupo correlato dos menonitas têm algumas colônias-satélite na América do Sul). Fiz um grande esforço para encontrar "*amish*" japoneses, *amish* chineses, *amish* indianos, até *amish* islâmicos, mas não descobri nenhum. Encontrei alguns judeus ultraortodoxos em Israel que rejeitam computadores, assim como uma ou duas pequenas seitas islâmicas que proíbem a televisão e a Internet e alguns monges jainistas na Índia que se recusam a andar em automóveis ou trens. Até onde sei, não há outras comunidades contínuas de grande porte fora da América do Norte que tenham construído um estilo de vida em torno da tecnologia mínima. O motivo é que fora do mundo tecnológico dos Estados Unidos, a ideia parece maluca. A opção de fugir da tecnologia só faz sentido quando se tem algo do que fugir. Os protestantes *amish* originais eram idênticos aos camponeses europeus vizinhos. Sujeitos à perseguição feroz da igreja estatal, os *amish* não atualizaram suas tecnologias como modo de manter sua separação da maioria "mundana". Os *amish* de hoje não são mais perseguidos, mas se tornaram um contraponto para o aspecto incrivelmente tecnológico da sociedade norte-americana. A alternativa prospera porque está em oposição à escalada implacável da reinvenção pessoal e do progresso que é marca registrada dos Estados Unidos. O estilo de vida dos *amish* é semelhante demais à vida dos camponeses pobres da China e da Índia para ter algum sentido nesses países. Uma rejeição tão elegante só pode existir no, e por causa do, técnio moderno.

A superabundância do técnio na América do Norte também fez germinar outros grupos dissidentes. No final da década de 1960 e início da de 1970, dezenas de milhares de *hippies* correram para comunas e fazendinhas para ter uma vida simples, não muito diferente dos *amish*. Eu fiz parte desse movimento. Wendell Berry foi um dos vários gurus iluminados que estávamos seguindo. Em pequenos experimentos no interior dos Estados Unidos, abandonamos a tecnologia do mundo moderno (pois ela parecia esmagar o individualismo) e tentamos reconstruir um novo mundo enquanto cavávamos poços com as próprias mãos, moíamos farinha com pilões, criávamos abelhas, erguíamos casas de argila e às vezes até tentávamos colocar moinhos de vento e geradores a água para funcionarem. Alguns também descobriram a religião. Nossas descobertas formam um paralelo ao que os *amish* já sabiam: que a simplicidade funciona melhor em comunidades; que a solução não é zero tecnologia, mas algumas tecnologias; e que os melhores resultados vinham das soluções mais simples que chamávamos de "apropriação tecnológica". Por algum tempo, esse engajamento consciente, intencional e impregnado de incenso com a apropriação tecnológica produziu uma satisfação profunda dentro de nós.

Mas só por um tempo. O *Whole Earth Catalog*, que eu editei por algum tempo, era o manual de instruções para esses milhões de experimentos tecnológicos simples. Tínhamos páginas e mais páginas de informações sobre como construir galinheiros, cultivar hortas, coalhar queijo, ensinar os filhos e fundar um negócio doméstico em uma casa feita de fardos de palha. E foi assim que testemunhei de perto como o entusiasmo inicial pelas restrições tecnológicas sempre acaba cedendo ao desconforto e à inquietação. Aos poucos, os *hippies* foram se afastando do mundo deliberadamente não tecnológico. Um a um, eles abandonaram suas cúpulas e adotaram garagens suburbanas ou apartamentos, onde, para o nosso grande assombro coletivo, vários transformaram suas habilidades "pequeno-é-belo" em empreendedorismo "pequena empresa". As origens da geração *Wired* e da cultura dos cabeludos da informática (pense no UNIX de código aberto) está nos rebeldes contraculturais da década de 1970. Como lembra Stewart Brand, o *hippie* que fundou o *Whole Earth Catalog*: "'Faça o que quiser' se transformou facilmente em 'Comece seu próprio negócio'". Perdi a conta das centenas de conhecidos que abandonaram comunas e acabaram fundando empresas de tecnologia no Vale do Silício. É quase um clichê hoje em dia: de descalço a bilionário, igualzinho a Steve Jobs.

Os *hippies* da geração anterior não continuaram no estilo *amish* porque, por maior que fosse a satisfação e os atrativos do trabalho naquelas comunidades, o chamado das escolhas era ainda mais atraente. Os *hippies* abandonaram as fazendas pelo mesmo motivo que os jovens sempre as abandonam: as possibilidades alavancadas pela tecnologia são constantemente sedutoras. Em retrospecto, poderíamos dizer que os *hippies* foram embora pelo mesmo motivo que Thoreau foi embora de Walden: tanto sua ida quanto seu retorno se deram para que vivessem a vida ao máximo. A simplicidade voluntária é uma possibilidade, uma opção, uma escolha que todo mundo deveria experimentar pelo menos por um tempo. Sou um grande defensor da pobreza eletiva e do minimalismo enquanto oportunidades educacionais fantásticas, em grande parte porque a experiência ajuda a definir prioridades tecnológicas pessoais. Mas também observei que o potencial máximo da simplicidade exige que o minimalismo seja considerado apenas uma fase entre muitas (mesmo que uma fase recorrente, como a meditação ou o Sabbath). A última década assistiu ao surgimento de uma nova geração de minimistas. Hoje, esses indivíduos são colonos urbanos, gente que leva vidas simples nas cidades, apoiados por comunidades improvisadas de colonos com ideias semelhantes. Essas pessoas estão tentando ter de tudo: a satisfação *amish* do auxílio mútuo e intenso e do trabalho manual aliada às escolhas sempre crescentes da cidade.

Por causa da minha própria jornada da falta de tecnologia à multiplicidade de escolhas, admiro Leon e Berry e Brende e as comunidades de Gente Simples da Old Order. Estou convencido que os *amish* e os minimistas têm mais contentamento e satisfação enquanto seres humanos do que nós tecnófilos urbanos superacelerados. A restrição consciente da tecnologia permitiu que eles descobrissem como otimizar uma combinação sedutora de lazer, conforto e certeza acima da otimização das possibilidades incertas. A verdade pura e simples é que, com a explosão de novas opções criadas pelo próprio técnio, ficará cada vez mais difícil alcançar um sentimento de realização. Como podermos nos sentir realizados quando sequer sabemos que vazio é esse que precisa ser preenchido?

Então por que não colocar todos nessa direção? Por que todos nós não desistimos de todas as escolhas e nos tornamos *amish*? Afinal de contas, Wendell Berry e os *amish* veem nossas milhões de escolhas como ilusórias e sem sentido ou como armadilhas disfarçadas.

Acredito que esses dois caminhos diferentes para um estilo de vida tecnológico – otimizar ou contentamento ou as escolhas – se resumem a duas ideias muito diferentes sobre o futuro da humanidade.

Só é possível otimizar a satisfação humana se você acredita que a natureza humana é fixa. É impossível produzir a satisfação máxima das necessidades se elas estão sempre em fluxo. Os tecnologistas mínimos defendem que a natureza humana é imutável. Quando tocam no assunto da evolução, eles afirmam que milhões de anos de sobrevivência na savana moldou nossas naturezas sociais de tal modo que seria muito difícil satisfazê-la com engenhocas. Em vez disso, nossas almas eternas desejam bens atemporais.

Se a natureza dos seres humanos realmente não varia, então é possível produzir uma solução tecnológica ideal para apoiá-la. Por exemplo, Wendell Berry acredita que uma sólida bomba de ferro fundido é uma maneira muito superior de transportar água do que dois baldes em uma canga. E ele afirma que os cavalos domesticados são melhores do que puxar o arado com as próprias mãos, como muitos fazendeiros antes dele faziam. Mas para Berry, que usa cavalos no seu equipamento agrícola, todas as inovações que vieram depois da bomba manual e da tração animal trabalham contra a satisfação da natureza humana e dos sistemas naturais. Quando o trator foi lançado na década de 1940, "a velocidade do trabalho podia aumentar, mas não a qualidade". Berry escreve:

> Pense, por exemplo, na segadeira International High Gear No. 9. Essa segadeira puxada por cavalos com certeza era melhor do que tudo que veio antes, da foice aos modelos anteriores da linha International. (...) Eu tenho

uma segadeira dessas. Usei ela no meu campo de feno ao mesmo tempo em que um vizinho segava o seu com um trator. Já andei do meu próprio campo de feno recém-cortado para outros, recém-segados por tratores; e não hesito em dizer que, apesar dos tratores trabalharem mais rápido, eles não trabalham melhor. Em termos gerais, o mesmo vale para outras ferramentas: arados, cultivadores, rastelos, semeadeiras, descaroçadores, misturadores, etc. (...) A chegada do trator possibilitou que o fazendeiro trabalhasse mais, mas não melhor.

Para Berry, o auge da tecnologia foi na década de 1940, mais ou menos o momento em que todos esses implementos agrícolas chegaram ao ponto de qualidade máxima. A seus olhos, e aos dos *amish* também, a solução circular complexa de uma pequena fazenda familiar mista, na qual o fazendeiro produz a forragem para os animais, que produzem o esterco (energia e alimento para cultivar mais plantas) é o padrão perfeito para a saúde e satisfação dos seres humanos, da sociedade humana e do meio ambiente. Depois de milhares de anos de experimentação, os seres humanos encontraram uma maneira de otimizar o trabalho e o lazer. Porém, agora que a solução foi encontrada, as escolhas adicionais ultrapassam esse pico e só pioram a situação.

Posso estar errado, claro, mas me parece uma grande tolice, se não o auge da arrogância, acreditar que em toda a longa história humana, pelo que me refiro aos próximos 10.000 anos e também os últimos 10.000, o auge da invenção e satisfação da humanidade seria 1940. Não é coincidência que essa data também represente a época em que Wendell Berry estava crescendo em uma fazenda com cavalos. Berry parece seguir a definição de tecnologia de Alan Kay. Kay, um homem renascentista brilhante que trabalhou na Atari, Xerox, Apple e Disney, criou a melhor definição de tecnologia que já ouvi: "Tecnologia é tudo que foi inventado depois que você nasceu". O ano de 1940 não pode ser o fim da perfeição tecnológica para o sentimento de realização entre os seres humanos pura e simplesmente porque a natureza humana não está chegando ao fim.

Nós domesticamos nossa humanidade tanto quanto domesticamos nossos cavalos. A própria natureza humana é uma planta maleável que semeamos 50.000 anos atrás e continuamos a cultivar até hoje. O campo da nossa natureza nunca foi estático. Sabemos que, geneticamente, nossos corpos estão mudando com mais rapidez hoje do que em qualquer momento do último milhão de anos. Nossas mentes estão sendo reestruturadas pela cultura. Sem exagero nem metáfora, não somos mais a mesma gente que começou a arar a terra 10.000 anos atrás. O sistema interligado de cavalo e carroça, cozimento com fogueiras, compostagem e indústrias mínimas podem ser um conjunto perfeito para a natureza humana, mas em uma época agrária antiga. Essa devoção aos métodos tradicionais ignora o modo como nossa natureza, nossos medos e desejos, nossos instintos mais básicos e aspirações mais elevadas, estão sendo reconfigurados pela humanidade e por nossas invenções. Além disso, ela exclui as necessidades das nossas novas naturezas. Precisamos de novos empregos em parte porque, em um nível fundamental, somos novas pessoas.

Somos seres físicos diferentes dos nossos ancestrais. Pensamos diferente. Nossos cérebros educados e alfabetizados funcionam de um jeito diferente. Mais do que nossos ancestrais caçadores-coletores, somos moldados pelo acúmulo de sabedoria, práticas, tradições e cultura de todos que vieram antes e todos que ainda estão entre nós. Nossa vida está cada dia mais repleta de mensagens onipresentes, ciência, entretenimento constante, viagens, comida em excesso, nutrição abundante e novas possibilidades. E estamos encontrando várias maneiras de acelerar a aceleração desses genes, incluindo intervenções médicas como a terapia genética. Na verdade, todas as tendências do técnio, especialmente o aumento em evolutibilidade, indicam que a natureza humana vai mudar com uma velocidade maior ainda no futuro.

Curiosamente, muitos dos mesmos tradicionalistas que negam que estamos mudando também insistem que é melhor não mudarmos.

Eu queria ter sido um menino *amish* no ensino médio, fazendo coisas, longe da sala de aula, com certeza de quem era. Mas ler livros no ensino médio abriu minha mente para possibilidades que eu nunca imaginara no primário. Meu mundo começou a se expandir naqueles anos e nunca parou. A principal expansão era as novas maneiras de sermos humano. Em 1950, o sociólogo David Riesman observou: "Em geral, quanto mais avançada a tecnologia, mais é possível que um número considerável de seres humanos imaginem ser outras pessoas". Nós expandimos a tecnologia para descobrir quem somos e quem podemos ser.

Conheço os *amish* e Wendell Berry e Eric Brende e os minimistas bem o suficiente para saber que eles acreditam que não precisamos da explosão tecnológica para expandirmos a nós mesmos. Eles são, afinal de contas, minimalistas. A reprodução de uma natureza humana fixa é uma fonte de contentamento incrível para os *amish*. O sentimento de realização humana profunda é algo real, visceral e renovável; de tão atraente, a população *amish* está dobrando a cada geração. Mas acredito que os *amish* e os minimistas trocaram o contentamento pela revelação. Eles não descobriram, e não podem descobrir, quem poderiam ser.

É a opção deles, e não há nada de errado nisso. E por ser uma opção, deveríamos celebrar o fato que estão desenvolvendo essa alternativa.

Eu posso não tuitar, não assistir TV nem usar um *laptop*, mas com certeza me benefício do efeito de quem tem esses hábitos. Nesse sentido, não sou tão diferente assim dos *amish*, que se beneficiam das comunidades ao seu redor, absolutamente engajadas com a eletricidade, os telefones e os automóveis. Porém, ao contrário dos indivíduos que escolhem não usar tecnologias específicas, a sociedade *amish* limita indiretamente as escolhas de outros além de si mesma. Se aplicarmos o teste da ubiquidade (o que acontece se todo mundo fizer isso?) ao modelo *amish*, a otimização da escolha entra em colapso. Ao limitar o conjunto de ocupações aceitáveis e estreitar a educação das crianças, os *amish* estão restringindo as possibilidades dos próprios filhos e, indiretamente, de todos nós.

Só é possível ser um *web designer* hoje em dia porque muitas dezenas de milhares de pessoas ao seu redor e no passado expandiram o conjunto de possibilidades. Elas saíram das fazendas e das lojinhas e inventaram uma ecologia complexa de aparelhos eletrônicos que exigem novos conhecimentos e novos jeitos de pensar. Se você é um contador, inúmeros indivíduos criativos no passado desenvolveram a lógica e as ferramentas da contabilidade para que você pudesse aplicá-las. Se é cientista, seus instrumentos e campo de estudo foram criados por outras pessoas. Se é fotógrafo, praticante de esportes radicais, padeiro, mecânico de automóveis, enfermeira, *então o seu potencial recebeu a oportunidade por causa do trabalho alheio*. Você é expandido quando os outros expandem a si mesmos.

Ao contrário dos *amish* e dos minimistas, as dezenas de milhões de imigrantes que vão para as cidades todos os anos podem inventar uma ferramenta que aumentará as escolhas alheias. Se não o fizerem, seus filhos o farão. Além de descobrirmos completude e contentamento pessoal no técnio, nossa missão como seres humanos também inclui expandir as possibilidades alheias. Mais tecnologia é uma forma egoísta de liberar nossos talentos, mas também é uma maneira altruísta de liberar os outros: nossos filhos e todos os filhos que estão por vir.

Isso significa que, à medida que adota novas tecnologias, você está indiretamente trabalhando pelas gerações futuras de *amish* e pelos colonos urbanos minimistas, apesar deles não fazerem o mesmo por você, pelo menos não no mesmo nível. A maior parte do que você adota, eles ignoram. Porém, de tempos em tempos, sua adoção de "algo que ainda não funciona direito" (a definição de tecnologia de Danny Hillis) evolui e se transforma em uma ferramenta adequada que eles podem usar. Talvez seja um secador de sementes solar, talvez seja a cura do câncer. Todo mundo que inventa, descobre e expande possibilidades está indiretamente expandindo as possibilidades alheias.

Ainda assim, os *amish* e os minimistas têm lições importantes para nos ensinar sobre selecionar o que adotar ou não. Assim como eles, não quero aparelhos que aumentam os custos de manutenção e não adicionam benefícios reais à minha vida. Quero sim ser seletivo sobre como gastar meu tempo dominando quais objetos. Quero ser capaz de abandonar o que não funciona. Não quero nada que elimine as opções alheias (como as armas letais). E quero sim o mínimo, pois aprendi que meu tempo e minha atenção são limitados.

Tenho uma grande dívida para com os *hackers amish*, pois suas vidas são a lente que me mostrou o dilema do técnico com clareza: para maximizar nosso contentamento, buscamos ter a menor quantidade possível de tecnologia nas nossas vidas, mas para maximizar o contentamento alheio, precisamos maximizar a quantidade de tecnologia no mundo. Na verdade, somente podemos descobrir nossas ferramentas mínimas se os outros criaram um conjunto máximo de opções grande o suficiente para fazermos nossas escolhas. O dilema se estende a como minimizar pessoalmente os elementos ao nosso redor enquanto tentamos expandi-los globalmente.

Capítulo 12

Em busca da convivencialidade

"A questão toda se resume ao seguinte: pode a mente humana dominar o que a mente humana criou?" Esse, de acordo com o poeta e filósofo francês Paul Valéry, é o dilema do técnio. A enormidade e sagacidade da nossa criação sobrepujou nossa capacidade de orientá-la e controlá-la? Que opções temos para guiar o técnio quando ele avança, impelido por milênios de força e energia? Da perspectiva do técnio, nós temos alguma liberdade? E, na prática, onde estão as alavancas para serem puxadas?

Nós temos muitas escolhas, mas essas escolhas já não são mais simples nem óbvias. Quanto mais a complexidade da tecnologia aumenta, mais complexas são as respostas que o técnio exige. Por exemplo, o número de tecnologias a serem escolhidas é tão maior do que nossa capacidade de utilizá-las que hoje em dia nos definimos mais pelas tecnologias que *não* usamos do que pelas que adotamos. Da mesma maneira que um vegetariano tem uma identidade mais bem definida que um onívoro, as pessoas que escolhem não dirigir ou usar a Internet têm posicionamentos tecnológicos mais fortes do que os consumidores normais. Podemos não perceber, mas em uma escala global, é mais comum rejeitar do que aceitar ativamente uma tecnologia.

O padrão de não adoção pessoal quase sempre é ilógico e sem sentido. À primeira vista, algumas rejeições tecnológicas dos *amish* parecem igualmente esquisitas e sem sentido. Alguns deles usam quatro cavalos para puxar uma colheitadeira a dísel barulhenta só porque rejeitam os automóveis. Quem é de fora diz que a combinação é hipócrita, mas se pensarmos bem, ela não é mais hipócrita do que um famoso escritor de ficção científica que conheço: ele visita *sites* na Internet, mas não usa *e-mail*. A escolha para ele era simples, pois obtinha tudo o que queria de uma tecnologia e não da outra. Quando perguntei aos meus amigos sobre suas próprias escolhas tecnológicas, descobri que um usava *e-mail*, mas não fax; outro mandava faxes, mas não tinha telefone; um amigo tinha telefone, mas não TV; alguém tinha TV e rejeitava os fornos de micro-ondas; outro tinha um micro-ondas, mas não uma secadora de roupas; um tinha secadora, mas rejeitava o condicionador de ar; um ama seu condicionador de ar, mas se recusa a comprar um carro; um maluco por carros não tinha CDs (apenas discos de vinil); um homem com CDs se recusa a ter navegação por GPS; alguém adota o GPS, mas não os cartões de crédito; e assim por diante. Para quem olha de fora, essas abstinências são idiossincráticas e talvez até hipócritas, mas elas servem o mesmo propósito que as escolhas feitas pelos *amish*, a saber, esculpir uma cornucópia de tecnologias para atender as intenções pessoais de cada um.

Os *amish*, entretanto, selecionam ou rejeitam as tecnologias coletivamente. Na cultura secular moderna, por outro lado, e especialmente no Ocidente, as escolhas tecnológicas são individuais. As decisões são pessoais. É muito mais fácil manter a recusa disciplinada de uma tecnologia popular quando todos os seus semelhantes estão fazendo o mesmo, mas muito mais difícil quando eles não estão. Boa parte do sucesso dos *amish* se deve ao apoio inabalável de toda a comunidade (beirando à coerção social) dado ao estilo de vida tecnológico heterodoxo. Na verdade, essa união empática é tão essencial que as famílias *amish* não se mudam para regiões sem *amish* para fundar novas colônias até que uma quantidade suficiente de outras famílias se juntem a elas e formem uma massa crítica.

Será que a escolha coletiva poderia ser ampliada em uma sociedade pluralista moderna? Será que conseguiríamos nos reunir enquanto nação, até enquanto planeta, e decidir se queremos aceitar ou rejeitar cada tecnologia?

As sociedades passaram séculos declarando que várias tecnologias eram perigosas, economicamente destrutivas, imorais, estúpidas ou simplesmente desconhecidas demais para o nosso bem. A solução para esses males quase sempre era alguma forma de proibição. A inovação odiada estaria sujeita a impostos pesados ou a leis que restringiam seu uso, limitada a regiões distantes ou banida por completo. A lista histórica de inovações rejeitadas inclui itens importantes, como bestas, armas de fogo, minas, bombas nucleares, eletricidade, automóveis, grandes barcos a vela, banheiras, transfusões de sangue, vacinas, copiadoras, televisão, computadores e a Internet.

Mas a história também mostra que é muito difícil para as sociedades como um todo dizerem não à tecnologia por muito tempo. Recentemente, analisei todos os casos que encontrei de proibições tecnológicas em larga escala nos últimos 1.000 anos. Defino como "proibição em larga escala" os decretos oficiais contra tecnologias específicas emitidos no nível de uma cultura, grupo religioso ou país, não por indivíduos ou pequenas localidades. Não estou contando tecnologias que foram ignoradas, apenas aquelas abandonadas intencionalmente. Encontrei cerca de 40 casos que atendiam esses critérios. Não é muito para 1.000 anos. Na verdade, é difícil fazer uma lista de qualquer outra coisa que tenha acontecido apenas 40 vezes em 1.000 anos!

As proibições tecnológicas em larga escala são raras. Elas são difíceis de executar. E minha pesquisa mostra que elas não duram muito mais do que o ciclo de obsolescência normal das tecnologias aceitas. Algumas poucas proibições duraram várias centenas de anos em uma época que qualquer tecnologia levava várias centenas de anos para mudar. As armas de fogo foram proibidas por três séculos no Japão do Xogunato, os barcos de exploração por três séculos na China da dinastia Ming e a fiação de seda por dois séculos na Itália. Poucas outras proibições históricas duraram tanto. A guilda de copistas da França conseguiu atrasar a introdução da imprensa de tipos móveis em Paris, mas apenas por 20 anos. Com a aceleração do ciclo de vida da tecnologia, a popularidade das invenções decaía em alguns anos e as proibições tecnológicas naturalmente passaram a durar menos.

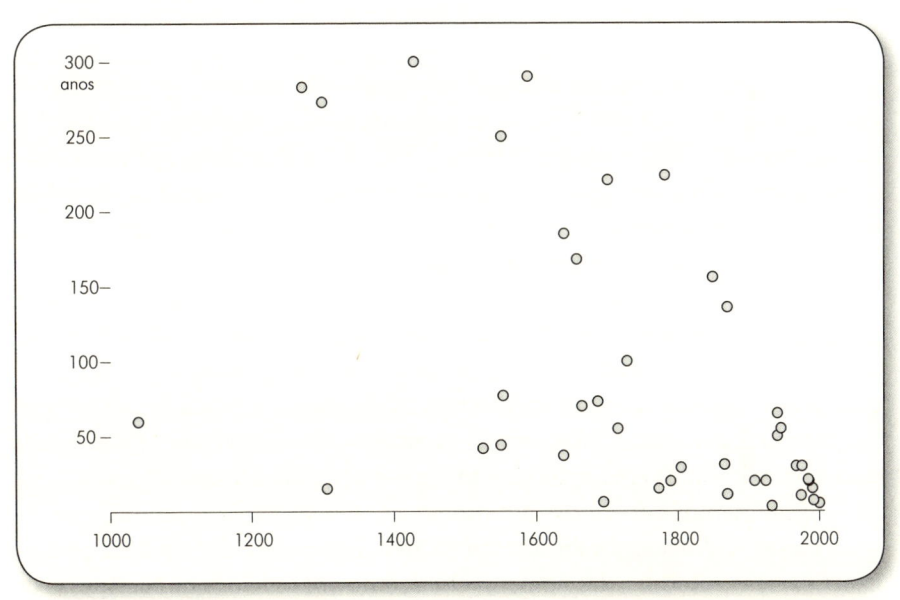

Duração das proibições. A duração de uma proibição tecnológica histórica em anos (eixo vertical) assinalada no ano da proibição inicial. As durações estão diminuindo com o passar do tempo.

O gráfico acima mostra a duração das proibições em relação ao ano em que cada uma começou. Ele inclui apenas as proibições que já foram concluídas. Quanto mais a tecnologia se acelera, mais breve a proibição.

Os banimentos podem não durar, mas a questão da sua eficácia enquanto duram é muito mais difícil de responder. Muitos dos primeiros banimentos se baseavam em considerações econômicas. Os franceses baniram a produção mecânica de tecidos de algodão pelo mesmo motivo que os tecelões artesanais baniram os teares mais largos durante a rebelião ludita: as inovações prejudicavam as empresas familiares agrárias. As proibições econômicas podem alcançar seus objetivos a curto prazo, mas quase sempre agravam a transição inevitável para a aceitação posterior.

Outras proibições tinham motivos de segurança. Os gregos antigos foram os primeiros a usar bestas, que eles chamavam de gastrafetes ou "atiradores de barriga", pois a arma era apoiada na barriga para ser carregada. Em comparação com o arco longo, o arco tradicional de teixo, a besta com raquete era muito mais poderosa e muito mais letal. A besta era o rifle AK-87 da Antiguidade. A arma foi proibida pelo Papa Inocêncio II no Segundo Concílio de Latrão em 1139 pelo mesmo motivo que a maioria dos países modernos proíbe os cidadãos de terem bazucas: sua força veloz e assassina é considerada desnecessariamente violenta e ampla para a caça ou a defesa doméstica. É uma boa arma em tempos de guerra, mas não em tempos de paz. Mas de acordo com David Bachrach, historiador especializado em bestas, "as proibições contra as bestas não eram muito eficazes. A besta continuou a ser a arma de projétil manual dominante durante toda a Alta Idade Média, especialmente na defesa de fortificações e em navios". A proibição das bestas por 50 anos foi tão ineficaz quanto a proibição dos rifles no submundo moderno.

Quando analisamos a tecnologia de um ponto de vista global, a proibição parece bastante efêmera. Um item pode ser banido em uma região e florescer em outro. Em 1299, o governo de Florença proibiu que os banqueiros da cidade utilizassem algarismos arábicos na contabilidade, mas o resto da Itália não hesitou em adotar a inovação. No mercado mundial, nada é eliminado. Quando uma tecnologia é proibida em um local, ela foge e se acumula no resto do mundo.

Os alimentos geneticamente modificados não têm boa reputação e alguns países realmente proibiram seu cultivo, mas a área dedicada às plantas geneticamente modificadas aumenta 9% ao ano em todo o mundo. Apesar de proibidas por alguns países, a quantidade de energia produzida pelas usinas nucleares aumenta 2% ao ano em todo o mundo. O único abandono mundial que parece estar funcionando é a redução do arsenal nuclear, que chegou ao auge em 1986 com 65.000 unidades e hoje está em 20.000. Ao mesmo tempo, no entanto, o número de países capazes de fabricar armas nucleares está aumentando.

Em um mundo profundamente interconectado, o ritmo acelerado de sucessão tecnológica – as atualizações constantes que substituem versões anteriores – tornam até o banimento mais bem intencionado algo insustentável. Na prática, as proibições são adiamentos. Alguns grupos, como os *amish*, consideram que o atraso tem sua utilidade. Outros esperam que uma tecnologia substituta mais desejável seja encontrada durante o período. É possível. Mas proibições em larga escala simplesmente não conseguem eliminar uma tecnologia considerada subversiva ou imoral. As tecnologias podem ser adiadas, não impedidas.

Em parte, esses banimentos amplos quase nunca dão certo porque nós ainda não entendemos muito bem as novas invenções logo que surgem. Toda nova ideia é uma grande fonte de incertezas. Por mais que o originador tenha certeza de que sua novidade vai transformar o mundo ou acabar com as guerras ou eliminar a pobreza ou deleitar as massas, a verdade é que ninguém sabe o que uma invenção fará. Até mesmo a função da ideia a curto prazo não é clara. A história está repleta de casos de expectativas tecnológicas errôneas por parte dos próprios inventores. Thomas Edison acreditava que o fonógrafo seria usado principalmente para registrar os últimos pedidos dos moribundos. Os primeiros financiadores do rádio acreditavam que o aparelho seria ideal para a transmissão de sermões para fazendeiros. Os testes clínicos do Viagra avaliaram sua eficácia enquanto remédio para o coração. A Internet foi inventada como um sistema de comunicação de *backup* à prova de desastres. Poucas grandes ideias nasceram direcionadas para a grandeza que alcançariam. Isso significa que projetar o prejuízo de cada tecnologia antes ela "se dê" de verdade é praticamente impossível.

Com raras exceções, as tecnologias não sabem o que querem ser quando crescerem. Uma invenção precisa de vários encontros com os primeiros usuários e colisões com outras invenções para refinar seu papel dentro do técnio. Assim como as pessoas, muitas tecnologias jovens fracassam nas suas primeiras carreiras antes de encontrarem empregos melhores. É raro que uma tecnologia acerte seu papel desde o começo. O mais comum é que os inventores promovam um uso esperado (e lucrativo!) que logo se mostra errôneo. Depois a invenção é anunciada para uma série de usos alternativos (e menos lucrativos), poucos dos quais dão certo. Finalmente, a realidade orienta a tecnologia em direção a um uso marginal inesperado. Às vezes, esse uso marginal desabrocha e produz um caso excepcionalmente disruptivo que se torna o novo padrão. Quando vemos esse tipo de sucesso, os fracassos iniciais são esquecidos.

Um ano depois que Edison construiu o primeiro fonógrafo, ele ainda estava tentando descobrir para que a invenção seria usada. Edison sabia mais sobre a invenção do que ninguém, mas suas especulações eram muito disparatadas. Ele achava que a ideia poderia dar origem a máquinas de ditado, audiolivros para os cegos, relógios falantes, caixinhas de música, lições de como soletrar as palavras, gravadores para os moribundos ou secretárias eletrônicas. Em uma lista de possíveis usos para o fonógrafo, Edison colocou bem no final, quase que por acaso, a ideia de reproduzir gravações musicais.

Os *lasers* foram desenvolvidos com força industrial para derrubar mísseis, mas hoje são fabricados aos bilhões principalmente para lerem códigos de barra e DVDs com filmes. Os transistores foram criados para substituírem os tubos de vácuo em computadores do tamanho de salas, mas a maioria dos transistores fabricados hoje em dia preenche os cérebros minúsculos de câmeras, telefones e equipamentos de comunicação. Os telefones celulares começaram como... bem, como telefones celulares. E nas primeiras décadas, é isso que eles eram. Mas com o amadurecimento da tecnologia, os celulares estão se tornando uma plataforma de computação móvel para *tablets*, livros eletrônicos e tocadores de vídeo. Mudar de emprego é a norma para as tecnologias.

Quanto maior o número de ideias e tecnologias no mundo, mais combinações possíveis e reações secundárias ocorrem quando introduzimos uma nova. Prever consequências em um técnio no qual milhões de novas ideias são introduzidas todos os anos é um problema matematicamente impraticável.

Tornamos a previsão mais difícil porque nossa tendência imediata é imaginar a novidade fazendo melhor um trabalho antigo. É por isso que os primeiros carros eram chamados de "carruagens sem cavalos". Os primeiros filmes eram documentários simples e diretos de peças teatrais. Demorou algum tempo para as dimensões da cinematografia se transformarem numa mídia independente que podia produzir novos resultados, revelar novas perspectivas, fazer novos trabalhos. Estamos sujeitos a essa mesma cegueira. Os livros eletrônicos são imaginados como livros normais que aparecem em papel eletrônico, não como fios de texto radicalmente poderosos agregados ao tecido de uma biblioteca universal compartilhada. Encaramos os testes genéticos como semelhantes aos testes de tipo sanguíneo, algo que fazemos uma vez na vida para obter um resultado fixo, quando o sequenciamento dos nossos genes pode se tornar algo que fazemos de hora em hora para entender como nossos genes mudam, se transferem e interagem com o ambiente.

A grande maioria das novidades tem índices baixíssimos de previsibilidade. O inventor chinês da pólvora provavelmente não imaginava o revólver.

William Sturgeon, o descobridor do eletromagnetismo, não previu os motores elétricos. Philo Farnsworth não imaginava a cultura televisiva à qual seu tubo de raios catódicos daria origem. Para vender o telefone para consumidores hesitantes no começo do século passado, os anúncios destacavam o modo como a engenhoca podia mandar mensagens como convites, pedidos ou confirmações de chegada. Os anunciantes apresentavam o telefone como se ele fosse um telégrafo mais conveniente. Ninguém sugeria usar o aparelho para conversar.

O automóvel de hoje, integrado a uma matriz de autoestradas, restaurantes *drive-thru*, cintos de segurança, ferramentas de navegação e painéis digitais para o controle obsessivo da eficiência energética do veículo, é uma tecnologia diferente do Ford Modelo T de 100 anos atrás. E a maioria dessas diferenças se deve a invenções secundárias, não ao eterno motor de combustão interna. No mesmo sentido, a aspirina de hoje não é a aspirina de antigamente. Colocada no contexto dos outros medicamentos ingeridos, mudanças em longevidade e hábitos de consumo (uma por dia!), preço baixo e tudo mais, a aspirina é uma tecnologia diferente dos medicamentos tradicionais derivados da casca do salgueiro-branco ou da primeira versão sintética lançada pela Bayer há mais de 100 anos, apesar de todas serem o mesmo ácido acetilsalicílico. As tecnologias se transformam com o sucesso. Elas são recriadas enquanto são usadas. Elas dão origem a consequências secundárias e terciárias com a disseminação. E elas quase sempre causam efeitos totalmente inesperados à medida que se aproximam da ubiquidade.

Por outro lado, a maioria das ideias grandiosas para a tecnologia acaba caindo no esquecimento. Algumas poucas ideias infelizes se tornam problemas imensos – com uma diferença abissal das intenções iniciais dos inventores. A talidomida foi uma grande ideia para as mulheres grávidas, mas um horror para os fetos. Os motores de combustão interna são ótimos para a mobilidade, mas péssimos para a respiração. O fréon, ou CFC, mantinha o frio a baixo custo, mas destruiu a camada que protegia o planeta dos raios UV. Em alguns casos, essa mudança foi um mero efeito colateral inesperado; em muitos, uma mudança absoluta de carreira.

Quando examinamos as tecnologias com honestidade, descobrimos que todas têm seus defeitos assim como suas virtudes. Toda tecnologia tem seus vícios e nenhuma é neutra. As consequências de cada tecnologia se expandem com sua natureza inesperada. As tecnologias poderosas serão poderosas em ambas direções: para o bem e para o mal. Toda tecnologia poderosamente construtiva também é poderosamente destrutiva na direção oposta, assim como toda grande ideia pode ser pervertida para causar grandes prejuízos.

Afinal de contas, a mente humana mais bela ainda é capaz de ideias assassinas. Na verdade, uma invenção ou ideia somente pode ser tremenda se também puder ser abusada tremendamente. Essa deve ser a primeira lei das expectativas tecnológicas: quanto maior a promessa de uma nova tecnologia, maior seu potencial de causar prejuízos. O mesmo vale para novas tecnologias adoradas por todos, como os mecanismos de busca, o hipertexto e a Internet. Essas invenções têm poderes imensos e deram asas a um nível de criatividade inédito desde o Renascimento, mas quando (e não "se") forem abusadas, sua capacidade de observar e antecipar o comportamento individual será terrível. Se uma nova tecnologia provavelmente dará origem a um benefício inédito, então ela provavelmente também dará origem a um problema inédito.

A solução óbvia para esse dilema é esperar o pior. Esse é o resultado de uma abordagem muito usada para novas tecnologias, o chamado Princípio da Precaução.

O Princípio da Precaução foi elaborado Cúpula da Terra em 1992 como parte da Declaração do Rio de Janeiro sobre Meio Ambiente e Desenvolvimento. Na forma original, o princípio avisa que "a falta de certeza científica absoluta não será usada para adiar medidas eficientes para a prevenção da degradação ambiental". Em outras palavras, mesmo que você não consiga provar cientificamente a ocorrência de um dano ambiental, a incerteza não deveria impedi-lo de resolver o dano suspeito. Esse princípio de precaução passou por várias revisões e variações desde então, e foi se tornando cada vez mais proibitivo. Uma versão recente afirma: "As atividades que apresentam um potencial incerto de danos significativos devem ser proibidas a menos que o proponente da atividade demonstre que ela não representa um risco significativo de causar danos".

Certas versões do Princípio da Precaução embasam a legislação da União Europeia (ele foi incluído no Tratado de Maastricht) e aparece na Convenção-Quadro das Nações Unidas sobre a Mudança do Clima. A Agência de Proteção Ambiental (EPA) dos Estados Unidos e o Clean Air Act ("Lei do Ar Limpo") utilizam essa abordagem para estabelecer níveis de controle da poluição. O princípio também foi incluído em partes dos códigos municipais de cidades verdes como San Francisco, Califórnia, e Portland, Oregon. E ele é um padrão favorito dos bioeticistas e críticos da adoção tecnológica desenfreada.

Todas as versões do Princípio da Precaução têm um axioma em comum: é preciso provar que a tecnologia não causa danos antes dela ser adotada. É preciso provar que ela é segura antes de ser dominada. Se for impossível provar que a tecnologia é segura, ela deve ser proibida, restringida, modificada, abandonada ou ignorada. Em outras palavras, a primeira resposta a uma nova ideia deve ser a inação até que sua segurança seja estabelecida. Quando uma inovação aparece, nosso dever é pisar no freio. É apenas depois que uma nova tecnologia foi considerada OK pela certeza da ciência que deveríamos tentar conviver com ela.

À primeira vista, essa abordagem parece razoável e prudente. Os danos devem ser antecipados e resolvidos antes que aconteçam. Melhor prevenir do que remediar. Infelizmente, o Princípio da Precaução funciona melhor na teoria do que na prática. "O princípio da precaução é muito, muito bom para uma coisa: impedir o progresso tecnológico", observa o filósofo e consultor Max More. Cass R. Sunstein, que dedicou um livro a derrubar o princípio, escreve: "Não deveríamos nos contrapor ao Princípio da Precaução porque ele nos leva a maus caminhos, mas porque interpretado corretamente, ele não leva a lugar algum".

Todo bem produz algum mal, então pela lógica estrita de um Princípio da Precaução absoluto, nenhuma tecnologia seria permitida. Mesmo uma versão mais liberal não permitiria novas tecnologias sem grandes atrasos. Independente da teoria, na prática, é impossível resolver todos os riscos, por menores que sejam suas probabilidades. Além disso, o esforço de prevenir todos os riscos improváveis prejudica os benefícios potenciais mais prováveis.

Por exemplo, a malária infecta entre 300 e 500 milhões de pessoas ao redor do mundo e causa 2 milhões de mortes por ano. A doença é debilitante para os sobreviventes e causa pobreza cíclica. Mas na década de 1950, o nível de malária foi reduzido em 70% pelo uso do inseticida DDT nas paredes internas das casas. O DDT foi um inseticida de tanto sucesso que os fazendeiros atiraram toneladas do produto nos campos de algodão, de modo que os subprodutos da molécula entraram no ciclo da água e foram acabar nas células de gordura dos animais. Os biólogos culparam o produto pela queda das taxas de reprodução de algumas aves de rapina, assim como alguns casos isolados de mortes em massa de peixes e espécies aquáticas. O uso e a produção do DDT foram proibidos nos Estados Unidos em 1972, e outros países fizeram o mesmo nos anos seguintes. Mas sem o uso de DDT, os casos de malária na Ásia e na África começaram a subir de novo, voltando aos níveis letais pré-1950. Os planos de reintroduzir programas de dedetização doméstica nas regiões afetadas pela malária foram bloqueados pelo Banco Mundial e outras agências humanitárias, que se recusaram a financiá-lo. Um tratado assinado em 1991 por 91 países e a União Europeia concordou na eliminação gradual do DDT. Os signatários estavam confiando no princípio da precaução: o DDT provavelmente era ruim, então melhor prevenir do que remediar. Na verdade, ninguém jamais provou que o DDT prejudica os seres humanos, enquanto os danos ambientais das quantidades minúsculas de DDT aplicada nas residências jamais foi medido. Mas ninguém podia provar que o DDT não causava danos, apesar dos benefícios comprovados do produto.

Em se tratando de aversão ao risco, nós não somos racionais. Nós selecionamos quais riscos queremos enfrentar. Podemos nos concentrar nos riscos de voar, mas não nos de dirigir. Podemos reagir aos riscos menores das radiografias dentárias, mas não ao risco maior das cáries ocultas. Podemos responder aos riscos da vacinação, mas não aos de uma epidemia. Podemos ficar obcecados com os riscos dos pesticidas, mas não com os riscos dos alimentos orgânicos.

Os psicólogos já descobriram muitos coisas sobre riscos. Nós sabemos que as pessoas aceitam mil vezes mais riscos para tecnologias ou situações voluntárias do que para as obrigatórias. Você não tem escolha sobre onde obter água corrente, então é menos tolerante em relação à sua segurança do que seria ao usar o telefone celular que escolheu. Também sabemos que a aceitação dos riscos de uma tecnologia é proporcional aos benefícios percebidos correspondentes. Mais ganhos valem mais riscos. E, finalmente, sabemos que a aceitabilidade do risco é influenciada diretamente pela facilidade de imaginar os piores resultados e os melhores benefícios possíveis, e que estes são determinados por educação, publicidade, boatos e imaginação. Os riscos que o público considera mais significativos são aqueles para os quais é mais fácil pensar em exemplos cujo o risco se concretiza no pior cenário possível. Se a morte for um resultado plausível, o risco é "significativo".

Em uma carta para seu amigo inventor Henry Ford, Orville Wright reconta uma história que ouviu de um missionário na China. Wright contou a história a Ford pelo mesmo motivo que a repito neste livro: como um aviso sobre riscos especulativos. O missionário queria melhorar a maneira trabalhosa como os camponeses chineses da província faziam a colheita. Os fazendeiros locais cortavam as plantas com uma pequena tesoura de mão. O missionário encomendou uma foice dos Estados Unidos e demonstrou a produtividade superior da ferramenta a uma multidão hipnotizada. "Na manhã seguinte, entretanto, uma delegação veio falar com o missionário. A foice precisava ser destruída imediatamente. E se ela caísse nas mãos de ladrões, eles perguntaram; seria possível colher e roubar um campo inteiro numa só noite". E assim a foice foi banida e o progresso impedido, pois os não usuários conseguiam imaginar uma maneira possível – mas totalmente improvável – dela causar danos significativos à sociedade (boa parte do atual teatro altamente negativo em torno da "segurança nacional" norte-americana está baseado em cenários igualmente improváveis sobre os piores perigos possíveis).

No esforço "melhor em vez de remediar", a precaução fica míope. Ela tende a maximizar apenas um valor: a segurança. A segurança é colocada acima da inovação. A coisa mais segura a ser feita é aperfeiçoar o que funciona e nunca tentar nada que possa dar errado, pois a falha é inerentemente insegura. Um procedimento médico inovador não será tão seguro quando o padrão tradicional e comprovado. A inovação não é prudente. Mas como a precaução privilegia apenas a segurança, além de reduzir todos os outros valores, ela também acaba reduzindo a segurança.

Em geral, os grandes acidentes do técnio não começam com asas caindo de aviões ou explosões gigantescas em oleodutos. Um dos maiores desastres marítimos modernos começou com uma cafeteira que pegou fogo na cozinha da tripulação. Uma rede elétrica regional pode sair do ar não porque uma torre foi derrubada, mas porque uma junta quebrou em uma bomba secundária. No ciberespaço, um *bug* raro e trivial no formulário de pedido pode derrubar o *site* inteiro. Em cada um dos casos, um erro pequeno causa ou se combina com outras pequenas consequências imprevistas do sistema. Mas por causa da interdependência fundamental das peças, falhas menores na improvável sequência correta causam um efeito cascata até formar uma onda inabalável de proporções catastróficas. O sociólogo Charles Perrow chama esses fenômenos de "acidentes normais", pois eles emergem "naturalmente" da dinâmica de grandes sistemas. A culpa é do sistema, não dos operadores. Perrow realizou uma análise abrangente, minuto a minuto, de 50 grandes acidentes tecnológicos de larga escala (como a usina nuclear de Three Mile Island, o desastre de Bhopal, a Apollo 13, o navio *Exxon Valdez*, o *bug* do milênio, etc.) e concluiu: " produzimos projetos tão complicados que não temos como antecipar todas as interações possíveis das falhas inevitáveis; adicionamos sistemas de segurança que são enganados ou contornados ou sobrepujados por caminhos ocultos dentro do sistema como um todo". Na verdade, conclui Perrow, os próprios sistemas e procedimentos de segurança muitas vezes causam novos acidentes. Os componentes de segurança podem se tornar uma oportunidade adicional para que algo dê errado. Por exemplo, adicionar forças de segurança a um aeroporto pode aumentar o número de pessoas com acesso a áreas críticas, o que reduz a segurança. Os sistemas redundantes normalmente servem de reservas de segurança, mas não raro dão origem a novos tipos de erro.

Esses problemas são chamados de riscos substitutos. Novos perigos se materializam como resultado direto da tentativa de reduzir os antigos. O amianto é à prova de fogo, mas tóxico; a maioria dos seus substitutos, no entanto, é tão ou mais tóxico. Além disso, a remoção do amianto aumenta significativamente os riscos do produto em comparação com o risco relativamente menor de deixá-lo onde está dentro dos prédios. O Princípio da Precaução desconhece a noção de riscos substitutos.

Em geral, o Princípio da Precaução tem um viés contra tudo que é novo. Muitas tecnologias tradicionais e processos "naturais" têm falhas tão grandes quanto as de qualquer nova tecnologia, mas elas não são examinadas. Contudo, o Princípio da Precaução estabelece um limite drasticamente maior para tudo que é novo. Na prática, ela dá direito adquirido para os riscos do que é velho ou "natural". Alguns exemplos: as plantas cultivadas sem a proteção de pesticidas geram mais dos seus pesticidas naturais para combater insetos, mas essas toxinas nativas não estão sujeitas ao Princípio da Precaução porque não são "novas". Os riscos do novo encanamento de plástico não é comparado com os riscos dos velhos canos de metal. Os riscos do DDT não são contextualizados com os velhos riscos da malária.

O remédio mais garantido para a incerteza é a realização de estudos científicos melhores e mais rápidos. A ciência é um processo de teste que nunca elimina a incerteza por completo. Além disso, o consenso científico sobre cada questão muda com o tempo. Mas o consenso da ciência empírica é mais confiável do que todas as outras opções, incluindo os instintos de precaução. Mais ciência, realizada em aberto por céticos e entusiastas, adiantará o momento em que poderemos dizer "isso podemos usar" ou "isso não podemos usar". Depois que o consenso está formado, é possível estabelecer regulamentações razoáveis, como fizemos com o chumbo na gasolina, o tabaco, os cintos de segurança e várias outras melhorias obrigatórias na sociedade.

Enquanto isso, porém, precisamos contar com a incerteza. Apesar de termos aprendido a esperar consequências inesperadas de todas as inovações, quase sempre é impossível prever quais serão as consequências inesperadas específicas de cada inovação. "A tecnologia sempre faz mais do que pretendíamos; sabemos isso tão bem que o fato se tornou parte das nossas intenções", escreve Langdon Winner. "Imagine um mundo em que as tecnologias realizam apenas os propósitos específicos que tínhamos em mente de antemão e nada mais. Esse seria um mundo radicalmente restrito e não se pareceria em nada com o mundo em que vivemos." Sabemos que a tecnologia vai produzir problemas, apenas não sabemos quais serão esses novos problemas.

Devido às incertezas inerentes a qualquer modelo, laboratório, simulação ou teste, a única maneira confiável de avaliar uma nova tecnologia é deixá-la "correr na esteira", por assim dizer. A ideia precisa habitar sua forma o suficiente para começar a expressar efeitos secundários. Quando uma tecnologia é testada logo depois de nascer, apenas seus efeitos primários estarão visíveis. Mas na maioria dos casos, os problemas subsequentes estão enraizados nos efeitos inesperados de segunda ordem.

Os efeitos de segunda ordem, aqueles que normalmente se espalham por toda a sociedade, quase nunca são capturados pelas previsões, experimentos de laboratório ou relatórios de consultoria. O guru da ficção científica Isaac Asimov fez uma observação astuta: na era dos cavalos, muita gente comum imaginava com facilidade e ansiedade uma carruagem sem cavalo. O automóvel foi uma antecipação óbvia, pois era uma extensão da dinâmica de primeira ordem da carroça: um veículo que anda por conta própria. Um automóvel seria tudo que uma carruagem puxada por cavalos era, mas sem os cavalos. Entretanto, Asimov continua, era muito difícil imaginar as consequências de segunda ordem da carruagem sem cavalos, como os *drive-ins*, os engarrafamentos monstruosos e a fúria no trânsito.

Os efeitos de segunda ordem costumam exigir uma certa densidade, uma semiubiquidade, para se revelarem. A principal preocupação de segurança com os primeiros automóveis girava em torno da segurança dos passageiros: a ideia de que os motores a gasolina iriam explodir ou que os freios não funcionariam. Mas o grande desafio dos automóveis só emergiu quando havia centenas de milhares de carros na estrada: a exposição acumulada aos produtos tóxicos que eles produzem e a capacidade de matar indivíduos fora do carro devido à alta velocidade, sem falar dos transtornos dos subúrbios e das longas viagens de casa para o trabalho e do trabalho para casa. Todos esses são efeitos de segunda ordem.

Uma fonte comum dos efeitos imprevisíveis das tecnologias é o modo como elas interagem com outras tecnologias. Em uma análise de 2005 sobre por que o Departamento de Avaliação da Tecnologia do governo norte-americano, que funcionou entre 1972 e 1995, não teve um impacto maior na avaliação de tecnologias futuras, os pesquisadores concluíram:

> Apesar de previsões plausíveis (ainda que incertas) poderem ser geradas a partir de tecnologias bastante específicas e relativamente evoluídas (ex.: transporte supersônico, reatores nucleares, certos fármacos), a capacidade transformadora radical da tecnologia não se deve a artefatos individuais, mas à interação entre os subconjuntos tecnológicos que permeiam a sociedade.

Em suma, os efeitos de segunda ordem cruciais estão ausentes dos experimentos pequenos e precisos e das simulações ingênuas de novas tecnologias, de modo que as tecnologias emergentes deveriam ser testadas em ação e avaliadas em tempo real. Em outras palavras, os riscos de cada tecnologia devem ser determinados por tentativa e erro no mundo real.

A resposta apropriada a uma nova ideia deveria ser experimentá-la sem demora. E seguir experimentando-a e testando-a enquanto ela existir. Na verdade, ao contrário do que sustenta o Princípio da Precaução, é impossível declarar que uma tecnologia é "comprovadamente segura". Ela deve ser testada continuamente, com vigilância constante, pois está sempre sujeita à reengenharia dos usuários e do técnio coevolucionário no qual está inserida.

Os sistemas tecnológicos "exigem atenção, reconstrução e consertos contínuos. A eterna vigilância é o preço da complexidade artificial", diz Langdon Winner. Stewart Brand eleva a avaliação constante ao nível do princípio da vigilância em *Whole Earth Discipline*, seu livro sobre ecopragmatismo: "A ênfase do princípio da vigilância está na liberdade, no direito de experimentar. A correção de problemas emergentes é um monitoramento ininterrupto e detalhado". A seguir, Brand sugere uma maneira de dividir as tecnologias sob avaliação em três novas categorias: "1) provisoriamente insegura até provada insegura; 2) provisoriamente segura até provada segura; 3) provisoriamente benéfica até provada benéfica". A palavra-chave é *provisória*. Outro termo para a abordagem de Brand seria *eternamente provisória*.

Em seu livro sobre as consequências inesperadas da tecnologia, *A Vingança da Tecnologia*, Edward Tenner explica a natureza da vigilância constante:

> Na prática, o otimismo tecnológico significa a capacidade de reconhecer as surpresas ruins cedo o suficiente para se fazer alguma coisa. (...) Ele também exige um segundo nível de vigilância contra o intercâmbio mundial de problemas em fronteiras nacionais cada vez mais porosas. Mas a vigilância não termina por aí. Ela está em todos os lados. Ela está nos testes de atenção aleatórios que substituíram o "pedal homem-morto" para maquinistas; nos rituais de *backup* de computadores; nos testes obrigatórios para tudo, de elevadores a alarmes de incêndio; nas radiografias de rotina; no *download* e instalação de novas definições do antivírus; na inspeção de viajantes em busca de produtos que podem conter pragas. Ela está até em prestar atenção na hora de atravessar a rua, algo instintivo para os urbanitas hoje em dia, mas algo quase sempre desnecessário antes do século 18. Às vezes, a vigilância é mais um ritual reconfortante do que uma precaução prática. Com sorte, no entanto, ela funciona.

Os *amish* praticam algo muito parecido. Sua abordagem ao técnio está alicerçada numa fé religiosa bastante profunda; a teologia define a tecnologia. Paradoxalmente, entretanto, os *amish* são muito mais científicos do que a maioria dos profissionais seculares na hora de escolher quais tecnologias adotar ou não. Os consumidores não religiosos normais tendem a aceitar a tecnologia "de boa fé" com base no que a mídia diz, sem nenhum teste. Os *amish*, por outro lado, realizam quatro níveis de testes empíricos em cada tecnologia potencial. Em vez de se precaverem contra um pior cenário hipotético, os *amish* empregam uma avaliação tecnológica empírica.

Primeiro, eles discutem entre si (às vezes em conselhos de anciões) quais as consequências para a comunidade esperadas de uma inovação. O que acontece se o fazendeiro Miller começa a usar painéis solares para bombear água? Depois de ter painéis, será que ele ficará tentado a usar eletricidade nas geladeiras? E depois? E de onde vêm os painéis? Em suma, os *amish* desenvolvem uma hipótese sobre o impacto da tecnologia. Segundo, eles monitoram de perto o efeito real do uso entre um pequeno grupo de primeiros usuários para descobrir se as observações confirmam a hipótese. Como a família Miller e suas interações com os vizinhos mudaram com o uso da novidade? E terceiro, os anciãos podem remover a tecnologia se ela parecer indesejável com base no efeito observado e então avaliar o impacto da remoção para confirmar a hipótese. A comunidade como um todo ficou melhor sem a tecnologia? Finalmente, eles estão sempre reavaliando. Hoje, depois de 100 anos de debates e observações, as comunidades ainda estão discutindo os méritos dos automóveis, da eletrificação e dos telefones. Nada disso é quantitativo: todos os resultados são resumidos e transformados em histórias. Os *amish* estão sempre contando e recontando histórias sobre o que aconteceu quando fulano adotou essa ou aquela tecnologia. O fato vira fofoca ou é impresso nos boletins da comunidade e se torna a moeda corrente dos testes empíricos.

As tecnologias são quase seres vivos. Como todas as entidades sujeitas à evolução, elas precisam ser testadas em ação e pela ação. A única maneira de avaliar com sabedoria nossas criações tecnológicas é experimentá-las na forma de protótipos e depois refiná-las em programas-piloto. Vivendo com elas, temos a oportunidade de ajustar nossas expectativas, mudar, testar e relançar. A ação permite que monitoremos as alterações e depois redefinamos as metas. Com o tempo, viver com o que criamos faz com que redirecionemos as tecnologias a novas funções caso não estejamos satisfeitos com os resultados. Avançamos com elas, não contra elas.

O princípio do engajamento constante é chamado de Princípio da Proatividade. Como ele enfatizava a avaliação provisória e a correção constante, a abordagem é um contraponto consciente ao Princípio da Precaução. A abordagem foi sugerida originalmente pelo transumanista radical Max More em 2004. Ele começou com dez diretrizes, mas eu reduzi seus dez princípios a cinco proações. Cada proação é uma heurística para nos orientar na avaliação de novas tecnologias.

As cinco proações são:

1. **Antecipação**

A antecipação é positiva. Todas as ferramentas de antecipação são válidas. Quanto mais técnicas usamos, melhor, pois técnicas diferentes se adaptam a tecnologias diferentes. Cenários, previsões e ficção científica pura e simples oferecem imagens parciais, que é tudo o que podemos esperar. A mensuração científica objetiva de modelos, simulações e experimentos controlados deve receber mais peso, mas estes também são apenas parciais. Os primeiros dados reais devem estar acima de toda e qualquer especulação. O processo de antecipação deve tentar imaginar tantos horrores quanto glórias, tantas glórias quanto horrores, e se possível antecipar a ubiquidade; o que acontece quando todos têm acesso gratuito à tecnologia? A antecipação não deve ser um julgamento. O objetivo não é prever exatamente o que vai acontecer com a tecnologia, pois todas as previsões precisas estão erradas, mas sim embasar os quatro passos seguintes. A ideia é ensaiar as ações futuras.

2. **Avaliação contínua**

Ou eterna vigilância. Temos cada vez mais meios de realizar testes quantitativos para tudo que usamos, o tempo inteiro, não apenas uma vez. A tecnologia integrada permite que transformemos o uso diário de tecnologias em experimentos de larga escala. Por mais que uma nova tecnologia seja testada em um primeiro momento, ela deve ser retestada continuamente em tempo real. A tecnologia nos dá maneiras mais precisas de realizar testes de nicho. O uso de tecnologias de comunicação, testes genéticos baratos e ferramentas de automonitoramento permite que nos concentremos no modo como as inovações se desenvolvem em cada vizinhança, subcultura, grupo genético, grupo étnico e modo de uso. O teste pode ser contínuo, 24 horas por dia, sete dias por semana, não apenas algo pontual logo que a tecnologia é lançada. Além disso, novas tecnologias, como as mídias sociais (o Facebook de hoje) permite que os cidadãos organizem suas próprias avaliações e realizem suas próprias pesquisas sociológicas. O teste é ativo, não passivo. A vigilância constante é parte integral do sistema.

3. Priorização dos riscos, incluindo os naturais

Os riscos são reais, mas infinitos. Nem todos os riscos são iguais. Eles devem ser sopesados e priorizados. Ameaças conhecidas e comprovadas à saúde humana e ao meio ambiente são priorizadas em relação a riscos hipotéticos. Além disso, os riscos da inação e os riscos dos sistemas naturais devem receber um tratamento simétrico. Nas palavras de Max More: "Trate os riscos tecnológicos na mesma base que os riscos naturais; evite reduzir a importância dos riscos naturais e exagerar a importância dos riscos humanos-tecnológicos".

4. Correção rápida dos danos

Quando as coisas dão errado, e elas sempre dão, os danos devem ser remediados sem demora e compensados em proporção ao prejuízo real. O pressuposto de que toda tecnologia cria problemas deve ser parte do processo de criação. A indústria de *software* oferece um modelo possível para a correção rápida: os *bugs* são esperados, mas não são motivo para se cancelar o produto; em vez disso, eles são utilizados para aprimorar a tecnologia. Pense nas consequências inesperadas de outras tecnologias, inclusive as fatais, como *bugs* que precisam ser corrigidos. Quanto mais senciente a tecnologia, mais fácil corrigi-la. A restituição rápida em compensação ao dano causado (algo que a indústria de *software* não faz) também auxilia indiretamente a adoção de tecnologias futuras. Mas a restituição precisa ser justa. A penalização dos criadores por danos hipotéticos ou até danos potenciais perverte a justiça e enfraquece o sistema, reduzindo a honestidade e punindo quem age de boa fé.

5. Sem proibições, apenas redirecionamento

Proibir e abandonar tecnologias de valor duvidoso não adianta. Em vez disso, é melhor encontrar um emprego melhor para elas. Uma mesma tecnologia pode desempenhar várias funções na sociedade. Ela pode ter mais de uma expressão. Pode ser configurada com vários padrões diferentes. Pode ter mais de uma forma política. Como os banimentos não funcionam, é preciso redirecionar a tecnologia para formas mais conviventes.

Voltando à pergunta do começo deste capítulo: quais escolhas temos à nossa disposição para guiar o progresso inevitável do técnio?

Podemos escolher como vamos tratar nossas criações, onde vamos colocá-las e como treiná-las com nossos valores. A metáfora mais útil para entender a tecnologia pode ser a ideia dos seres humanos como pais dos nossos filhos tecnológicos. Assim como fazemos com nossos filhos biológicos, podemos e devemos estar sempre sem busca da mistura certa de "amigos" tecnológicos benéficos para cultivar os melhores aspectos da nossa prole tecnológica. Seria impossível mudar a natureza dos nossos filhos, mas ainda podemos orientá-los em direção a tarefas e deveres que combinam com seus talentos.

Pense na fotografia. Quando o processamento da fotografia colorida era centralizado (como foi por 50 anos pela Kodak), a tecnologia estava sujeita a um teor diferente comparado ao processamento realizado por *chips* nas próprias câmeras. A centralização promove uma espécie de autocensura em termos de quais fotos decidimos tirar, além de adicionar um certo atraso nos resultados, o que desacelera a aprendizagem e desincentiva a espontaneidade. A capacidade de tirar uma foto colorida de tudo e qualquer coisa e revisar o resultado no mesmo instante e sem nenhum custo mudou a natureza da mesma combinação de lente e diafragma. Outro exemplo: é fácil inspecionar os componentes de um motor, mas não de uma lata de tinta. Mas os produtos químicos poderiam revelar seus ingredientes com algumas informações adicionais, como se fossem peças de um motor; o rótulo poderia oferecer mais detalhes sobre o processo de produção, remontando aos pigmentos extraídos da Terra ou do petróleo. O resultado seria um produto mais transparente e adepto ao controle e à interação. Essa expressão mais aberta da tecnologia de tintas seria diferente e, quem sabe, mais útil. Último exemplo: a transmissão de rádio, uma tecnologia muito antiga e fácil de produzir, é hoje uma das tecnologias mais sujeitas a regulamentações e quase todo o mundo. Essa regulamentação governamental pesada levou ao desenvolvimento de apenas algumas poucas faixas de frequência dentro todas as disponíveis no espectro, que permanece subutilizado. Em um sistema alternativo, o espectro de rádio poderia ser dividido de uma maneira diferente, possibilitando o surgimento de telefones celulares que se comunicam diretamente uns com os outros, sem o intermédio de uma torre local. O sistema de transmissão *peer-to-peer* ("entre pares") alternativo levaria o rádio a assumir uma expressão drasticamente diferente.

O primeiro emprego de cada tecnologia muitas vezes fica longe do ideal. Por exemplo, o DDT foi um desastre ecológico quando usado na pulverização aérea de inseticida sobre plantações de algodão. Mas na missão restrita de prevenção doméstica da malária, o DDT é um herói da saúde pública. Mesma tecnologia, emprego melhor. Talvez seja preciso tentar várias vezes, vários empregos, vários erros, antes de encontrar uma boa função para cada tecnologia.

Quanto mais autonomia têm os nossos filhos (tecnológicos e biológicos), mais liberdade eles têm para cometer erros. A capacidade dos nossos filhos de criarem desastres (ou obras-primas) pode ser até maior que a nossa, o que explica por que ser pai é uma das coisas mais frustrantes e que mais valem a pena neste mundo. Nesse sentido, nossos filhos mais assustadores são as formas de tecnologia autoduplicante que já têm níveis significativos de autonomia potencial. Nenhuma criatura testa nossa paciência e nosso amor tanto quanto elas. E nenhuma tecnologia testará nossa capacidade de influenciar, guiar e orientar o técnio no futuro tanto quanto elas.

A autoduplicação não é nenhuma novidade na biologia. É uma mágica de quatro bilhões de anos que permite que a natureza se reabasteça, com uma galinha que põe um ovo do qual nasce outra galinha que põe outro ovo e assim por diante. Mas a autoduplicação é uma força nova e radical no técnio. A capacidade mecânica de criar cópias perfeitas de si mesmo e às vezes realizar melhorias antes de fazer a cópia leva a um tipo de independência que os seres humanos teriam dificuldade para controlar. Ciclos infinitos e acelerados de reprodução, mutação e autossustentação podem levar o sistema tecnológico aos extremos e deixar os seres humanos para trás. À medida que avançam, essas criações tecnológicas cometerão novos tipos de erros. Suas conquistas imprevisíveis causarão assombro, no bom e no mau sentido da palavra.

Hoje, o poder de autorreplicação se encontra em quatro campos da alta tecnologia: geno, robo, info e nano. O geno inclui terapias genéticas, organismos geneticamente modificados, vida sintética e engenharia genética drástica na linhagem humana. Com a genotecnologia, é possível inventar uma nova criatura ou novo cromossomo e soltá-los no mundo; em teoria, estes podem se reproduzir eternamente.

Robo diz respeito, é claro, aos robôs. Os robôs já trabalham em fábricas produzindo outros robôs, e pelo menos um laboratório universitário já criou o protótipo de uma máquina automontável autônoma. Entregue uma pilha de peças a essa máquina e ela monta uma cópia de si mesma.

Info inclui objetos replicantes como vírus de computador, mentes artificiais e personas virtuais construídas pelo acúmulo de dados. Os vírus de computador são famosos por já terem dominado a autorreprodução. Milhares de programas desse tipo infectam centenas de milhões de computadores. O cálice sagrado da pesquisa sobre inteligência e aprendizagem artificial é, sem dúvida, criar uma mente artificial inteligente o suficiente para criar outra mente artificial, mais inteligente ainda.

Nano representa máquinas extremamente pequeninas (do tamanho de bactérias), criadas para realizar trabalhos como comer petróleo, realizar cálculos e limpar as artérias humanas. Como são muito pequenas, essas maquininhas funcionam como circuitos mecânicos de computador; na teoria, elas podem ser projetadas para se automontarem e reproduzirem, assim como outros programas computacionais. Elas seriam uma espécie de vida seca, embora isso ainda vá demorar muitos anos.

Nessas quatro áreas, os ciclos autoamplificados de autoduplicação alavancam os efeitos das tecnologias no futuro rapidamente. Robôs que fazem robôs que fazem robôs! Os ciclos de criação acelerados podem se adiantar tanto às nossas intenções que o fenômeno é preocupante. Quem está controlando os descendentes robôs?

No mundo geno, se alterarmos uma linha do código genético, por exemplo, as mudanças podem ser replicadas por todas as gerações seguintes até o fim dos tempos. E não apenas na mesma família. Os genes podem migrar horizontalmente, entre as espécies, sem maiores dificuldades. Assim, as cópias dos novos genes, bons ou ruins, podem se disseminar pelo tempo e espaço. Como sabemos da era digital, depois que uma cópia foi lançada, é muito difícil tirá-la de circulação. Se conseguirmos montar uma cascata infinita de mentes artificiais que inventam mentes artificiais mais inteligentes do que si mesmas (e do que nós), que controle teremos sobre as decisões morais dessas criaturas? E o que acontece se elas nascem com preconceitos negativos?

A informação tem essa mesma propriedade de replicação além do nosso controle, essa capacidade de criar uma avalanche. Os especialistas em segurança da informação afirmam que nenhuma das milhares de espécies de *worms* e vírus de computador autorreplicantes inventadas pelos *hackers* até hoje entrou em extinção. Elas serão eternas, ou pelo menos eternas enquanto duas máquinas estiverem funcionando.

Finalmente, a nanotecnologia promete supermicroengenhocas maravilhosas construídas ao nível atômico de precisão. A ameaça desses nano-organismos se reproduzirem de maneira descontrolada até cobrirem todo o planeta é chamada de cenário do "grude cinza". Por uma série de motivos, creio que o grude cinza é cientificamente improvável, ainda que alguma forma de nanomaterial capaz de autorreprodução seja inevitável. O mais provável é que pelo menos algumas espécies frágeis de nanotecnologia (não grude) vão se reproduzir na natureza, em nichos estreitos e protegidos. Assim que uma nanopraga se alastrar, pode ser impossível destruí-la.

Quanto maior a complexidade do técnio, maior sua autonomia. O que o conjunto atual de tecnologias autoduplicantes GRIN (geno, robo, info, nano) revela é o modo como essa autonomia crescente exige nossa atenção e nosso respeito. Além das dificuldades de sempre das novas tecnologias (mudanças em capacidades, funções inesperadas, consequências ocultas), as tecnologias autorreplicantes oferecem mais duas: a amplificação e a aceleração. Efeitos minúsculos logo se aceleram e causam transtornos gigantescos, pois uma geração amplia a outra. É como aquele ciclo de retroalimentação inocente que transforma um sussurro no microfone em um estrondo ensurdecedor. E os mesmos ciclos de autogeração continuam a acelerar a velocidade com a qual a tecnologia replicante impacta o técnio. Os efeitos avançam tanto no futuro que acabam complicando nossa capacidade de nos envolvermos e testarmos e experimentarmos proativamente a tecnologia no presente.

Isso é uma repetição de uma velha história. O poder incrível e enaltecedor da própria vida está fundamentado na sua capacidade de alavancar a autorreplicação; agora, esse mesmo poder está nascendo na tecnologia. A força mais poderosa do mundo vai se tornar muito mais poderosa quando conquistar a capacidade de autogeração, mas administrar essa dinamite líquida representa um desafio grandioso.

Uma reação comum à natureza descontrolada da geno-, robo-, info- e nanotecnologia é exigir a suspensão do seu desenvolvimento. Banimento puro e simples. Em 2000, Bill Joy, o cientista da computação pioneiro que inventou várias das principais linguagens de programação da Internet, pediu que seus colegas cientistas nas ciências genéticas, robóticas e da computação abandonassem as tecnologias GRIN que poderiam ser transformadas em armas, seguindo o exemplo de como abandonamos as armas biológicas. Orientada pelo Princípio da Precaução, a ONG canadense ETC pediu a suspensão de todas as pesquisas nanotecnológicas. O equivalente alemão da Agência de Proteção Ambiental exigiu o banimento de produtos que contêm nanopartículas de prata (usadas em camadas antimicrobianas). Outros grupos gostariam de banir os automóveis com piloto automático das estradas públicas, proibir a administração de vacinas com engenharia genética em crianças e impedir a terapia genética em seres humanos até ficar comprovado que essas invenções são inofensivas.

Nada poderia ser mais errado. Essas tecnologias são inevitáveis. E elas vão causar danos em algum nível. Afinal, para ficar com apenas um dos exemplos acima, os carros pilotados por seres humanos causam muitos danos, pois matam milhões de pessoas todos os anos. Se os carros controlados por robôs matassem "só" meio milhão de pessoas por ano, eles representariam um grande passo à frente.

Ainda assim, suas consequências mais importantes – tanto as positivas quanto as negativas – serão invisíveis por gerações. Não podemos escolher se as plantas geneticamente modificadas irão ou não se espalhar por todo o planeta. Elas irão. Mas podemos escolher a natureza do sistema genético alimentar: as inovações serão de propriedade pública ou privada, reguladas pelo governo ou pelo setor, para uso geracional ou apenas para o próximo relatório trimestral? A construção de sistemas de comunicação baratos ao redor do planeta está tecendo uma fina camada de material nervoso, fazendo com que alguma espécie de "cérebro mundial" eletrônico seja inevitável. Mas as desvantagens, ou vantagens, desse cérebro mundial serão impossíveis de medir por completo até que ele esteja em atividade. A escolha para os seres humanos é: em que tipo de cérebro mundial nós vamos transformar essa camada comunicacional? O padrão de participação será aberto ou fechado? Será fácil modificar procedimentos e compartilhar informação, ou a modificação será difícil e trabalhosa? Os controles serão proprietários? Vai ser fácil se esconder dele? Os detalhes dessa rede podem assumir mil formas diferentes, ainda que as tecnologias em si nos empurrem nessa ou naquela direção. Entretanto, o modo como expressamos a rede global inevitável é uma escolha significativa e, acima de tudo, nossa. Só podemos moldar a expressão da tecnologia se nos engajarmos com ela, cavalgando-a com os dois braços ao redor do pescoço.

E isso significa adotar essas tecnologias agora. Criá-las, ligá-las, experimentá-las. É o contrário de uma suspensão. Está mais para uma ligação. O resultado seria uma conversa, um engajamento consciente com a tecnologia emergente. Quanto mais depressa essas tecnologias avançam em direção ao futuro, mais essencial que nos agarremos a elas desde o começo.

A clonagem, a nanotecnologia, os robôs em rede e a inteligência artificial (para ficar com apenas alguns exemplos GRIN) precisam ser libertados dentro da nossa acolhida. Só assim teremos a chance de guiá-los nessa ou naquela direção. A melhor metáfora é que nós vamos treinar a tecnologia. Como nas melhores técnicas de treinamento para crianças e animais, os aspectos positivos são reforçados com recursos e os negativos são deixados sem nada até se reduzirem.

Em um certo sentido, as GRINologias autoamplificadoras são valentões, tecnologias renegadas. Elas precisam da nossa máxima atenção para serem treinadas e se comportarem de modo correto e consistente. Precisamos inventar as tecnologias de treinamento de longo prazo apropriadas para orientá-las durante várias gerações. O pior seria bani-las e isolá-las. Em vez disso, precisamos trabalhar com a criança-problema que está abusando das outras. As tecnologias de alto risco precisam de mais oportunidades para que possamos descobrir seus verdadeiros pontos fortes. Elas precisam de mais investimentos e mais oportunidades para serem experimentadas. Proibi-las apenas leva essas tecnologias para as sombras, onde seus piores traços são enfatizados.

Já estamos experimentando com a ideia de integrar heurísticas orientadoras em sistemas com inteligência artificial para torná-las "morais". Outros experimentos estão integrando sistemas de controle à distância em produtos genéticos e nanossistemas. Temos uma prova empírica de que esses princípios funcionam: nós mesmos. Se podemos treinar nossos filhos (e as crianças são as criaturas geracionais mais renegadas, autônomas e sedentas por poder que eu conheço) para serem melhores do que nós, então podemos treinar nossas GRINs.

Assim como na criação dos filhos, a grande questão – e discórdia – reside em quais valores queremos transmitir para as próximas gerações. Vale a pena discutir a questão, mas suspeito que, assim como na vida real, nem todos vão chegar a um acordo sobre quais são as respostas certas.

A mensagem do técnio é que qualquer escolha é muito melhor do que escolha nenhuma. É por isso que a tecnologia tende ligeiramente em direção ao bem, apesar de produzir tantos problemas. Imagine que inventamos uma nova tecnologia hipotética que pode conceder imortalidade a 100 pessoas, mas ao custo de matar uma outra prematuramente. Muitos discutiriam qual seria a quantidade necessária para "equilibrar" a equação (talvez fossem 1.000 pessoas a viver para sempre, ou um milhão, para cada uma que morre), mas essa contabilidade ignora um fato crítico: agora que essa extensão tecnológica da vida existe, estamos diante de uma nova escolha entre uma morte e 100 imortais, algo que não existia antes. Essa possibilidade adicional de liberdade ou escolha, entre imortalidade e morte, *é boa em si mesma*. Assim, mesmo que o resultado dessa escolha moral específica (100 imortais = 1 morto) seja considerado neutro, a escolha em si tende alguns pontos percentuais para o lado bom. Multiplique essa pequena tendência positiva por todo o milhão de invenções que a tecnologia produz todos os anos, 10 milhões, 100 milhões, e é fácil ver por que o técnio tende a ampliar o bem ligeiramente mais do que o mal. O técnio amplia o bem no mundo porque além dos benefícios diretos de cada tecnologia, o arco do técnio continua a expandir nossas escolhas, possibilidades, liberdades e livre arbítrio no mundo, o que representa um bem maior ainda.

Em última análise, a tecnologia é uma espécie de raciocínio; cada tecnologia é a expressão de um pensamento. Nem todos os pensamentos ou tecnologias são iguais. Obviamente, o mundo está cheio de teorias idiotas, respostas erradas e ideias estúpidas. Embora o *laser* militar e os atos de desobediência civil de Gandhi sejam ambos obras úteis da imaginação humana e, portanto, ambos tecnológicos, existe uma diferença entre os dois. Algumas possibilidades limitam as escolhas futuras, enquanto outras dão à luz muitas e muitas outras.

Contudo, a resposta adequada para uma má ideia não é parar de pensar. A resposta certa é ter uma ideia melhor. Na verdade, é melhor ter uma má ideia do que ideia nenhuma, pois as más ideias pelo menos podem ser reformadas, enquanto o não pensar não oferece qualquer esperança.

O mesmo vale para o técnio. A resposta certa para uma tecnologia ruim não é parar as tecnologias ou deixar de produzi-las. A resposta é desenvolver uma tecnologia melhor, mais convivente.

Convivência é uma ótima palavra cuja raiz significa "compatível com a vida". No livro *A Convivencialidade*, o educador e filósofo Ivan Illich define as ferramentas conviventes como aquelas que "ampliam a contribuição dos indivíduos autônomos e grupos primários (...)". Illich acreditava que certas tecnologias eram inerentemente conviventes, enquanto outras, como "as rodovias com múltiplas pistas e a educação compulsória", eram destrutivas, independente de quem as administrasse. Nesse sentido, as ferramentas seriam boas ou ruins para os seres vivos, sem meios-termos. Mas meu estudo do imperativo do técnio me convenceu de que a convivencialidade não depende da natureza de cada tecnologia, mas do emprego, contexto e expressão que desenvolvemos para ela. A convivencialidade da ferramenta é mutável.

Uma manifestação convivente de uma tecnologia oferece:

- Cooperação. Ela promove a colaboração entre pessoas e instituições.
- Transparência. Tem origens e propriedade claras. Seu funcionamento é inteligível para não especialistas. Nenhum grupo de usuários possui uma vantagem de conhecimento assimétrica.
- Descentralização. Ela tem propriedade, produção e controle distribuídos. Ela não é monopolizada por uma elite profissional.
- Flexibilidade. Os usuários não têm dificuldade para modificar, adaptar, melhorar ou inspecionar seus elementos centrais. Os indivíduos podem escolher livremente se preferem usá-la ou abandoná-la.
- Redundância. Ela não é a única solução ou um monopólio, apenas uma de várias opções.
- Eficiência. Ela minimiza o impacto aos ecossistemas. Ela tem alta eficiência energética e de uso de materiais. É fácil reutilizá-la.

Os organismos vivos e os ecossistemas são caracterizados por altos níveis de colaboração indireta, transparência de função, descentralização, flexibilidade e adaptabilidade, redundância de funções e eficiência natural; todos esses traços tornam a biologia útil para nós e também são os motivos pelos quais a vida pode sustentar a própria evolução eternamente. Assim, quanto mais treinarmos a tecnologia para ser parecida com a vida, mais convivente ela será e mais sustentável será o técnio a longo prazo. Quanto mais convivente a tecnologia, mais ela se alinha com sua natureza enquanto sétimo reino da vida.

É verdade que algumas tecnologias tendem mais a certas características do que outras. Certas tecnologias se descentralizam com facilidade, outras tendem à centralização. Algumas são naturalmente transparentes, outras tendem à obscuridade, talvez até exigindo muito conhecimento especializado. Mas todas as tecnologias, independente da sua origem, podem ser canalizadas em direção a mais transparência, mais colaboração, mais flexibilidade e mais abertura.

E é aqui que entra a nossa escolha. A evolução das novas tecnologias é inevitável; não temos como impedi-la. Mas a natureza de cada tecnologia só depende de nós.

Parte IV

Direções

Capítulo 13

As trajetórias da tecnologia

Mas então, o que a tecnologia quer? A tecnologia quer o mesmo que nós, a mesma longa lista de méritos que desejamos. Depois que uma tecnologia encontra sua função ideal no mundo, ela se torna um agente ativo no processo de aumentar as opções, escolhas e possibilidades alheias. Nossa missão é incentivar o desenvolvimento de cada nova invenção em direção a esse bem inerente, é alinhá-la na mesma direção que todo o resto da vida. Nossa escolha com relação ao técnio, uma escolha concreta e significativa, é orientar nossas criações no sentido dessas versões, dessas manifestações, que maximizam os benefícios da tecnologia e impedem a autossabotagem.

Enquanto seres humanos, nossa função, pelo menos por ora, é influenciar e incentivar a tecnologia a avançar por seus caminhos naturais.

Mas como saber exatamente aonde ela quer ir? Se alguns aspectos do técnio são predestinados e outros dependem das nossas escolhas, como diferenciar uns dos outros? O teórico de sistemas John Smart sugere que precisamos de uma versão tecnológica da Oração da Serenidade. Muito popular entre os participantes dos programas de 12 passos para a recuperação de dependentes, a oração, provavelmente escrita na década de 1930 pelo teólogo Reinhold Niebuhr, diz:

> Concedei-me, Senhor, a serenidade
> Para aceitar as coisas que não posso modificar;
> Coragem para modificar aquelas que posso;
> E sabedoria para distinguir umas das outras.

Mas como adquirir a sabedoria para distinguir entre as fases inevitáveis do desenvolvimento tecnológico e as formas intencionais que são de nossa responsabilidade? Qual técnica deixa óbvio o que é ou não inevitável?

Creio que essa ferramenta é a nossa consciência das trajetórias cósmicas de longo prazo do técnio. O técnio quer aquilo que a evolução começou. A tecnologia estende, em todas as direções, o caminho de quatro bilhões de anos da evolução. Quando colocamos a tecnologia no contexto da evolução, fica mais fácil enxergar como esses macroimperativos se desenrolam no presente. Em outras palavras, as formas inevitáveis da tecnologia se materializam em torno das mais ou menos dez dinâmicas comuns a todos os sistemas exotrópicos, incluindo a própria vida.

Proponho que, quanto maior o número de traços exotrópicos observados em uma determinada expressão da tecnologia, maior sua inevitabilidade e maior sua convivencialidade. Se quisermos comparar, por exemplo, o automóvel a vapor de óleo vegetal e o carro elétrico solar com metais de terras-raras, o primeiro passo é inspecionar quanto cada uma dessas manifestações mecânicas sustenta e apoia essas tendências; não basta seguir as tendências, é preciso estendê-las. O alinhamento de uma tecnologia com a trajetória das forças exotrópicas se torna o filtro da Oração da Serenidade.

Extrapolando, a tecnologia quer o que a vida quer:

Mais eficiência
Mais oportunidades
Mais emergência
Mais complexidade
Mais diversidade
Mais especialização
Mais ubiquidade
Mais liberdade
Mais mutualismo
Mais beleza
Mais senciência
Mais estrutura
Mais evolutibilidade

A lista de tendências exotrópicas serve de ferramenta para avaliar as novas tecnologias e prever seu desenvolvimento. A lista nos guia pelo processo de guiar as tecnologias. Por exemplo, nessa fase específica do técnio, na virada do século 20 para o 21, estamos construindo vários sistemas de comunicação complexos e intrincados. O processo de conectar o planeta pode ocorrer de várias maneiras diferentes, mas minha modesta previsão é que as estruturas tecnológicas mais sustentáveis serão aquelas que tendem aos maiores aumentos em diversidade, senciência, oportunidade, mutualidade, ubiquidade, etc.

Podemos comparar duas tecnologias concorrentes e ver qual delas favorece o maior número dessas qualidades exotrópicas. A tecnologia abre a diversidade ou fecha? Ela antecipa um aumento das oportunidades ou pressupõe que vão definhar? Avança em direção à senciência integrada ou ignora o conceito? A ubiquidade faz com que desabroche ou entre em colapso?

Com essa perspectiva, poderíamos perguntar: a agricultura em larga escala alimentada por petróleo é algo inevitável? O sistema altamente mecanizado de tratores, fertilizantes, criadores, produtores de sementes e processadores de alimentos fornece a comida barata e em abundância que alicerça nosso tempo e nossa capacidade para inventar todo o resto. Ele alimenta a longevidade para seguir inventando e, em última análise, alimenta o aumento populacional que gera o número crescente de novas ideias. Será que esse sistema sustenta as trajetórias do técnio mais do que os sistemas de produção de alimentos anteriores, ou seja, a agricultura de subsistência e a agricultura mista com tração animal, em seus auges? Como ele se compara a sistemas alternativos hipotéticos que poderíamos inventar? Eu diria que à primeira vista, a agricultura mecanizada era inevitável, pois o sistema aumentou os méritos da eficiência energética, complexidade, oportunidades, estrutura, senciência e especialização. Por outro lado, ela não apoia o aumento da beleza ou da diversidade.

De acordo com muitos especialistas em alimentos, o problema do sistema de produção atual é que ele depende demais das monoculturas (sem diversidade) e de algumas poucas plantas principais (cinco em todo o mundo), que por sua vez exigem níveis patológicos de intervenção, com o uso de fármacos, pesticidas e herbicidas, perturbação do solo (menos oportunidades) e dependência excessiva de combustíveis baratos à base de petróleo para a obtenção de energia e nutrientes (menos liberdades).

É difícil imaginar cenários alternativos que funcionem em escala global, mas temos alguns sinais de que uma agricultura descentralizada, menos dependente de subsídios estatais politizados, do petróleo ou das monoculturas, poderia funcionar. Esse sistema evoluído de fazendas hiperlocais especializadas poderia ser administrado por uma mão de obra migratória global de verdade, ou por robôs ágeis e inteligentes. Em outras palavras, em vez de fazendas de produção em massa com equipamentos de alta tecnologia, o técnio poderia ser alimentado por fazendas locais ou pessoais de alta tecnologia. Em comparação com as fazendas industriais modernas, como as plantações de milho no Iowa, essa jardinagem avançada tenderia a produzir mais diversidade, mais oportunidades, mais complexidade, mais estrutura, mais especialização, mais escolhas e mais senciência.

Essa nova agricultura, mais convivente, estaria posicionada "acima" da agricultura industrial do mesmo modo que esta encontra-se acima da agricultura de subsistência, que ainda é a norma para a maioria dos fazendeiros vivos hoje (quase todos no mundo em desenvolvimento). É inevitável que a agricultura baseada em petróleo continue a ser a principal produtora de alimentos por várias décadas. As trajetórias do técnio apontam para uma agricultura mais senciente e diversa, sobreposta de um modo inteligente ao sistema industrial, assim como a pequena região que controla a linguagem está acima da grande massa do nosso cérebro animal. Nesse sentido, uma agricultura mais heterogênea e descentralizada é inevitável.

Mas se as trajetórias do técnio são longos trens de inevitabilidade, por que se dar ao trabalho de encorajá-las? Elas não vão avançar por conta própria? Aliás, se as tendências são inevitáveis, não poderíamos impedi-las mesmo que quiséssemos, certo?

Nossas escolhas podem atrasá-las. Adiá-las. Podemos trabalhar contra elas. Como vemos nos céus escuros da Coreia do Norte, é possível ficar de fora do inevitável por algum tempo. Por outro lado, temos vários bons motivos para acelerar o inevitável. Imagine como o mundo seria diferente se, 1.000 anos atrás, as pessoas tivessem aceitado a inevitabilidade da autonomia política, da urbanização em massa, da educação feminina ou da automação. É possível que uma acolhida anterior dessas trajetórias tivesse acelerado a chegada do Iluminismo e da ciência, erguendo milhões de pessoas acima da linha de pobreza e estendendo a longevidade alguns séculos antes. Em vez disso, todos esses movimentos precisaram enfrentar resistência, atrasos ou supressão ativa em várias partes do mundo e em vários momentos. Os esforços conseguiram produzir sociedades sem essas "inevitabilidades". De dentro desses sistemas, nenhuma dessas tendências parecia inevitável. É apenas em retrospecto que concordamos que todas representam tendências de longo prazo óbvias.

É claro que as tendências de longo prazo não são equivalentes a inevitabilidades. Alguns críticos diriam que essas tendências específicas ainda não são inevitáveis no futuro; uma idade das trevas poderia começar a qualquer momento e reverter esses avanços. É um cenário possível.

Elas apenas são inevitáveis a longo prazo. As tendências não estão predestinadas a aparecerem em um certo momento. As trajetórias lembram a força da gravidade atuando sobre a água. A água "quer" vazar pelo fundo da represa. As moléculas estão sempre buscando um caminho para baixo e para fora, como se dominadas por uma obsessão. Em certo sentido, é inevitável: algum dia a água *vai* vazar, ainda que continue represada por muitos e muitos séculos.

O imperativo do técnio não é um tirano que ordena o passo das nossas vidas. As inevitabilidades do técnio não são profecias com hora marcada. Elas estão mais para a água numa represa, uma vontade incrível que foi presa e está esperando para ser liberada.

Pode parecer que estou apresentando uma força sobrenatural, algo como um espírito panteísta que ronda o universo. Mas é quase o extremo oposto. Assim como a gravidade, essa força é parte integral da matéria e da energia. Ela segue o caminho da física e obedece a lei final da entropia. A força que vai irromper e inundar as tecnologias do técnio nasceu da exotropia e cresceu com a auto-organização. Aos poucos, ela saiu do mundo inerte para a vida, da vida para as mentes e das mentes para as criações das mentes. É uma força observável que se encontra na interseção da informação, matéria e energia; ela pode ser repetida e mensurada, ainda que seja apenas uma descoberta recente.

As tendências catalogadas neste Capítulo são 13 facetas dessa obsessão. A lista não pretende ser completa e abrangente. Outros autores poderiam criar outros perfis. Também espero que, nos próximos séculos, à medida que o técnio se expande e o nosso entendimento do universo se aprofunda, agregaremos mais facetas à força exotrópica.

Em capítulos anteriores, apresentei três dessas tendências e mostrei como elas se comportam na evolução biológica e como estão se estendendo para o técnio em expansão. No Capítulo 4, apresentei a trajetória do aumento em densidade energética desde os corpos celestiais até o campeão atual em eficiência energética, o *chip* de computador. No Capítulo 6, descrevi o modo como o técnio está expandindo possibilidades e oportunidades. No 7, recontei a história do surgimento da vida enquanto uma expansão emergente, demonstrando como níveis "mais elevados" de organização se cristalizam a partir de partes "inferiores". Nas seções a seguir, descreverei brevemente as outras 10 tendências universais que estão nos levando para o futuro.

❖ COMPLEXIDADE

A evolução manifesta uma série de tendências, mas a mais visível de todas é o avanço em direção à complexidade a longo prazo. Se alguém precisasse descrever a história do universo sem termos técnicos e difíceis, a maioria de nós contaria a seguinte grande história: a criação parte da simplicidade absoluta depois do Big Bang, passando pelo acúmulo lento e gradual de moléculas em alguns pontos isolados até o surgimento da primeira fagulha de vida, para então criar uma ampla variedade de seres cada vez mais complexos, de organismos unicelulares a macacos, e depois saltar de cérebros simples para tecnologias complexas.

Para a maioria dos observadores, a complexidade crescente da vida, da mente e da tecnologia é uma ideia intuitiva. Na verdade, para maioria dos cidadãos modernos, ninguém precisa convencê-los de que tudo está ficando mais complexo há 14 bilhões de anos. A tendência parece paralela ao aumento aparente em complexidade que assistimos nas nossas próprias vidas, então é fácil acreditar que o processo está ocorrendo há bastante tempo.

Mas nossas noções de complexidade ainda são indefinidas, enganosas e pouco científicas. O que é mais complexo, um Boeing 747 ou um pepino? A resposta certa é: ninguém sabe. A intuição nos diz que a organização de um papagaio é muito mais complexa que a de uma bactéria, mas quanto? Dez vezes? Um milhão? Não temos uma maneira de mensurar a diferença de organização entre duas criaturas e de testar essa medida. Aliás, nem sequer temos uma boa definição funcional de complexidade que nos ajude a abordar a questão.

Uma teoria matemática da moda relaciona a complexidade com a facilidade de "comprimir" o conteúdo informacional do tema. Quanto mais algo pode ser abreviado sem perder sua essência, menos complexo; quando menos pode ser comprimido, mais complexo. Essa definição tem sua própria dificuldade: a semente e o carvalho imenso de 100 anos contêm o mesmo DNA, o que significa que ambos podem ser comprimidos, ou abreviados, à mesma sequência mínima de símbolos informacionais. Logo, a noz e a árvore são igualmente profundas em termos de complexidade. Mas nós sentimos que a árvore em toda a sua majestade, com cada folha crenulada e cada galho torto de um modo especial, é mais complexa do que a semente. Queremos uma definição melhor. O físico Seth Lloyd contou 42 outras definições teóricas de complexidade, todas as quais igualmente inadequadas à vida real.

Enquanto esperamos por uma definição prática de complexidade, temos muitas evidências factuais de que a "complexidade" intuitiva, seguindo uma definição ampla da palavra, existe e está aumentando. Alguns dos biólogos evolucionistas mais respeitados não acreditam que a evolução contenha uma tendência inata de longo prazo em direção à complexidade; aliás, eles acham que a evolução não tem qualquer direção, ponto. Mas um grupo relativamente novo de biólogos e evolucionistas renegados preparou um argumento convincente de aumentos amplos em complexidade em todas as épocas do tempo evolucionário.

Seth Lloyd, entre outros, sugere que a complexidade efetiva não começou com a biologia, mas com o Big Bang, a mesma tese que defendi em capítulos anteriores. Na perspectiva informacional de Lloyd, as flutuações em energia quântica nos primeiros femtossegundos do cosmo fizeram com que a energia e a matéria se agrupasse em blocos. Com o tempo e a ação da gravidade, esses blocos foram responsáveis pelas estruturas em larga escala das galáxias, cuja organização demonstra complexidade eficaz.

Em outras palavras, a complexidade precede a biologia. O teórico da complexidade James Gardner afirma que esse fato representa "as origens cosmológicas da biologia". A expansão lenta e gradual da complexidade biológica foi importada de estruturas predecessoras, tais como galáxias e estrelas. Assim como a vida, esses sistemas auto-organizados exotrópicos estão à beira do desequilíbrio persistente. Eles não se consomem como uma explosão ou chama caótica (são persistentes), mas sustentam o fluxo (desequilíbrio) por longos períodos de tempo sem jamais estabelecerem um equilíbrio ou uma série de padrões previsíveis. A ordem não é caótica nem periódica, mas semirregular, como a de uma molécula de DNA. O fenômeno da complexidade duradoura, não aleatória e sem repetições na atmosfera estável de um planeta, por exemplo, serviu de plataforma para a ordem duradoura, não aleatória e sem repetições da vida. Em formas exotrópicas de organização, sejam elas estrelas ou os genes, a complexidade eficaz vai se acumulando com o tempo. A complexidade do sistema vai crescendo em uma série de passos, no qual cada nível superior se congela e forma um novo todo. Pense em várias estrelas que giram na forma de uma só galáxia, ou várias células que se tornam um único organismo multicelular. Os sistemas exotrópicos estão sempre se expandindo; eles quase nunca se invertem, involuem ou ficam mais simples.

A escalada irreversível da complexidade e autonomia está à mostra nas oito grandes transições da evolução orgânica de Smith e Szathmary (apresentadas no capítulo três). A evolução começou com "moléculas autorreplicantes" que se transformaram em estruturas autossustentáveis mais complexas, os "cromossomos". A seguir, a evolução atravessou mais um período de mudança complexificadora, transformando as células "de procariotas em eucariotas". Depois de mais algumas transformações, a última auto-organização expansiva levou a vida das sociedades sem linguagem para aquelas com linguagem.

Cada transição mudou a unidade replicada (e também a unidade sujeita à seleção natural). Na primeira, as moléculas de ácido nucleico duplicavam a si mesmas, mas depois de se auto-organizarem em um conjunto de moléculas ligadas entre si, elas passaram a se replicar na forma de cromossomos. A evolução passou a atuar no conjunto dos ácidos nucleicos e do cromossomo. Mais tarde, contidos em células procariotas primitivas (como bactérias), esses cromossomos se uniram para formar uma célula autônoma maior, enquanto as células componentes se tornaram organelas do novo organismo; agora a informação estava estruturada e se replicava por meio de uma célula eucariota complexa, como uma ameba. A evolução começou a atuar em três níveis de organização: genes, cromossomos, células. Esses primeiros organismos eucariotas se reproduziam por divisão independente, mas com o tempo, algumas delas (como o protozoário *Giardia*) começaram a se replicar sexualmente, de modo que agora a evolução da vida exigia uma população sexual diversa de células assemelhadas.

Um novo nível de complexidade foi agregado: a seleção natural se expandiu e passou a atuar nas populações. As populações dos primeiros organismos unicelulares podiam sobreviver por conta própria, mas várias linhagens formaram organismos multicelulares e começaram a se replicar em conjunto, como cogumelos e algas. Além dos níveis inferiores, a seleção natural passou a operar em criaturas multicelulares. Alguns desses organismos multicelulares (por exemplo: formigas, abelhas e cupins) se reuniram em superorganismos e só conseguiam se reproduzir dentro de colônias ou sociedades; agora, a evolução emergiu no nível social. Mais tarde, a linguagem das sociedades humanas reuniu ideias individuais e a cultura e formou o técnio global, de modo que os seres humanos e sua tecnologia só conseguem prosperar e se replicar em conjunto; o resultado é mais um nível autônomo para a evolução e a complexidade eficaz: a sociedade.

A profundidade lógica, informacional e termodinâmica da organização resultante aumentou em cada novo nível. Ficou cada vez mais difícil comprimir a estrutura, que ao mesmo tempo continha cada vez menos aleatoriedade e menos ordem previsível. E cada novo passo também foi irreversível. Em geral, as linhagens multicelulares não involuem e se transformam em organismos unicelulares; a reprodução sexual quase nunca involui e dá origem à partenogênese; os insetos sociais não se dessocializam; e até onde sabemos, nenhum replicador com DNA abandonou os recursos da genética. Às vezes, a natureza simplifica, mas ela quase nunca involui e volta um nível.

Apenas para esclarecer: as tendências não são estáveis e harmônicas dentro de cada nível organizacional. O avanço em direção a corpos maiores, mais longevidade ou maior metabolismo podem estar presentes em apenas uma pequena parcela das espécies de uma mesma família. E as direções da mudança podem ser inconsistentes entre os ramos taxonômicos. Por exemplo, nos mamíferos, os cavalos podem tender a crescerem com o tempo, enquanto os roedores podem diminuir. O único sinal primordial visível da tendência à maior complexidade eficaz é o acúmulo de novos níveis de organização no macrotempo. Assim, a complexificação pode não estar visível entre as samambaias, por exemplo, mas ainda aparece entre as samambaias e as plantas com flores (que vão dos esporos à fertilização sexual).

Nem toda espécie evolucionária está em uma escada rolante de complexidade (e por que deveria?), mas aquelas que avançam conquistam, sem querer, uma nova capacidade de influência que pode alterar o ambiente muito além de si próprias. Nessa expansão, depois que um ramo da vida sobe de nível, ele nunca desce de volta. Assim, o resultado é um movimento irreversível em direção à maior complexidade eficaz.

O arco da complexidade flui desde a aurora do cosmo até a vida. Mas o arco continua pela biologia e agora se estende para o futuro por meio da tecnologia. A mesma dinâmica que molda a complexidade no mundo natural está moldando a complexidade no técnico.

Assim como na natureza, o número de objetos manufaturados simples continua a aumentar. O tijolo, a pedra e o concreto foram algumas das primeiras e mais simples tecnologias, mas em termos de massa, são as mais comuns do planeta. E elas são os elementos de alguns dos maiores artefatos que construímos: cidades e arranha-céus. As tecnologias simples preenchem o técnio do mesmo modo que as bactérias preenchem a biosfera. Nunca se fabricou tantos martelos quanto hoje. A maior parte do técnio visível é, em um nível fundamental, tecnologia não complexa.

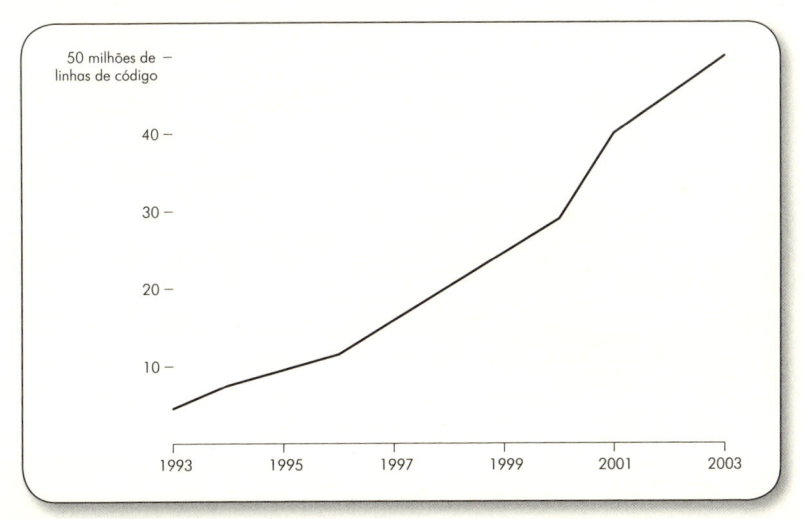

Complexidade do *software*. O número de linhas de código usado em cada versão do Microsoft Windows entre 1993 e 2003.

Porém, na evolução natural, a cauda longa de estruturas materiais e informacionais complexificantes chama nossa atenção, mesmo quando essas invenções complexas representam uma pequena quantidade de massa (na verdade, a desmassificação é um dos caminhos da complexificação). As invenções complexas empilham informações, não átomos. As tecnologias mais complexas são também as mais leves e menos materiais. Por exemplo, o *software*, em princípio, não tem peso nem corpo. E seu ritmo de complexificação é incrível. O número de linhas de código de uma ferramenta básica, como o sistema operacional Microsoft Windows, decuplicou em 13 anos. Em 1993, o Windows abrangia de 4 a 5 milhões de linhas de código. Em 2003, o Windows Vista continha 50 milhões de linhas de código. Cada uma dessas linhas é o equivalente a uma engrenagem de um relógio. Um computador com sistema operacional Windows é uma máquina com 50 milhões de partes móveis.

Em todo o técnio, as linhagens tecnológicas são reestruturadas com camadas adicionais de informação para produzir artefatos ainda mais complexos. Nos últimos 200 anos (pelo menos), o número de peças nas máquinas mais complexas apenas aumentou. O diagrama abaixo é um gráfico logarítmico das tendências de complexidade em aparatos mecânicos. O primeiro protótipo de avião a jato tinha várias centenas de peças, enquanto o avião a jato moderno tem mais de 22.000. O ônibus espacial tem dezenas de milhões de peças físicas, mas a maior parte da sua complexidade está no *software*, que não foi incluído nesta avaliação.

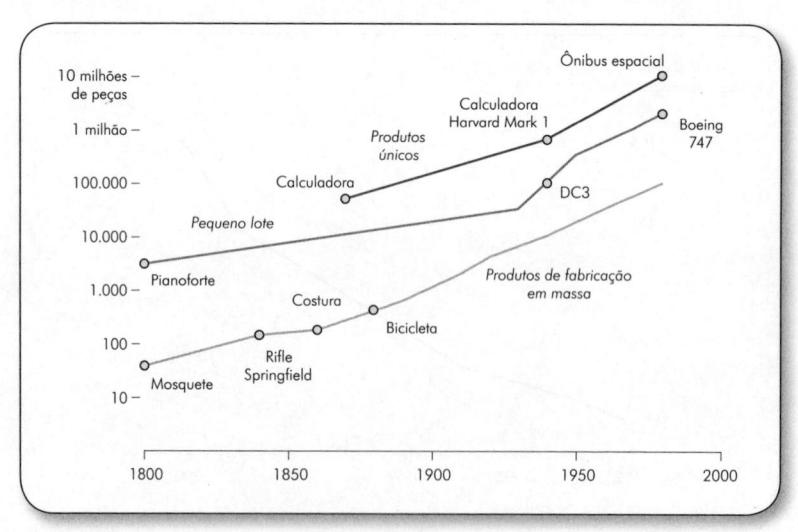

A complexidade das máquinas manufaturadas. O número de peças (mostrado em potências de 10) usado nas máquinas mais complicadas de cada era durante dois séculos.

Nossas geladeiras, carros e até portas e janelas são mais complexos do que eram duas décadas atrás. A forte tendência à complexificação do técnio provoca uma pergunta: até onde vai essa complexidade? Aonde o longo arco da complexidade está nos levando? A força de 14 bilhões de anos de complexidade crescente não pode parar de uma hora para a outra. Mas quando tentamos imaginar um técnio com mais um milhão de anos de complexidade acumulada na velocidade atual, a ideia nos dá calafrios.

A complexidade da tecnologia pode acabar evoluindo de várias maneiras diferentes.

Cenário 1

Assim como a natureza, a grande massa da tecnologia permanece simples, básica e primária, pois continua a funcionar. E o primitivo funciona bem como alicerce para a pequena camada de tecnologias complexas construída sobre ela. Como o técnio é um ecossistema de tecnologias, a maioria delas continuará o equivalente ao estágio microbiano: tijolos, madeira, martelos, fios de cobre, motores elétricos e assim por diante. Seria possível inventar teclados em nanoescala que se reproduzem sozinhos, mas eles não se adaptariam aos nossos dedos. Na sua grande maioria, os seres humanos vão lidar com objetos simples (como fazemos agora) e interagirão com o incrivelmente complexo apenas de vez em quando, assim como fazemos agora (durante quase todo o dia, nossas mãos encostam em artefatos relativamente grosseiros). As cidades e casas continuarão parecidas com seu estado atual, mas povoadas por um verniz de aparelhos eletrônicos em veloz evolução e com telas em todas as superfícies.

Cenário 2

A complexidade, como todos os outros fatores dos sistemas em crescimento, atinge um nível máximo e se estabiliza, enquanto outra qualidade que nunca havíamos notado (o entrelaçamento quântico, talvez) se torna a principal tendência observável. Em outras palavras, talvez a complexidade não passe da lente pela qual vemos o mundo neste momento, a metáfora do presente, quando na realidade ela é um reflexo de quem somos, não uma propriedade independente da evolução.

Cenário 3

A complexidade do mundo não tem limites. Tudo fica mais complexo com o tempo e estamos avançando em direção a um ponto ômega de complexidade suprema. Os tijolos dos prédios serão inteligentes, a colher se adaptará à mão que a segura, os carros serão tão complexos quanto os aviões a jato atuais. Os objetos mais complexos que usamos em um dia qualquer estarão além da compreensão de qualquer indivíduo isolado.

Caso eu fosse obrigado, apostaria no cenário 1 e preteriria o 2 como sendo o mais improvável. A maior parte da tecnologia continuará simples ou semissimples, enquanto uma pequena parcela continuará se tornando bem mais complexa. Creio que as cidades e casas de 1.000 anos no futuro serão reconhecíveis, não irreconhecíveis. Enquanto habitarmos corpos humanos mais ou mesmo do mesmo tamanho (alguns metros e 50 kg), a maior parte da tecnologia ao nosso redor não ficará enlouquecedoramente mais complexa. E temos bons motivos para esperar que continuaremos do mesmo tamanho, apesar da engenharia genética intensa. Por mais estranho que pareça, nosso tamanho corporal está quase exatamente no meio do tamanho do universo. Os menores objetos que conhecemos são aproximadamente 30 ordens de magnitude menores do que nós, enquanto as maiores estruturas são cerca de 30 ordens de magnitude maiores. Habitamos uma escala intermediária receptiva à flexibilidade sustentável das leis da física atuais do universos. Os corpos maiores encorajam a rigidez, os menores encorajam a efemeridade. Enquanto tivermos corpos (e qual ser feliz não quer ter um corpo?), a tecnologia de infraestrutura que já temos continuará, em linhas gerais, a funcionar: estradas de pedra, edifícios de terra e matéria vegetal modificada, elementos não muito diferentes das nossas cidades e casas de 2.000 anos atrás. Alguns visionários podem imaginar edifícios vivos complexos no futuro, por exemplo, e algumas dessas ideias podem virar realidade, mas as estruturas médias provavelmente não serão compostas de materiais mais complexos do que as plantas mortas que usamos no presente. Elas não precisarão sê-lo. Creio que haja uma limitação de "complexo o suficiente". As tecnologias não precisam ficar mais complexas para serem úteis no futuro. O inventor Danny Hillis confessou que acreditava na probabilidade de que, em 1.000 anos, os computadores ainda estariam executando códigos de programação desenvolvidos no presente, por exemplo, um *kernel* UNIX. É muito provável que eles serão digitais e binários. Assim como as bactérias ou as baratas, essas tecnologias mais simples continuarão simples e continuarão viáveis, pois funcionam. Elas não precisam ficar mais complexas.

Por outro lado, a aceleração do técnio poderia acelerar ainda mais a complexidade, de modo que até os equivalentes tecnológicos das bactérias vão evoluir. Esse é o cenário 3, no qual a complexidade decola em toda a tecnosfera. Não seria a coisa mais estranha que já aconteceu.

Nenhum desses cenários sugere um limite para as coisas mais complexas que iremos criar. Ficaremos maravilhados com a nova complexidade em várias direções. Tornaremos nossas vidas ainda mais complexas, mas nos adaptaremos à nova situação. É impossível voltar. Esconderemos a complexidade com interfaces belas e "simples", elegantes como a bola redonda que é uma laranja. Mas por trás dessa membrana, nossos objetos serão mais complexos do que as células e a bioquímica de uma laranja. Para acompanhar essa complexificação, nossa linguagem, estrutura fiscal, burocracia estatal, mídia e cotidiano também se tornarão mais complexos.

É uma tendência com a qual podemos contar. O longo arco de complexidade começou antes da evolução, atravessou quatro bilhões de anos de vida e hoje segue avançando pelo técnio.

❖ DIVERSIDADE

A diversidade do universo está aumentando desde o princípio dos tempos. Nos primeiros segundos, o universo tinha apenas quarks, que em poucos minutos começaram a formar partículas subatômicas. Ao fim da primeira hora, o universo continha dezenas de tipos de partículas, mas apenas dois elementos: hidrogênio e hélio. Nos 300 milhões de anos seguintes, os átomos de hidrogênio e hélio se agruparam em massas de nebulosas crescentes e, com o tempo, entraram em colapso e formaram estrelas ardentes. A fusão estelar criou dezenas de novos elementos mais pesados, aumentando a diversidade do universo químico. Finalmente, algumas estrelas "metálicas" explodiram e criaram supernovas, espalhando os elementos pesados pelo espaço, que nos milhões de anos subsequentes se agrupariam mais uma vez e formariam novas estrelas. Numa espécie de bombeamento, essas fornalhas estelares secundárias e terciárias agregaram mais nêutrons aos elementos metálicos, criando mais variedades de metais pesados até criar todos os cerca de 100 elementos estáveis. A diversidade crescente de elementos e partículas também criou uma variedade crescente de espécies estelares, tipos de galáxias e modalidades de planetas. Nos planetas com crostas tectônicas ativas, o número de espécies minerais foi aumentando à medida que as forças geológicas retrabalhavam e reorganizavam os elementos, formando novas rochas e cristais. A diversidade dos minerais cristalizados da Terra, por exemplo, triplicou com o advento da vida bacteriana. Alguns geólogos acreditam que processos bioquímicos, e não apenas os geológicos, são responsáveis pela grande maioria das 4.300 espécies minerais existentes.

A invenção da vida acelerou enormemente a diversidade do universo. De algumas poucas espécies 4 bilhões de anos atrás, o número e variedade de espécies vivas na Terra aumentou drasticamente durante o tempo geológico, chegando às 30 milhões do presente. Em vários sentidos, a expansão não foi uniforme. Em certos momentos da história do planeta, catástrofes cosmológicas em larga escala (como o impacto de meteoros) eliminaram os aumentos em diversidade. E em ramos específicos da vida, a diversidade às vezes não avançou muito; em alguns casos, houve até retrocessos temporários. Entretanto, na vida como um todo e sob o ponto de vista do tempo geológico, a diversidade se expandiu. Aliás, a diversidade de formas taxonômicas da vida dobrou desde a era dos dinossauros, meros 200 milhões de anos atrás. O crescimento das diferenças biológicas como um todo está passando por um processo de expansão exponencial, um aumento vertiginoso observado nos vertebrados, plantas e insetos.

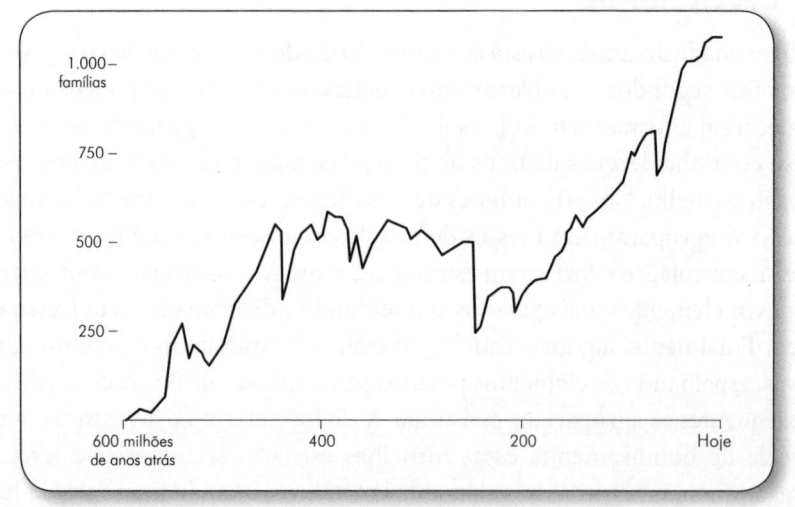

Diversidade total da vida. A diversidade crescente das espécies da Terra, medida pelo número de famílias taxonômicas nos últimos 600 milhões de anos.

A tendência em direção à diversidade é acelerada pelo técnio. O número de espécies tecnológicas inventadas todos os anos aumenta a uma velocidade que não para de crescer. É difícil contar exatamente as variedades de invenção tecnológicas, pois as inovações não têm as fronteiras bem definidas da reprodução observada na maioria dos organismos vivos. Podemos contar as ideias que estão por trás de cada invenção. Cada artigo científico representa pelo menos uma nova ideia. O número de artigos científicos explodiu nos últimos 50 anos. Cada patente também é uma espécie de ideia. A última conta listava 7 milhões de patentes apenas nos Estados Unidos, um total que também está crescendo exponencialmente.

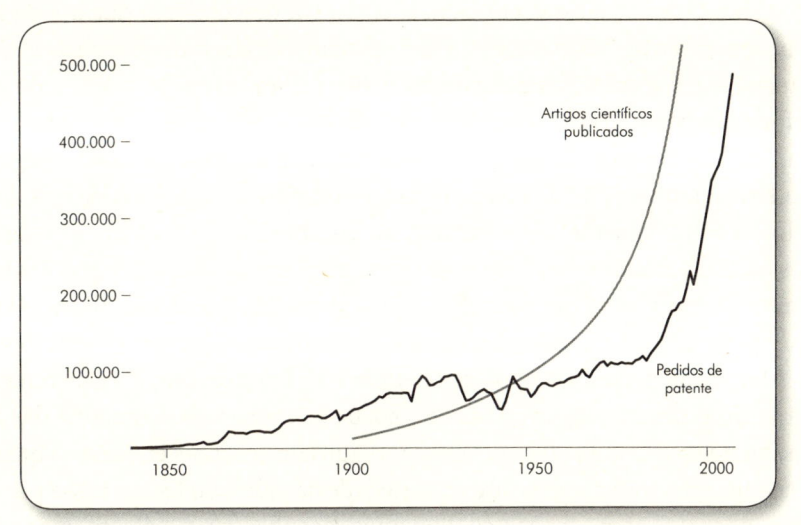

Total de pedidos de patentes e artigos científicos. O número de pedidos de patentes no Escritório de Patentes norte-americano e a publicação mundial de artigos científicos seguem praticamente a mesma curva de crescimento exponencial.

É impossível analisar qualquer parte do técnio sem descobrir um aumento na diversidade. As espécies artificiais de organismos subaquáticos, tais como os submarinos de 20 metros, são paralelas a organismos vivos como as baleias-azuis. Os aviões imitam os pássaros. Nossas casas não passam de ninhos aprimorados. Mas o técnio também explora nichos nos quais os seres vivos nunca se aventuraram. Não sabemos de nenhum organismo vivo que usa ondas de rádio, mas o técnio produziu centenas de variedades que usam esse tipo de comunicação. As marmotas estão cavando a Terra há milhões de anos, mas as máquinas de dois andares que usamos para cavar túneis são tão maiores, mais rápidas e mais eficazes contra rocha sólida do que qualquer organismo vivo que podemos afirmar, sem dúvida nenhuma, que essas marmotas artificiais ocupam um novo nicho no planeta. As máquinas de raios X possuem uma espécie de visão desconhecida entre os seres vivos. E simplesmente não temos qualquer analogia biológica para o Traço Mágico, para o relógio digital que brilha no escuro ou para o ônibus espacial, para ficar apenas com três exemplos. Cada vez mais, a diversidade do técnio não tem correspondentes na evolução biológica, de modo que o técnio representa uma expansão real da diversidade.

A diversidade do técnio já está muito além das nossas capacidades de cognição. A variedade de objetos é tanta que nenhum indivíduo saberia o nome de todos eles. Os especialistas em ciência cognitiva descobriram que a vida moderna tem cerca de 3.000 categorias de substantivos fáceis de reconhecer. O total inclui objetos artificiais e organismos vivos, como elefante, avião, palmeira, telefone e cadeira. Todas essas coisas são fáceis de reconhecer imediatamente, sem pensar. Os pesquisadores chegaram a uma estimativa de 3.000 categorias com base em uma série de dicas: o número de substantivos listados nos dicionários; quantos objetos se encontram no vocabulário de uma criança de seis anos média; o número de objetos que uma máquina de aprendizagem artificial primitiva consegue reconhecer. Eles estimam que há, em média, 10 variedades com nomes para cada categoria, ou seja, um indivíduo comum saberia descrever 10 tipos de peixes, 10 tipos de telefone e 10 tipos de cama. Essa conta nos leva a uma estimativa aproximada de 30.000 objetos na vida da maioria das pessoas, ou pelo menos 30.000 que elas conseguiriam reconhecer. Mesmo quando batizamos uma forma, quase toda a variedade da vida e do técnio passa por nós sem ganhar um nome específico. Podemos reconhecer um pássaro, mas não a espécie de pássaro. Conhecemos a grama, mas não qual grama. Sabemos que é um telefone celular, mas não qual o modelo. Se forçados, podemos diferenciar uma faca de *chef*, um canivete suíço e a ponta de uma lança, mas podemos ou não diferenciar uma bomba de combustível de uma bomba d'água.

Em alguns ramos do técnio, a diversidade de espécies tecnológicas está diminuindo; hoje temos menos inovações em para-faíscas, rebenques, teares manuais e carros de boi. Duvido que alguém tenha inventado um novo batedor manual de manteiga nos últimos 50 anos (ainda que muita gente ainda esteja inventando ratoeiras "melhores"). Os teares manuais sempre serão usados para fins artísticos. Os carros de boi ainda existem e provavelmente nunca se extinguirão no mundo inteiro enquanto os bois ainda viverem. Mas como os carros de boi não encontram novas demandas, eles são invenções incrivelmente estáveis e mantêm a mesma forma com o tempo, assim como os caranguejos-ferradura. A maioria dos artefatos em um estado de semiobsolescência demonstra uma constância semelhante. Mas esses sertões tecnológicos são muito pequenos em comparação com a avalanche avassaladora de inovações, ideias e artefatos no restante do técnio.

A loja *online* Zappos vende 90.000 variedades diferentes de calçados. Um atacadista de material de construção nos Estados Unidos, a McMaster-Carr, lista mais de 480.000 produtos em seu catálogo, incluindo 2.432 variedades de parafusos para madeira (sim, eu contei). A Amazon vende 85.000 celulares e produtos para celulares diferentes. Por ora, os seres humanos criaram 500.000 filmes e cerca de um milhão de episódios de programas televisivos. Pelo menos 11 milhões de músicas diferentes foram gravadas. Os químicos catalogaram 50 milhões de produtos químicos diferentes. O historiador David Nye informa que "em 2004, a picape Ford F-150 estava disponível em 78 configurações diferentes que incluíam variações na cabine, caçamba, motor, trem de força e materiais, além das cores do estofamento e do exterior. E após o veículo ser comprado, o proprietário pode customizá-lo a ponto de ser literalmente único". Se as taxas atuais de inventividade continuarem no mesmo ritmo, em 2060 teremos 1,1 bilhão de músicas únicas e 12 bilhões de tipos de produtos diferentes à venda.

Alguns iconoclastas creem que toda essa ultradiversidade é tóxica para os seres humanos. Em *O Paradoxo da Escolha*, o psicólogo Barry Schwartz defende que as 285 variedades de biscoitos, 175 tipos de molho de salada e 85 marcas de bolacha à venda no supermercado médio estão paralisando os consumidores. Os clientes entram na loja em busca de bolachas, veem uma muralha estarrecedora de opções, são sobrepujados pelo esforço de tomar uma decisão embasada e finalmente saem sem comprar bolacha nenhuma. "Independentemente das pessoas estarem escolhendo geleia no mercadinho ou o tema de um ensaio na faculdade, quanto mais opções elas têm, menor a probabilidade delas fazerem uma escolha", afirma Schwartz. Do mesmo modo, ao tentar escolher um plano de saúde com centenas de opções, muitos consumidores acabam desistindo, pois a complexidade das escolhas é atordoante, e abandonam o plano, enquanto os programas que incluíam uma escolha padrão (no qual não é preciso escolher), apresentavam índices de participação muito maiores. Schwartz conclui: "À medida que o número de escolhas cresce, os aspectos negativos crescem tanto que ficamos sobrecarregados. A essa altura, a escolha deixa de liberar e passa a debilitar. Poder-se-ia dizer que ela passa até a tiranizar".

É verdade que o excesso de escolhas pode induzir o arrependimento, mas "escolha nenhuma" é uma opção muito pior. A civilização é uma migração contínua na direção oposta a "escolha nenhuma". Como sempre, a solução para os problemas criados pela tecnologia, como a diversidade atordoante de escolhas, é criar tecnologias melhores. A solução para a ultradiversidade será as tecnologias de auxílio de escolhas. Essas ferramentas melhores ajudarão os seres humanos a tomar decisões quando as opções fogem ao controle. É para isso que servem os mecanismos de busca, sistemas de recomendação, *tagging* e boa parte das mídias sociais. A diversidade vai produzir mais ferramentas para lidar com a diversidade (as ferramentas para domar a diversidade estarão entre as 821 milhões de patentes diversificadoras que, no ritmo atual, serão apresentadas ao Escritório de Patentes norte-americano até 2060!). Já estamos descobrindo maneiras de usar os computadores para expandir nossas escolhas com informações e páginas da Internet (o Google é uma dessas ferramentas), mas precisaremos de mais aprendizagem e tecnologias para fazer o mesmo com objetos concretos e mídias idiossincráticas. No princípio da Internet, alguns cientistas da computação bastante inteligentes declararam que seria impossível selecionar uma página entre um bilhão usando apenas buscas por palavras-chave, mas hoje fazemos isso o tempo inteiro com 100 bilhões de páginas. Ninguém está pedindo para a Internet ficar menor.

Até pouco tempo atrás, a imagem estereotipada de um futuro tecnológico era a de produtos padronizados, mesmice mundial e uniformidade inabalável. Paradoxalmente, a diversidade pode ser o resultado de um tipo de uniformidade. A uniformidade de um sistema padrão de escrita (como um alfabeto ou tipo cursivo) liberta a diversidade inesperada da literatura. Sem regras uniformes, todas as palavras precisam ser inventadas, então a comunicação é localizada e ineficiente e nunca se concretiza. Mas com uma língua uniforme, a comunicação ocorre em grandes círculos e em níveis suficientes para que palavras, expressões ou ideias novas sejam apreciadas, capturadas e disseminadas. A rigidez do alfabeto beneficiou mais a criatividade do que todos os exercícios de *brainstorming* irrestrito já inventados.

As 26 letras padrões da língua inglesa produziram 16 milhões de livros diferentes. As palavras e a língua continuam a evoluir, claro, mas essa evolução depende de elementos fundamentais que são conservados e compartilhados: letras, ortografia e regras gramaticais fixas (a curto prazo) permitem o surgimento de ideias criativas. O técnio irá cada vez mais convergir em alguns padrões universais; talvez inglês básico, notação musical moderna, o sistema métrico (exceto nos Estados Unidos!) e símbolos matemáticos, mas também protocolos técnicos populares, do sistema métrico ao ASCII e Unicode. A infraestrutura mundial está construída sobre um sistema compartilhado e constituído desses tipos de padrões. É por isso que podemos encomendar peças da China para serem usadas em fábricas na África do Sul ou pesquisar medicamentos na Índia para usar no Brasil. A convergência dos protocolos fundamentais também explica por que a juventude atual pode conversar entre si diretamente de uma maneira que não seria possível meros dez anos atrás.

Os jovens usam celulares e *netbooks* com sistemas operacionais comuns, mas também empregam abreviaturas padronizadas e cada vez mais compartilham de alicerces culturais, pois assistem aos mesmos filmes, ouvem as mesmas músicas, estudam os mesmos assuntos e livros didáticos na escola e carregam as mesmas tecnologias. É curioso, mas a homogeneização de valores universais compartilhados permite que os jovens transmitam a diversidade das culturas.

Em um mundo com padrões globais convergentes, um medo recorrente entre as culturas minoritárias é que suas diferenças de nicho acabem se perdendo. Não precisa ser assim. Na verdade, o canal de comunicação global está cada vez mais disseminado e pode destacar o valor dessas diferenças. Os alimentos tradicionais, o conhecimento medicinal e as práticas educativas das tribos ianomâmis na Amazônia ou boxímanes san da África, por exemplo, costumavam abranger apenas conhecimentos locais e esotéricos. Sua diversidade representava uma diferença que não fazia a diferença fora da tribo, pois o conhecimento não tinha conexão com as outras culturas humanas. Porém, depois desses grupos se ligarem a estradas, eletricidade e comunicações padronizadas, suas diferenças internas têm o potencial de fazer a diferença para outras pessoas. Mesmo que esse conhecimento possa ser aplicado apenas ao ambiente local, disseminar o conhecimento sobre o seu conhecimento faz a diferença. Para onde indivíduos ricos viajam? Para locais que preservam suas diferenças. Quais restaurantes atraem clientes? Aqueles com características exclusivas. Quais produtos vendem no mercado mundial? Aqueles que pensam diferente.

Se a diversidade local pode se manter conectada e ainda preservar suas diferenças (um *se* enorme, diga-se de passagem), então a diferença se torna cada vez mais valiosa em uma matriz global. Manter o equilíbrio "conectado mas diferente" é um desafio, claro, pois boa parte dessa diversidade e diferença cultural se originou do isolamento, um aspecto que desaparece no novo *status quo*. As diferenças culturais que crescem sem o isolamento (mesmo que tenham nascido fora dele) produzem valor à medida que o mundo se padroniza. Um exemplo é Bali, na Indonésia. A cultura balinesa, com toda sua riqueza e suas especificidades, parece se aprofundar à medida que se torna interconectada com o mundo contemporâneo. Assim como outros habitantes de lugares que misturam o velho e o novo, os balineses podem ter o inglês como segunda língua universal e ainda falarem suas línguas-mães em casa. Eles fazem as oferendas rituais de flores pela manhã e estudam ciência na escola à tarde. Eles praticam *gamelan* e Google.

Mas qual a relação entre ampliar a diversidade e a tendência apresentada anteriormente, igualmente onipresente: a sequência inevitável de tecnologias e a convergência do técnio em certas formas? À primeira vista, parece que canalizar a direção do técnio estaria em oposição ao seu crescimento externo em novas direções. Se a tecnologia converge e forma uma única sequência global de inovações, que aspecto desse processo encoraja a diversidade tecnológica?

A sequência do técnio é semelhante ao desenvolvimento de um organismo que atravessa uma série de fases predeterminadas. Todos os cérebros, por exemplo, avançam por um padrão de crescimento que vai da infância à maturidade. Mas o cérebro sempre pode, em qualquer ponto dessa linha, gerar uma ampla gama de pensamentos.

Em geral, a tecnologia converge em modos de uso uniformes ao redor do mundo, mas alguns grupos ou subgrupos acabam desenvolvendo e refinando um tipo de tecnologia ou técnica com apelo limitado a grupos ou usos marginais. Em casos raros, essa diversidade marginal acaba triunfando entre o grande público e supera o paradigma existente, recompensando os processos do técnio que encorajam a diversidade.

O antropólogo Pierre Petrequin observou que as tribos Meervlakte Dubele e Iau, de Papua Nova Guiné, usavam contas e machados de aço havia muitas décadas, mas a prática nunca fora adotada pela tribo Wano, "a um mero dia de caminhada". E ela ainda não a adotou. O uso de telefonia móvel é significativamente mais amplo e profundo e muda mais rápido no Japão do que nos Estados Unidos. Mas as mesmas fábricas produzem equipamentos para os dois países. Por outro lado, o uso de automóveis é mais amplo e profundo e muda mais depressa nos Estados Unidos do que no Japão.

Esse padrão não é novidade. Desde as primeiras ferramentas, os seres humanos têm razões irracionais para preferirem algumas formas de tecnologia e não outras. Às vezes, eles podem evitar uma versão ou uma invenção mesmo quando ela parece ser mais eficiente ou produtiva, apenas por uma questão de identidade: "Nosso clã não faz assim" ou "Nossa tradição é fazer assado". Algumas pessoas podem ignorar uma melhoria técnica óbvia porque o novo estilo não parece correto ou confortável, apesar de mais utilitário. O antropólogo da tecnologia Pierre Lemonnier revisou essas interrupções aleatórias da história e afirma: "Volta e meia, as pessoas demonstram comportamentos técnicos que não correspondem a qualquer lógica de progresso ou eficiência material".

Os membros da tribo Anga, na Papua Nova Guiné, caçam porcos selvagens há milhares de anos. Para matar um porco selvagem, que pode pesar tanto quanto um homem adulto, os Anga constroem uma armadilha com pouco mais do que paus, trepadeiras, pedras e a gravidade. Com o tempo, os Anga refinaram e modificaram a tecnologia dessa armadilha para adaptá-la ao terreno. Eles desenvolveram três estilos gerais. Um é uma trincheira com as paredes cobertas de estacas afiadas, camufladas por folhas e ramos; outro é uma fileira de estacas afiadas escondidas por trás de uma barreira baixa que protege a isca; e o terceiro é um fosso-armadilha, no qual um peso enorme fica suspenso e cai quando um porco tropeça em uma corda no caminho.

Esse tipo de *know-how* técnico é transmitido com facilidade entre as vilas montanhosas de Papua Ocidental. O que uma comunidade sabe, todas sabem (pelo menos em um período de décadas, se não séculos). É preciso vários dias de viagem antes de sentir alguma variação nos níveis de conhecimento. A maioria dos grupos de Anga pode montar qualquer uma das três variedades sempre que necessário. Um grupo específico, entretanto, os Langimar, ignoram o conhecimento geral do fosso-armadilha. De acordo com Lemonnier, "os membros do grupo podem listar sem dificuldade as dez peças que compõem o fosso-armadilha, sabem descrever seu funcionamento e conseguem até fazer um diagrama aproximado; mas eles não usam o sistema". Do outro lado do rio, os Langimar enxergam as casas da tribo vizinha, os Menye, que usam esse tipo de armadilha, uma excelente tecnologia de caça. A duas horas de caminhada, os Kapau usam o fosso-armadilha, mas os Langimar escolhem não fazê-lo. Como observa Lemonnier, às vezes, "uma tecnologia que todos compreendem é ignorada voluntariamente".

Não que os Langimar sejam atrasados. Um pouco ao norte dos Langimar, algumas tribos Anga fazem pontas de flecha de madeira se farpas. Eles ignoram seletivamente a tecnologia crucial das farpas letais dos Langimar, apesar do fato dos Anga "terem tido muitas oportunidades de observar a superioridade das flechas farpadas dos seus inimigos". Nem o tipo de madeira disponível nem os animais de caça locais explicam essa ignorância étnica.

As tecnologias têm uma dimensão social que vai além do mero desempenho mecânico. Em grande parte, adotamos novas tecnologias pelo que elas fazem por nós, mas também em parte pelo que significam para nós. Muitas vezes nos recusamos a adotar uma tecnologia pelo mesmo motivo: pelo modo como a rejeição reforça ou molda nossa identidade.

Sempre que os pesquisadores analisam com cuidado os padrões de dispersão da tecnologia, tanto as modernas quanto as antigas, eles encontram padrões de adoção étnica. Os sociólogos observaram que um grupo Sami rejeitava um dos dois tipos conhecidos de laços para renas, enquanto outros lapões usavam ambas as formas. Uma espécie particularmente ineficiente de roda d'água horizontal se espalhou por todo o Marrocos, mas em nenhuma outra parte do mundo, apesar da física das rodas d'água ser constante.

Devemos esperar que as preferências étnicas e sociais persistam no futuro. Grupos ou indivíduos rejeitarão diversas inovações tecnologicamente avançadas apenas porque podem. Ou porque todos os outros as aceitaram. Ou porque elas estão em conflito com a ideia que fazem de si mesmos. Ou porque não se importam com um pouco mais de esforço. As pessoas escolherão abandonar ou não usar certos padrões tecnológicos mundiais como forma de distinção idiossincrática. Assim, enquanto a cultura planetária avança em direção à convergência tecnológica, bilhões de usuários farão escolhas pessoas divergentes à medida que adotam parcelas cada vez menores e mais excêntricas de todas as possibilidades disponíveis.

A diversidade alimenta o mundo. Em um ecossistema, o aumento da diversidade é um sinal de saúde. O técnio também se alimenta da diversidade. A maré da diversidade apenas cresceu desde o princípio dos tempos; até onde conseguimos prever, o futuro nunca deixará de produzir divergências.

❖ ESPECIALIZAÇÃO

A evolução vai do geral para o específico. A primeira versão da célula era uma máquina de sobrevivência genérica em forma de bolha. Com o tempo, a evolução refinou aquela generalidade e desenvolveu múltiplas especialidades. No começo, o domínio da vida estava restrito a lagos de água quente. Mas a maior parte do planeta era muito mais extrema: vulcões e geleiras. A evolução produziu células especializadas em viver na água escaldante ou dentro do gelo, além de células especiais que comiam petróleo ou capturavam metais pesados. A especialização permitiu que a vida colonizasse esses grandes *habitats* extremos, muito diferentes entre si, e também que preenchesse milhões de ambientes de nicho, como o interior de outros organismos e recôncavos nos grãos de poeira. Em pouco tempo, todos os ambientes possíveis do planeta continham uma variedade especializada de ser vivo. Hoje, não se sabe de nenhum local estéril em todo o planeta, exceto alguns poucos espaços temporários em ambientes hospitalares. As células da vida seguem se especializando.

A tendência em direção à especialização também vale para os organismos multicelulares. As células dentro de cada organismo se especializam. O corpo humano tem 210 tipos diferentes de células, incluindo as células especializadas do fígado e dos rins. Ele possui células musculares cardíacas especiais, diferentes das células musculares esqueléticas comuns. O óvulo onipotente original que dá início a todos os animais se divide em células com maiores níveis de especificidade, até que menos de 50 divisões celulares mitóticas depois, você e eu acabamos com uma reunião de 10^{15} células ósseas, células da pele e neurônios.

No tempo evolucionário, observamos um aumento significativo no número de tipos celulares nos organismos mais complexos. Na verdade, esses organismos são mais complexos em parte porque contêm mais partes especializadas. Assim, a especialização acompanha o arco da complexidade.

O organismo em si também tende a se especializar. Por exemplo: com o tempo, as cracas (compostas de 50 tipos de células especializadas) evoluem e formam cracas especializadas: a craca com seis escamas se especializa em locais mais extremos de maré alta que são inundados apenas algumas vezes por mês (ocasiões em que o organismo obtém alimentos). A craca *Sacculina* cresce apenas dentro da bolsa de ovos de um caranguejo vivo. Os pássaros se concentram em tipos especializados que se alimentam de sementes e desenvolvem bicos especializados: finos para sementes pequenas, grandes e grossos para sementes duras. Algumas plantas (vamos chamá-las de ervas) são oportunistas e ocupam qualquer solo perturbado, mas a maioria dedica sua capacidade de sobrevivência a nichos específicos: pântanos tropicais escuros ou picos alpinos secos e ventosos. Os coalas são famosos por se especializarem em eucaliptos, enquanto os pandas se alimentam de bambu.

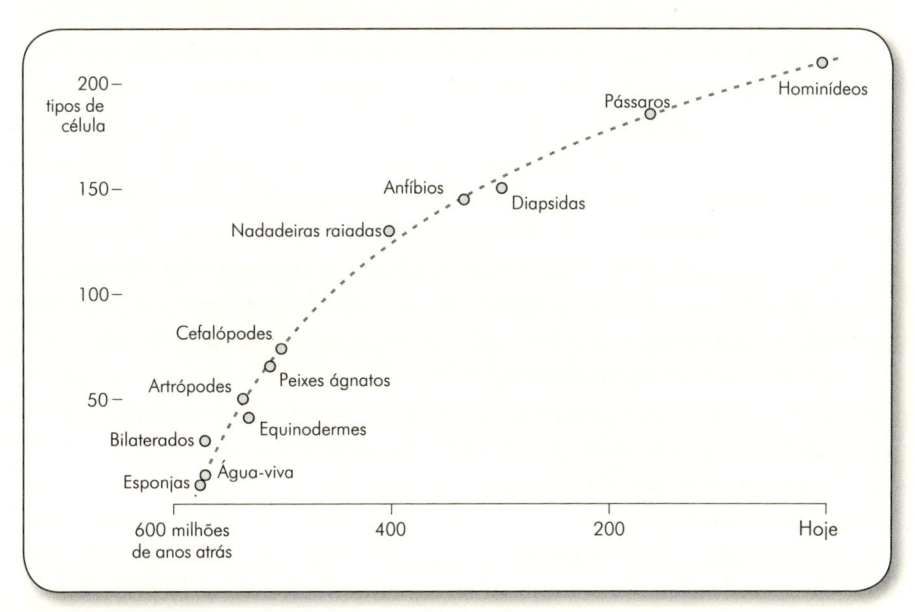

Tipos de células especializadas. O número máximo de células diferentes encontradas em um organismo aumentou com o passar do tempo evolucionário.

A tendência em direção à especialização na vida é impulsionada por uma espécie de corrida armamentista. Organismos mais especializados (como o mexilhão que se alimenta das emissões sulfúricas de fontes hidrotermais na profundezas do oceano) representam mais ambientes especializados para concorrentes e presas (como os caranguejos que se alimentam dos mexilhões sulfúricos), que produzem estratégias e soluções ainda mais especializadas (como os parasitas nesses caranguejos) e, finalmente, organismos ainda mais especializados.

Essa ânsia por especialização se estende ao técnio. A ferramenta original dos hominídeos, uma pedra redonda com uma borda quebrada, era um objeto genérico, usado para raspar, cortar e martelar. Depois de adotado pelos sapiens, ela se transformou em várias ferramentas especializadas: um raspador, um cortador e um martelo independentes. A variedade de espécies de ferramentas aumentou com o tempo, em proporção às tarefas especializadas. Costurar exigia agulhas; costurar couro exigia agulhas especiais; costurar tecidos, outras agulhas. Quando ferramentas simples foram recombinadas e formaram ferramentas compostas (cordão + pau = arco), a especialização aumentou ainda mais. A incrível diversidade dos itens produzidos hoje em dia é motivada principalmente pela necessidade por peças especializadas para aparelhos complexos.

Ao mesmo tempo, assim como na vida orgânica, as ferramentas tendem a começar úteis para muitas coisas diferentes e então evoluem em direção a tarefas específicas. A primeira câmera com filme fotográfico foi inventada em 1885. Depois dessa primeira manifestação, a ideia da câmera começou a se especializar. Poucos anos depois, os inventores criaram câmeras minúsculas para espiões, câmeras gigantes para fotos panorâmicas, câmeras com lentes compostas e câmeras de alta velocidade com *flash*. Hoje, temos centenas de câmeras especializadas, incluindo aquelas para uso nas profundezas do oceano, câmeras que resistem ao vácuo espacial e câmeras que capturam o espectro infravermelho ou ultravioleta. Ainda é possível comprar (ou fabricar) câmeras genéricas, mas elas representam uma fração cada vez menor de todas as câmeras do mercado.

Essa sequência, do geral para o específico, vale para a maioria das tecnologias. Os primeiros automóveis eram vendidos para todos os públicos, mas a tecnologia evoluiu e logo surgiram modelos específicos, enquanto a variedade genérica foi desaparecendo. É possível escolher carros compactos, *vans*, modelos esportivos, sedãs, picapes, híbridos e assim por diante. As tesouras são especificadas para uso em cabelo, papel, tapete, malha ou flores.

A especialização deve continuar se expandindo no futuro. O primeiro sequenciador de genes sequenciava todo e qualquer gene. O próximo passo é um sequenciador de DNA humano especializado que trabalha apenas com o DNA dos seres humanos e de outras espécies específicas, como o camundongo usado em pesquisas médicas. Depois veremos sequenciadores especializados em genomas raciais (por exemplo, para afro-americanos e chineses) ou aparelhos extremamente portáteis ou extremamente rápidos e capazes de sequenciar em tempo real, que podem informar aos usuários se algum poluente está prejudicando seu código genético naquele instante. Os primeiros consoles comerciais de realidade virtual oferecerão realidades virtuais de todos os tipos; com o tempo, entretanto, os consoles de RV evoluirão e se dividirão em versões especiais, com equipamentos voltados para jogos, treinamento militar, ensaios de filmes ou compras.

Hoje, os computadores parecem estar avançando na direção oposta, tornando-se máquinas cada vez mais genéricas à medida que abarcam cada vez mais funções. Profissões e ferramentas de trabalho inteiras foram encampadas pelo maquinário das redes e da computação. Os computadores já absorveram as calculadoras, planilhas, máquinas de escrever, filmes, telegramas, telefones, *walkie-talkies*, bússolas e sextantes, televisões, rádios, toca-discos, mesas de desenho, mesas de som, jogos de guerra, estúdios de música, fundições tipográficas, simuladores de voo e vários outros instrumentos vocacionais. Não é mais possível descobrir o que uma pessoa faz apenas observando seu local de trabalho, pois todos são iguais: um computador pessoal; 90% dos funcionários usam a mesma ferramenta. Quem trabalha nessa mesa: o CEO, o contador, o *designer* ou a recepcionista? A convergência foi ampliada pela computação em nuvem, na qual o trabalho real é realizado na rede como um todo e a ferramenta em questão se torna um mero portal para o trabalho. Todos os portais se tornaram a janela mais simples possível: uma tela plana de tamanho variável.

Essa convergência é temporária. Ainda estamos nas primeiras fases da informatização, ou melhor, da "inteligenação". Em todas as situações às quais aplicamos nossa própria inteligência pessoal (em outras palavras, sempre que trabalhamos e nos divertimos), também estamos aplicando a inteligência artificial e coletiva e revolucionando nossas ferramentas e expectativas. Tornamos inteligentes a contabilidade, a fotografia, as transações financeiras, a usinagem de metais e a pilotagem de aviões, entre milhares de tarefas. Estamos prestes a automatizar o uso de automóveis, diagnóstico médico e entendimento da fala. Na nossa pressa por uma "inteligenação" em larga escala, primeiro instalamos o PC genérico, com seu cérebro pequeno produzido em massa, a tela mediana e um conduíte para a rede. Assim, todas as tarefas são realizadas pela mesma ferramenta. Provavelmente precisaremos de mais uma década para dispersar a "inteligenação" por todas as profissões. Por mais idiota que pareça, colocaremos a inteligência artificial em martelos, palitos de dente, empilhadeiras, estetoscópios e frigideiras. Todas essas ferramentas conquistarão novas habilidades ao compartilharem a inteligência universal da rede. Mas à medida que suas novas funções expandidas ficarem claras, as ferramentas vão se especializar. Estamos tendo os primeiros vislumbres do processo com o iPhone, Kindle, Wii, *tablets* e *netbooks*. Quanto mais a tecnologia de bateria e telas alcança os *chips*, a interface com a inteligenação ubíqua vai divergir e se especializar. Soldados e outros atletas que usam todo o corpo vão se cobrir com telas de larga escala, enquanto vendedores e viajantes de negócios vão querer telas menores. Os jogadores de *videogame* vão querer minimizar a latência, os leitores vão querer maximizar a legibilidade, os fãs de trilhas vão querer objetos à prova d'água, crianças vão querer aparelhos indestrutíveis. Os portais para a rede de computação, ou a Internet, vão alcançar níveis atordoantes de especialização. O teclado, por exemplo, vai perder seu monopólio. A fala e os gestos se tornarão ferramentas essenciais. Telas em óculos e lentes de contato vão complementar as paredes e superfícies flexíveis.

Com o advento da fabricação rápida (máquinas que podem produzir objetos sob demanda em lotes unitários), a especialização vai dar um salto tão grande que qualquer ferramenta poderá ser customizada para atender as necessidades e desejos pessoais de cada indivíduo. Funções de nicho poderão contar com aparelhos montados para uma única tarefa e então desmontados. Artefatos ultraespecializados podem ter vida útil de um dia, tal e qual uma borboleta efêmera. A "cauda longa" dos nichos e da customização pessoal não é uma característica exclusiva da mídia, mas parte integral da evolução tecnológica em si.

Para prever o futuro de quase todas as invenções que existem no presente, basta imaginar que elas vão evoluir e se adaptar a dezenas de usos específicos. A tecnologia nasce na generalidade e ganha especificidade quando amadurece.

❖ UBIQUIDADE

A consequência da autorreprodução na vida, assim como no técnio, é uma tendência inerente em direção à onipresença. Dada a oportunidade, os dentes-de-leão, os guaxinins ou as formigas-de-fogo se replicariam até cobrir toda a superfície da Terra. A evolução dá aos replicantes truques para maximizar sua distribuição, independente das limitações. Como os recursos físicos são limitados e a competição é implacável, nenhuma espécie jamais alcançará a ubiquidade absoluta. Entretanto, a vida quer avançar nessa direção. E a tecnologia também quer ser ubíqua.

Os seres humanos são os órgãos reprodutivos da tecnologia. Nós multiplicamos os artefatos artificiais e espalhamos ideias e memes. Como os seres humanos são limitados (apenas 6 bilhões vivos no momento) e têm dezenas de milhões de espécies de tecnologia ou memes para espalhar, poucos aparelhos eletrônicos podem alcançar 100% de ubiquidade, apesar de vários chegarem perto.

Tampouco queremos que todas as tecnologias sejam ubíquas. De preferência, seria melhor usar a genética, a farmácia ou a nutrição para eliminar a necessidade por corações artificiais. De mesma forma, também seria melhor que a tecnologia remediadora do sequestro de carbono (a remoção do carbono da atmosfera) nunca se tornasse ubíqua; muito melhor seria a ubiquidade das fontes de energia com pouca emissão de carbono, usando as tecnologias dos fótons (solar), fusão (nuclear), vento ou hidrogênio. O problema das tecnologias remediadoras é que, depois que preenchem seus nichos, elas não levam a lugar algum. Se tiver sucesso universal, a vacina não tem futuro. A longo prazo, as tecnologias conviventes que abrem espaço para outras tecnologias são aquelas que tendem a ascender com mais rapidez ao estado de ubiquidade.

Da perspectiva de uma biosfera planetária, a tecnologia mais ubíqua da Terra é a agricultura. O superávit constante de alimentos de alta qualidade produzidos pela agricultura é vigorosamente aberto, no sentido em que essa abundância possibilitou o surgimento da civilização e deu à luz milhões de tecnologias. A disseminação da agricultura é o maior projeto de engenharia do planeta. Um terço da superfície terrestre foi alterado pelas mãos e pelas mentes dos seres humanos. As plantas nativas foram deslocadas, o solo remexido e espécies domesticadas plantadas no seu lugar. Grandes áreas da superfície terrestre foram semidomesticadas e transformadas em pastos. As mais drásticas dessas mudanças, como as fazendas gigantes com grandes áreas ininterruptas de plantação, são visíveis do espaço. Medida em termos de quilômetros quadrados, a tecnologia mais ubíqua do planeta diz respeito às cinco principais espécies domesticadas: milho, trigo, arroz, cana-de-açúcar e vacas.

A segunda tecnologia planetária mais abundante são as estradas e os prédios. Em grande parte meras clareiras, as estradas de chão batido estendem seus tentáculos em forma de raiz por quase todas as bacias hidrográficas, cruzando e recruzando vales e escalando montanhas. A rede de estradas construídas forma um manto reticulado em torno de todos os continentes. Uma série de edifícios acompanha os ramos dendríticos das estradas. Os artefatos são construídos com as fibras de árvores derrubadas (madeira, palha, bambu) ou terra moldada (argila, tijolo, pedra, concreto). No cruzamento de várias estradas, construímos megalópolis magníficas de pedra e sílica, uma influência tão forte sobre o fluxo de materiais que boa parte do técnio circula por elas. Rios de alimentos e matéria-prima entram, os detritos saem. Cada pessoa que vive em uma área urbana desenvolvida movimenta 20 toneladas de material por ano.

Menos visíveis, mas talvez mais disseminadas no nível planetário, são as tecnologias do fogo. O consumo controlado de combustíveis de carbono, especialmente carvão e petróleo extraídos da terra, levou a mudanças na atmosfera do planeta. Somadas e contadas em termos de massa total, essas fornalhas (que muitas vezes viajam pelas estradas na forma de motores automobilísticos) são minúsculas em comparação com as estradas. Apesar de construídos em escalas menores do que as estradas pelas quais se movimentam ou as casas e fábricas nas quais queimam, esses pequenos incêndios propositais são capazes de alterar a composição de toda a atmosfera global. É possível que essa queima coletiva, apesar de deixar uma pegada minúscula, tenha o impacto tecnológico de mais larga escala da Terra.

E também temos as coisas com as quais nos cercamos. No cotidiano humano, a lista de tecnologias praticamente ubíquas inclui tecidos de algodão, lâminas de ferro, garrafas plásticas, papel e sinais de rádio. Essas cinco espécies tecnológicas estão ao alcance de quase todos os seres humanos vivos, nas cidades e nos vilarejos rurais mais remotos. Todas as cinco abrem novos e vastos territórios de possibilidades: papel — escrita barata, impressão e dinheiro; lâminas de metal — arte, artesanato, jardinagem e abate de animais; plástico — culinária, água e medicamentos; rádio — conexão, notícias e comunidade. Na segunda posição, temos espécies quase ubíquas de panelas de metal, fósforos e telefonia móvel.

A ubiquidade total é a linha de chegada à qual todas as tecnologias tendem, mas que nenhuma jamais alcança. Mas também há uma ubiquidade prática de quase saturação que é suficiente para alçar a dinâmica de uma tecnologia a um novo nível. Em todos os espaços urbanos do planeta, a velocidade com a qual as novas tecnologias se disseminam e alcançam o ponto de saturação não para de crescer.

Ao passo que a eletrificação levou 75 anos para alcançar 90% dos habitantes dos Estados Unidos, a telefonia móvel precisou de apenas 20 anos para chegar ao mesmo índice de penetração. A taxa de difusão está ficando mais rápida.

As trajetórias da tecnologia **285**

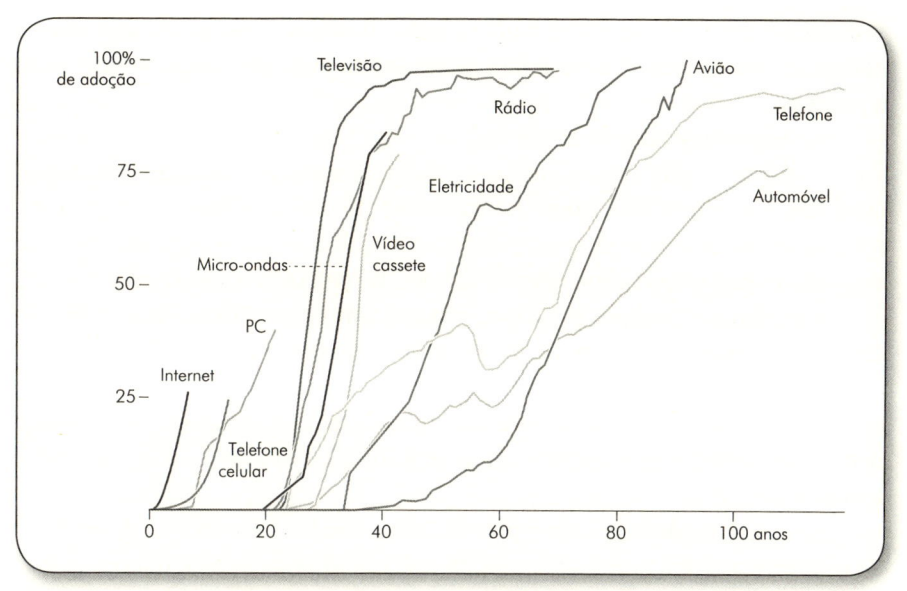

Ritmo acelerado da adoção de tecnologias. A porcentagem de consumidores norte-americanos que tem ou usa uma tecnologia específica, de acordo com o número de anos desde a sua invenção.

E mais significa diferente. Algo estranho acontece com a ubiquidade. Alguns automóveis andando por algumas estradas representa algo fundamentalmente diferente de alguns automóveis para cada indivíduo. E não apenas por causa do aumento do ruído e da poluição. Um bilhão de carros em operação produz um sistema emergente que cria sua própria dinâmica. E o mesmo vale para a maioria das invenções. As primeiras câmeras eram uma curiosidade. O principal impacto dessa invenção foi demitir os pintores do emprego de registrar o presente. Mas à medida que a fotografia ficou mais fácil de usar, as câmeras comuns levaram a um fotojornalismo intenso e finalmente aos filmes e às realidades alternativas de Hollywood. A difusão das câmeras baratas o suficiente para que toda família tivesse uma alimentou o turismo, o globalismo e as viagens internacionais. O próximo passo colocou as câmeras em celulares e serviços digitais, o que deu origem ao compartilhamento universal de imagens, a crença de que nada é real até que seja capturado por uma câmera e a sensação de que nada de importante acontece fora de enquadramento. Um novo nível de difusão integrou as câmeras ao ambiente, nos postes de cada esquina e no teto de cada sala, forçando a sociedade a ser mais transparente. Com o tempo, todas as superfícies do mundo estarão cobertas por uma tela e toda tela também será um olho. Quando as câmeras alcançarem a ubiquidade absoluta, tudo será registrado e armazenado para sempre. Teremos consciência e memória comunais. Os efeitos da ubiquidade estão muito além do que aconteceu com a pintura.

A ubiquidade sempre muda tudo.

Mil automóveis expandem a mobilidade, criam privacidade e oferecem aventura. Um *bilhão* de automóveis criam os subúrbios, eliminam a aventura, apagam as mentes paroquianas, provocam problemas de estacionamento, dão origem a engarrafamentos e removem a escala humana da arquitetura.

Mil câmeras sempre ligadas ao vivo tiram os batedores de carteira do centro da cidade, pegam em flagrante quem cruza o sinal vermelho e gravam abusos policiais. Um *bilhão* de câmeras sempre ligadas ao vivo se transformam em monitor e memória da comunidade, transferem o trabalho de testemunha ocular para amadores, reestruturam a noção de ser e reduzem a autoridade das autoridades.

Mil estações de teleporte rejuvenescem o turismo. Um *bilhão* de estações de teleporte acabam com as viagens de trabalho diárias, reimaginam o globalismo, inventam a doença do *tele-lag*, reintroduzem os grandes espetáculos, matam o Estado-nação e acabam com a privacidade.

Mil sequências genéticas dão início à medicina personalizada. Um *bilhão* de sequências genéticas por hora permitem o monitoramento em tempo real dos danos genéticos, viram a indústria química de ponta-cabeça, redefinem as doenças, colocam as genealogias na moda e lançam estilos de vida "ultralimpos" que fazem o orgânico parecer sujo.

Mil telas do tamanho de prédios mantêm Hollywood em funcionamento. Um *bilhão* de telas ao redor do planeta se tornam a nova arte, criam uma nova mídia publicitária, revitalizam as cidades à noite, aceleram a computação locativa e rejuvenescem os recursos comuns.

Mil robôs humanoides revolucionam os Jogos Olímpicos e energizam as empresas de entretenimento. Um *bilhão* de robôs humanoides causam deslocamentos massivos na mão de obra, reintroduzem a escravidão e seus inimigos e demolem o *status* das religiões tradicionais.

No curso da evolução, todas as tecnologias precisam responder uma pergunta: o que acontece quando ela se torna ubíqua? O que acontece quando todos têm um exemplar?

Em geral, o que acontece com uma tecnologia ubíqua é que ela desaparece. Logo após sua invenção em 1873, os motores elétricos modernos se propagaram por todo o setor industrial. Todas as fábricas instalaram um grande motor caríssimo no lugar do antigo a vapor. Aquela única máquina alimentava um labirinto complexo de eixos e esteiras, que por sua vez movimentavam centenas de máquinas menores por toda a fábrica. A energia rotacional nascia de uma única fonte e girava por todo o edifício.

Ubiquidade industrial. Equipamento para retificação de virabrequins na Ford Motor Company, 1915.

Na década de 1910, os motores elétricos começaram o processo inevitável da disseminação para uso residencial. Eles foram domesticados. Ao contrário do motor a vapor, eles não fumavam, arrotavam ou babavam. Os usuários sentiam apenas o zumbido constante de um aparelho de dois quilos guardado em um canto. Assim como nas fábricas, esses "motores domésticos" unitários eram projetados para alimentar todas as máquinas do local. O "Home Motor" Hamilton Beach de 1916 tinha um reostato de seis velocidades e funcionava com 110 volts. O *designer* Donald Norman destaca uma página do catálogo de 1918 da Sears, Roebuck and Co., no qual o Home Motor era anunciado por 8,75 dólares (equivalente a 100 dólares hoje em dia). Esse motor superprático acionava a máquina de costura. Era possível ligá-lo ao Acessório Sovador e Misturador ("para o qual você descobrirá muitos usos") aos Acessórios Polidor e Retificador ("que terão muitas utilidades em toda a casa"). O Acessório Ventilador "pode ser ligado rapidamente ao Home Motor", assim como o Acessório Batedeira, para bater cremes e merengues.

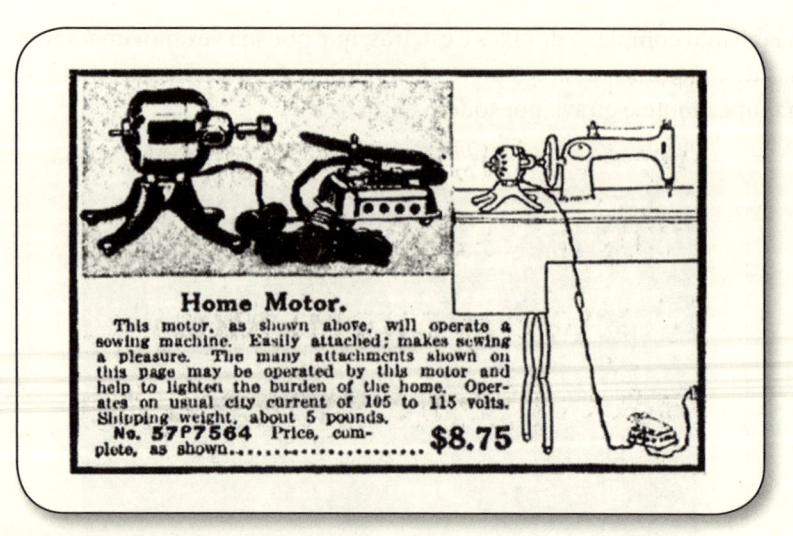

Anúncio do Home Motor. Um anúncio de revista de 1918 do Sears Home Motor.

Cem anos depois, o motor elétrico alcançou a ubiquidade e a invisibilidade. Não temos mais um único motor doméstico; temos dezenas, todos praticamente invisíveis. Os motores deixaram de ser aparelhos autônomos e agora são peças essenciais de diversos eletrodomésticos. Eles acionam nossos aparelhos eletrônicos, agindo como músculos dos nossos seres artificiais. E estão em todas as partes. Fiz um censo informal de todos os motores integrados que encontrei na sala em que escrevi esta passagem:

    5 discos rígidos em rotação
    3 gravadores analógicos
    3 câmeras (com lentes de *zoom* móveis)
    1 câmera de vídeo
    1 relógio de pulso
    1 relógio de parede
    1 impressora
    1 *scanner* (move cabeçote de varredura)
    1 copiadora
    1 máquina de fax (move o papel)
    1 CD player
    1 bomba no piso aquecido por radiador

São mais de 20 motores domésticos em uma única peça da minha casa. Uma fábrica ou prédio de escritórios tem milhares. Nós não pensamos em motores. Não estamos cientes deles, apesar de dependermos do seu trabalho. Eles quase nunca falham, mas mudaram nossas vidas. Também não estamos cientes das estradas ou da eletricidade, pois ambos são ubíquos e quase sempre funcionam. Não pensamos no papel ou nos tecidos de algodão como sendo tecnologias, pois suas presenças confiáveis estão em toda parte.

Além de integração profunda, a ubiquidade também produz certeza. As vantagens da nova tecnologia são sempre inesperadas. A primeira versão de uma inovação é trabalhosa, delicada e exigente. Para repetir a definição de Danny Hillis do que é uma tecnologia, elas são "coisas que ainda não funcionam direito". Um novo tipo de arado, roda d'água, sela, lâmpada, telefone ou automóvel pode oferecer apenas vantagens incertas em troca de problemas garantidos. Mesmo depois que a invenção foi aperfeiçoada em outros locais, quando ela é introduzida em uma nova zona ou cultura, é preciso retreinar velhos hábitos. O novo tipo de roda d'água pode precisar de menos água, mas também de um tipo diferente de moenda de pedra, difícil de encontrar, ou produzir uma outra qualidade de farinha. O novo arado pode acelerar a aragem, mas exigir que as sementes sejam plantadas mais tarde, o que perturba tradições milenares. Um novo tipo de automóvel pode ter mais autonomia, mas menos confiabilidade, ou mais eficiência e menos alcance, alterando padrões de direção e abastecimento de combustível. A primeira versão quase sempre é apenas marginalmente melhor do que a tecnologia que espera substituir. É por isso que, num primeiro momento, apenas alguns pioneiros ansiosos estão dispostos a adotar a inovação: a principal promessa do novo é o desconhecido e muitas dores de cabeça. À medida que a inovação é aperfeiçoada, seus benefícios e educação são resolvidos e esclarecidos, deixando-a menos incerta, e a tecnologia se dissemina. A difusão nunca é instantânea ou homogênea.

Assim, na vida de toda a tecnologia há um período em que certas pessoas a possuem e outras não. Os primeiros indivíduos ou sociedades que assumem o risco de adotar armas desconhecidas ou o alfabeto ou a eletrificação ou a cirurgia LASIK podem obter vantagens claras em relação aos que não adotam. A distribuição dessas vantagens pode depender de riqueza, privilégio ou sorte geográfica tanto quanto de desejo. O última grande divisão pública entre quem tem e não tem foi na virada do século, quando a Internet entrou em cena.

A Internet foi inventada na década de 1970 e, no começo, oferecia poucos benefícios. Ela era usada principalmente pelos seus inventores, um pequeno grupo de profissionais fluente no uso de linguagens de programação, como uma ferramenta para melhorar a si mesma. Desde o nascimento, a Internet foi estruturada de modo a aumentar a eficiência das conversas sobre a ideia da

Internet. Os primeiros operadores de radioamador falavam muito do radioamador, os primeiros *blogs* tratavam sobre blogar e os primeiros anos de *tweets* eram sobre o Twitter; o mesmo vale para a Internet. No começo da década de 1980, os primeiros usuários que dominavam os comandos esotéricos dos protocolos de rede para encontrar almas gêmeas decidiram passar para a Internet embrionária e ensinara seus amigos *nerds*. Mas a Internet foi ignorada pelo resto da população, vista como um *hobby* adolescente, masculino e restrito. A conexão era cara; o sistema exigia paciência, capacidade de digitar e disposição para lidar com linguagens técnicas obscuras; e poucos não obsessivos estavam na rede. Quase ninguém enxergava os atrativos.

Mas depois que os primeiros usuários modificaram e aperfeiçoaram a ferramenta, agregando imagens e uma interface com *mouse* (a *web*), as vantagens ficaram mais claras e mais desejáveis. À medida que os grandes benefícios da tecnologia digital ficaram óbvios, a questão do que fazer com os não usuários começou a esquentar. A tecnologia ainda era cara, exigia um computador pessoal, uma linha telefônica e uma assinatura mensal, mas os usuários adquiriam o poder do conhecimento. Os profissionais e as pequenas empresas entenderam o potencial. Os primeiros usuários dessa tecnologia foram, em escala global, o mesmo grupo de pessoas que fora o primeiro a adotar muitas outras novidades: carros, paz, educação, empregos, oportunidades.

Quanto mais claro ficava o potencial da Internet, mais clara a divisão entre quem tinha e quem não tinha no mundo digital. Um estudo sociológico concluiu que "duas Américas" estavam emergindo. Os cidadãos de uma eram pessoas pobres que não podiam comprar um computador; os da outra, indivíduos ricos com PCs e que aproveitavam todos os benefícios. Durante a década de 1990, quando defensores da tecnologia como eu estavam promovendo o advento da Internet, sempre ouvíamos a mesma pergunta: o que vamos fazer quanto à divisão digital? Minha resposta era simples: nada. Não precisávamos fazer nada, pois a história natural de uma tecnologia como a Internet é uma profecia autorrealizável. Os indivíduos que estavam de fora eram um desequilíbrio temporário que seria curado (e muito mais) por forças tecnológicas. Seria tão lucrativo conectar o resto do mundo, e os desconectados ansiavam tanto por participar, que eles já estavam pagando preços maiores pela telecomunicação (quando tinham acesso ao serviço) do que os mais ricos. Além disso, os custos dos computadores e da conectividade estavam caindo de mês a mês. Naquela época, a maior parte da população pobre dos Estados Unidos tinha televisões e TV a cabo. Ter um computador e acesso a Internet não era mais caro e logo seria mais barato do que ter uma TV. Em dez anos, o investimento necessário se resumiria a um *laptop* de 100 dólares. Dentro da expectativa de vida das pessoas nascidas nos últimos dez anos, computadores de algum tipo (que vão estar mais para conectores) vão custar cinco dólares.

Nas palavras do cientista da computação Marvin Minsky, tratava-se de um simples caso de "quem tem e quem terá". Quem tem (os primeiros usuários) pagam a mais pelas edições iniciais de baixa qualidade de uma tecnologia que mal funciona. Eles compram as primeiras versões problemáticas de novos bens que financiam as versões mais baratas e melhores de quem terá no futuro, aqueles que vão esperar um pouquinho e pagar uma valor irrisório por coisas que funcionam. Não é assim que deveria ser, com os ricos financiando o desenvolvimento de tecnologias baratas para os pobres?

Esse ciclo de aquisição futura foi ainda mais claro com os telefones celulares. Os primeiros telefones celulares eram maiores do que tijolos, extremamente caros e não muito bons. Lembro que um amigo fã de tecnologia e que sempre é o primeiro adotar as novidades comprou um dos primeiros celulares por 2.000 dólares; ele carregava o aparelho em uma mala exclusiva. Eu não conseguia acreditar que alguém pudesse pagar tanto por algo que parecia mais um brinquedo do que uma ferramenta. Na época, parecia igualmente ridículo esperar que em vinte anos, os aparelhos de 2.000 dólares ficariam tão baratos a ponto de serem descartáveis, tão pequenos que caberiam no bolso da camisa e tão ubíquos que até os garis da Índia teriam um. Embora a conexão à Internet para os mendigos de Calcutá parecesse algo impossível, as tendências de longo prazo inerentes à tecnologia estão levando o serviço à ubiquidade. Em muitos sentidos, a cobertura de telefonia móvel desses países "atrasados" superou a qualidade do sistema norte-americano mais antigo, de modo que o celular se tornou um caso de "quem tem e que tinha antes". Neste caso, os usuários posteriores obtiveram os benefícios ideais da telefonia móvel antes dos pioneiros.

Os críticos mais ferozes da tecnologia ainda se concentram na divisão efêmera entre os que têm e os que não têm, mas essa fronteira ridícula é só uma distração. O limite significativo do desenvolvimento tecnológico está na divisão entre o lugar-comum e a ubiquidade, entre o "ter depois" e "todos terem". Quando os críticos perguntavam aos defensores da Internet o que faríamos quanto à divisão digital e eu respondia "nada", eu também acrescentava um desafio: "Se quer se preocupar com alguma coisa, não se preocupe com quem está *offline* hoje. Esses vão adotar a tecnologia correndo, muito antes do que você imagina. Em vez disso, é melhor se preocupar com o que vamos fazer quando *todos* estiverem *online*. Quando a Internet tiver seis bilhões de pessoas e todos estiverem mandando *e-mails* ao mesmo tempo, quando ninguém estiver desconectado e todos estiverem *online*, dia e noite, quando tudo for digital e nada for *offline*, quando a Internet for ubíqua, é isso que vai produzir as consequências inesperadas com as quais deveríamos nos preocupar".

Eu afirmaria o mesmo hoje sobre o sequenciamento de DNA, o GPS, os painéis solares baratos, os carros elétricos ou até a nutrição. Não se preocupe com quem não tem um cabo de fibra ótica pessoal levando à escola; preocupe-se com o que acontece quando todo mundo tiver um. Estamos tão focados em quem não tem comida o suficiente que perdemos de vista o que acontecerá quando todos tiverem o bastante. Algumas manifestações isoladas da tecnologia podem revelar os efeitos de primeira ordem, mas é só depois que a tecnologia satura a cultura que as consequências de segunda e terceira ordem emergem. A maioria das consequências inesperadas da tecnologia que tanto nos assustam só aparece com a ubiquidade.

E a maioria das coisas boas também. A tendência à ubiquidade integral se destaca nas tecnologias caracterizadas por uma abertura convivente: comunicação, computação, socialização e digitalização. As possibilidades parecem infinitas. A quantidade de computação e comunicação que pode ser agregada à matéria e aos materiais parece infinita. Até hoje, não há nada que tenhamos inventado sobre o qual tenhamos afirmado "já é suficientemente inteligente". Assim, a ubiquidade desse tipo de tecnologia é insaciável. Ela está sempre se estendendo em direção à onipresença. Ela segue a trajetória que leva todas as tecnologias à ubiquidade.

❖ LIBERDADE

Como tudo mais nesse mundo, nosso livre arbítrio não é especial. Os animais possuem modalidades primitivas de escolhas livres inconscientes. Todos os animais têm desejos primitivos e tomam decisões para satisfazê-los. Mas o livre arbítrio é anterior à própria vida. Alguns físicos teóricos, incluindo Freeman Dyson, defendem que o livre arbítrio ocorre nas partículas atômicas, e que a escolha livre, portanto, nasceu no grande fogo do Big Bang e vem se expandindo desde então.

Dyson oferece um exemplo: o exato instante em que uma partícula subatômica decai ou muda a direção do *spin* deve ser descrito como um ato de livre arbítrio. Mas como? Bem, todos os outros movimentos microscópicos daquela partícula cósmica são absolutamente predeterminados pela posição/estado anterior da partícula. Se você sabe onde a partícula está e qual sua energia e direção, é possível prever exatamente, sem erro, onde ela estará no próximo momento. Essa fidelidade inabalável a um caminho predeterminado pelo estado anterior é o alicerce das "leis da física". Mas a dissolução espontânea da partícula em subpartículas e raios de energia não é um fenômeno previsível ou predeterminado pelas leis da física. Tendemos a chamar esse decaimento em raios cósmicos de um evento "aleatório". O matemático John Conway propôs uma prova de que nem a matemática da aleatoriedade nem a lógica do determinismo fornecem explicações apropriadas para a mudança de direção do *spin* ou o decaimento súbito (por que exatamente agora?) de partículas cósmicas. A única opção matemática ou lógica que nos resta é o livre arbítrio. A partícula simplesmente escolhe de um modo exatamente igual a um mínimo quinhão quântico de livre arbítrio.

O teórico da biologia Stuart Kauffman defende que esse "livre arbítrio" é o resultado da misteriosa natureza quântica do universo, pela qual as partículas quânticas podem estar em dois lugares ao mesmo tempo ou serem onda e partícula ao mesmo tempo. Kauffman lembra que quando os físicos disparam fótons de luz (que são ondas/partículas) por duas fendas paralelas (um experimento famoso), o fóton só pode atravessar a passagem ou como onda ou como partícula, mas não nos dois estados. A partícula fóton precisa "escolher" qual forma manifestar. Mas o fato mais estranho e sugestivo sobre esse experimento tão repetido é que a onda/partícula somente escolhe sua forma (onda ou partícula) *depois* de ter passado pela abertura e ser mensurada no outro lado. De acordo com Kauffman, a mudança da partícula, de um estado indeciso (chamado de descoerência quântica) para um decidido (a coerência quântica) é uma espécie de intenção e, logo, a fonte do livre arbítrio nos nossos próprios cérebros, pois tais efeitos quânticos ocorrem em toda a matéria.

Como escreve John Conway:

> Alguns leitores podem objetar ao nosso uso do termo "livre arbítrio" para descrever o indeterminismo da resposta das partículas. Nossa concessão provocante de livre arbítrio às partículas elementares é proposital, pois nosso teorema afirma que se os experimentadores têm algum grau de liberdade, as partículas devem ter exatamente o mesmo tipo de liberdade. Na verdade, é natural imaginar que esse segundo tipo de liberdade é a explicação fundamental para a nossa própria.

As diminutas escolhas quânticas inerentes às partículas são alavancadas pelos vastos aumentos em organização produzidos pela vida. O decaimento "intencional" espontâneo de uma partícula cósmica pode atravessar uma célula e causar uma mutação na estrutura altamente ordenada da molécula de

DNA. Digamos que ela tire um átomo de hidrogênio de uma base de citosina; nesse caso, a intenção indireta (o que os biólogos costumavam chamar de mutação aleatória) poderia dar origem a uma sequência proteica inovadora. Claro, a maioria das escolhas das partículas apenas adianta a morte da célula, mas um organismo de sorte pode obter uma vantagem de sobrevivência. Como as características benéficas são retidas e integradas pelo sistema de DNA, os efeitos positivos do livre arbítrio vão se acumulando. Os raios cósmicos intencionais também acionam as sinapses dos neurônios, o que introduz sinais inéditos (ideias) aos nervos e outras células cerebrais, algumas das quais indiretamente empurram o organismo nessa ou naquela direção. O maquinário complexo da evolução também captura, retém e amplifica essas "escolhas" induzidas remotamente. As mutações causadas pelo livre arbítrio das partículas, no cômputo geral e em bilhões de anos, levam à evolução de organismos com mais sentidos, mais membros, mais graus de liberdade. Como sempre, o resultado é um círculo virtuoso autoamplificador.

Com o aumento da evolução, a capacidade de escolha também cresce. Uma bactéria tem poucas escolhas; talvez se mover em direção à comida ou se dividir. Um plâncton, mais complexo, com mais maquinário celular, tem mais opções. Uma estrela-do-mar pode mexer os braços, fugir (devagar ou rápido?) ou lutar contra um rival, escolher uma refeição ou um parceiro sexual. Um camundongo toma um milhão de decisões em toda a vida. Ele possui uma lista maior de coisas que pode mexer (vibrissas, olhos, pálpebras, cauda, dedos) e uma gama de ambientes maiores nos quais agir, além de uma vida mais longa durante a qual tomará essas decisões. A maior complexidade expande o número de escolhas possíveis.

A mente é, obviamente, uma fábrica de escolhas, sempre inventando novas maneiras de escolher. "Quanto mais escolhas, mais oportunidades", declara Emmanuel Mesthene, filósofo da tecnologia de Harvard. "Quanto mais oportunidades, mais liberdade, e com mais liberdade podemos ser mais humanos".

Uma consequência importante da criação de mentes artificiais ubíquas e baratas é a infusão de novos níveis de livre arbítrio no ambiente construído. Claro que colocaremos mentes em robôs, mas também implantaremos elementos de inteligência capazes de fazer escolhas em carros, cadeiras, portas, sapatos e livros. Tudo isso ampliará o domínio dos seres que fazem escolhas livres, mesmo que essas escolhas tenham o tamanho de uma partícula.

Onde há livre arbítrio, há erro. Quando libertarmos os objetos inanimados dos grilhões da inércia hereditária e integrarmos as partículas da escolha, conferimos a eles a liberdade de cometer erros. Podemos pensar em cada nova migalha de senciência artificial como uma nova maneira de cometer erros. De fazer idiotice. De se enganar. Em outras palavras, a tecnologia nos ensina a cometer tipos inovadores de erros, erros que não tínhamos como cometer. Tentar imaginar maneiras totalmente inéditas da humanidade cometer erros deve ser ao melhor parâmetro que temos para a descoberta de novas possibilidades de escolha e liberdade. A engenharia genética está prestes a criar um novo tipo de erro, o que indica um novo nível de livre arbítrio. A geoengenharia do clima planetário também indica uma nova arena para erros e, consequentemente, para escolhas. Conectar cada pessoa a cada outro indivíduo vivo em tempo real por meio de fios e telefonia móvel também cria novos poderes de escolha e um potencial incrível de se cometer erros.

Todas as invenções ampliam o espaço do que é possível e, assim, expandem os parâmetros nos quais as escolhas são feitas. Não menos importante, o técnio cria novos mecanismos que podem exercer um livre arbítrio inconsciente. Sempre que você envia um *e-mail*, algoritmos invisíveis supercomplexos nos servidores de dados decidem o caminho que a mensagem vai percorrer pela rede global para chegar ao destino com o mínimo de congestionamento e o máximo de velocidade. A escolha quântica provavelmente não exerce uma função nessas escolhas. Em vez disso, um bilhão de fatores deterministas interagem para influenciá-las. Como resolver todos esses fatores é um problema intratável, essas escolhas são, na prática, decisões de livre arbítrio por parte da rede; a Internet faz bilhões dessas escolhas todos os dias.

Os eletrodomésticos que usam lógica difusa fazem escolhas reais. Seus pequenos cérebros cheios de *chips* comparam fatores concorrentes e, de uma maneira não determinista, os circuitos de lógica difusa tomam decisões sobre quando desligar a secadora ou a que temperatura esquentar o arroz. Muitos tipos de máquinas complexas e adaptativas, como o piloto automático sofisticado e complexo no jato 747 em que você voou outro dia, expandem os horizontes do livre arbítrio ao gerar novos tipos de comportamentos que estavam além do alcance dos seres humanos e de outras criaturas vivas. Um robô experimental do MIT pega bolas de tênis com um cérebro e braço milhares de vezes mais rápidos do que o sistema cérebro/braço dos seres humanos. O robô se mexe tão rápido enquanto decide onde posicionar a mão que nossos olhos sequer enxergam o movimento. Nesse caso, o livre arbítrio alcançou um novo nível de velocidade.

Quando você escreve uma palavra-chave no Google, o sistema considera cerca de um trilhão de documentos antes de escolher (e "escolher" é a palavra certa) a página que ele acha que você quer. Nenhum ser humano seria capaz de analisar esse volume planetário de materiais. Assim, um mecanismo de busca produz uma escala muito além da capacidade humana para a livre escolha. Antigamente, as máquinas libertavam possibilidades com a mesma rapidez que conseguíamos imaginá-las; hoje, elas libertam possibilidades sem esperar por nós.

No mundo do amanhã, automóveis de alta tecnologia que estacionam a si mesmos farão tantas escolhas livres quanto nós fazemos quando estacionamos o carro sozinhos. Em vários sentidos, a tecnologia praticará o livre arbítrio em níveis mais elevados do que faz hoje.

Primeiro o técnico expande a gama de escolhas possíveis, depois ele expande a gama de agentes que fazem as escolhas. Quanto mais poderosa uma nova tecnologia, maior o número de liberdades que ela abre. A multiplicação de opções sempre acompanha a multiplicação da liberdade. Os países que têm uma abundância de escolhas econômicas, de opções de comunicação e de possibilidades educacionais tendem a ser aqueles com os maiores níveis de liberdade. Mas essa expansão também inclui a possibilidade de abuso. Toda nova tecnologia contém o potencial de cometer novos erros. A liberdade de escolha aumenta de diversas maneiras à medida que o técnico se expande.

❖ MUTUALISMO

Mais de metade das espécies vivas neste planeta são parasitas, ou seja, dependem de outra espécie para sobreviver durante pelo menos alguma fase da sua vida. Ao mesmo tempo, os biólogos acreditam que todos os organismos vivos (incluindo os próprios parasitas) são hospedeiros de pelo menos um parasita. Assim, o mundo natural está fervilhando com a existência compartilhada.

O parasitismo é apenas um grau em um longo contínuo de mutualismo. Em um extremo, temos o fato de que toda criatura viva depende de outras (diretamente de seus pais e indiretamente dos outros) para viver. No outro extremo, temos a acolhida simbiótica de duas espécies independentes, as algas e os fungos, que juntas formam uma espécie só, o líquen. Em algumas das múltiplas variedades de parasitismo, o hospedeiro não sofre qualquer prejuízo; em outras (como as formigas e as acácias), o parasita beneficia o hospedeiro.

Essas correntes de mutualismo crescente perpassam a evolução ou, para usar o termo apropriado, coevolução.

1. Com a evolução, a vida vai se tornando cada vez mais dependente de outras vidas. As primeiras bactérias sobrevivem de recursos sem vida: pedras, água e vapores vulcânicos. Elas encostam apenas em matéria inerte. Micróbios mais complexos posteriores, como a *E. coli*, passam a vida inteira dentro do nosso intestino, cercados de células vivas, comendo os nossos

alimentos. Eles encostam apenas em outros seres vivos. Com o tempo, a probabilidade do ambiente de cada criatura ser vivo e não inerte apenas aumenta. O reino animal é um bom exemplo dessa tendência. Por que se dar ao trabalho de produzir nutrientes a partir dos elementos quando é mais fácil roubá-lo de outros organismos? Nesse sentido, os animais são mais mutualistas do que as plantas.
2. À medida que a vida evolui, a natureza cria mais oportunidades de dependências *entre espécies*. Todo organismo que cria um nicho de sucesso para si também cria nichos potenciais para outras espécies (todos aqueles parasitas em potencial!). Digamos que um prado alpino se torna mais rico com o tempo, agregando novas espécies de abelhas para polinizar os lírios. Essa soma aumenta o número de relações possíveis entre todas as criaturas do prado.
3. As possibilidades de cooperação entre os membros da *mesma espécie* aumentam à medida que a vida evolui. O superorganismo de um formigueiro ou de uma colmeia é um caso extremo de cooperação e mutualismo intra-espécie. A socialidade entre organismos é uma força estabilizadora na evolução. Depois de adquirida, a socialização quase nunca é abandonada.

A vida humana está imersa em todos os três mutualismos. Em primeiro lugar, somos incrivelmente dependentes de outras formas de vida para sobreviver. Comemos plantas e outros animais. Segundo, nenhuma outra espécie da Terra usa tamanha quantidade e variedade de espécies vivas quanto nós para se manter saudável e prosperar. E, terceiro, somos um animal social; precisamos de outros da nossa espécie para sermos criados, para aprendermos a sobreviver e para mantermos nossa sanidade. Nesse sentido, nossa vida é profundamente simbiótica; vivemos dentro de outras vidas. O técnio fortalece ainda mais essas três variedades de mutualismo.

Hoje, a maioria das máquinas nunca encosta na Terra, na água ou mesmo no ar. O coraçãozinho de um microcircuito que bate no interior do PC no qual estou escrevendo estas palavras está isolado dos elementos e totalmente cercado de outros artefatos manufaturados. Esse artefato microscópico se alimenta da energia gerada por uma turbina gigante (ou, em um dia mais ensolarado, pelos painéis solares no meu telhado), manda seus produtos para outra máquina (meu monitor de LED Cinema Display) e, se tiver sorte, depois de morrer, é digerido por outras máquinas interessadas em seus elementos preciosos.

Muitas peças de máquinas nunca encostam em mãos humanas. Elas são fabricadas por robôs e inseridas em aparelhos (como os rolamentos da bomba d'água de um automóvel) que depois são colocados dentro de equipamentos tecnológicos maiores. Algum tempo atrás, meu filho e eu desmontamos o interior de um velho CD *player*. Tenho certeza de que quando abrimos o invólucro da leitora, fomos os primeiros seres não mecânicos a ver aquela peça interna intricada. Até então, ela só entrara em contato com outras máquinas.

O técnico está avançando em direção a uma simbiose crescente entre máquinas e seres humanos. Esse é o assunto dos sucessos de ficção científica de Hollywood, mas a história também se repete milhões de vezes em pequenos fatos da vida real. Está claro que estamos criando uma memória simbiótica com a Internet e tecnologias semelhantes ao Google. Quando o Google (ou um de seus descendentes) for capaz de compreender perguntas humanas normais em voz alta e estiver vivendo em uma camada das nossas roupas, logo absorveremos essa ferramenta em nossas mentes. Vamos depender dela e ela dependerá de nós; ambos precisarão um do outro para continuarem a existir e para continuarem a ficar mais inteligentes, pois quanto mais usuários, mais inteligente o sistema.

Algumas pessoas acham que essa simbiose tecnológica é assustadora ou até horrenda, mas ela não é assim tão diferente do nosso uso de papel e caneta para fazer divisões. Para a maioria dos seres humanos comuns, dividir números longos sem tecnologia é impossível. Nossos cérebros simplesmente não nasceram para executar essa tarefa com naturalidade. Usamos as tecnologias da escrita e os truques da aritmética para dividir, multiplicar ou manipular números grandes e múltiplos. Podemos fazer a conta de cabeça, mais ou menos, mas apenas observando a nós mesmos anotando o problema numa folha de papel virtual dentro das nossas mentes. Minha esposa usava o ábaco para fazer aritmética quando era criança. O ábaco é uma calculadora analógica de 4.000 anos, uma ferramenta tecnológica para se fazer cálculos com mais rapidez do que com um lápis. Sem um ábaco por perto, ela faz a mesma coisa, movendo contas virtuais com os dedos para chegar à resposta certa. Por algum motivo, a dependência absoluta da tecnologia para somar e subtrair não causa medo, mas depender da Internet para lembrar dos fatos às vezes nos assusta.

O técnico também está aumentando o mutualismo entre as máquinas. A maior parte do tráfego de telecomunicação do mundo não é de mensagens entre seres humanos, mas entre máquinas. Quase 75% da energia não solar do mundo – em outras palavras, a energia criada por meios tecnológicos e que flui pelos canos e fios do técnico – é usada para movimentar, armazenar ou sustentar nossas máquinas. A maioria dos caminhões, trens e aviões transporta carga, não pessoas. A maior parte do aquecimento e resfriamento está acondicionando objetos, não seres humanos. O técnio gasta apenas um quarto da sua energia com as necessidades por conforto, alimento e transporte dos seres humanos; o resto da energia é criado pela tecnologia para a tecnologia.

Estamos apenas começando a jornada de maior mutualismo entre o técnio e os seres humanos. Dominar o comensalismo, assim como fazer somas com papel e caneta, vai exigir alguma educação. O aspecto mais visível da tendência exotrópica em direção ao mutualismo é o modo como o técnio aumenta a sociabilidade entre seres humanos. Eu gostaria de descrever essa trajetória, pois ela é a mais imediata. Nos próximos 10 a 20 anos, os aspectos socializantes do técnio serão algumas das suas características mais importantes e um evento marcante em nossa cultura.

O aumento da conectividade entre seres humanos segue uma progressão natural. Grupos de pessoas começam com o simples compartilhamento de ideias, ferramentas e criações, mas depois avançam para a cooperação, a colaboração e, finalmente, o coletivismo. O nível de coordenação aumenta a cada passo.

Hoje, as massas *online* têm uma vontade incrível de compartilhar. O número de fotos pessoais postadas no Facebook e MySpace é astronômico. Ninguém duvida que a maioria absoluta das fotos tiradas com câmeras digitais é compartilhada de algum modo. A Wikipédia é outro exemplo sensacional de tecnologias simbióticas em ação. E não é só a Wikipédia, mas o conceito de wiki em geral. Outras 145 ferramentas wiki sustentam uma infinidade de *sites* nos quais os usuários podem escrever e editar materiais colaborativamente. E isso sem falar de atualizações em redes sociais, localizações em mapas e pensamentos espontâneos postados a todo momento. Somamos a isso os seis bilhões de vídeos veiculados pelo YouTube todos os meses apenas nos Estados Unidos e as milhões de histórias criadas por fãs e armazenadas em *sites* de *fan-fiction*. A lista de organizações de compartilhamento é quase infinita: Yelp para resenhas, Loopt para locais, Delicious para *sites*.

O compartilhamento alicerça o próximo nível de engajamento comunitário: a cooperação. Quando os indivíduos trabalham em conjunto por um objetivo de grande porte, o esforço produz resultados que emergem no nível coletivo. Além de compartilharem mais de três bilhões de fotos no Flickr, os fotógrafos amadores cooperaram para adicionar *tags* com categorias, rótulos e palavras-chave. Outros membros da comunidade reúnem as imagens em conjuntos. A popularidade da licença Creative Commons significa que de um modo comunitário, se não comunista, a sua foto é a minha foto. Qualquer um pode usar a foto, assim como qualquer membro da comuna poderia usar o carrinho de mão da comuna. Não preciso tirar outra foto da Torre Eiffel, pois a comunidade pode me dar uma melhor do que eu conseguiria.

A evolução agrega o mutualismo à biologia porque todos se beneficiam do fenômeno. Os indivíduos saem ganhando e o grupo sai ganhando. O mesmo está acontecendo com a tecnologia digital em vários níveis. Primeiro, as ferramentas das mídias sociais em *sites* agregadores, como Facebook e Flickr, oferecem benefícios diretos aos usuários, permitindo que eles adicionem *tags*, salvem, ordenem e arquivem seu próprio material para aprimorar o seu próprio acesso. Os usuários investem seu tempo categorizando as fotos porque assim é mais fácil encontrar as antigas. Esse é o ganho individual. Segundo, outros usuários se beneficiam das *tags*, favoritos e outras marcações alheias. O trabalho daquele indivíduo facilita o uso das imagens por parte de todos os outros. Assim, o grupo como um todo se beneficia ao mesmo tempo em que o indivíduo se beneficia. Quanto mais evoluída a tecnologia, mais valor pode emergir dos esforços do grupo como um todo. Por exemplo, fotos com *tags* do mesmo destino turístico, de vários ângulos e de vários turistas, podem ser reunidas para formar uma representação tridimensional magnífica do original. Nenhum indivíduo se daria ao trabalho de fazer isso sozinho.

Escritores amadores sérios que contribuem para um *site* de notícias comunitário agregam muito mais valor do que conseguiriam individualmente, mas eles continuam a contribuir, em parte por causa da força cultural dos instrumentos cooperativos. A influência dos colaboradores se estende muito além do voto solitário, e a influência coletiva da comunidade pode ser desproporcional ao número de colaboradores. Essa é a ideia da organização social: a soma supera as partes. E é essa força emergente que a tecnologia cultiva.

Inovações técnicas adicionais podem elevar a cooperação improvisada e produzir uma espécie de colaboração intencional. Basta observar qualquer um de centenas de projetos de *software* de código aberto, como a Wikipédia. Nesses empreendimentos, ferramentas comunitárias refinadas geram produtos de alta qualidade a partir do trabalho coordenado de milhares ou centenas de milhares de membros. Um estudo estima que 60.000 anos-homens de trabalho foram contribuídos para o lançamento do *software* Fedora Linux 9. No total, cerca de 460.000 pessoas ao redor do mundo estão trabalhando em incríveis 430.000 projetos de código aberto diferentes. É quase o dobro do quadro da General Motors, mas sem nenhum chefe. A tecnologia colaborativa funciona tão bem que muitos desses colaboradores moram em países distantes e nunca encontram uns aos outros.

A tendência ao mutualismo no técnio está nos levando em direção a um sonho antigo: maximizar a autonomia humana individual e a força do trabalho em equipe. Quem acreditaria que fazendeiros pobres poderiam obter empréstimos de 100 dólares de estranhos do outro lado do planeta... e pagariam a dívida? É isso que faz o Kiva, que usa crédito recíproco *peer-to-peer* e a tecnologia mutualista de um *site* de rede social. Todos os especialistas em saúde pública declararam com confiança que o compartilhamento era bom para fotos, mas que ninguém compartilharia prontuários médicos. Mas o PatientsLikeMe, no qual pacientes reúnem o resultado dos tratamentos para melhorar os próprios serviços, provou que a ação coletiva pode superar os médicos e os medos relativos à privacidade. O hábito cada vez mais comum de compartilhar o que estamos pensando (Twitter), lendo (StumbleUpon), nossas finanças (Wesabe) e nosso tudo (a Internet) está se tornando um alicerce do técnio.

A colaboração não é novidade, mas costumava ser difícil de executá-la em massa. A cooperação não é novidade, mas era difícil ampliar sua escala para abranger milhões de participantes. O compartilhamento, tão antigo quanto os seres humanos, é algo difícil de manter entre estranhos. A extensão do mutualismo crescente da biologia ao técnio indica que o futuro terá ainda mais socialidade e mutualismo. No momento, estamos usando a tecnologia no desenvolvimento colaborativo de enciclopédias, agências de notícias, videotecas e *software* em grupos intercontinentais. Será que podemos usar o mesmo método para construir pontes, universidades e cidades experimentais?

Em todos os dias do século passado, alguém perguntou: o que o livre mercado não consegue fazer? Nós pegamos uma longa lista de problemas que pareciam exigir planejamento racional ou governos paternalistas e, em vez disso, aplicamos uma invenção incrivelmente poderosa: a lógica de mercado. Na maioria dos casos, a solução de mercado funcionava significativamente melhor. Muito da prosperidade das últimas décadas foi conquistada graças à expansão das forças de mercado no técnio.

Agora estamos tentando aplicar o mesmo truque com as tecnologias emergentes de colaboração, aplicando as técnicas a uma lista crescente de desejos (e, às vezes, a problemas que o livre mercado não conseguiu resolver) para ver se elas funcionam. Estamos perguntando: o que o mutualismo tecnológico não consegue fazer? Por ora, os resultados são surpreendentes. A força da socialização — compartilhamento, cooperação, colaboração, abertura e transparência — quase sempre se revela mais prática do que todos imaginavam possível. Sempre que tentamos, descobrimos que a força da mutualidade é maior do que achávamos. Sempre que reinventamos alguma coisa, criamos algo ainda mais mutualista.

❖ BELEZA

A maioria dos produtos da evolução é bela e os mais belos são os mais evoluídos. Todos os organismos vivos hoje se beneficiaram de quatro bilhões de anos evolução, de modo que todas as criaturas vivas, de uma diatomácea esférica a uma água-viva a um jaguar, representam uma profundidade que nós interpretamos como beleza. É por isso que somos atraídos por materiais e organismos naturais e é por isso que é tão difícil criar objetos sintéticos com o mesmo brilho (a beleza facial entre os seres humanos é um fenômeno totalmente diferente; quanto mais próximo do rosto humano médio ideal, mais atraente consideramos o rosto). A história complexa de uma criatura viva produz uma pátina que resiste a qualquer inspeção, por mais detalhada que seja.

Meus amigos que trabalham com efeitos especiais em Hollywood é que criaram criaturas virtuais realistas para filmes como *Avatar* e a série *Guerra nas Estrelas* dizem a mesma coisa. Primeiros eles desenvolvem a criatura para obedecer à lógica da física e depois adicionam uma camada de história para torná-la bela. No filme *Star Trek*, de 2009, o monstro no planeta gelado começou branco (em sua evolução virtual), mas depois de se tornar o maior predador naquele mundo coberto de neve, a camuflagem se tornou desnecessária, então partes do corpo se tornaram vermelhas para demonstrar seu domínio. A mesma criatura teve milhares de olhos que não estão visíveis no filme, mas esses órgãos moldaram sua forma e comportamento. Na tela do cinema, nós "lemos" os resultados dessa evolução fantástica como sendo autênticos e belos. Às vezes, os diretores até transferem de um *designer* para o outro o desenvolvimento de uma criatura; a ideia é impedir que ela adquira um estilo homogêneo e torná-la mais profunda, mais cheia de camadas, mais evoluída.

Os magos que criam novos mundos usam a mesma técnica para criar objetos cheios de beleza. O peso convincente da realidade é produzido por camadas de "*greeblies*", detalhes superficiais intricados que refletem um histórico ficcional. Para produzir uma cidade cinemática em um lançamento recente, eles usaram partes de fotografias de prédios abandonados em Detroit e adicionaram estruturas modernas ao redor das ruínas, tudo de acordo com um histórico de desastres e renascimentos passados. A resolução dos detalhes não era tão importante quanto o uso de camadas cheias de significado histórico.

As cidades reais demonstram o mesmo princípio de beleza evolucionária. Os seres humanos sempre acharam que as novas cidades eram feias. As pessoas rejeitavam Las Vegas em seus primeiros anos. Muitos séculos atrás, as primeiras versões de Londres eram consideradas horrendas. Com o passar das gerações, cada quadra de Londres foi testada pelo uso diário. Os parques e ruas que funcionavam foram mantidos; os que fracassavam eram demolidos. A altura dos prédios, o tamanho de uma praça, o ângulo de um telhado, todos eram ajustados por variações para atender as necessidades do momento. Mas nem todas as imperfeições eram removidas, nem poderiam ser, pois mitos aspectos da cidade (por exemplo, a largura das ruas) são muito difíceis de mudar. Assim, a cidade foi agregando gambiarras urbanas e compensações arquitetônicas, aumentando o nível de complexidade. Na maioria das cidades reais, como Londres, Roma e Xangai, todo bequinho é aproveitado e transformado em espaço público, todo canto se transforma em loja, o arco mais úmido sob cada ponte se transforma em lar. Com o passar dos séculos, esse processo ininterrupto de preenchimento, substituição, renovação e complexificação – em outras palavras, de evolução – cria uma estética profundamente satisfatória. Os locais mais famosos por sua beleza (Veneza, Quioto, Isfahan) são aqueles que revelam a interseção de camadas profundas de tempo. Cada esquina guarda a longa história da cidade dentro de si como um holograma, oferecendo vislumbres sempre que passamos por elas.

A evolução não envolve apenas complicações. Um par de tesouras pode ser altamente evoluído e belo e outro não. Ambas as tesouras envolvem duas peças metálicas móveis unidas no centro. Mas na tesoura evoluída, o conhecimento acumulado de milhares de anos de corte é capturado pela forma forjada e polida de cada lâmina. O conhecimento está guardado em cada curva do metal. Nossas mentes leigas não podem decifrar por que, mas interpretamos essa aprendizagem fossilizada como um exemplo de beleza. As linhas contínuas são menos relevantes do que a continuidade da experiência. As formas da tesoura atraente e do martelo bonito e do carro deslumbrante guardam dentro de si a sabedoria de seus ancestrais.

A beleza da evolução nos enfeitiça. De acordo com o psicólogo Erich Fromm e o famoso biólogo E. O. Wilson, os seres humanos têm o dom da biofilia, uma atração inata pelas coisas vivas. Essa afinidade genética pela vida e os processos vitais garantiu nossa sobrevivência no passado, pois nos levou a cultivar uma familiaridade com a natureza. Descobrir os segredos da selva e da savana era uma alegria. Os milênios que nossos antepassados passaram caminhando pelas florestas a procura de ervas desejáveis ou caçando um sapo verde e raro eram um paraíso; basta perguntar a qualquer caçador-coletor sobre o tempo que passa à procura de alimento. Nós amávamos descobrir os tesouros de cada criatura e as grandes lições de cada forma orgânica. Nossas células ainda contêm esse amor. É por isso que temos animais de estimação e vasos de plantas na cidade, é por isso que temos hortas quando a comida do supermercado é mais barata e é por isso que gostamos de ficar sentados em silêncio sob à sombra majestosa das árvores.

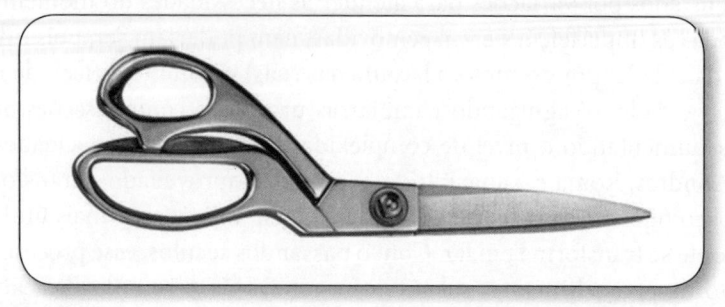

Tesoura ergonômica. Uma tesoura de alfaiate altamente evoluída, usada para cortar tecidos sobre uma mesa.

Mas também temos o dom da tecnofilia, a atração pela tecnologia. Nossas ferramentas pariram a nossa transformação de hominídeo esperto em sapiens. No cerne de nossa humanidade, nutrimos uma afinidade inata por objetos criados, em parte porque nós também somos criados, mas também porque toda tecnologia é um filho nosso. E nós amamos nossos filhos, todos, sem exceção. Temos vergonha de admitir, mas amamos a tecnologia. Pelo menos de vez em quando.

Os artesãos sempre amaram suas ferramentas, produzindo-as em rituais e protegendo-as dos não iniciados. Elas eram objetos muito pessoais. Quando a escala da tecnologia superou o nível da mão, as máquinas se tornaram uma experiência comunitária. Na era industrial, os leigos tinham muitas oportunidades para encontrar tecnologias complexas maiores do que qualquer organismo natural que eles conheciam, e a descoberta foi sedutora. Em 1900, o historiador Henry Adams visitou e revisitou a Grande Exposição de Paris, onde vagava pelo salão em que o público era apresentado à maravilha dos novos dínamos elétricos, também conhecidos como motores. Escrevendo sobre si mesmo na terceira pessoa, Adams reconta sua iniciação:

[Para Adams] o dínamo se tornou um símbolo do infinito. Conforme se acostumava à grande galeria de máquinas, começou a sentir que os dínamos de doze metros eram uma força moral, semelhante ao que os primeiros cristãos sentiam na presença da Cruz. O próprio planeta parecia menos impressionante, com sua revolução diária ou anual de sempre, do que essa roda gigantesca ao alcance das mãos, girando a velocidades vertiginosas e produzindo um mero sussurro, um zumbido quase inaudível que nos avisa para darmos um passo para trás e respeitar seu poder, um som que não acordaria um bebê dormindo junto à estrutura. Antes do fim, começava-se a rezar para o dínamo.

Quase 70 anos depois, a escritora californiana Joan Didion fez uma peregrinação até a Represa Hoover, uma viagem que reconta na antologia *O Álbum Branco*. Ela também sentiu o coração de um dínamo.

Desde a tarde de 1967 quando vi a Represa Hoover pela primeira vez, a imagem nunca esteve de todo ausente da minha visão interior. Estou conversando com alguém em Los Angeles, digamos, ou Nova York, e de repente a represa se materializa, sua imaculada face côncava brilhando alvamente contra as ferrugens e os castanhos e os malvas daquele cânion rochoso a centenas ou milhares de quilômetros de onde estou.
(...) Numa outra visita à represa, atravessei-a a pé com um homem do Bureau of Reclamation. Não vimos quase ninguém. Os guindastes se moviam sobre nós como se por vontade própria. Os geradores urravam. Os transformadores zumbiam. As grades de ferro vibravam sob nossos pés. Vimos uma viga de aço de cem toneladas mergulhar até aquele lugar onde estava a água. E, finalmente, chegamos onde estava a água, onde a água sugada do Lago Mead corria por comportas de dez metros e depois por comportas de quatro metros e finalmente pelas próprias turbinas. "Toque nela", disse o funcionário, e eu encostei, e por um bom tempo fiquei ali com as mãos na turbina. Foi um momento peculiar, mas tão explícito que não sugeria nada além de si mesmo.
(...) Atravessei o mapa estelar de mármore que traça uma revolução do equinócio e fixa para sempre, disse o homem do Bureau of Reclamation, por todos os tempos e para todas as pessoas que sabem ler as estrelas, a data em que a represa foi inaugurada. O mapa estelar, disse ele, era para quando todos nós tivéssemos sumido e a represa ainda estivesse lá. Não dei muita bola quando ele me contou, mas depois pensei sobre isso, com o vendo uivando e Sol se pondo atrás de um platô com o fenecimento de um pôr do sol no espaço. É óbvio que essa era a imagem que eu sempre vira, vira sem entender muito bem o que via, um dínamo finalmente livre do homem, es-

plêndido enfim em seu isolamento absoluto, transmitindo energia e dando água para um mundo onde ninguém mais está.

As represas, é claro, inspiram medo e repulsa assim como admiração e assombro. Represas altíssimas, de tirar o fôlego, frustram o retorno do salmão obcecado e de outros peixes migratórios, além de causarem inundações impensadas. No técnio, a repulsa e a reverência andam juntas. Nesse sentido, nossas maiores criações tecnológicas são como as pessoas; elas provocam nossos amores e ódios mais profundos. Por outro lado, ninguém jamais se revoltou com uma floresta de sequoias. Na realidade, nenhuma represa, nem a Represa Hoover, é eterna sob as estrelas, pois os rios têm vontade própria; eles acumulam lodo por trás da cunha da represa até que as águas passam a correr por cima dela. Mas enquanto continua de pé, o artificial conquista nossa admiração. Nós nos identificamos com o dínamo que gira para sempre, tal como imaginamos a batida dos nossos corações.

As paixões pelo artificial são amplas. Quase tudo que é feito pelo homem tem fãs ardorosos. Carros, armas, potes de biscoito, molinetes de pesca, prataria, e assim por diante. A "complexidade selvagem, a paixão e a utilidade" dos relógios conquistam alguns. Para outros, a beleza das pontes suspensas ou das aeronaves supersônicas como o SR71 ou o foguete V2 são o ápice da criação humana.

A socióloga Sherry Turkle, professora do MIT, chama os espécimes tecnológicos reverenciados por um indivíduo de "objetos evocativos". Esses pedaços do técnio são totens que servem de trampolim para a identidade, a reflexão ou o pensamento. O médico pode amar seu estetoscópio enquanto ferramenta e medalha de honra; o escritor pode gostar de uma caneta especial e sentir seu peso suave criando palavras por conta própria; o operador de rádio pode adorar seu aparelho, saboreando as nuances secretas como uma porta mágica que abre reinos especiais apenas para eles; e o programador pode amar o código operacional do computador por sua beleza lógica e essencial. Segundo Turkle: "nós pensamos com os objetos que amamos e amamos os objetos com os quais pensamos". Ela suspeita que a maioria de nós tem alguma tecnologia encarada como uma pedra de toque.

Eu sou uma dessas pessoas. Não tenho mais vergonha de dizer que amo a Internet. Ou talvez seja a *web*. Qualquer que seja o nome do lugar aonde vamos quando estamos *online*, na minha opinião, ele é lindo. As pessoas amam lugares e morrem para defender aqueles que amam, como prova a triste história das guerras. Nossos primeiros encontros com a Internet/*web* representavam o sistema como um dínamo eletrônico distribuído, algo ao qual nos ligamos, e a imagem não está errada. Mas a Internet madura de hoje está mais próxima do equivalente tecnológico de um local. Ela é um território desconhecido, quase selvagem, onde podemos nos perder de verdade. Certas vezes, entrei na *web* apenas para me perder. Nessa entrega maravilhosa, a Internet engole minhas certezas e me mostra o desconhecido. Apesar do planejamento consciente dos criadores humanos, a *web* é uma selva. Seus limites são desconhecidos, incognoscíveis, seus mistérios inúmeros. A floresta de ideias, *links*, documentos e imagens interligados cria uma alteridade densa como uma selva. A *web* cheira a vida. Ela sabe muito. Ela insinuou seus tentáculos de conexão em todas as coisas e todos os lugares. A rede se tornou muito, muito mais ampla do que sou, mais ampla do que posso imaginar; assim, enquanto estou nela, a Internet também me torna maior. Quando estou longe dela, me sinto amputado.

Sinto-me em dívida com a Internet pelo que ela me oferece. Ela é um benfeitor de confiança, sempre presente. Eu a acaricio com meus dedos sôfregos; ela cede aos meus desejos como uma amante. Conhecimento secreto? Aqui está. Previsões do futuro? Aqui estão. Mapas de locais ocultos? Aqui estão. Ela sempre me agrada e, maravilha das maravilhas, parece melhor a cada dia. Quero mergulhar na sua abundância sem fundo. Quero ficar. Me enrolar no seu abraço onírico. Entregar-se à Internet é como fazer um retorno temporário à vida selvagem, como a tradição do *walkabout* aborígine. A ilógica reconfortante dos sonhos é a lei. No tempo dos sonhos, saltamos de uma página para a outra, de um pensamento para o outro. Primeiro, a tela nos leva a um cemitério, onde vemos um automóvel esculpido em pedra; no próximo instante, um homem escreve as notícias em um quadro-negro enquanto você está na cadeia com um bebê chorão; depois, uma mulher de véu faz um longo discurso sobre as virtudes da confissão; e então os arranha-céus de uma cidade explodem seus terraços em câmera lenta. Encontrei todos esses momentos oníricos hoje de manhã, nos meus primeiros minutos navegando pela Internet. Esses sonhos despertos da rede mexeram com os meus e tocaram meu coração. Se é possível amar um gato de verdade, o qual não saberia explicar com chegar na casa de um estranho, por que não amar a Internet?

Nossa tecnofilia é motivada pela beleza inerente do técnio. Sim, é verdade que essa beleza estava oculta por uma fase primitiva do desenvolvimento, um estágio que não era lá muito belo. A industrialização foi suja, feia e burra em comparação com a matriz biológica da qual evoluiu. Boa parte dessa fase do técnio ainda está conosco, vomitando sua feiúra. Não sei se essa feiúra é uma fase necessária do crescimento do técnio ou se uma civilização mais inteligente que a nossa poderia ter controlado esse aspecto antes, mas o arco das origens da tecnologia desde a evolução da vida, agora acelerado, significa que o técnio contém toda a beleza evolucionária inerente da vida. Só precisamos descobri-la.

A tecnologia não quer permanecer utilitária. Ela quer se tornar arte, ela quer ser bela e "inútil". Como a tecnologia nasce da utilidade, a viagem é longa. À medida que tecnologias utilitárias envelhecem, elas vão se tornando recreativas. Pense nos barcos a vela, nos carros conversíveis, nas canetas tinteiro e nas lareiras. Quem imaginaria que ainda teríamos velas quando as lâmpadas são tão baratas? Mas as velas são uma marca de inutilidade luxuosa. Algumas das tecnologias mais trabalhadoras do presente terão uma inutilidade bela no futuro. Talvez em cem anos as pessoas tenham "telefones" apenas porque gostam de carregar coisas, apesar de estarem conectadas à rede pelo vestuário.

No futuro, será muito mais fácil amar a tecnologia. As máquinas nos conquistam a cada passo da evolução. Por bem ou por mal, robôs em forma de animais (a princípio, no nível de animais de estimação) vão conquistar nossa afeição, como já acontece com alguns minimamente semelhantes a seres vivos. A Internet nos sugere o potencial dessa paixão. Como muitos amores, tudo começa com uma quedinha e um pouco de obsessão. A interdependência quase orgânica e a senciência emergente da Internet global a transformam em algo selvagem e livre, e essa selvageria e liberdade nos conquista. Temos uma atração profunda por essa beleza, e a beleza reside na evolução.

Os seres humanos são os organismos mais complexos e evoluídos que conhecemos, então nós (muito naturalmente) ficamos obcecados pelas imitações dessa forma, mas nossa tecnologia não se concentra fundamentalmente na antropia, mas sim em tudo que evolui e alcança níveis elevados.

A tecnologia mais avançada da humanidade logo deixará a imitação para trás e criará inteligências obviamente não humanas e robôs obviamente não humanos e vidas obviamente diferentes da terrestre, todos os quais irradiarão uma atratividade evoluída que consideraremos fascinante.

No processo, vai ser mais fácil admitir que temos uma afinidade por ela. Além disso, a chegada acelerada de dezenas de milhões de artefatos vai agregar mais camadas ao técnio, adicionando um verniz de história às tecnologias existentes e aprofundando os estratos de conhecimento integrado. Ano a ano, à medida que avança, a tecnologia se tornará, em média, mais bela. Estou disposto a apostar que em um futuro não muito distante, a magnificência de certas regiões do técnio estará à altura do esplendor do mundo natural. Teceremos laudas sobre os charmes dessa ou daquela tecnologia e nos maravilharemos com suas sutilezas. Viajaremos com nossos filhos para meditar à sombra de suas torres.

❖ SENCIÊNCIA

As formigas *Temnothorax albipennis* são minúsculas, mesmo em termos de formiga. Individualmente, cada formiga é do tamanho de uma vírgula nesta página. Suas colônias também são pequenas. Com cerca de 100 operárias e uma rainha, elas normalmente formam suas colônias entre as frestas de rochas caídas, o que explica seu nome vulgar em inglês ("*rock ant*" ou "formiga-das-rochas"). Toda a sociedade cabe dentro de um relógio de pulso ou entre as lâminas de dois centímetros de um microscópio, que é onde elas costumam ser criadas em laboratório. O cérebro de uma formiga dessa espécie contém menos de 100.000 neurônios e é tão pequeno que chega a ser invisível. E ainda assim, essas formigas conseguem realizar um cálculo incrível. Para avaliar o potencial de um novo local para a colônia, as formigas medem as dimensões do espaço na escuridão e depois calculam (sim, essa é a palavra certa) o volume e o potencial do espaço. As formigas *Temnothorax albipennis* realizam a milhões de anos um truque matemático que os seres humanos só foram descobrir em 1733. Elas fazem uma estimativa do volume do espaço, mesmo aqueles com forma irregular, por meio de uma trilha de feromônios que atravessa a superfície, "registrando" o comprimento da linha, e depois contam o número de vezes que encontraram a trilha durante novas viagens diagonais pelo espaço. A área calculada é inversamente proporcional à frequência de intersecções multiplicada pelo comprimento. Em outras palavras, as formigas descobriram um valor aproximado de pi, derivado pela intersecção de diagonais, uma técnica que os matemáticos chamam de Agulha de Buffon. A altura da colônia potencial é medida pelas formigas com seus corpos e depois "multiplicada" pela área calculada, o que dá um volume aproximado do buraco.

Mas essas mentes incríveis vão além. Elas medem a largura e o número de entradas, a quantidade de luz, a proximidade dos vizinhos e o grau de higiene do espaço. A seguir, elas agregam as variáveis e calculam a desejabilidade da colônia potencial por um processo semelhante à fórmula de lógica difusa da "ponderação aditiva", uma técnica da ciência da computação. Tudo isso com apenas 100.000 neurônios.

As mentes dos animais são muito variadas e mesmo algumas relativamente estúpidas são capazes de evocar assombro. Os elefantes asiáticos quebram os ramos das árvores para construir mata-moscas e espantar os insetos que ficam incomodando suas patas traseiras. O castor, um mero roedor, é conhecido por armazenar materiais de construção antes de começar a construir represas, o que demonstra a capacidade de antecipar intenções futuras. Ele conseguem até enganar os seres humanos que tentam impedir que as represas inundem os campos. O esquilo, outro roedor inteligente, está sempre enganando alguns humanos bastante inteligentes, inclusive com diplomas universitários, que querem controlar os comedouros para pássaros em seu quintal (eu mesmo estou em guerra com o Einstein dos esquilos pretos). Os pássaros indicatorídeos do Quênia atraem os seres humanos para as colmeias de abelhas selvagens para se alimentarem dos favos restantes depois que os humanos levam o mel; às vezes, de acordo com os ornitólogos, esses pássaros "enganam" os caçadores sobre a distância real de uma colmeia escondida caso o mel esteja a mais de dois quilômetros dentro da floresta, tudo para não desencorajar os caçadores.

As plantas também possuem um tipo descentralizado de inteligência. Como argumenta o biólogo Anthony Trewavas em um artigo impressionante, "Aspects of Plant Intelligence" ("Aspectos da Inteligência Vegetal"), as plantas demonstram uma versão lenta da capacidade de solução de problemas que se encaixa na maioria das nossas definições de inteligência animal. As plantas percebem o ambiente em muito detalhe, avaliam ameaças e concorrentes e depois agem para solucionar problemas ou se adaptar a eles. Além disso, as plantas também antecipam estados futuros. Os vídeos de lapso de tempo que aceleram a ação das videiras que sondam as vizinhanças deixam claro que as plantas têm um comportamento mais próximo do animal do que conseguimos enxergar com nossa experiência rápida. Charles Darwin pode ter sido o primeiro a observar esse fato. Em 1822, Darwin escreveu: "Não é exagero dizer que a ponta da raiz atua como o cérebro de um dos animais inferiores". As raízes acariciam o solo como dedos sensíveis, em busca de umidade e nutrientes do mesmo modo que o nariz ou tromba de um herbívoro escava a terra. A capacidade das folhas de seguir o Sol (heliotropismo) para otimizar a exposição à luz pode ser replicada mecanicamente, mas apenas com o uso do cérebro relativamente sofisticado de um *chip* de computador. A planta pensa sem cérebro. Em vez de nervos eletrônicos, ela usa uma vasta rede de sinais moleculares transdutores para transmitir e processar informações.

As plantas demonstram todas as características da inteligência, exceto que elas fazem tudo em câmera lenta e sem um cérebro centralizado. Na verdade, mentes lentas e descentralizadas são um fenômeno comum na natureza e ocorrem em diversos níveis dos seis reinos da vida. Uma colônia de limo pode descobrir qual a distância mais curta até a comida em um labirinto, semelhante ao que fazem os ratos. O sistema imunológico animal, cujo objetivo principal é distinguir entre o que é e o que não é parte do animal, retém uma memória sobre antígenos externos encontrados no passado. Ele aprende com um processo darwiniano e, em certo sentido, também antecipa variações futuras dos antígenos. E a inteligência coletiva também se expressa em centenas de jeitos diferentes por todo o reino animal, incluindo as famosas mentes coletivas dos insetos sociais.

A manipulação, armazenamento e processamento de informações é um tema central da vida. A aprendizagem emerge diversas vezes na história da evolução, como uma força que espera ser liberada. Uma versão carismática da inteligência, o tipo de esperteza antropomórfica que associamos com os macacos, não evoluiu apenas nos primatas, mas também em no mínimo dois outros ramos taxonômicos independentes: as baleias e os pássaros.

As histórias sobre a inteligência dos golfinhos são famosas. Além de demonstrarem inteligência, golfinhos e baleias às vezes também sugerem possuir uma inteligência parecida com a nossa, os macacos carecas. Por exemplo, golfinhos cativos às vezes treinam os golfinhos recém-chegados ao tanque. Mas o ancestral comum mais recente dos macacos, das baleias e dos golfinhos viveu 250 milhões de anos atrás. Muitas famílias de animais sem essa variedade de pensamento separam os macacos dos golfinhos. A única possibilidade é que esse estilo de inteligência evoluiu mais de uma vez de maneira independente.

O mesmo vale para os pássaros. Em termos de inteligência, corvos, gralhas e papagaios são os "primatas" dos pássaros. Seus prosencéfalos são relativamente tão grandes quanto os dos primatas não humanos e a relação entre peso do seu cérebro e seu peso corporal está na mesma linha que os macacos. Assim como os primatas, os corvos vivem bastante tempo e formam grupos sociais complexos. Os corvos da Nova Caledônia, tal como os chimpanzés, criam pequenas lanças para pescar larvas em fendas. Às vezes, eles guardam essas lanças artificiais e levam-nas de um lado para o outro. Em experimentos com gaios-do-mato, pesquisadores descobriram que esses pássaros reescondem sua comida se outro pássaro observa eles esconderem pela primeira vez, mas apenas se o gaio foi roubado em algum momento anterior. O naturalista David Quammen sugere que o comportamento dos corvos e gralhas é tão esperto e tão peculiar que deveria ser avaliado "não por um ornitólogo, mas por um psiquiatra".

Assim, a inteligência carismática evoluiu de maneira independente três vezes: em pássaros voadores, em mamíferos que voltaram ao mar e entre os primatas.

Ainda assim, a inteligência carismática é relativamente rara. Mas a esperteza é uma vantagem competitiva, sempre. A inteligência é reinventada e recorre tantas vezes porque o universo vivo faz a aprendizagem valer a pena. As mentes evoluíram várias vezes em todos os seis reinos da vida. Tantas vezes, na verdade, que as mentes parecem inevitáveis. Mas por mais que a natureza goste das mentes, o técnio gosta ainda mais delas. As regras do técnio jogam a favor do surgimento das mentes. Todas as invenções que construímos para auxiliar nossas mentes, nossos muitos dispositivos de armazenamento, processamento de sinais, fluxos de informação e redes de comunicação distribuídas, são ingredientes essenciais para a produção de novas mentes. E assim, o técnio produz novas mentes em quantidades fenomenais. A tecnologia quer produzir mentes.

Esse anseio por maior senciência se revela de três maneiras diferentes no técnio:

1. A mente se infiltra na matéria com o máximo de ubiquidade.
2. A exotropia continua a organizar tipos cada vez mais complexos de inteligência.
3. A senciência se diversifica em tantos tipos diferentes de mente quanto possível.

O técnio está preparado para assumir o controle da matéria e reorganizar os átomos de modo a infiltrá-la com senciência. Parece não haver nada em que uma mente não possa nascer ou ser inserida. No começo, essas mentes filhotes serão pequenas e burras, mas as mentes continuarão a melhorar e a se multiplicar. Em 2009, tínhamos um bilhão de "cérebros" eletrônicos de silício. Muitas dessas pequenas mentes contêm um bilhão de transistores cada, os quais a indústria mundial de semicondutores fabrica à velocidade de 30 bilhões por segundo! O menor cérebro de silício contém no mínimo 100.000 transistores, aproximadamente tantos neurônios quanto o cérebro de uma formiga *Temnothorax albipennis*. E eles também são capazes de feitos surpreendentes. Minúsculas mentes sintéticas, não muito maiores do que a de uma formiga, sabem onde se encontram no planeta e como voltar para a sua casa (GPS); lembram os nomes dos seus amigos e traduzem línguas estrangeiras. Essas mentes obscuras estão se espalhando por tudo: calçados, campainhas, livros, lâmpadas, animais, camas, roupas, carros, interruptores, eletrodomésticos e brinquedos. Se o técnio continuar a prevalecer, algum nível de senciência se integrará a tudo que ele criar. O menor parafuso ou peça de plástico conterá tantos circuitos decisores quanto uma minhoca, elevando-o do inerte para o animado. Ao contrário das bilhões de mentes silvestres, as melhores dessas mentes tecnológicas (coletivamente) ficam mais inteligentes a cada ano.

Estamos cegos a essa emergência em massa de mentes no técnio porque os seres humanos têm um preconceito chauvinista contra qualquer tipo de inteligência que não seja exatamente igual à nossa. A menos que uma mente artificial tenha o mesmo comportamento que uma humana, nós não contamos ela como inteligente. Às vezes, desdenhamos do resultado como sendo "aprendizagem de máquina". Assim, enquanto olhávamos para o outro lado, bilhões de mentes artificiais pequeninas, insetoides, começaram a surgir nas profundezas do técnio, executando tarefas discretas e invisíveis como a detecção de fraudes de cartões de crédito, filtragem de *spam* ou leitura de textos de documentos. Essas micromentes estão se proliferando. Elas executam sistemas de reconhecimento de fala em telefones, auxiliam em diagnósticos médicos cruciais, contribuem para análises da bolsa de valores, alimentam eletrodomésticos de lógica difusa e orientam freios e câmbios automáticos em veículos. Algumas mentes experimentais conseguem até dirigir um carro sozinhas por mais de 150 quilômetros.

À primeira vista, o futuro do técnio parece apontar para cérebros maiores. Mas mesmo um computador maior não é necessariamente mais esperto ou mais senciente. E mesmo quando a inteligência é comprovadamente maior em mentes biológicas, a correlação entre esse nível e a quantidade de neurônios presentes é fraca. Na natureza, os computadores animais vêm em todos os tamanhos. O cérebro de uma formiga mal passa de um centésimo de grama; o de um cachalote, com 8 kg, é 100.000 vezes maior. Mas não é óbvio que uma baleia seja 100.000 vezes mais inteligente do que uma formiga ou que os seres humanos sejam apenas três vezes mais espertos que os chimpanzés, como sugerem parâmetros de número absoluto de células. Nossos grandes cérebros humanos, com sua infinitude de ideias, representa apenas um sexto do tamanho do cérebro do cachalote. Ele é até ligeiramente menor que o cérebro neandertal médio. Por outro lado, o cérebro dos mini-humanos recém descobertos na Ilha de Flores representava um terço do nosso, mas sua inteligência talvez fosse a mesma. A correlação entre escala absoluta do cérebro e inteligência não é significativa.

A arquitetura do nosso próprio cérebro sugere que o futuro da senciência artificial pode estar num tipo diferente de grandeza. Até pouco tempo atrás, o senso comum dizia que supercomputadores especializados, cérebros gigantes, teriam as primeiras inteligências artificiais, que depois seriam seguidos de versões residenciais menores e finalmente as cabeças de robôs pessoais. Eles seriam entidades limitadas, discretas. Saberíamos onde nossos pensamentos terminam e onde começam os deles.

Contudo, o sucesso arrasador dos mecanismos de busca como o Google na última década sugere que a IA do futuro provavelmente não estará confinada em supercomputadores independentes; ela emergirá do superorganismo de um bilhão de CPUs que chamamos de Internet. Ela será executada em um megacomputador global que abrange a Internet, todos os seus serviços, todos os *chips* periféricos e aparelhos correlatos, de *scanners* a satélites, e as bilhões de mentes humanas entremeadas nessa rede global. Qualquer aparelho que entrar em contato com essa IA em rede compartilhará da sua inteligência e contribuirá para ela.

Essa máquina gigantesca já existe em uma forma primitiva. Pense no supercomputador virtual de todos os computadores ligados à Internet. Há hoje um bilhão de PCs, o que representa mais ou menos todos os transistores em um *chip* Intel em um computador. Todos os transistores de todos os computadores conectados representam cerca de 100 quatrilhões (10^{17}) de transistores. Em muitos sentidos, essa rede virtual global atua como um grande computador que opera à velocidade aproximada de um dos primeiros computadores pessoais.

Esse supercomputador processa três milhões de *e-mails* por segundo, o que na prática significa que os *e-mails* da rede rodam a 3 megahertz. As mensagens instantâneas rodam a 162 quilohertz, o SMS a 30 quilohertz. A cada segundo, 10 *terabits* de informação estão correndo pela espinha dorsal do sistema. A cada ano, esse supercomputador gera quase 20 *exabytes* de dados.

Esse computador planetário abrange muito mais do que *laptops*. Hoje, ele contém aproximadamente 2,7 bilhões de telefones celulares, 1,3 bilhão de telefones fixos, 27 milhões de servidores de dados e 80 milhões de PDAs sem fio. Cada aparelho tem uma tela de forma diferente para acessar o computador global. Precisamos de um bilhão de janelas para enxergar o que ele está pensando.

A *web* tem mais ou menos um trilhão de páginas. O cérebro humano contém cerca de 100 bilhões de neurônios. Cada neurônio biológico produz elos sinápticos com milhares de outros neurônios, enquanto cada página da *web* está ligada, em média, a 60 outras, o que representa um trilhão de "sinapses" entre as páginas estáticas da Internet. Um cérebro humano tem cerca de 100 vezes mais conexões, mas os cérebros não estão dobrando de tamanho a cada período de alguns poucos anos. A máquina global está.

E quem está desenvolvendo o *software* para tornar esse sistema útil e produtivo? Nós mesmos, cada um de nós, todos os dias. Quando postamos fotos em um álbum coletivo no Flickr e adicionamos *tags*, estamos ensinando a máquina a dar nome a imagens. Aumentar a densidade dos *links* entre legenda e imagem forma uma rede neural capaz de aprender. Pense nas 100 bilhões de vezes *por dia* que os seres humanos clicam numa ou noutra página como a maneira pela qual ensinamos a Internet o que consideramos importante. Todas as vezes que estabelecemos uma ligação entre palavras, estamos ensinando uma ideia. Para nós, navegar por *sites* aleatórios e blogar bobagens pode parecer perda de tempo, mas todas as vezes que clicamos em um *link*, estamos fortalecendo algum nó na mente do supercomputador e, portanto, programando a máquina com nosso uso.

Seja qual for a natureza dessa senciência em larga escala, no começo, ela sequer será reconhecida enquanto inteligência. A própria ubiquidade do fenômeno vai escondê-lo. Usaremos essa inteligência crescente em todo e qualquer tipo de tarefa cotidiana (mineração de dados, arquivamento de memória, simulações, previsões, reconhecimento de padrões), mas como a inteligência estará contida em pequenas camadas de código espalhadas por todo o mundo, em armazéns chatos e sem janelas, e como ela não terá um corpo unificado, o resultado será algo sem rosto, sem identidade. A inteligência distribuída estará acessível de um milhão de jeitos diferentes, por qualquer tela digital em qualquer lugar do planeta, então será muito difícil dizer onde ela está. E como essa inteligência sintética é uma combinação de inteligência humana (todo o aprendizado humano no passado, todos os seres humanos vivos *online*) e memória digital, será difícil definir exatamente o que ela é. É a nossa memória ou um acordo consensual? Estamos buscando nela ou ela em nós?

Quem sabe um dia encontraremos outras inteligências na galáxia. Mas muito antes disso, fabricaremos milhões de novos tipos de mentes em nosso próprio mundo. Esse é o terceiro vetor da trajetória de longo prazo da evolução em direção à maior senciência. Primeiro, insinuar a inteligência em toda a matéria. Segundo, reunir todas essas mentes integradas. Terceiro, aumentar a diversidade de mentes. É possível que as espécies de inteligência sejam tão numerosas quanto as espécies de besouros, que não são poucas.

Temos um milhão de motivos para construir um milhão de tipos de inteligência artificial. Inteligências especializadas realizarão tarefas especializadas; outras IAs serão inteligências genéricas que realizarão tarefas tradicionais de um modo diferente do nosso. Por quê? Porque a diferença leva ao progresso. O único tipo de mente que duvido que fabricaremos é uma mente artificial igual à humana. A única maneira de reconstruir uma mente humana viável é com tecido e células. Por que se dar ao trabalho, quando criar bebês humanos é tão fácil?

Alguns problemas precisam de múltiplos *tipos* de mentes para serem resolvidos; nossa missão é descobrir novos métodos de pensar e inundar o universo com essa diversidade de inteligências. Problemas de escala planetária exigirão alguma forma de mente em escala planetária; redes complexas de trilhões de nós ativos exigirão inteligências em rede; operações mecânicas de rotina exigirão uma precisão inumana nos cálculos. Como nossos próprios cérebros são péssimos quando o assunto é probabilidade, nos beneficiaríamos muito de uma inteligência que saiba trabalhar com estatística.

Precisaremos de todas as variedades de ferramentas pensantes. Uma IA autônoma e desconectada terá fortes desvantagens em relação a um supercomputador de mente coletiva. Ela não é capaz de aprender com a mesma rapidez, abrangência ou inteligência do que um sistema ligado a seis bilhões de mentes humanas, quintilhões de transistores *online*, centenas de *exabytes* de dados da vida real e os ciclos de retroalimentação autocorretores de toda uma civilização. Mas o consumidor ainda pode aceitar o preço de inteligências menores para obter a mobilidade de uma IA isolada em locais distantes, ou então para manter sua privacidade.

Ainda temos um preconceito contra as máquinas, pois nenhuma das que encontramos até hoje é interessante. Porém, quanto mais senciência elas ganharem, menos isso será verdade. Mas nem todos os tipos de mentes artificiais terão o mesmo nível de atratividade. Assim como algumas criaturas naturais são mais carismáticas do que as outras, algumas mentes serão carismáticas (atraentes para o nosso estilo pessoal) e outras não. Na verdade, sentiremos repulsa pela natureza alienígena de muitos dos tipos de inteligência mais poderosos. Por exemplo, a capacidade de lembrar de *tudo* pode ser assustadora.

O que a tecnologia quer é maior senciência. Isso não significa que a evolução avança apenas em direção a uma supermente universal. Pelo contrário, com o passar do tempo, o técnio tende a se auto-organizar em tantas variedades de mente quanto possível.

O principal impulso da exotropia é revelar toda a diversidade de inteligências. Cada tipo de pensamento, por maior que seja a sua escala, tem uma capacidade limitada de compreensão. O universo é tão grande, tão vasto em seus mistérios, que precisaremos de todo tipo de mente possível para compreendê-lo. A função do técnio é inventar um milhão, ou um bilhão, de variedades de compreensão.

Isso não é tão místico quanto parece. As mentes são maneiras altamente evoluídas de estruturar as informações que formam a realidade. É isso que significa dizer que uma mente compreende: ela gera ordem. À medida que a exotropia avança pela história, auto-organizando a matéria e a energia e produzindo mais complexidade e mais possibilidades, as mentes são a tecnologia mais rápida, mais eficiente e mais exploratória que conhecemos para a criação de ordem. Hoje, o planeta possui a mente estúpida das plantas, as múltiplas manifestações de uma mente animal comum e a consciência incansável das mentes humanas. Um segundo antes, em termos cósmicos, as mentes humanas começaram a inventar uma segunda geração de senciência. Elas instalaram sua inventividade na força mais poderosa do mundo, a tecnologia, e estão tentando clonar seus próprios truques. A maioria dessas mentes recém-inventadas não é mais inteligente do que as plantas, algumas são tão espertas quanto insetos e algumas sugerem ideias maiores no futuro. Enquanto isso, o técnio forma redes cerebrais em escalas muito além dos seres humanos individuais.

A trajetória do técnio aponta para um milhão de mentes habitando partículas infinitesimais de matéria, em um milhão de novas espécies de pensamento mergulhadas com nossas próprias mentes múltiplas em um grande pensamento planetário – a caminho da compreensão de si mesmo.

❖ ESTRUTURA

Os sapiens precisaram de vários milhões de anos para evoluir e se distanciar de um ancestral símio. Durante essa transição, nosso DNA mudou em alguns milhões de *bits*. Assim, a taxa natural de evolução biológica nos seres humanos, em termos de acúmulo informacional, é de cerca de um *bit* por ano. Hoje, depois de quase quatro bilhões de anos de evolução biológica *bit* a *bit*, produzimos um novo tipo de evolução, um fenômeno que cria rios de mutações por meio da linguagem, escrita, imprensa e ferramentas, ou seja, aquilo que chamamos de tecnologia. Em comparação com o *bit* anual que mudava quando éramos macacos, estamos agregando 400 *exabytes* de novas informações ao técnio por ano, de modo que nossa taxa de evolução tecnológica é um bilhão de bilhão de vezes mais rápida que a evolução do DNA. Enquanto seres humanos, precisamos de menos de um segundo para processar a mesma quantidade de informações que nosso DNA passou um bilhão de anos processando.

Estamos acumulando informação com tanta rapidez que ela é a quantidade que mais aumenta no planeta. Há 80 anos que o volume de correspondência enviado pelo sistema postal norte-americano dobra a cada 20 anos. O número de imagens fotográficas (uma plataforma informacional bastante densa) aumenta exponencialmente desde que a mídia foi inventada na década de 1850. O tempo total de minutos de chamadas telefônicas diárias também segue uma curva exponencial há mais de 100 anos. Nenhum fluxo de informações está ficando mais fraco.

De acordo com um cálculo que fiz com Hal Varian, economista do Google, a soma total da informação mundial aumenta 66% ao ano há várias décadas. Compare essa explosão com o índice de crescimento dos objetos manufaturados mais prevalentes, com o concreto ou o papel, que alcança apenas 7% ao ano ao longo de décadas. Dez vezes mais rápido que o crescimento de qualquer outro produto manufaturado do planeta, o índice da informação pode superar até o de qualquer crescimento biológico na mesma escala.

A quantidade de conhecimento científico, medido pelo número de artigos acadêmicos publicados, dobra aproximadamente a cada 15 anos desde 1900. Se medirmos apenas o número de revistas acadêmicas publicadas, descobrimos uma multiplicação exponencial desde o século 18, na aurora da ciência. Tudo que fabricamos produz um item e informações sobre aquele item. Mesmo quando criamos algo baseado em informação, estamos gerando ainda mais informações sobre suas próprias informações. A tendência de longo prazo é simples: as informações sobre processos e criadas por eles crescerão com mais rapidez do que o próprio processo. Assim, a informação continuará a crescer mais rápido do que tudo mais que criarmos.

Fundamentalmente, o técnio é um sistema que se alimenta do acúmulo dessa explosão de informações e conhecimento. Do mesmo modo, os organismos vivos também são sistemas que organizam as informações biológicas pelas quais são atravessados. A evolução do técnio pode ser lida como um aprofundamento da estrutura informacional iniciado pela evolução natural.

Essa estrutura crescente nunca é mais visível do que na ciência. Apesar da retórica do ramo, a ciência não está estruturada para aumentar a "verdade" ou o volume total de informações. Ela existe para aumentar a ordem e organização do conhecimento que geramos sobre o mundo. A ciência cria "ferramentas" (técnicas e métodos) que manipulam as informações de modo que possam ser testadas, comparadas, registradas e resgatadas de um modo ordeiro e preciso e relacionadas com outros conhecimentos. A "verdade" não passa de uma medida de quanto fatos específicos podem ser estendidos e interconectados e servem de base para outros no futuro.

Falamos casualmente sobre a "descoberta da América" em 1492, a "descoberta dos gorilas" em 1856 ou a "descoberta das vacinas" em 1796. Mas as vacinas, os gorilas e a América não eram desconhecidos antes de serem "descobertos". Os povos indígenas viveram nas Américas por 10.000 anos antes da chegada de Colombo e exploraram o continente muito melhor do que os europeus conseguiriam. Certas tribos da África Ocidental tinham bastante familiaridade com os gorilas e muitas outras espécies primatas que ainda não foram "descobertas". Os fazendeiros de gado leiteiro da Europa e pastores de gado na África conheciam havia muito tempo o efeito inoculador protetor que doenças relacionadas oferecem, apesar de não terem um nome para o fenômeno. Podemos aplicar o mesmo argumento a bibliotecas inteiras de conhecimento (plantas medicinais, práticas tradicionais, *insights* espirituais) que foram "descobertas" pelas classes educadas apenas depois de serem senso comum entre povos indígenas e gente simples por séculos ou milênios. As supostas "descobertas" parecem imperialistas e condescendentes; muitas vezes elas de fato o são. Ainda assim, temos um sentido legítimo pelo qual podemos afirmar que Colombo descobriu a América, o explorador franco-americano Paul du Chaillu descobriu os gorilas e Edward Jenner descobriu as vacinas. Eles "descobriram" conhecimentos locais antigos ao agregá-los ao corpo de conhecimento global estruturado. Hoje em dia, chamaríamos o acúmulo de conhecimento estruturado de *ciência*. Até as aventuras de du Chaillu no Gabão, o conhecimento sobre gorilas era extremamente paroquiano; o vasto conhecimento natural das tribos locais sobre os primatas não estava integrado ao que a ciência sabia sobre todos os outros animais. A informação sobre os "gorilas" continuava além dos fatos estruturados conhecidos. Na verdade, até os zoólogos colocarem as mãos nos espécimes de Paul du Chaillu, a ciência considerava os gorilas uma criatura mítica, na mesma categoria que o Pé-Grande, observado apenas por indígenas ingênuos e sem educação. A "descoberta" de du Chaillu foi, na verdade, uma descoberta da ciência. As poucas informações anatômicas contidas nos animais mortos foram encaixadas no sistema tradicional e comprovado da zoologia. Depois que sua existência passou a ser "conhecida", as informações essenciais sobre o comportamento e história natural dos gorilas seriam anexadas ao conjunto. Da mesma maneira, o conhecimento dos fazendeiros locais sobre como a vacínia poderia inocular contra a varíola continuava local e não estava ligado com tudo mais que se sabia sobre a medicina. Portanto, o remédio continuava isolado. Quando Jenner "descobriu" o efeito, ele pegou um conhecimento local e relacionou seu efeito à teoria médica e ao pouco que a ciência sabia sobre infecção e germes. Mais do que "descobrir" as vacinas, Jenner "ligou" as vacinas. E o mesmo vale para a América. A viagem de Colombo colocou a América no mapa, ligando-a ao resto do mundo conhecido, integrando seu corpo de conhecimento inerente à soma unificada e acumulada de conhecimentos comprovados. Colombo reuniu dois grandes continentes de conhecimento numa estrutura crescente e unificada.

O motivo pelo qual a ciência absorve o conhecimento local e não vice-versa é que a ciência é uma máquina que inventamos para conectar informações. Ela existe para integrar novos conhecimentos à rede dos antigos. Se uma nova ideia é apresentada com muitos "fatos" que não se encaixam com o que já sabemos, então o novo conhecimento é rejeitado até que tais fatos possam ser explicados (essa é versão simplista da teoria de Thomas Kuhn sobre a derrubada de paradigmas científicos). A nova teoria não precisa explicar cada detalhe inesperado (e quase nunca o faz), mas ela precisa se integrar de modo satisfatório à ordem estabelecida. Cada fiapo de conjectura, pressuposição e observação está sujeito a análises, testes, ceticismo e verificação.

O conhecimento estruturado é construído pela mecânica técnica da duplicação, impressão, redes postais, bibliotecas, indexação, catálogos, citações, *tagging*, referências cruzadas, bibliografias, busca de palavras-chave, anotação, revisão por pares e hipertexto. Cada invenção epistêmica expande a rede de fatos comprovados e liga um pedaço de conhecimento ao outro. Assim, o conhecimento é um fenômeno de rede no qual cada fato representa um nó. Dizemos que o conhecimento aumenta não apenas quando o número de fatos aumenta, mas também, e mais ainda, quando aumentam o número e a força das relações entre os fatos. É essa relação que dá poder ao conhecimento. Nosso entendimento sobre os gorilas se aprofunda e se torna mais útil à medida que seu comportamento é comparado, indexado, alinhado e relacionado com o comportamento de outros primatas. A estrutura do conhecimento é expandida à medida que a anatomia dos gorilas é relacionada com a de outros animais, sua evolução integrada à árvore da vida, sua ecologia conectada com os animais que coevoluíram com eles e sua existência é trabalhada por vários tipos de observadores, até que os fatos que envolvem a "condição de gorila" são integrados à enciclopédia do conhecimento em milhares de referências cruzadas e direções que verificam e testam o sistema. Além dos fatos sobre os gorilas, cada fio de descoberta aprimora também a força de todo o conjunto do conhecimento humano. A força dessas conexões é o que chamamos de verdade.

Ainda hoje temos muitas áreas de conhecimento desconectadas umas das outras. E muito difícil (se não impossível) remover de seu contexto nativo a rica e singular tradição de sabedoria que as tribos indígenas conquistaram na longa e íntima acolhida do ambiente natural. Dentro desse sistema, o conhecimento preciso é bastante denso, mas desconectado do resto do que conhecemos coletivamente. Muito do conhecimento xamânico é semelhante. Hoje, a ciência não tem como aceitar esses fios de informação espiritual e agregá-los ao todo unificado, então sua verdade nunca foi "descoberta". Certas ciências marginais, como a percepção extrassensorial, permanecem na margem porque seus achados, coerentes dentro da estrutura da área, não se encaixam com o padrão maior do todo. Com o tempo, entretanto, mais fatos são integrados a essa estrutura informacional. Mais do que isso, os próprios métodos pelos quais o conhecimento é estruturado estão evoluindo e se reestruturando.

A evolução do conhecimento começou com algumas esquematizações relativamente simples da informação. A organização mais simples foi a invenção do fato. Os fatos foram, de fato, inventados. Não pela ciência, mas pelo sistema jurídico europeu, no século 16. Durante os julgamentos, os advogados precisavam estabelecer como provas as observações com as quais todos concordavam e que não poderiam ser alteradas no futuro. A ciência adotou essa inovação útil. Com o tempo, os novos modos de ordenar o conhecimento foram aumentando. Esse aparato complexo para relacionar novas informações com conhecimentos antigos é o que chamamos de ciência.

O método científico não é um único "método" uniforme. Ele é um conjunto de dezenas de técnicas e processos que evoluíram com o passar dos séculos (e que continuam a evoluir). Cada método é um pequeno passo que representa um aumento incremental na unidade de conhecimento da sociedade. Algumas das invenções mais importantes do método científico foram:

280 a. C. *Biblioteca catalogada com índice*, (em Alexandria), uma maneira de buscar informações registradas
1403 *Enciclopédia colaborativa*, uma maneira de reunir o conhecimento de mais de uma pessoa
1590 *Experimento controlado*, utilizado por Francis Bacon, no qual se muda apenas uma variável em um teste
1665 *Repetibilidade necessária*, ideia de Robert Boyle, segundo a qual os resultados de um experimento devem ser repetíveis para que sejam válidos
1752 *Publicação acadêmica com revisão por pares*, acrescentando uma nova camada de confirmação e validação sobre o conhecimento compartilhado
1885 *Estudo cego randomizado*, uma maneira de reduzir o viés humano; a aleatoriedade enquanto novo tipo de informação
1934 *Testabilidade falsificável*, a noção de Karl Popper de que todo experimento válido deve ter uma maneira testável pela qual pode falhar
1937 *Placebo controlado*, um refinamento dos experimentos para remover o efeito do conhecimento tendencioso dos participantes
1946 *Simulações de computador*, uma nova maneira de criar teorias e gerar dados
1952 *Experimento duplo-cego*, novo refinamento para remover o efeito do conhecimento do experimentador
1974 *Meta-análise*, uma análise de segundo nível de todas as análises anteriores em um mesmo campo

Juntas, essas inovações revolucionárias criam a prática moderna da ciência (vou ignorar as várias alegações de prioridade alternativas, pois as datas exatas não são importantes neste caso). Hoje em dia, uma descoberta científica normal depende dos fatos e de uma hipótese falsificável; ela é testada em experimentos repetíveis e controlados, talvez com placebos e controles duplo-cegos; e é descrita em publicações acadêmicas com revisão por pares e indexada em uma biblioteca de textos correlatos.

O método científico, assim como a própria ciência, é estrutura acumulada. Novas ferramentas e instrumentos científicos agregam novas maneiras de organizar informações. Os métodos recentes são construídos sobre o alicerce das técnicas anteriores. O técnio segue adicionando conexões entre os atos e relações mais complexas entre as ideias. Como a pequena linha do tempo acima deixa claro, muitas das principais inovações do que hoje consideramos como sendo "o" método científico são relativamente recentes. O experimento duplo-cego clássico, por exemplo, no qual nem o participante nem o pesquisador estão cientes do tratamento dado, não foi inventado até a década de 1950. O placebo não foi usado na prática até a década de 1930. É difícil imaginar a ciência atual sem esses métodos.

Essa recentidade faz com que eu fique imaginando que outro método "essencial" da ciência será inventado nos próximos anos. A natureza da ciência ainda está em fluxo; o técnio está descobrindo rapidamente novas maneiras de saber. Dada a aceleração do conhecimento, a explosão das informações e a taxa de progresso, a natureza do processo científico está prestes a mudar mais nos próximos 50 anos do que tudo que aconteceu nos últimos 400 (algumas adições prováveis: inclusão de resultados negativos, provas computacionais, experimentos triplo-cegos, publicações acadêmicas wiki).

A tecnologia se encontra no cerne da automodificação da ciência. Novas ferramentas permitem novas possibilidades de descoberta e diferentes maneiras de estruturar informações. E essa organização se chama conhecimento. Com inovações tecnológicas, a estrutura do nosso conhecimento evolui. A conquista da ciência é descobrir novidades; a evolução da ciência é organizar as descobertas de novas maneiras. Mesmo a organização das próprias ferramentas é um tipo de conhecimento. Hoje, com o avanço das tecnologias de comunicação e informação, estamos entrando em uma nova maneira de saber. A trajetória do técnio avança na direção de organizar a avalanche de informações e ferramentas que estamos gerando e aumentar a estrutura do mundo artificial.

❖ EVOLUTIBILIDADE

A evolução natural é um modo para sistemas adaptativos – a vida, neste caso – buscarem novas maneiras de sobreviver. A vida experimenta com esse ou aquele tamanho celular, um torso longo ou arredondado, um metabolismo rápido ou lento, sem pernas ou com asas. A maioria das formas que ela encontra sobrevive muito pouco. Mas com o passar de milhares e milhões de anos, o sistema da vida adota algumas formas bastante estáveis (por exemplo, a célula esférica ou o cromossomo de DNA) que se tornam plataformas estáveis para experimentos com mais inovações. A evolução busca estruturas que sustentarão o jogo da busca no futuro. Nesse sentido, a evolução quer evoluir.

A evolução da evolução? Parece um péssimo exemplo de repetição. À primeira vista, a ideia pode parecer um oximoro (uma contradição em termos) ou uma tautologia (desnecessariamente repetitiva). Mas uma análise mais cuidadosa revela que "a evolução da evolução" não é mais tautológica do que, digamos, uma "rede de redes", que é a definição da Internet.

A vida continuou a evoluir por quatro bilhões de anos porque descobriu maneiras de aumentar sua própria evolutibilidade. No começo, o espaço da vida possível era muito pequeno. O espaço para mudança era limitado. Por exemplo, as primeiras bactérias podiam alterar seus genes, mudar o comprimento do genoma e trocar genes entre si. Vários bilhões de anos de evolução depois, as células ainda fazem mutações e trocam genes, mas elas também podem repetir módulos inteiros (como os segmentos repetidos em insetos) e podem administrar o próprio genoma, ligando e desligando certos genes. Quando a evolução descobriu a reprodução sexuada, "palavras" genéticas inteiras do genoma celular puderam ser recombinadas e misturadas, produzindo melhorias muito mais rápidas do que a mera alteração de "letras" genéticas individuais.

No começo da vida, a seleção natural operava em moléculas, depois em populações de moléculas e finalmente em células e colônias de células. Mais tarde, a evolução passou a selecionar organismos membros de populações, favorecendo os mais adaptados. Assim, em tempo biológico, o foco da evolução foi avançando e se concentrando em estruturas mais complexas. Em outras palavras, com o tempo, o processo da evolução se tornou um conglomerado de muitas forças diferentes que atuam em muitos níveis diferentes. Por meio de um lento acúmulo de truques, o sistema da evolução adquiriu uma ampla variedade de maneiras de se adaptar e criar. Imagine um ser mutante que pode mudar as áreas em que muda! Quem conseguiria acompanhar essa criatura?

Foi assim que a evolução aprendeu a se integrar e está sempre se criando e recriando, de novo e de novo e de novo.

Mas essa descrição não captura todo o poder dessa tendência. Sim, a vida conquistou mais maneiras de se adaptar, mas o que está mudando mesmo é sua evolutibilidade, a propensão e agilidade para criar mudanças. Pense no conceito como sendo semelhante à mutabilidade. Além do processo agregado da evolução estar evoluindo, ele está evoluindo a capacidade de evoluir, ou seja, expandindo a evolutibilidade. O aumento da evolutibilidade é parecido com um *videogame* no qual uma porta se abre e o jogador entra em novo nível, mais complexo, mais rápido e cheio de poderes inesperados.

Um organismo natural, uma galinha, por exemplo, é o mecanismo que os genes usam para propagar mais genes. Do ponto de vista do gene egoísta, quanto maior o número de organismos (galinhas) que conseguem produzir e manter vivos, mais os genes podem se disseminar. Também podemos enxergar os ecossistemas como veículos para que a evolução se propague e cresça. Sem uma cornucópia de organismos diversos, a evolução não tem como evoluir mais evolutibilidade. Assim, a evolução gera complexidade e diversidade e milhões de seres para fornecer materiais e espaço a si mesma para evoluir e se transformar em uma evoluidora mais forte.

Se considerarmos todas as espécies vivas como uma resposta à pergunta "como algo sobrevive nesse ambiente?", a evolução é uma fórmula que oferece respostas concretas, incorporadas em matéria e energia. Poderíamos dizer que a evolução é um método de busca para soluções vivas; a busca assume a forma de experimentos contínuos com possibilidades até o processo encontrar uma estrutura que funcione.

De todos os truques que a evolução inventou para encontrar soluções em seus primeiros quatro bilhões de anos, nenhum se compara às mentes. A senciência, e não apenas a senciência humana, concede à vida uma maneira superacelerada de aprender e se adaptar. Isso não deveria ser de surpreender, pois as mentes são construídas para encontrar respostas, e uma das principais perguntas é como aprender melhor e mais depressa para sobreviver. Se as mentes servem para aprendizagem e adaptação, então aprender a aprender é algo que acelera a aprendizagem. Portanto, a presença da senciência na vida representa um aumento enorme em evolutibilidade.

A extensão mais recente dessa expansão em evolutibilidade é a tecnologia. A tecnologia é o modo como as mentes humanas exploram o espaço de possibilidades e mudam os métodos de busca por soluções. É quase clichê dizer que a tecnologia mudou tanto o planeta nos últimos 100 anos quanto a vida no último bilhão.

Quando analisamos tecnologias, tendemos a ver tubos e luzes piscando. Mas de uma perspectiva de longo prazo, a tecnologia é apenas a evolução da evolução. O técnio é a continuação de uma força de quatro bilhões de anos que busca a capacidade de evoluir. O técnio descobriu formas inéditas no universo, como rolamentos, rádios e *lasers*, que a evolução biológica jamais conseguiria inventar. E o técnio também descobriu maneiras inéditas de evoluir, métodos que a biologia nunca poderia alcançar. Assim com a evolução da vida, a evolução tecnológica usa sua fecundidade para evoluir com mais rapidez e abrangência. O técnio "egoísta" gera milhões de espécies de aparelhos eletrônicos, técnicas, produtos e geringonças para obter materiais e espaço suficientes para que a capacidade de evolução continue a evoluir.

A evolução da evolução é mudança ao quadrado. Hoje, temos uma noção básica e instintiva de que as mudanças tecnológicas são tão rápidas que seria impossível imaginar o que vai acontecer dentro de 30 anos, quanto mais 100. Às vezes, o técnio parece um buraco negro de incerteza. Mas a humanidade já atravessou várias transições evolucionárias semelhantes.

A primeira, que mencionei antes, foi a invenção da linguagem. A linguagem retirou da hereditariedade o ônus da evolução humana (a única linha de aprendizagem evolucionária em quase todas as outras criaturas) e permitiu que nossa linguagem e nossa cultura perpetuassem o conhecimento coletivo da espécie. A segunda invenção, a escrita, ao facilitar a transmissão de ideias ao longo do tempo e do espaço, alterou a velocidade de aprendizagem nos seres humanos. As soluções podiam ser arquivadas e transmitidas em papel, uma mídia duradoura. Essa inovação superacelerou a evolução da humanidade.

A terceira transição é a ciência, ou melhor, a estrutura do método científico. Essa é a invenção que permite invenções maiores. Em vez de depender de um sistema aleatório de tentativa e erro, o método científico explora metodicamente o cosmo e produz novas ideias de modo sistemático. Com ele, o ritmo das descobertas se multiplica por mil ou até por um milhão. A evolução do método científico é responsável pelo crescimento exponencial do progresso ao qual assistimos. Sem dúvida nenhuma, a ciência revelou possibilidades (e novas maneiras de encontrá-las) que nenhuma evolução biológica ou cultural teria inventado por si só.

Ao mesmo tempo, porém, o técnio também acelerou a evolução biológica humana. As populações crescentes de cidades cada vez mais densas ampliaram o contágio de doenças e aceleraram nossa adaptação biológica. Como os seres humanos são inteligentes e têm alta mobilidade, eles selecionam parceiros sexuais a partir de um conjunto muito maior de candidatos. Novos alimentos também aceleraram a evolução dos nossos corpos. Por exemplo, a capacidade adulta de beber leite evoluiu e se disseminou rapidamente depois que os seres humanos conseguiram domesticar herbívoros. Hoje, de acordo com pesquisas sobre as mutações em nosso DNA, nossos genes estão evoluindo 100 vezes mais rápido do que em períodos pré-agrícolas.

Nas últimas décadas, a evolução da ciência criou outro modo de evolução. Estamos acessando e ajustando as alavancas e botões mais profundos da humanidade. Estamos mexendo com o código fonte, incluindo o código que produz nossos cérebros e cria nossas mentes. *Splicing* genético, engenharia genética e terapia genética colocaram nossos genes sob o controle direto das nossas mentes, encerrando a hegemonia de quatro bilhões de anos da evolução darwiniana. Agora, as linhagens humanas podem herdar traços adquiridos e desejáveis. O técnio será liberado da tirania lenta do DNA. As consequências dessa nova evolução simbiótica são tão imensas que não sabemos como reagir.

Enquanto isso, cada inovação tecnológica cria novas oportunidades para o técnio mudar de novas maneiras. E cada novo tipo de problema causado pela tecnologia também cria a oportunidade de novos tipos de soluções e novos caminhos para encontrar essas soluções, o que representa uma espécie de evolução cultural. A expansão do técnio acelera a evolução que começou com a vida, de modo que agora ela evolui a própria ideia de mudança. Estamos falando de algo que não é simplesmente a força mais poderosa do mundo; a evolução da evolução é a força mais poderosa do universo.

Esses grandes avanços — o crescimento das oportunidades, da emergência, da complexidade, da diversidade e assim por diante — são uma resposta à pergunta de aonde a tecnologia está indo. Em uma escala cotidiana muito menor, prever o futuro da tecnologia é impossível. É muito difícil filtrar o ruído aleatório do comércio. Para enxergar como progridem pela tecnologia atual, temos mais sorte extrapolando tendências históricas que, em alguns casos, remontam a bilhões de anos no passado. Essas tendências são sutis, empurrando as tecnologias lentamente em uma direção que não seria visível no piscar de um ano.

Elas são lentas porque não são motivadas por eventos humanos. Em vez disso, essas tendências são vieses gerados pela mistura e fusão do sistema do técnio. Seu movimento é como a gravidade lunar, uma atração fraca, persistente e insensível que acaba movendo oceanos. Em uma escala de gerações, essas tendências superam a ruído das paixões humanas, dos modismos e das tendências financeiras e levam a as tecnologias em certas direções inerentes.

Em vez uma série de linhas sinuosas que avançam por um futuro predeterminado, imagine as flechas das tendências tecnológicas explodindo para todos os lados a partir do presente. Assim como o espaço se expande e se afasta de nós em todas as direções, abrindo o universo, essas forças em ascensão são como esferas que se inflam e criam o território para o qual estão se expandindo. O técnio é uma explosão de informação, organização, complexidade, diversidade, senciência, beleza e estrutura que muda a si mesmo à medida que se expande.

Essa autoaceleração eufórica lembra a cobra mítica Uróboro, que morde a própria cauda e se vira de dentro para fora. Ela está recheada de paradoxos, mas também de potencial. Na verdade, o técnio em expansão, com suas trajetórias cósmicas, sua reinvenção contínua, suas inevitabilidades e sua autogeração, é um começo aberto, um jogo infinito que nos convida a participar.

Capítulo 14

O jogo infinito

A tecnologia nos quer, mas *para* que ela nos quer? O que ganhamos com essa longa jornada?

Quando Henry David Thoreau entreviu engenheiros construindo um telégrafo de longa distância ao longo da estrada de ferro que passava pelo seu retiro na Lagoa Walden, ele se perguntou se os seres humanos tinham algo suficientemente importante para falar que compensasse os esforços consideráveis daqueles engenheiros.

Da sua fazenda familiar no Kentucky, Wendell Berry observa como as tecnologias como o motor a vapor assumiram o trabalho manual que era dos fazendeiros e imagina se as máquinas têm algo a ensinar aos seres humanos: "o século 19 achava que as máquinas eram uma força moral que melhoraria os homens. Mas como os homens melhorariam por causa do motor a vapor?".

É uma boa pergunta. O técnio está nos reinventando, mas será que qualquer parte dessa tecnologia complicada consegue nos transformar em seres humanos melhores? Será que existe alguma manifestação do pensamento humano, em qualquer lugar, que seja capaz de melhorar os homens?

Uma resposta com a qual Wendell Berry talvez concordasse é que a tecnologia da lei torna os homens melhores. Um sistema legal faz com que homens e mulheres sejam responsáveis, os encoraja a serem justos, limita impulsos indesejáveis, gera confiança e assim por diante. O sistema jurídico complexo que sustenta as sociedades ocidentais não é muito diferente do *software*: um conjunto complexo de códigos executado no papel em vez do computador que (em um mundo ideal) calcula lentamente a justiça e a ordem. A lei seria, então, uma tecnologia que nos tornou melhores; se bem que, na verdade, nada pode nos *tornar* melhores. Não podemos ser forçados a fazer o bem, mas podemos receber oportunidades para tanto.

Creio que Berry não consegue apreciar os dons do técnio porque sua ideia de tecnologia é pequena demais. Ele está preso a objetos frios, duros e nojentos, como motores a vapor, produtos químicos e ferramentas de aço, que talvez não passem da fase juvenil de criaturas mais maduras. De uma perspectiva mais ampla, na qual os motores a vapor são apenas uma parte minúscula do todo, as formas conviventes da tecnologia realmente nos permitem melhorar enquanto seres humanos.

Como a tecnologia pode tornar as pessoas melhores? Só de um jeito: dando oportunidades a cada indivíduo. A chance de se sobressair com a combinação exclusiva de talentos com a qual cada um nasceu, a chance de encontrar novas ideias e novas mentes, a chance de ser diferente dos próprios pais, a chance de criar algo só seu.

Sou o primeiro a admitir que por si mesmas, sem qualquer contexto, essas possibilidades são insuficientes para a felicidade humana, quanto mais para a melhoria da humanidade. Ter mais escolhas só é algo positivo quando se tem valores para orientá-las. Mas Wendell Berry parece estar dizendo que se temos valores espirituais, não precisamos de tecnologia para sermos felizes. Em outras palavras, Berry está perguntando: a tecnologia é mesmo necessária para a melhoria da humanidade?

Como acredito que tanto o técnio quanto a civilização têm suas raízes nas mesmas tendências cósmicas autossustentáveis, creio que outra versão da mesma pergunta seria: a civilização é mesmo necessária para a melhoria da humanidade?

Quando traço a história do técnio, minha resposta é, sem dúvida nenhuma, sim. O técnio é necessário para a melhoria da humanidade. De que outra maneira poderíamos mudar? Um subconjunto especial de seres humanos considerarão as escolhas limitadas disponíveis, digamos, no claustro de um monastério, ou as oportunidades minúsculas na cabana de um eremita às margens de um lago, ou o horizonte intencionalmente restrito de um guru nômade, como o caminho ideal para o aprimoramento. Mas a maioria dos seres humanos, durante a maior parte da história, vê o acúmulo de possibilidades de uma civilização rica como algo que os torna pessoas melhores. É por isso que criamos a civilização/tecnologia. É por isso que temos ferramentas. Elas produzem escolhas, incluindo a escolha de fazer o bem.

É verdade que as escolhas sem valores não produzem muito, mas valores sem escolhas são igualmente estéreis. Precisamos de todo o espectro de escolhas conquistado pelo técnio para realizarmos todo nosso próprio potencial.

O que a tecnologia nos dá individualmente é a possibilidade de descobrir quem somos e, acima de tudo, quem poderíamos ser. Em sua vida, cada pessoa adquire uma combinação especial de capacidades latentes, habilidades úteis, ideias incipientes e experiências potenciais, um conjunto seu e apenas seu. Mesmo gêmeos idênticos, que têm o mesmo DNA, não têm a mesma vida. Quando as pessoas maximizam seu conjunto de talentos, elas brilham, pois ninguém pode fazer o que elas fazem. As pessoas que concretizam todo seu conjunto especial de habilidades são inimitáveis; é isso que adoramos nelas. Realizar o talento e potencial humano não significa que todos vamos cantar na Broadway ou competir nas Olimpíadas ou ganhar Prêmios Nobel. Esses papéis mais famosos são apenas as três maneiras tradicionais de se tornar uma estrela, e não por coincidência são oportunidades limitadas. A cultura popular tem uma fixação errônea por papéis de destaque comprovados e acredita que eles são o destino de todos que têm sucesso. Na verdade, essas posições de proeminência e estrelato podem ser prisões, camisas de força definidas por algum outro indivíduo que realizou seu potencial.

Em um mundo ideal, encontraríamos uma posição de excelência adaptada especificamente para cada um de nós. Não costumamos enxergar as oportunidades dessa maneira, mas essas possibilidades de sucesso se chamam "tecnologia". A tecnologia da vibração de cordas abriu (criou) o potencial para o violinista virtuoso. A tecnologia da tinta a óleo e da tela liberou os talentos de pintores por séculos e séculos. A tecnologia do filme criou os talentos cinematográficos. As tecnologias abstratas da escrita, legislação e matemática expandiram nosso potencial de criar e fazer o bem. Assim, no curso de nossas vidas, à medida que inventamos objetos e criamos novas obras que servem de base para novas criações alheias, nós temos — enquanto amigos, família, clã, nação e sociedade — uma função direta em permitir que cada indivíduo otimize seus talentos, não no sentido de conquistar a fama, mas no sentido de não ter par em sua contribuição especial.

Entretanto, se não conseguimos ampliar as possibilidades alheias, estamos reduzindo-as, e isso é imperdoável. Ampliar o escopo da criatividade alheia é, assim, uma obrigação. Ampliamos as possibilidades alheias quando ampliamos as do técnio, desenvolvendo mais tecnologias e expressões mais conviventes para elas.

Se o melhor arquiteto de catedrais da história nascesse hoje em vez de 1.000 anos atrás, ele ainda veria algumas catedrais sendo construídas para destacar sua glória. Sonetos ainda são escritos, manuscritos ainda recebem iluminuras. Mas imagine a pobreza do mundo atual se Bach tivesse nascido 1.000 anos antes dos flamengos inventarem a tecnologia do cravo? Ou se Mozart nascesse antes das tecnologias do piano e da sinfonia? Nossas imaginações coletivas seriam muito mais vazias se Vincent van Gogh tivesse nascido 5.000 anos antes da invenção da tinta a óleo barata, não? Como seria o mundo moderno se Edison, Greene e Dickson não tivessem desenvolvido a tecnologia cinematográfica antes de Hitchcock ou Charlie Chaplin crescerem?

Tecnologias ausentes. O menino Mozart antes da invenção do piano, Alfred Hitchcock antes das câmeras de cinema e meu filho Tywen antes da próxima revolução.

Quantos gênios do nível de Bach e Van Gogh morreram antes das tecnologias necessárias para desenvolver seus talentos estarem disponíveis? Quantas pessoas vão morrer sem jamais terem encontrado as possibilidades tecnológicas nas quais teriam realizado seu potencial? Tenho três filhos e, apesar de oferecer todas as oportunidades possíveis, o potencial de cada um pode acabar nunca se realizando porque a tecnologia ideal para os seus talentos ainda não foi inventada. Em algum lugar do mundo vive um gênio, um Shakespeare moderno, cujas obras-primas a sociedade nunca conhecerá porque essa pessoa nasceu antes da tecnologia (câmaras holográfica, buracos de minhoca espaciais, telepatia, caneta mágica) da sua grandeza ser inventada. Sem essas possibilidades artificiais, essa pessoa é menor do que poderia, e por extensão todos nós somos menores do que poderíamos ser.

Durante quase toda a história, a combinação exclusiva de talentos, habilidades, ideias e experiências de cada indivíduo não tinha como ser canalizada. Se seu pai era padeiro, você era padeiro. A tecnologia expande as possibilidades de espaço e, no processo, expande a chance de cada um encontrar um canal para seus traços pessoais. Assim, temos uma obrigação moral de aumentar o melhor da tecnologia. Quando ampliamos a variedade e alcance da tecnologia, aumentamos as opções não apenas para nós mesmos e todos os outros seres humanos vivos, mas também para todos que virão à medida que o técnio aumenta em complexidade e beleza nas gerações futuras.

Um mundo com mais oportunidades produz mais pessoas capazes de produzirem ainda mais oportunidades. É um estranho ciclo de criação autossustentável que produz um fluxo constante de criaturas superiores a si mesmas. Cada ferramenta existente oferece à civilização (todos os indivíduos vivos) outra maneira de pensar sobre algo, outra visão da vida, outra escolha. Toda ideia que se concretiza (tecnologia) amplia o espaço onde construímos nossas vidas. A simples invenção da roda libertou centenas de novas ideias sobre o que fazer com ela. A roda deu origem a carroças, rodas de oleiro, rodas budistas de oração e engrenagens. Essas invenções, por sua vez, inspiraram e alavancaram milhões de indivíduos criativos e permitiriam o surgimento de mais ideias. E no caminho, muita gente usou essas ferramentas para descobrir as próprias histórias.

É isso que é o técnio. Trata-se de um acúmulo de coisas, conhecimentos, práticas, tradições e escolhas que permitem que cada ser humano gere e participe de um número maior de ideias. A civilização, desde as primeiras cidades nos vales dos rios, 8.000 anos atrás, pode ser considerada um processo pelo qual as possibilidades e oportunidades da próxima geração são acumuladas com o tempo. O indivíduo de classe média de hoje em dia que trabalha com vendas herdou muito mais escolhas que um rei medieval, assim como o rei medieval herdou mais opções do que o nômade de subsistência antes dele.

Nós acumulamos possibilidades porque o próprio cosmo está em um processo de expansão semelhante. Até onde sabemos, o universo começou como um ponto indiferenciado e se desdobrou aos poucos, formando as nuances detalhadas que chamamos de matéria e realidade. Em um período de bilhões de anos, os processos cósmicos criaram os elementos, os elementos deram origem às moléculas, as moléculas se organizaram em galáxias... e cada passo sempre ampliou o reino do que era possível.

A peregrinação que saiu do nada e chegou à plenitude do universo materializado pode ser interpretada como a expansão das liberdades, das escolhas e das possibilidades concretas. No começo, não havia escolha alguma, não havia livre arbítrio, nada, absolutamente nada. Do Big Bang em diante, as possibilidades de organização da matéria e energia aumentaram até que finalmente, por meio da vida, a liberdade de ações possíveis aumentou. Com o advento das mentes imaginativas, até mesmo as possibilidades de novas possibilidade aumentaram ainda mais. É quase como se o universo fosse uma escolha que monta a si mesma.

Em geral, o viés de longo prazo da tecnologia é de aumentar a diversidade de artefatos, métodos e técnicas para a criação de escolhas. O objetivo da evolução é perpetuar o jogo de possibilidades.

Comecei este livro com uma busca por um método, um entendimento, no mínimo, para orientar minhas escolhas no técnio. Eu precisava de uma visão maior para conseguir escolher as tecnologias que me concederiam os maiores benefícios e as menores demandas. Na verdade, o que eu estava buscando era uma maneira de reconciliar a natureza egoísta do técnio, que quer mais para si mesmo, com sua natureza generosa, que quer nos ajudar a encontrar mais para nós mesmos. Observando o mundo pelos olhos do técnio, passei a apreciar os níveis inacreditáveis de autonomia egoísta que ele possui. As direções e movimentos internos do técnio são mais profundos do que eu suspeitava originalmente. Ao mesmo tempo, enxergar o mundo do ponto de vista do técnio aumentou minha admiração pelos seus poderes transformativos positivos. Sim, a tecnologia está adquirindo autonomia e vai maximizar seus próprios planos cada vez mais, mas a consequência desses planos é maximizar as possibilidades para nós.

Cheguei à conclusão de que esse dilema entre as duas faces da tecnologia é inevitável. Enquanto o técnio existir (e ele precisa existir enquanto estivermos aqui), essa tensão entre os dons e as demandas continuará a nos assombrar. Em 3.000 anos, quando todos finalmente tiverem mochilas e carros voadores, ainda estaremos enfrentando o conflito inerente entre o aumento do técnio e o nosso. Essa tensão eterna é mais um aspecto da tecnologia que precisamos aceitar.

Por uma questão prática, aprendi a buscar o mínimo de tecnologia que crie o máximo de escolhas para mim mesmo e para os outros. O ciberneticista Heinz von Foerster chamava essa abordagem de Imperativo Ético, que definia da seguinte forma: "Sempre atue de modo a aumentar o número de escolhas". A melhor maneira de usar a tecnologia para aumentar as escolhas alheias é encorajar a ciência, a inovação, a educação, a alfabetização e o pluralismo. Na minha experiência, o princípio nunca falha: em qualquer jogo, sempre aumente as opções.

O universo possui dois tipos de jogos: jogos finitos e jogos infinitos. Os jogos finitos são jogados para se obter uma vitória. Jogos de cartas, mãos de pôquer, jogos de azar, apostas, esportes como o futebol, jogos de tabuleiro como Banco Imobiliário, corridas, maratonas, quebras-cabeças, Tetris, cubo mágico, caça-palavras, sudoku, jogos *online* como *World of Warcraft* e *Halo*; todos são jogos finitos. O jogo termina quando alguém ganha.

Os jogos infinitos, por outro lado, são jogados para manter o jogo vivo. Ele não termina porque ninguém vence.

Os jogos finitos exigem regras que permanecem constantes. O jogo fracassa caso as regras mudem durante a partida. Alterar as regras no meio do jogo é imperdoável, a própria definição de injustiça. Assim, em jogos finitos, as partes se esforçam para definir as regras de antemão e cumpri-las durante a partida.

Um jogo infinito, entretanto, só pode continuar se alterar as próprias regras. Para se manter aberto, o jogo precisa brincar com as regras.

Jogos finitos, como beisebol e xadrez e Super Mario, precisam de limites: espaciais, temporais ou comportamentais. Desse tamanho, desse comprimento, faça isso ou não faça aquilo.

Um jogo infinito não tem limites. James Carse, o teólogo que desenvolveu essas ideias em seu brilhante tratado *Jogos Finitos e Infinitos*, afirma: "Jogadores finitos jogam dentro dos limites; jogadores infinitos jogam com os limites".

Evolução, vida, mente e técnio são jogos infinitos. A ideia do jogo é perpetuar o próprio jogo e manter todos os participantes jogando tanto quanto for possível. Para conseguirem isso, assim como ocorre com todos os jogos infinitos, eles ficam subvertendo as regras do jogo. A evolução da evolução é só mais um jogo.

Tecnologias bélicas puras geram jogos finitos. Elas produzem vencedores (e perdedores) e eliminam opções. Jogos finitos são dramáticos; pense no esporte e na guerra. Podemos pensar em centenas de histórias mais emocionantes sobre dois homens lutando do que sobre dois homens em paz. Mas o problema com essas 100 histórias emocionantes sobre dois homens lutando é que todas levam ao mesmo fim – a morte de um ou de ambos – a menos que em algum momento eles mudem de ideia e passem a cooperar. Já aquela história chata sobre a paz não tem fim. Ela pode levar a milhares de história inesperadas; talvez os dois homens se tornem sócios e construam uma nova cidade ou descubram um novo elemento ou escrevam uma ópera incrível. Eles criam algo que se torna uma plataforma para histórias futuras. Eles estão jogando um jogo infinito. A paz é desejada em todo o mundo porque dá à luz mais oportunidades e, ao contrário de um jogo finito, ela contém um potencial infinito.

As coisas que mais amamos na vida, incluindo a própria vida, são jogos infinitos. Quando jogamos o jogo da vida, ou o jogo do técnio, as metas não são fixas, as regras são desconhecidas e estão sempre mudando. Como proceder? Uma boa opção é aumentar o número de opções. Enquanto indivíduos e sociedade, podemos inventar métodos que gerem tantas *boas* possibilidades novas quanto possível. Uma boa possibilidade é aquela que gera ainda mais boas possibilidades... e assim por diante, no infinito jogo paradoxal. A melhor escolha "aberta" é aquela que leva ao maior número de escolhas "abertas subsequentes. A árvore recursiva resultante é o jogo infinito da tecnologia.

O objetivo do jogo infinito é seguir jogando: explorar todas as maneiras de jogar o jogo, incluir todos os jogos, todos os jogadores possíveis, ampliar o que significa jogar, gastar tudo, economizar nada, semear o universo com jogadas impossíveis e, se possível, superar tudo que veio antes.

Em seu místico livro *The Singularity Is Near*, Ray Kurzweil, inventor inveterado, fã da tecnologia e ateu assumido, anuncia: "A evolução avança em direção a mais complexidade, mais elegância, mais conhecimento, mais inteligência, mais beleza, mais criatividade e maiores níveis de atributos sutis, como o amor. Em todas as tradições monoteístas, Deus também é descrito com todas essas qualidades, mas sem limitações. (...) Assim, a evolução avança inexoravelmente em direção a essa concepção de Deus, mas sem nunca alcançar esse ideal".

Se Deus existe, o arco do técnio está voltado para ele. Recontarei a Grande História desse arco de novo, um último resumo, porque sua direção está muito além de nós.

À medida que a energia indiferenciada do Big Bang foi se resfriando pela expansão do espaço no universo, ela começou a formar entidades mensuráveis e, com o tempo, as partículas se condensaram em átomos. Expansões e resfriamentos subsequentes permitiram a formação de moléculas complexas, que se auto-organizam em entidades autorreprodutoras. A complexidade desses organismos embriônicos aumenta a cada segundo, acelerando a velocidade com a qual mudam. A evolução da evolução acumula novas maneiras de se adaptar e aprender, até que todas as mentes dos animais se ligam à consciência. Essa consciência imagina mais mentes, que juntas formam um universo de mentes e transcendem todos os limites anteriores. O destino dessa mente coletiva é expandir a imaginação em todas as direções até deixar de ser solitária e passar a refletir o infinito.

Existe até uma teologia moderna que postula que Deus também muda. Sem entrar em sutilezas teológicas, essa teoria, chamada de Teologia do Processo, descreve Deus como um processo, um processo perfeito, por assim dizer. Nessa teologia, Deus é menos um *hacker* genial, barbudo, remoto e monumental e mais um fluxo sempre presente, um movimento, um processo, uma transformação primária autônoma. A mutabilidade constante e auto-organizada da vida, da evolução, da mente e do técnio é um reflexo da transformação divina. Deus, enquanto Verbo, liberta uma série de regras que formam um jogo infinito, um jogo que está sempre retornando para si mesmo.

Estou citando Deus aqui no final porque parece injusto falar de autocriação sem mencionar Deus, o maior exemplo de autocriação. A única alternativa a uma série infinita de criações causadas pela criação anterior é uma criação que emerge da própria autocausação. Essa autocausação original, que não tem antecessores e cria a si mesma antes de criar o tempo ou o nada, é a definição mais lógica de Deus. Essa imagem de um Deus mutável não escapa aos paradoxos da autocriação que infectam todos os níveis da autorganização; ela, na verdade, os abrange enquanto paradoxos necessários. Deus ou não, a autocriação é um mistério.

Em certo sentido, este livro trata da autocriação contínua (com ou sem o conceito de autocriação original). A história contada nestes capítulos descreve como a autossustentação crescente da complexidade, das possibilidades e da senciência em expansão, que hoje vemos no técnio e além, é impulsionada por forças inerentes na primeira nanomigalha da existência e como essa semente de fluxo se desdobrou de tal modo que, na teoria, poderia continuar a se desdobrar e recriar por muito, muito tempo.

Espero que este livro tenha demonstrado que uma única linha de autogeração une o cosmos, o *bios* e o *technos* em uma única criação. A vida é menos um milagre do que uma necessidade da matéria e da energia. O técnio é menos um adversário da vida do que sua extensão. Os seres humanos não são o ápice dessa trajetória, mas um intermediário, bem no meio entre o que nasce e o que é feito.

Por milhares de anos, os seres humanos buscaram no mundo orgânico, o mundo dos vivos, pistas sobre a natureza da criação e até mesmo do criador. A vida era um reflexo do divino. Considerava-se que os seres humanos em particular foram criados à imagem de Deus. Mas se você acredita que os seres humanos foram feitos à imagem de Deus, o autocriador, então nos saímos bem, pois acabamos de dar à luz à nossa própria criação: o técnio. Muita gente, incluindo muitos que acreditam em Deus, chamaria isso de arrogância. Em comparação com tudo que veio antes, nossas conquistas são insignificantes.

"Enquanto nos voltamos das galáxias para as células que fervilham em nosso próprio ser, células que trabalham por uma entidade além da sua compreensão, lembremo-nos do homem, o autocriador que atravessou uma era do gelo para se enxergar nos espelhos e mágicas da ciência. É difícil acreditar que o homem queria ver apenas a si mesmo ou seu rosto selvagem. Ele fez tudo isso porque, no fundo, o homem é um ouvinte e um peregrino em busca de um reino transcendente além de si mesmo." O parágrafo foi escrito por Loren Eiseley, antropólogo e escritor, ruminando sobre o que chama de nossa "imensa jornada" sob as estrelas.

A mensagem sombria das estrelas, em sua infinitude esmagadora, é que nós não somos nada. É difícil argumentar com 500 bilhões de galáxias, cada uma com um bilhão de estrelas. Nas névoas do cosmo infinito, nosso breve instante em um canto obscuro não é absolutamente nada.

Entretanto, o fato de que algo se sustenta contra a imensidão estrelada, o fato de que alguma coisa, qualquer coisa, está se erguendo sozinha, é um argumento contra o niilismo das estrelas. O menor pensamento não existiria a menos que todo o universo e as leis da física o encorajassem de alguma maneira. A existência de um único botão de rosa, uma única pintura a óleo, uma única fileira de hominídeos vestidos andando por ruas de tijolos, uma única tela brilhante à espera de dados ou um único livro sobre a natureza das nossas criações exige que atributos simpáticos à vida sejam uma parte fundamental das leis primevas da existência. "O universo sabia que estávamos a caminho", afirma Freeman Dyson. E se as leis cósmicas tendem a produzir um pouquinho de vida e mente e tecnologia, então cada pouquinho flui do anterior para o próximo. Nossa imensa jornada é uma série de eventos minúsculos e improváveis que se reúnem em uma série de inevitabilidades.

O técnio é o modo como o universo se conscientizou sobre si mesmo. Nas palavras memoráveis de Carl Sagan, "somos poeira estelar contemplando as estrelas". Mas de longe a maior jornada da humanidade, a mais imensa de todas, não é o caminho entre a poeira cósmica e a consciência, mas a imensa jornada em nosso futuro. O arco de complexidade e criação sem fim definido dos últimos quatro bilhões de anos não é nada em comparação com o que nos espera.

O universo é quase todo vazio porque está esperando para ser preenchido pelos produtos da vida e do técnio, com perguntas e problemas e relações cada vez mais densas entre os pedaços que chamamos de *con scientia* — conhecimento compartilhado — ou consciência.

E por bem ou por mal, estamos no fulcro do futuro. Somos, em parte, responsáveis pela evolução deste planeta daqui em diante.

Cerca de 2.500 anos atrás, a maioria das grandes religiões da humanidade teve início em um período relativamente compacto. Confúcio, Lao Tsé, Buda, Zoroastro, os autores dos Upanixades e os patriarcas judeus viveram em um período de 20 gerações. Apenas algumas das grandes religiões surgiram desde então. Os historiadores chamam esse agito planetário de Era Axial. É como se todos os seres humanos vivos na época tivessem acordado ao mesmo tempo e, num só fôlego, começado a buscar suas origens misteriosas. Alguns antropólogos acreditam que o despertar da Era Axial foi induzido pelo superávit de alimentos gerado pela agricultura, possibilitado pela irrigação em massa e outras obras hidráulicas ao redor do mundo.

Eu não me surpreenderia com a ocorrência de outro despertar axial, alimentado por uma nova enxurrada tecnológica. Tenho dificuldade para acreditar que, se conseguirmos fabricar robôs que funcionam de verdade, esse fato não perturbará nossas ideias sobre a religião e sobre Deus. Algum dia criaremos outras mentes, e elas nos surpreenderão. Elas pensarão coisas que nunca poderíamos ter imaginado; e se dermos corpos completos a essas mentes e elas se proclamarem filhas de Deus, qual será a nossa resposta? Quando alterarmos a genética em nossas veias, esse ato não vai transformar nossa noção do que é uma alma? Será possível cruzar o reino quântico, onde um pedaço de matéria pode ocupar dois lugares ao mesmo tempo, e ainda não acreditar em anjos?

Pense no que está por vir: a tecnologia está costurando e unificando todas as mentes dos vivos, cobrindo o planeta com um manto vibrante de nervos eletrônicos, continentes inteiros de máquinas que conversam umas com as outras, o todo observando a si mesmo por um milhão de câmeras postadas todos os dias. Como seria possível esse fenômeno não mexer com aquele órgão dentro de nós sensível a algo maior do que nós mesmos?

Desde que o vento passou a soprar e a grama a crescer, as pessoas se sentam à sombra das árvores na floresta em busca de iluminação, em busca de Deus. Elas buscaram no mundo natural uma sugestão sobre suas origens. As filigranas das samambaias e das penas guardam a sombra de uma fonte infinita. Até mesmo quem não vê utilidade nenhuma em Deus estuda a evolução do mundo das criaturas que nascem, tentando entender por que estamos aqui. Para a maioria das pessoas, a natureza é ou um acidente de longo prazo muito fortuito ou um reflexo detalhado do criador. Para este segundo grupo, toda espécie pode ser interpretada como um encontro de quatro bilhões de anos com Deus.

Ainda assim, podemos enxergar mais a figura de Deus em um telefone celular do que numa rã. O telefone estende os quatro bilhões de anos de aprendizagem da rã e agrega as investigações abertas de seis bilhões de mentes humanas. Algum dia, talvez acreditemos que a tecnologia mais conivente que conseguimos criar não é um tributo à engenhosidade humana, mas uma testemunha da divindade. Quanto maior a autonomia do técnio, menor nossa influência sobre o artificial. Ele segue seu próprio movimento, um processo que começou no Big Bang. Em uma nova era axial, é possível que as maiores obras tecnológicas venham a ser consideradas um retrato de Deus, não de nós. Além de realizar retiros espirituais em bosques de sequoias, talvez comecemos a nos entregar aos labirintos de uma rede de 200 anos. As camadas intricadas e incompreensíveis de lógica acumuladas durante um século, emprestadas dos ecossistemas tropicais e unidas em um objeto de beleza por milhões de mentes sintéticas ativas, nos dirão como nos dizem as sequoias, porém mais alto e de forma mais convincente: "Muito antes de você chegar, eu já estava aqui".

O técnio não é Deus; ele não é grande o suficiente. Ele não é uma utopia. Ele não é sequer uma entidade. Ele é uma transformação que está apenas começando. Mas ele contém mais bondade do que tudo mais que conhecemos.

O técnio expande os traços fundamentais da vida e, no processo, expande a bondade fundamental da vida. A diversidade crescente da vida, sua busca por senciência, o avanço de longo prazo do genérico para o diferente, a capacidade essencial (e paradoxal) de gerar novas versões de si mesmo e a participação constante e um jogo infinito são todos traços e "desejos" do técnio. Ou, em outras palavras, os desejos do técnio são os desejos da vida. Mas o técnio não para por aí. O técnio também expande os traços fundamentais da mente, o que expande a bondade fundamental da mente. A tecnologia amplia a tendência mental de procurar a unidade de todos os pensamentos, acelera as conexões entre todas as pessoas e povoa o mundo com todas as maneiras concebíveis de se compreender o infinito.

Nenhum indivíduo pode se tornar tudo que é humanamente possível; nenhuma tecnologia pode capturar tudo que a tecnologia promete. Será preciso toda a vida e todas as mentes e toda a tecnologia para começar a enxergar a realidade. Será preciso todo o técnio, e isso inclui nós mesmos, para descobrirmos as ferramentas necessárias para surpreender o mundo. No caminho, geraremos mais opções, mais oportunidades, mais conexão, mais diversidade, mais unidade, mais pensamento, mais beleza e mais problemas. E o resultado final é mais bondade, um jogo infinito que vale a pena ser jogado.

E é isso que a tecnologia quer.

Leituras recomendadas

Das centenas de livros que consultei para este projeto, considerei os volumes a seguir como os mais úteis para meus propósitos. Os livros estão listados em ordem de importância (o restante das minhas fontes está listado na seção Fontes).

Autonomous Technology: Technics-Out-of-Control as a Theme in Political Thought. Langdon Winner. Cambridge: MIT Press, 1977.
> Langdon Winner é quem mais se aproxima das minhas noções sobre a autonomia da tecnologia, mas suas ideias apareceram décadas antes das minhas. Apesar de chegarmos a conclusões muito diferentes, Winner pesquisou o assunto a fundo e devo muito ao seu livro. Além de tudo, Winner também é um autor elegante.

Technology Matters: Questions to Live With. David Nye. Cambridge: MIT Press, 2006.
> Provavelmente o melhor panorama do escopo, escala e filosofia do técnio. Nye oferece uma pesquisa acadêmica profunda e apresentações cuidadosas, justas e equilibradas a diversas teorias, com vários exemplos, tudo em um livro curto e fácil de ler.

The Nature of Technology: What It Is and How It Evolves. W. Brian Arthur. New York: Free Press, 2009.
> A descrição mais clara e utilitária da tecnologia que já encontrei. Arthur reduz a complexidade da tecnologia a uma pureza quase matemática. Ao mesmo tempo, sua visão é humana e engenhosa. Concordo em tudo com sua perspectiva.

Visions of Technology: A Century of Vital Debate About Machines, Systems, and the Human World. Richard Rhodes, ed. New York: Simon & Schuster, 1999.
> Nessa antologia em um volume, Rhodes reúne artigos sobre tecnologia escritos durante os últimos cem anos. Críticos, poetas, inventores, escritores, artistas e cidadãos comuns apresentam passagens e perspectivas incrivelmente interessantes sobre tecnologia. Encontrei muitos *insights* nesse livro que não aparecem em nenhuma outra fonte.

Does Technology Drive History? The Dilemma of Technological Determinism. Merritt Roe Smith and Leo Marx, eds. Cambridge: MIT Press, 1994.
Uma antologia acadêmica de historiadores tentando responder a pergunta do título: a tecnologia orienta a história?

The Singularity Is Near. Ray Kurzweil. New York: Viking, 2005.
Chamo esse livro de mítico porque creio que a Singularidade é um novo mito para a nossa era. Ela tem poucas chances de ser verdade, mas provavelmente é muito influente. A Singularidade é um mito assim como o Super-Homem e a Utopia, uma ideia que, depois de nascer, nunca desaparecerá, destinada a ser reinterpretada por toda a eternidade. Esse é o livro que lançou a ideia. É impossível ignorá-lo.

Thinking Through Technology: The Path Between Engineering and Philosophy. Carl Mitcham. Chicago: University of Chicago Press, 1994.
Uma introdução acessível à história da tecnologia, às vezes usada como livro-texto em sala de aula.

Life's Solution: Inevitable Humans in a Lonely Universe. Simon Conway Morris. Cambridge: Cambridge University Press, 2004.
O livro atira para todos os lados, mas duas grandes ideias estão nadando dentro dele: a evolução é convergente e a vida é inevitável. Escrito pelo biólogo que decifrou os fósseis do Xisto de Burgess, as mesmas evidências que serviram de base para *Vida Maravilhosa*, de Stephen Jay Gould, mas com uma conclusão radicalmente diferente da de Gould.

The Deep Structure of Biology: Is Convergence Sufficiently Ubiquitous to Give a Directional Signal? Simon Conway Morris, ed. West Conshohocken, PA: Templeton Foundation Press, 2008.
Uma antologia de muitas disciplinas sobre evolução convergente.

Cosmic Evolution. Eric J. Chaisson. Cambridge: Harvard University Press, 2002.
Escrito por um físico, o livro é uma exploração pouco conhecida da ideia de que a evolução avança em um contínuo que começou antes da vida.

Biocosm : The New Scientific Theory of Evolution: Intelligent Life Is the Architect of the Universe. James Gardner. Makawao Maui, HI: Inner Ocean, 2003.
O livro se baseia em uma ideia incrivelmente radical, de que o cosmo é um organismo vivo, extrema demais para a maioria dos leitores. Mas em torno desse núcleo, o livro está recheado com toneladas de evidências favoráveis a um contí-

nuo entre o universo inerte, a vida e a tecnosfera. *Biocosm* é o único outro livro que conheço que cobre as mesmas tendências cósmicas que tentei capturar neste volume.

Cosmic Jackpot: Why Our Universe Is Just Right for Life. Paul Davies. Boston: Houghton Mifflin, 2007.
Davies utiliza seu conhecimento profissional sobre Física para reunir os processos da vida, mente e entropia. Ninguém investiga com mais originalidade as grandes questões filosóficas sem perder de vista uma base nos resultados de experimentos científicos. Davies é meu guia na grande estrutura da existência. *Cosmic Jackpot* é seu último e melhor resumo.

Finite and Infinite Games. James Carse. New York: Free Press, 1986.
Esse livrinho contém um universo de sabedoria. Você provavelmente precisa ler apenas o primeiro e o último capítulos, mas é o suficiente. Escrito por um teólogo, o livro alterou meu modo de pensar sobre a vida, o universo e tudo mais.

The Riddle of Amish Culture. Donald B. Kraybill. Baltimore: The Johns Hopkins University Press, 2001.
Kraybill comunica os paradoxos dos *amish* com *insights* objetivos e muita empatia. Ele é um especialista no uso da tecnologia por esse grupo e também foi meu guia em uma visita a uma comunidade *amish*.

Better Off: Flipping the Switch on Technology. Eric Brende. New York: HarperCollins, 2004.
Uma leitura rápida e estimulante sobre os dois anos em que Brende viveu isolado do mundo moderno, junto a uma comunidade *amish*. O livro é o melhor jeito de sentir o estilo de vida mínimo: o calor, os cheiros, a atmosfera. Como Brende tem formação tecnológica, ele antecipa as perguntas do leitor.

Laws of Fear: Beyond the Precautionary Principle. Cass Sunstein. Cambridge: Cambridge University Press, 2005.
Estudos de caso sobre os problemas do Princípio da Precaução. O livro também sugere uma estrutura para uma abordagem alternativa.

Whole Earth Discipline. Stewart Brand. New York: Viking, 2009.
Muitos dos meus temas sobre progresso e urbanização e vigilância constante foram desenvolvidos originalmente por Brand. O livro também celebra a natureza transformadora das ferramentas e da tecnologia.

Limited Wants, Unlimited Means: A Reader on Hunter-Gatherer Economics and the Environment. John M. Gowdy, ed. Washington, D.C.: Island Press, 1998.

Diversos estudos acadêmicos sobre as descobertas surpreendentes no campo da antropologia, no qual os pesquisadores descobriram que os estilos de vida dos caçadores-coletores não eram tão indesejáveis quanto os modernos imaginam. É impossível ler essa antologia sem mudar de opinião várias vezes.

The Foraging Spectrum: Diversity in Hunter-Gatherer Lifeways. Robert L. Kelly, ed. Washington, D.C.: Simthsonian Institution Press, 1995.

Dados interculturais sólidos sobre como os caçadores-coletores realmente gastavam seu tempo, calorias e atenção. Os melhores estudos científicos sobre a economia e sociedade da vida pré-agrária.

Neanderthals, Bandits, and Farmers: How Agriculture Really Began. Colin Tudge. New Haven: Yale University Press, 1999.

Um livro corajosamente minúsculo que consegue resumir os motivos para o nascimento da agricultura em apenas 52 páginas. Ele representa cinco volumes de *insights* e toda uma biblioteca de pesquisa, destilando a essência disso tudo em um belíssimo ensaio. Eu daria tudo para escrever um livrinho brilhante como esse.

After Eden: The Evolution of Human Domination. Kirkpatrick Sale. Durham: Duke University Press, 2006.

Uma denúncia da rápida dominação e destruição ambiental dos primeiros sapiens, muito antes da agricultura ou da indústria.

The Ascent of Man. Jacob Bronowski. Boston: Little, Brown, 1974.

Baseado na série homônima da BBC-TV de 1972, o livro inspirou o escopo do meu próprio esforço e ofereceu alguns conceitos cruciais. Parte *geek*, parte poeta, parte místico, parte cientista, Bronowski estava muito à frente de seu tempo.

Fontes

As fontes das ilustrações e dos gráficos estão citadas abaixo.

1. Minha pergunta

13 **até 1939:** Franklin D. Roosevelt. (1939, January 4) "Annual Message to Congress." http://www.presidency.ucsb.edu/ws/index.php?pid=15684.

14 **até 1952:** Harry S. Truman. (1952, January 9) "Annual Message to the Congress on the State of the Union." http://www.presidency.ucsb.edu/ws/index.php?pid=14418.

14 **o rei Odisseu era mestre da *techne*:** Steve Talbott. (2001) "The Deceiving Virtues of Technology." NetFuture, (125). http://netfuture.org/2001/Nov1501_125.html.

14 **o termo *tecnologia* praticamente desapareceu:** Carl Mitcham. (1994) *Thinking Through Technology: The Path Between Engineering and Philosophy*. Chicago: University of Chicago Press, pp. 128–129.

14 **o vidro soprado, o cimento, os esgotos e o moinho d'água:** Henry Hodges. (1992) *Technology in the Ancient World*. New York: Barnes & Noble Publishing.

15 **"e não só por motivos técnicos":** Carl Mitcham. (1994) *Thinking Through Technology: The Path Between Engineering and Philosophy*. Chicago; University of Chicago Press, p. 123.

15 **"principalmente pela energia não humana":** Lynn White. (1940) "Technology and Invention in the Middle Ages." *Speculum*, 15 (2), p. 156. http://www.jstor.org/stable/2849046.

15 **a palavra grega esquecida:** Johann Beckmann. (1802) *Anleitung zur Technologie [Guia à Tecnologia]*. Gottingen: Vandenhoeck und Ruprecht.

17 **problemas matemáticos difíceis, tal qual um computador:** L. M. Adleman. (1994) "Molecular Computation of Solutions to Combinatorial Problems." *Science*, 266 (5187). http://www.sciencemag.org/cgi/content/abstract/266/5187/1021.

19 **a sociedade e cultura das ferramentas:** David Nye. (2006) *Technology Matters: Questions to Live With*. Cambridge, MA: MIT Press, pp. 12, 28.

21 **uma plataforma de informática em megaescala:** Kevin Kelly. (2008) "Infoporn: Tap into the 12-Million-Teraflop Handheld Megacomputer." *Wired*, 16 (7). http://www.wired.com/special_multimedia/2008/st_infoporn_1607.

21 **olhos artificiais (telefones e *webcams*) ligados ao sistema:** Ibid.

21 **processa buscas por palavras-chave ao tom de 14 quilohertz:** comScore. (2007) "61 Billion Searches Conducted Worldwide in August." http://www.comscore.com/Press_Events/Press_Releases/2007/10/Worldwide_Searches_Reach_61_Billion. Cáluclo baseado no valor da comScore para o número de buscas realizada todos os meses.

21 **5% da eletricidade mundial:** Kevin Kelly. (2007) "How Much Power Does the Internet Consume?" The Technium. http://www.kk.org/thetechnium/archives/2007/10/how_much_power.php. O valor foi calculado por David Sarokin; ver http://uclue.com//index.php?xq-724.

21 **do sistema como um todo:** Reginald D. Smith. (2008, revised April 20, 2009) "The Dynamics of Internet Traffic: Self-Similarity, Self-Organization, and Complex Phenomena," *arXiv:0807.3374*. http://arxiv.org/abs/0807.3374.

22 **padrão fractal de auto-organização:** Ibid.

2. Inventando a nós mesmos

27 **para disporem de garras:** Jay Quade, Naomi Levin, et al. (2004) "Paleoenvironments of the Earliest Stone Toolmakers, Gona, Ethiopia." *Geological Society of America Bulletin*, 116 (11/12). http://gsabulletin.gsapubs.org/content/116/11-12/1529.abstract.

27 **pré-digestão, com fogo:** Richard Wrangham and NancyLou Conklin-Brittain. (2003) "Cooking as a Biological Trait." *Comparative Biochemistry and Physiology— Part A: Molecular & Integrative Physiology*, 136 (1). http://dx.doi.org/10.1016/S1095-6433(03)00020-5.

27 **esqueleto de um cervo:** Kirkpatrick Sale. (2006) *After Eden: The Evolution of Human Domination*. Durham, NC: Duke University Press.

28 **a forma humana que conhecemos:** Paul Mellars. (2006) "Why Did Modern Human Populations Disperse from Africa Ca. 60,000 Years Ago? A New Model." *Proceedings of the National Academy of Sciences*, 103 (25). http://www.pnas.org/content/103/25/9381.full.pdf+html.

28 **Alguns apontam 200.000:** Ian McDougall, Francis H. Brown, et al. (2005) "Stratigraphic Placement and Age of Modern Humans from Kibish, Ethiopia." *Nature*, 433 (7027). http://dx.doi.org/10.1038/nature03258.

28 **em seu exterior, os membros da espécie seriam indistinguíveis dos exemplares modernos:** Paul Mellars. (2006) "Why Did Modern Human Populations Disperse from Africa Ca. 60,000 Years Ago? A New Model." *Proceedings of the National Academy of Sciences*, 103 (25). http://www.pnas.org/content/103/25/9381.full.pdf+html.

29 **"algo estava faltando":** Jared M. Diamond. (2006) *The Third Chimpanzee: The Evolution and Future of the Human Animal*. New York: HarperPerennial, p. 44.

Fontes 347

29 **Explosão pré-histórica da população humana:** Data from Quentin D. Atkinson, Russell D. Gray et al. (2008) "Mtdna Variation Predicts Population Size in Humans and Reveals a Major Southern Asian Chapter in Human Prehistory." *Molecular Biology and Evolution*, 25 (2), p. 472. http://mbe.oxfordjournals.org/cgi/content/full/25/2/468.

29 **antes da invenção da agricultura, cerca de 10.000 anos atrás:** United States Census Bureau. (2008) "Historical Estimates of World Population." United States Census Bureau. http://www.census.gov/ipc/www/worldhis.html.

30 **chegaram ao Extremo Oriente:** Kirkpatrick Sale. (2006) *After Eden: The Evolution of Human Domination*. Durham, NC: Duke University Press, p. 34.

30 **se espalhar por todo o Novo Mundo:** Jared M. Diamond. (1997) *Guns, Germs, and Steel: The Fates of Human Societies*. New York: W. W. Norton, pp. 50–51.

30 **"regiões mais acidentadas do planeta":** Ibid., p. 51.

30 **continham os restos de peles costuradas:** Kirkpatrick Sale. (2006) *After Eden: The Evolution of Human Domination*. Durham, NC: Duke University Press, p. 68.

30 **marca de redes e pedaços de tecido:** Ibid., p. 77.

31 **tenha passado de 18.000 indivíduos:** Juan Luis de Arsuaga, Andy Klatt, et al. (2002) *The Neanderthal's Necklace: In Search of the First Thinkers*. New York: Four Walls Eight Windows, p. 227.

32 **"fala articulada e produzida rapidamente":** Richard G. Klein. (2002) "Behavioral and Biological Origins of Modern Humans." California Academy of Sciences/BioForum, Access Excellence. http://www.accessexcellence.org/BF/bf02/klein/bf02e3.php. Transcrição de uma palestra, "The Origin of Modern Humans", de 5 de dezembro de 2002.

32 **"muito além de todas as outras espécies terrenas":** Daniel C. Dennett. (1996) *Kinds of Minds*. New York: Basic Books, p. 147.

33 **sequências rápidas de noções:** William Calvin. (1996) *The Cerebral Code: Thinking a Thought in the Mosaics of the Mind*. Cambridge, MA: MIT Press.

33 **sua dieta era composta quase que exclusivamente de carne:** Kirkpatrick Sale. (2006) *After Eden: The Evolution of Human Domination*. Durham, NC: Duke University Press, p. 51.

33 **tribo Hemple Bay, 2.160:** Marshall David Sahlins. (1972) *Stone Age Economics*. Hawthorne, NY: Aldine de Gruyter, p. 18.

34 **dias inteiros de sono não eram raros:** Ibid., p. 23.

34 **"sem mostrar sinais de grande fadiga":** Ibid., p. 28.

34 **era apenas metade daquela apresentada pela coleta:** Mark Nathan Cohen. (1989) *Health and the Rise of Civilization*. New Haven, CT: Yale University Press.

35 **"às custas de seu próprio *status*":** Marshall David Sahlins. (1972) *Stone Age Economics*. Hawthorne, NY: Aldine de Gruyter, p. 30.

36 **a bondade da floresta:** Nurit Bird-David. (1992) "Beyond 'The Original Affluent Society': A Culturalist Reformulation." *Current Anthropology*, 33(1), p. 31.

36 seis a oito em comunidades agrárias: Robert L. Kelly. (1995) *The Foraging Spectrum: Diversity in Hunter-Gatherer Lifeways.* Washington, DC: Smithsonian Institution Press, p. 244.

36 aos 16 ou 17 anos: Ibid., p. 245.

36 amamentadas até os 6 anos: Ibid., p. 247.

37 "taxa de crescimento populacional aumenta": Ibid., p. 254.

37 encontros diretos com grandes animais ferozes: Juan Luis de Arsuaga, Andy Klatt, et al. (2002) *The Neanderthal's Necklace: In Search of the First Thinkers.* New York: Four Walls Eight Windows, p. 221.

38 "longevidade dos seres humanos modernos" começou cerca de 50.000 anos atrás: Rachel Caspari and Sang-Hee Lee. (2004) "Older Age Becomes Common Late in Human Evolution." *Proceedings of the National Academy of Sciences of the United States of America,* 101 (30). http://www.pnas.org/content/101/30/10895.abstract.

39 camisa, jaqueta, calça e calçados: Robert L. Kelly. (1995) *The Foraging Spectrum: Diversity in Hunter-Gatherer Lifeways.* Washington, DC: Smithsonian Institution Press.

40 (em guerras entre tribos): Lawrence H. Keeley. (1997) *War Before Civilization.* New York: Oxford University Press, p. 89.

40 sua pesquisa sobre os princípios da guerra: Ibid., pp. 174–75.

41 Comparação entre índices de mortalidade em guerras: Data from Lawrence H. Keeley. (1997) *War Before Civilization.* New York: Oxford University Press, p. 89.

41 o que era possível fazer com um punhado de ferramentas: Carl Haub. (1995) "How Many People Have Ever Lived on Earth?—Population Reference Bureau." Population Reference Bureau. http://www.prb.org/Articles/2002/HowManyPeopleHaveEverLivedonEarth.aspx.

42 6 milhões de anos anteriores: Gregory Cochran and Henry Harpending. (2009) *The 10,000 Year Explosion: How Civilization Accelerated Human Evolution.* New York: Basic Books, p. 1.

43 extremo norte do planeta a essa altura: William F. Ruddiman. (2005) *Plows, Plagues, and Petroleum: How Humans Took Control of Climate.* Princeton NJ: Princeton University Press, p. 12.

44 feudalismo aristocrático na Europa: John Sloan. (1994) "The Stirrup Thesis." http://www.fordham.edu/halsall/med/sloan.html.

45 "começou o processo da Ciência": John Brockman. (2000) *The Greatest Inventions of the Past 2,000 Years.* New York: Simon & Schuster, p. 142.

46 "estrutura, organização, informação e controle": Richard Rhodes. (1999) *Visions of Technology: Machines, Systems and the Human World.* New York: Simon & Schuster, p. 188.

3. A história do sétimo reino

47 período de quatro bilhões de anos: Lynn Margulis. (1986) *Microcosmos: Four Billion Years of Evolution from Our Microbial Ancestors.* New York: Summit Books.

49 **"evolução combinatória é proeminente e rotineira":** W. Brian Arthur. (2009) *The Nature of Technology: What It Is and How It Evolves.* New York: Free Press, p. 188.

50 **as principais transições em organização biológica foram:** John Maynard Smith and Eors Szathmary. (1997) *The Major Transitions in Evolution.* New York: Oxford University Press.

53 **teoria da evolução pontuada:** Stephen Jay Gould and Niles Eldredge. (1977) "Punctuated Equilibria: The Tempo and Mode of Evolution Reconsidered." *Paleobiology,* 3 (2).

54 **algumas das quais remontam a 1825:** Belinda Barnet and Niles Eldredge. (2004) "Material Cultural Evolution: An Interview with Niles Eldredge." *Fibreculture Journal,* (3). http://journal.fibreculture.org/issue3/issue3_barnet.html.

54 **"conformação bilateralmente simétrica do peixe ancestral":** Belinda Barnet and Niles Eldredge. (2004) "Material Cultural Evolution: An Interview with Niles Eldredge." *Fibreculture Journal* (3). http://journal.fi breculture.org/issue3/ issue3_barnet.html.

55 **Árvore evolucionária das cornetas:** Data from Ilya Temkin and Niles Eldredge. (2007) "Phylogenetics and Material Cultural Evolution." *Current Anthropology,* 48 (1). http://dx.doi.org/10.1086/510463.

55 **energia a vapor transmitida por um eixo cardã superior:** David Nye. (2006) *Technology Matters: Questions to Live With.* Cambridge, MA: MIT Press, p. 57.

56 **Mil anos da evolução dos capacetes:** Bashford Dean. (1916) *Notes on Arms and Armor.* New York: Metropolitan Museum of Art, p. 115.

58 **Catálogos de bens duráveis:** Aaron Montgomery Ward and Joseph J. Schroeder, Jr. (1977) *Montgomery Ward & Co 1894–95 Catalogue & Buyers Guide, No. 56.* Northfield, IL: DBI Books, p. 562. A parte direita dessa comparação lado a lado foi montada pelo autor.

59 **pontas de flecha e lanças novas por ano:** John Charles Whittaker. (2004) *American Flintknappers.* Austin: University of Texas Press, p. 266.

59 **para destacar a natureza efêmera das engenhocas modernas:** Bruce Sterling. (1995, September 15) "The Life and Death of Media." Sixth International Symposium on Electronic Art ISEA, Montreal. http://www.alamut.com/subj/artiface/deadMedia/dM_Address.html. O projeto Dead Media está agora extinto.

4. A ascensão da exotropia

62 **na aurora dos tempos, bilhões de anos atrás:** National Aeronautics and Space Administration. (2009) "How Old Is the Universe?" http://map.gsfc.nasa.gov/universe/uni_age.html.

63 **está o *chip* de computador:** Eric J. Chaisson. (2005) *Epic of Evolution: Seven Ages of the Cosmos.* New York: Columbia University Press.

64 **Gradiente de densidade energética:** Dados de Eric J. Chaisson. (2002) *Cosmic Evolution.* Cambridge, MA: Harvard University Press, p. 139.

69 **Eras dominantes do universo:** Criado pelo autor.

69 **por linhagem genética (por exemplo, um papagaio ou canguru):** Motoo Kimura and Naoyuki Takahata. (1994) *Population Genetics, Molecular Evolution, and the Neutral Theory*. Chicago: University of Chicago Press.

70 **"exatamente porque foge dos imperativos químicos":** Paul Davies. (1999) *The Fifth Miracle: The Search for the Origin and Meaning of Life*. New York: Simon & Schuster, p. 256.

71 **"consultoria financeira e jurídica e assim por diante":** Richard Fisher. (2008) "Selling Our Services to the World (with an Ode to Chicago)." Chicago Council on Global Affairs, Chicago: Federal Reserve Bank of Dallas. http://www.dallasfed.org/news/speeches/fisher/2008/fs080417.cfm.

71 **A desmaterialização das exportações norte-americanas:** Dados de "U.S. International Trade in Goods and Services Balance of Payments Basis, 1960-2004." U.S. Department of Commerce, International Trade Administration. http://www.ita.doc.gov/td/industry/OTEA/usfth/aggregate/H04t01.html.

71 **em vez de bens manufaturados (átomos):** Robert E. Lipsey. (2009) "Measuring International Trade in Services." *International Trade in Services and Intangibles in the Era of Globalization*, eds. Mathew J. Slaughter and Marshall Reinsdorf. Chicago: University of Chicago Press, p. 60.

5. Progresso profundo

76 **"mais bem do que mal no mundo... mas não muito":** Matthew Fox and Rupert Sheldrake. (1996) *The Physics of Angels: Exploring the Realm Where Science and Spirit Meet*. San Francisco: HarperSanFrancisco, p. 129.

77 **tentam sobreviver nessas prateleiras superlotadas:** Barry Schwartz. (2004) *The Paradox of Choice: Why More Is Less*. New York: Ecco, p. 12.

77 **pelo menos 30 milhões estejam em uso ao redor do mundo:** GS1 US. (2010, January 7) Em conversa com o pesquisador do autor. Jon Mellor, da GS1 US, explica que 1,2 milhão de prefixos de empresas foram emitidos em todo o mundo. Essa é a primeira série de números usados nos códigos de barra UPC e EAN. Com base nesse fato, ele estima que o número de UPC/EAN ativos ao redor do mundo seja de 30 a 48 milhões.

77 **continha 18.000 objetos:** David Starkey. (1998) *The Inventories of King Henry VIII*. London: Harvey Miller Publishers.

79 **cercadas pelas suas posses:** Peter Menzel. (1995) *Material World: A Global Family Portrait*. San Francisco: Sierra Club Books.

79 **quase nunca mais de 75:** Edward Waterhouse and Henry Briggs. (1970) "A declaration of the state of the colony in Virginia." The English experience, its record in early printed books published in facsimile, no. 276. Amsterdam: Theatrum Orbis Terrarum.

79 **estudo clássico de Richard Easterlin, em 1974:** Richard A. Easterlin. (1996) *Growth Triumphant*. Ann Arbor: University of Michigan Press.

79 **a afluência traz mais satisfação:** David Leonhardt. (2008, April 16) "Maybe Money Does Buy Happiness After All." *New York Times.* http://www.nytimes.com/2008/04/16/business/16leonhardt.html.

81 **apenas uma pequena porcentagem dos seres humanos morava em cidades:** United States Census Bureau. (2008) "Historical Estimates of World Population." http://www.census.gov/ipc/www/worldhis.html; George Modelski. (2003) *World Cities.* Washington, D.C.: Faros.

81 **hoje, 50% moram:** United Nations. (2007) "World Urbanization Prospects: The 2007 Revision." http://www.un.org/esa/population/publications/wup2007/2007 wup.htm.

82 **População urbana mundial:** Os cálculos do autor se baseiam em dados do United States Census Bureau. (2008) "Historical Estimates of World Population." http://www.census.gov/ipc/www/worldhis.html; United Nations. (2007) "World Urbanization Prospects: The 2007 Revision." http://www.un.org/esa/population/publications/wup2007/2007wup.htm; Tertius Chandler. (1987) *Four Thousand Years of Urban Growth: An Historical Census.* Lewiston, N.Y.: Edwin Mellen Press; George Modelski. (2003) *World Cities.* Washington, D.C.: Faros.

84 **Paris na Idade Média:** Bronislaw Geremek, Jean-Claude Schmitt, et al. (2006) *The Margins of Society in Late Medieval Paris.* Cambridge, UK: Cambridge University Press, p. 81.

84 **"onde todos se aglomeram em torno de uma lareira":** Joseph Gies and Frances Gies. (1981) *Life in a Medieval City.* New York: HarperCollins, p. 34.

84 **década de 1880, no auge de Slab City:** Robert Neuwirth. (2006) *Shadow Cities.* New York: Routledge.

84 **"serve todos os propósitos da família":** Ibid., p. 177.

84 **"escrituras legítimas das suas terras":** Ibid., p. 198.

84 **"meia dúzia de tendas ou barracos":** Ibid., p. 197.

85 **"as cidades são criadoras de riquezas":** Stewart Brand. (2009) *Whole Earth Discipline.* New York: Viking, p. 25.

85 **"quase 9 de cada 10 inovações patenteadas":** Ibid., p. 32.

85 **"crescimento do PIB ocorre nas cidades":** Ibid., p. 31.

85 **"na cidade há pelo menos seis anos":** Mike Davis. (2006) *Planet of Slums.* London: Verso, p. 36.

86 **mas 94% dos seus filhos sabem ler e escrever:** Stewart Brand. (2009) *Whole Earth Discipline.* New York: Viking, pp. 42–43.

86 **"O desconforto é um investimento":** Ibid., p. 36.

86 **"e educar os filhos":** Ibid., p. 26.

87 **"mais opções no futuro":** Donovan Webster. (2005) "Empty Quarter." *National Geographic,* 207 (2).

88 **"desenhando várias linhas apontadas para cima":** Gregg Easterbrook. (2003) *The Progress Paradox: How Life Gets Better While People Feel Worse.* New York: Random House, p. 163.

93 **População mundial na civilização:** Dados do United States Census Bureau. (2008) "Historical Estimates of World Population." http://www.census.gov/ipc/www/worldhis.html.

93 **apenas da expansão populacional:** Niall Ferguson. (2009) Em conversa com o autor.

93 **a fonte principal de progresso profundo:** Julian Lincoln Simon. (1996) *The Ultimate Resource 2*. Princeton, NJ: Princeton University Press.

94 **Previsões de população mundial:** Data from United Nations Population Division. (2002) "World Population Prospects: The 2002 Revision." http://www.un.org/esa/population/publications/wpp2002/WPP2002-HIGHLIGHTSrev1.pdf.

95 **ou seja, com projeções para os próximos 300 anos:** United Nations Department of Economic and Social Affairs Population Division. (2004) "World Population to 2300." http://www.un.org/esa/population/publications/longrange2/WorldPop2300final.pdf.

95 **Estimativa a longo prazo da população mundial:** Dados do United Nations Department of Economic and Social Affairs Population Division. (2004) "World Population to 2300." http://www.un.org/esa/population/publications/longrange2/WorldPop2300fi nal.pdf.

96 **todos os países da Europa estão abaixo de 2,0:** Rand Corporation. (2005) "Population Implosion? Low Fertility and Policy Responses in the European Union." http://www.rand.org/pubs/research_briefs/RB9126/index1.html.

96 **o Japão está em 1,34:** (2008, June 24) "Negligible Rise in Fertility Rate." *Japan Times Online*. http://search.japantimes.co.jp/cgi-bin/ed20080624a1.html.

96 **Taxas de fecundidade recentes na Europa:** Dados da Rand Corporation. (2005) "Population Implosion? Low Fertility and Policy Responses in the European Union." http://www.rand.org/pubs/research_briefs/RB9126/index1.html.

100 **"teria acertado":** Julian Lincoln Simon. (1995) *The State of Humanity*. Oxford, UK: Wiley-Blackwell, pp. 644–45.

101 **para 75,7 anos em 1994:** Kevin M. White and Samuel H. Preston. (1996) "How Many Americans Are Alive Because of Twentieth-Century Improvements in Mortality?" *Population and Development Review*, 22 (3), p. 415. http://www.jstor.org/stable/2137714.

101 **"que cultivamos hoje":** Ronald Bailey. (2009, February) "Chiefs, Thieves, and Priests: Science Writer Matt Ridley on the Causes of Poverty and Prosperity." *Reason Magazine*. http://reason.com/archives/2009/01/07/chiefs-thieves-and-priests/3.

102 **"mas apenas parte da nossa realidade":** Simon Conway Morris. (2004) *Life's Solution: Inevitable Humans in a Lonely Universe*. New York: Cambridge University Press, p. xiii.

6. Transformação predestinada

104 **"pode já ter descoberto todas elas":** Richard Dawkins. (2004) *The Ancestor's Tale: A Pilgrimage to the Dawn of Evolution*. Boston: Houghton Mifflin, p. 588.

105 **espécies que coabitam na Terra:** W. Hardy Eshbaugh. (1995) "Systematics Agenda 2000: An Historical Perspective." *Biodiversity and Conservation*, 4 (5). http://dx.doi.org/10.1007/BF00056336.

105 "A evolução é incrivelmente reproduzível": Sean Carroll. (2008) "The Making of the Fittest DNA and the Ultimate Forensic Record of Evolution." *Paw Prints*, p. 154.

105 evolução independente convergente tem centenas de casos e não para de crescer: (2009) "List of Examples of Convergent Evolution." Wikipedia, Wikimedia Foundation. http://en.wikipedia.org/w/index.php?title=List_of_examples_of_convergent_evolution&oldid= 344747726.

107 muitos dos quais tiveram evoluções independentes: John Maynard Smith and Eors Szathmary. (1997) *The Major Transitions in Evolution*. New York: Oxford University Press.

107 que usa uma bolha para respirar: Richard Dawkins. (2004) *The Ancestor's Tale: A Pilgrimage to the Dawn of Evolution*. Boston: Houghton Mifflin, p. 592.

109 "reevoluíram independentemente nadadeiras": George McGhee. (2008) "Convergent Evolution: A Periodic Table of Life?" *The Deep Structure of Biology*, ed. Simon Conway Morris. West Conshohocken, PA: Templeton Foundation, p. 19.

111 Razão de tamanho na vida: Dados de K. J. Niklas. (1994) "The Scaling of Plant and Animal Body Mass, Length, and Diameter." *Evolution*, 48 (1), pp. 48–49. http://www.jstor.org/stable/2410002.

111 "taxas e tempos metabólicos são incrivelmente parecidos": Erica Klarreich. (2005) "Life on the Scales—Simple Mathematical Relationships Underpin Much of Biology and Ecology." *Science News*, 167 (7).

112 "serem formas platônicas fixas": Michael Denton and Craig Marshall. (2001) "Laws of Form Revisited." *Nature*, 410 (6827). http://dx.doi.org/10.1038/35068645.

113 "passarão em todas as provas no sistema da estrela Arcturus": David Darling. (2001) *Life Everywhere: The Maverick Science of Astrobiology*. New York: Basic Books, p. 14.

114 "se mostraram incapazes de autorreplicação": Kenneth D. James and Andrew D. Ellington. (1995) "The Search for Missing Links Between Self-Replicating Nucleic Acids and the RNA World." *Origins of Life and Evolution of Biospheres*, 25 (6). http://dx.doi.org/10.1007/BF01582021.

116 "a molécula mais estranha do universo": Simon Conway Morris. (2004) *Life's Solution: Inevitable Humans in a Lonely Universe*. New York: Cambridge University Press.

116 "grupos funcionais usados na vida": Norman R. Pace. (2001) "The Universal Nature of Biochemistry." *Proceedings of the National Academy of Sciences of the United States of America*, 98 (3). http://www.pnas.org/content/98/3/805.short.

116 pelo menos é "um em 1 milhão": Stephen J. Freeland, Robin D. Knight, et al. (2000) "Early Fixation of an Optimal Genetic Code." *Molecular Biology and Evolution*, 17 (4). http://mbe.oxfordjournals.org/cgi/content/abstract/17/4/511.

116 vários bilhões de anos de evolução já não teriam produzido essa alternativa melhor?: David Darling. (2001) *Life Everywhere: The Maverick Science of Astrobiology*. New York: Basic Books, p. 130.

117 "em qualquer lugar do universo onde haja vida baseada em carbono": Michael Denton and Craig Marshall. (2001) "Laws of Form Revisited." *Nature*, 410 (6827). http://dx.doi.org/10.1038/35068645.

119   "codificadas no genoma implicitamente": Lynn Helena Caporale. (2003) "Natural Selection and the Emergence of a Mutation Phenotype: An Update of the Evolutionary Synthesis Considering Mechanisms That Affect Genomic Variation." *Annual Review of Microbiology*, 57 (1).

120   desde um mesmo ponto de partida: (2009) "Skeuomorph." Wikipedia, Wikimedia Foundation. http://en.wikipedia.org/w/index.php?title=Skeuomorph&oldid =340233294.

120   "a alma da contingência": Stephen Jay Gould. (1989) *Wonderful Life: The Burgess Shale and Nature of History*. New York: W. W. Norton, p. 320.

121   A tríade da evolução: Inspirado por Stephen Jay Gould. (2002) *The Structure of Evolutionary Theory*. Cambridge, MA: Belknap Press of Harvard University Press, p. 1052; criado pelo autor.

122   "flutuações genéticas aleatórias": Simon Conway Morris. (2004) *Life's Solution: Inevitable Humans in a Lonely Universe*. New York: Cambridge University Press, p. 132.

122   "remontam a centenas de milhares de anos atrás": Stephen Jay Gould. (2002) *The Structure of Evolutionary Theory*. Cambridge: Belknap Press of Harvard University Press, p. 1085.

123   se rebobinássemos a fita da vida: Michael Denton. (1998) *Nature's Destiny: How the Laws of Biology Reveal Purpose in the Universe*. New York: Free Press, p. 283.

123   "jogam a favor da vida": Paul Davies. (1998) *The Fifth Miracle: The Search for the Origin of Life*. New York: Simon & Schuster, p. 264.

123   "predestinada pelas forças interatômicas": Ibid., p. 252.

124   "parecem orientar a síntese": Ibid., p. 253.

124   "mas sim de nós, os esperados": Stuart A. Kauffman. (1995) *At Home in the Universe*. New York: Oxford University Press, p. 8.

124   "um processo inevitável": Manfred Eigen. (1971) "Self-organization of Matter and the Evolution of Biological Macromolecules." *Naturwissenschaften*, 58 (10), p. 519. http://dx.doi.org/10.1007/BF00623322.

124   "gravadas no corpo do universo": Christian de Duve. (1995) *Vital Dust: Life as a Cosmic Imperative*. New York: Basic Books, pp. xv, xviii.

124   "se torna cada vez mais inevitável": Simon Conway Morris. (2004) *Life's Solution: Inevitable Humans in a Lonely Universe*. New York: Cambridge University Press, p. xiii.

125   com os detalhes específicos deixados para o acaso: Richard E. Lenski. (2008) "Chance and Necessity in Evolution." *The Deep Structure of Biology*, ed. Simon Conway Morris. West Conshohocken, PA: Templeton Foundation.

125   "múltiplas linhagens evolutivas em fenótipos semelhantes": Sean C. Sleight, Christian Orlic, et al. (2008) "Genetic Basis of Evolutionary Adaptation by Escherichia Coli to Stressful Cycles of Freezing, Thawing and Growth." *Genetics*, 180 (1). http://www.genetics.org/cgi/content/abstract/180/1/431.

125   "os resultados seriam todos diferentes": Sean Carroll. (2008) *The Making of the Fittest: DNA and the Ultimate Forensic Record of Evolution*. New York: W. W. Norton.

126 **a frase foi elegante, mas absolutamente errada:** Stephen Jay Gould. (1989) *Wonderful Life: The Burgess Shale and Nature of History.* New York: W. W. Norton, p. 320.

126 **como disse o inventor/filósofo Buckminster Fuller:** Richard Buckminster Fuller, Jerome Agel, et al. (1970) *I Seem to Be a Verb.* New York: Bantam Books.

7. Convergência

128 **linhas telefônicas cruzando os Estados Unidos:** Christopher A. Voss. (1984) "Multiple Independent Invention and the Process of Technological Innovation." *Technovation*, 2 p. 172.

128 **"reclamada por mais de uma pessoa":** William F. Ogburn and Dorothy Thomas. (1975) "Are Inventions Inevitable? A Note on Social Evolution." *A Reader in Culture Change*, eds. Ivan A. Brady and Barry L. Isaac. New York: Schenkman Publishing, p. 65.

128 **eficácia das vacinações:** Bernhard J. Stern. (1959) "The Frustration of Technology." *Historical Sociology: The Selected Papers of Bernhard J. Stern.* New York: The Citadel Press, p. 121.

128 **também criaram o mesmo processo independentemente:** Ibid.

128 **ocorreram com menos de um mês de diferença entre si:** Dean Keith Simonton. (1979) "Multiple Discovery and Invention: Zeitgeist, Genius, or Chance?" *Journal of Personality and Social Psychology*, 37 (9), p. 1604.

129 **"as ferrovias elétricas não seriam inevitáveis?":** William F. Ogburn and Dorothy Thomas. (1975) "Are Inventions Inevitable? A Note on Social Evolution." *A Reader in Culture Change*, eds. Ivan A. Brady and Barry L. Isaac. New York: Schenkman Publishing, p. 66.

129 **padrão estatístico conhecido como distribuição de Poisson:** Dean Keith Simonton. (1978) "Independent Discovery in Science and Technology: A Closer Look at the Poisson Distribution." *Social Studies of Science*, 8 (4).

130 **os grandes descobridores compram muitos e muitos bilhetes:** Dean Keith Simonton. (1979) "Multiple Discovery and Invention: Zeitgeist, Genius, or Chance?" *Journal of Personalityand Social Psychology*, 37 (9).

130 **laboratório parisiense da Westinghouse:** John Markoff. (2003, February 24) "A Parallel Inventor of the Transistor Has His Moment." *New York Times.* http://www.nytimes.com/2003/02/24/business/a-parallel-inventor-of-the-transistor-has-his-moment.html.

130 **com meses de diferença uma da outra em 1977:** Adam B. Jaffe, Manuel Trajtenberg, et al. (2000, April) "The Meaning of Patent Citations: Report on the NBER/Case-Western Reserve Survey of Patentees." Nber Working Paper No. W7631.

130 **"muito acima dos acidentes da personalidade":** Alfred L. Kroeber. (1917) "The Super-organic." *American Anthropologist*, 19 (2) p. 199.

131 **mas nunca conseguiu resolver o problema:** Spencer Weart. (1977) "Secrecy, Simultaneous Discovery, and the Theory of Nuclear Reactors." *American Journal of Physics*, 45 (11), p. 1057.

132 **mesmo corpo celeste usando meios diferentes:** Dean Keith Simonton. (1979) "Multiple Discovery and Invention: Zeitgeist, Genius, or Chance?" *Journal of Personality andSocial Psychology*, 37 (9), p. 1608.

132 **"descobertas isoladas são múltiplos iminentes":** Robert K. Merton. (1961) "Singletons and Multiples in Scientific Discovery: A Chapter in the Sociology of Science." *Proceedings of the American Philosophical Society*, 105 (5), p. 480.

132 **"investigo algo de diferente":** Augustine Brannigan. (1983) "Historical Distributions of Multiple Discoveries and Theories of Scientific Change." *Social Studies of Science*, 13 (3), p. 428.

133 **outros 26% mais de uma:** Eugene Garfield. (1980) "Multiple Independent Discovery & Creativity in Science." *Current Contents*, 44. Reprinted in *Essays of an Information Scientist: 1979-1980*, 4(44). http://www.garfield.library.upenn.edu/essays/v4p660y1979-80.pdf.

133 **ou mesmo pelo examinador do escritório de patentes:** Adam B. Jaffe, Manuel Trajtenberg, et al. (2000) "The Meaning of Patent Citations: Report on the Nber/Case-Western Reserve Survey of Patentees." National Bureau of Economic Research, April 2000, p. 10.

133 **"envolve invenções quase simultâneas":** Mark Lemley and Colleen V. Chien. (2003) "Are the U.S. Patent Priority Rules Really Necessary?" *Hastings Law Journal*, 54 (5), p. 1300.

133 **"uma característica comum da inovação":** Adam B. Jaffe, Manuel Trajtenberg, et al. (2000) "The Meaning of Patent Citations: Report on the Nber/Case-Western Reserve Survey of Patentees." National Bureau of Economic Research, April 2000, p. 1325.

134 **inventores de lâmpadas incandescentes anteriores a Edison:** Robert Douglas Friedel, Paul Israel, et al. (1986) *Edison's Electric Light*. New Brunswick, NJ: Rutgers University Press.

135 **Variedades de lâmpadas**: Colagem criada pelo autor a partir de vários materiais de arquivo.

136 **"meramente uma fonte eficiente de *insights*":** Malcolm Gladwell. (2008, May 12) "In the Air: Who Says Big Ideas Are Rare?" New Yorker, 84 (13).

136 **"um terço das nossas ideias":** Nathan Myhrvold. (2009) Em conversa com o autor.

136 **"de quando ocorrerão, e não se ocorrerão":** Jay Walker. (2009) Em conversa com o autor.

137 **outras pessoas que tiveram a mesma ideia:** W. Daniel Hillis. (2009) Em conversa com o autor.

137 **A pirâmide invertida da invenção:** Inspirada por W. Daniel Hillis; criada pelo autor.

139 **"os méritos de ambos os pesquisadores como estando no mesmo nível":** Abraham Pais. (2005) *"Subtle Is the Lord . . .": The Science and the Life of Albert Einstein*. Oxford: Oxford University Press, p. 153.

139 **"mesmo *depois* de lerem seu artigo":** Walter Isaacson. (2007) *Einstein: His Life and Universe*. New York: Simon & Schuster, p. 134.

139 **"não antes de dez anos ou mais":** Walter Isaacson. (2009) Em conversa com o autor.

139 **"parecem ser os mais determinados":** Dean Keith Simonton. (1978) "Independent Discovery in Science and Technology: A Closer Look at the Poisson Distribution." *Social Studies of Science*, 8 (4), p. 526.

139 **K-9 - *Um Policial Bom pra Cachorro* e *Uma Dupla Quase Perfeita*:** Sean Dwyer. (2007) "When Movies Come in Pairs: Examples of Hollywood Deja Vu." Film Junk. http://www.filmjunk.com/2007/03/07/when-movies-come-in-pairs-examples-of-hollywood-deja-vu/.

140 **um aparelho chamado Toto:** Tad Friend. (1998, September 14) "Copy Cats." *New Yorker*. http://www.newyorker.com/archive/1998/09/14/1998_09_14_051_TNY_LIBRY_000016335.

141 **criação espontânea e simultânea:** (2009) "Harry Potter Influences and Analogues." Wikipedia, Wikimedia Foundation. http://en.wikipedia.org/w/index.php?title=Harry_Potter_influences_and_analogues&oldid=330124521.

143 **Paralelos entre as culturas da zarabatana:** Colagem criada pelo autor a partir de materiais de arquivo.

143 **uma questão de saber exatamente quando soprar:** Robert L. Rands and Caroll L. Riley. (1958) "Diffusion and Discontinuous Distribution." *American Anthropologist*, 60 (2), p. 282.

144 **o que chamamos de ábaco:** John Howland Rowe. (1966) "Diffusionism and Archaeology." *American Antiquity*, 31 (3), p. 335.

144 **"trajetórias semelhantes em várias partes do mundo":** Laurie R. Godfrey and John R. Cole. (1979) "Biological Analogy, Diffusionism, and Archaeology." *American Anthropologist*, New Series, 81 (1), p. 40.

145 **os grãos antes das raízes:** Neil Roberts. (1998) *The Holocene: An Environmental History*. Oxford: Blackwell Publishers, p. 136.

145 **uma descoberta paralela e independente em relação às outras:** John Troeng. (1993) *Worldwide Chronology of Fifty-three Innovations*. Stockholm: Almqvist & Wiksell International.

146 **a ajuda de um estatístico:** Andrew Beyer. (2009) Em conversa com o autor.

146 **"o telefone seria inventado nos Estados Unidos em 1876":** Alfred L. Kroeber. (1948) *Anthropology*. New York: Harcourt, Brace & Co., p. 364.

146 **invenções simultâneas na história:** Robert K. Merton. (1973) *The Sociology of Science: Theoretical and Empirical Investigations*. Chicago: University of Chicago Press, p. 371.

147 **são alimentados pelas novas tecnologias:** Dean Keith Simonton. (1979) "Multiple Discovery and Invention: Zeitgeist, Genius, or Chance?" *Journal of Personality and Social Psychology*, 37 (9), p. 1614.

148 **o próximo passo óbvio de então:** A. L. Kroeber. (1948) *Anthropology*. New York: Harcourt, Brace & Co.

149 **"em desvantagem quando se trata das novas":** (2008, February 9) "Of Internet Cafés and Power Cuts." *Economist*, 386 (8566).

8. Escute a tecnologia

151 **culminando com o F-100 Super Sabre, que alcançou 1.215 km/h:** (2009) "Flight Airspeed Record." Wikipedia, Wikimedia Foundation. http://en.wikipedia.org/w/index.php?title=Flight_airspeed_record&oldid=328492645.

151 **chegar à Lua logo em seguida:** Damien Broderick. (2002) *The Spike: How Our Lives Are Being Transformed by Rapidly Advancing Technologies.* New York: Forge, p. 35.

152 **Curva de tendência da velocidade:** Robert W. Prehoda. (1972) "Technological Forecasting and Space Exploration." *An Introduction to Technological Forecasting,* ed. Joseph Paul Martino. London: Gordon and Breach, p. 43.

152 **"como Arthur C. Clarke esperavam":** Ibid.

153 **uma nova empresa que fabricava *chips* integrados:** John Markoff. (2005) *What the Dormouse Said: How the 60s Counterculture Shaped the Personal Computer.* New York: Viking, p. 17.

154 **O gráfico da Lei de Moore:** Dados de Gordon Moore. (1965) "The Future of Integrated Electronics." *Understanding Moore's Law: Four Decades of Innovation,* ed. David C. Brock. Philadelphia: Chemical Heritage Foundation, p. 54. https:// www.chemheritage.org/pubs/moores_law/; David C. Brock and Gordon E. Moore. (2006) "Understanding Moore's Law." Philadelphia: Chemical Heritage Foundation, p. 70.

154 **também ficaria melhor:** David C. Brock and Gordon E. Moore. (2006) "Understanding Moore's Law." Philadelphia: Chemical Heritage Foundation, p. 99.

154 **"diminui por causa da tecnologia":** Gordon E. Moore. (1995) "Lithography and the Future of Moore's Law." *Proceedings of SPIE,* 2437, p. 17.

155 **"na verdade, a Lei de Moore é uma lei econômica":** David C. Brock and Gordon E. Moore. (2006) "Understanding Moore's Law." Philadelphia: Chemical Heritage Foundation.

155 **"em transformá-la em realidade":** Bob Schaller. (1996) "The Origin, Nature, and Implications of 'Moore's Law.'" http://research.microsoft.com/en-us/um/people/gray/moore_law.html.

155 **aquilo no qual podemos acreditar:** University Video Corporation. (1992) *How Things Really Work: Two Inventors on Innovation, Gordon Bell and Carver Mead.* Stanford: University Video Corporation.

155 **"ela meio que impulsiona a si mesma":** Bob Schaller. (1996) "The Origin, Nature, and Implications of 'Moore's Law.'" http://research.microsof t.com/en-us/um/people/gray/moore_law.html.

156 **"e o escalonamento dos discos rígidos continue":** Mark Kryder. (2009) Em conversa com o autor.

157 **"mas não é idêntico, como poderíamos esperar":** Lawrence G. Roberts. (2007) "Internet Trends." http://www.ziplink.net/users/lroberts/IEEEGrowthTrends/IEEEComputer12-99.htm.

157 **"obter a sequência do DNA físico":** Rob Carlson. (2009) Em conversa com o autor.

157 **"estavam operando mesmo quando ninguém acreditava nelas":** Rob Carlson. (2009) Em conversa com o autor.

158 **Quatro outras leis:** Dados do National Renewable Energy Laboratory Energy Analysis Office. (2005) "Renewable Energy Cost Trends." cost_curves_2005.ppt. www.nrel.gov/analysis/docs/cost_curves_2005.ppt; Ed Grochowski. (2000) "IBM Areal Density Perspective: 43 Years of Technology Progress." http://www.pcguide.com/ref/hdd/histTrends-c.html; Rob Carlson. (2009, September 9) "The Bio-Economist." *Synthesis*. http://www.synthesis.cc/2009/09/the-bio-economist.html. Deloitte Center for the Edge. (2009) "The 2009 Shift Index: Measuring the Forces of Long-Term Change," p. 29. http://www.edgeperspectives.com/shiftindex.pdf.

158 **Lei de Kurzweil:** Dados de Ray Kurzweil. (2005) "Moore's Law: The Fifth Paradigm." The Singularity Is Near (January 28, 2010). http://singularity.com/charts/page67.html.

159 **não pode ser apenas um mapa do setor:** Ray Kurzweil. (2005) *The Singularity Is Near*. New York: Viking.

161 **Tempo de duplicação:** Dados de Ray Kurzweil. (2005) *The Singularity Is Near*. New York: Viking; Eric S. Lander, Lauren M. Linton, et al. (2001) "Initial Sequencing and Analysis of the Human Genome." *Nature*, 409 (6822). http://www.ncbi.nlm.nih.gov/pubmed/11237011; Rik Blok. (2009) "Trends in Computing." http://www.zoology.ubc.ca/~rikblok/ComputingTrends/; Lawrence G. Roberts. (2007) "Internet Trends." http://www.ziplink.net/users/lroberts/IEEEGrowthTrends/IEEEComputer12-99.htm; Mark Kryder. (2009) Em conversa com o autor; Robert V. Steele. (2006) "Laser Marketplace 2006: Diode Doldrums." *Laser Focus World*, 42 (2). http://www.laserfocusworld.com/articles/248128.

162 **mas esse foi o nível de 1997:** David C. Brock and Gordon E. Moore. (2006) "Understanding Moore's Law." Philadelphia: Chemical Heritage Foundation.

163 **O *continuum* da Lei de Kryder:** Data from Clayton Christensen. (1997) *The Innovator's Dilemma: When New Technologies Cause Great Firms to Fail*. Boston: Harvard Business School Press, p. 10.

163 **precisamos "escutar a tecnologia":** (2001) "An Interview with Carver Mead." *American Spectator*, 34 (7). http://laputan.blogspot.com/2003_09_21_laputan_archive.html.

164 **Curvas em forma de S compostas:** Dados de Clayton Christensen. (1997) *The Innovator's Dilemma: When New Technologies Cause Great Firms to Fail*. Boston: Harvard Business School Press, p. 40.

9. Escolhendo o inevitável

170 **O primeiro vislumbre do videofone:** Fotografia de arquivo da AT&T, via "Showcasing Technology at the 1964–1965 New York World's Fair." http://www.westland.net/ny64fair/map-docs/technology.htm.

171 **todo mundo reconhecer a visão:** (2010) "Videophone." Wikipedia, Wikimedia Foundation. http://en.wikipedia.org/w/index.php?title=Videophone&oldid=340721504.

171 **"um fluxo autônomo, autossustentável e inescapável":** Langdon Winner. (1977) *Autonomous Technology: Technics-Out-of-Control as a Theme in Political Thought.* Cambridge, MA: MIT Press, p. 46.

175 **"muito ainda pode ser escolhido":** Ibid., p. 55.

175 **"momentos nas progressões":** Ibid., p. 71.

176 **A tríade da evolução biológica:** Inspirado por Stephen Jay Gould. (2002) *The Structure of Evolutionary Theory,* Cambridge, MA: Belknap Press of Harvard University Press, p. 1052; criado pelo autor.

177 **A tríade da evolução tecnológica:** Criado pelo autor.

177 **uma expressão mínima e esparsa do sistema elétrico:** Paul Romer. (2009) "Paul Romer's Radical Idea: Charter Cities." TEDGlobal, Oxford.

178 **A Coreia do Norte à noite:** Paul Romer. (2009) "Rules Change: North vs. South Korea." Charter Cities (January 28, 2010). http://chartercities.org/blog/37/rules-change-north-vs-south-korea.

178 **uma questão do que ela foi criada para fazer:** Robert Wright. (2000) *Nonzero: The Logic of Human Destiny.* New York: Pantheon.

180 **a tecnologia é o nosso "segundo eu":** Sherry Turkle. (1985) *The Second Self.* New York: Simon & Schuster.

181 **"mas a tecnologia nos dá esperança":** W. Brian Arthur. (2009) *The Nature of Technology: What It Is and How It Evolves.* New York: Free Press, p. 246.

10. O Unabomber tinha razão

185 **"a tendência de tornar a guerra impossível":** Richard Rhodes. (1999) *Visions of Technology: A Century of Vital Debate About Machines, Systems, and the Human World.* New York: Simon & Schuster, p. 66.

185 **"será incalculável":** Christopher Cerf and Victor S. Navasky. (1998) *The Experts Speak: The Definitive Compendium of Authoritative Misinformation.* New York: Villard, p. 274.

185 **"a guerra se tornará impossível":** Ibid.

185 **"mil convenções mundiais":** Ibid., p. 273.

185 **"Não, ela vai tornar a guerra impossível":** Havelock Ellis. (1926) *Impressions and Comments: Second Series 1914–1920.* Boston: Houghton Mifflin.

185 **"pois vai torná-la ridícula":** Ivan Narodny. (1912) "Marconi's Plans for the World." *Technical World Magazine* (October).

185 **"transformará em realidade o conceito de Paz na Terra aos Homens de Boa Vontade":** Christopher Cerf and Victor S. Navasky. (1998) *The Experts Speak: The Definitive Compendium of Authoritative Misinformation.* New York: Villard, p. 105.

185 **"'Paz na Terra aos homens de boa vontade'":** Janna Quitney Anderson. (2006) "Imagining the Internet: A History and Forecast." Elon University/Pew Internet Project. http:// www.elon.edu/e-web/predictions/150/1870.xhtml.

186 **"trará paz e harmonia à Terra"**: Nikola Tesla. (1905) "The Transmission of Electrical Energy Without Wires as a Means for Furthering Peace." *Electrical World and Engineer.* http://www.tfcbooks.com/tesla/1905-01-07.htm.

186 **"movimento irrestrito das ideias"**: David Nye. (2006) *Technology Matters: Questions to Live With.* Cambridge, MA: MIT Press, p. 151.

186 **"sonho da filosofia política de uma democracia participativa"**: Stephen Doheny-Farina. (1995) "The Glorious Revolution of 1971." *CMC Magazine,* 2 (10). http://www.december.com/cmc/mag/1995/oct/last.html.

186 **"seja vista como um sacramento"**: Joel Garreau. (2009) Em conversa com o autor.

186 **"são as respostas às soluções"**: W. Brian Arthur. (2009) *The Nature of Technology: What It Is and How It Evolves.* New York: Free Press, p. 153.

186 **morrem em acidentes automobilísticos:** M. Peden, R. Scurfield, et al. (2004) "World Report on Road Traffic Injury Prevention." World Health Organization. http://www.who.int/violence_injury_prevention/publications/road_traffic/world_report/en/index.html.

186 **mata mais do que o câncer:** Melonie Heron, Donna L. Hoyert, et al. (2006) "Deaths, Final Data for 2006." National Vital Statistics Reports, Centers for Disease Control and Prevention, 57 (14).

186 **"geração de inovações tecnológicas?"**: Theodore Roszak. (1972) "White Bread and Technological Appendages: I." *Visions of Technology: A Century of Vital Debate About Machines, Systems, and the Human World,* ed. Richard Rhodes. New York: Simon & Schuster, p. 308.

187 **"as algemas forjadas pela mente"**: William Blake. (1984) "London." *Songs of Experience,* New York: Courier Dover Publications, p. 37.

188 **"muda nossos hábitos mentais"**: Neil Postman. (1994) *The Disappearance of Childhood.* New York: Vintage Books, p. 24.

189 **50.000 por ano:** John H. Lawton and Robert M. May. (1995) *Extinction Rates.* Oxford: Oxford University Press.

189 **futuro com uma pequena distância:** Paul Saffo. (2008) "Embracing Uncertainty: The Secret to Effective Forecasting." Seminars About Long-term Thinking. San Francisco: The Long Now Foundation. http://www.longnow.org/seminars/02008/jan/11/embracing-uncertainty-the-secret-to-effective-forecasting/.

190 **quanto maior essa distância, maiores as consequências:** Kevin Kelly and Paula Parisi. (1997) "Beyond Star Wars: What's Next for George Lucas." Wired, 5 (2). http://www.wired.com/wired/archive/5.02/fflucas.html.

190 **"ainda que eles nunca possam reconhecer esse vazio"**: Langdon Winner. (1977) *Autonomous Technology: Technics-Out-of-Control as a Theme in Political Thought.* Cambridge: MIT Press, p. 34.

190 **"para os membros do primeiro grupo que ainda têm amor próprio"**: Eric Brende. (2004) *Better Off: Flipping the Switch on Technology.* New York: HarperCollins, p. 229.

191 não é guiado pela ideologia, mas sim pela necessidade técnica: Theodore Kaczynski. (1995) "Industrial Society and Its Future." http://en.wikisource.org/wiki/Industrial_Society_and_Its_Future.

193 a civilização entraria em colapso até 2020: Kevin Kelly. (1995) "Interview with the Luddite." *Wired*, 3 (6). http://www.wired.com/wired/archive/3.06/saleskelly.html.

194 uma antologia de leituras contemporâneas sobre o tema, intitulada *Against Civilization*: John Zerzan. (2005) *Against Civilization: Readings and Reflections*. Los Angeles: Feral House.

194 linhas de energia, oleodutos e a infraestrutura informacional: Derrick Jensen. (2006) *Endgame, Vol. 2: Resistance*. New York: Seven Stories Press.

194 "reduzem a liberdade": Theodore Kaczynski. (1995) "Industrial Society and Its Future." http://en.wikisource.org/wiki/Industrial_Society_and_Its_Future.

194 "derrotismo, culpa, auto-ódio, etc.": Ibid.

195 "Havia até uma cachoeira": Theresa Kintz. (1999) "Interview with Ted Kaczynski." Green Anarchist (57/58). http://www.insurgentdesire.org.uk/tedk.htm.

195 "esse tipo de coisa se tornou uma prioridade": Ibid.

196 se descobrindo FORÇADAS a utilizá-lo: Theodore Kaczynski. (1995) "Industrial Society and Its Future." http://en.wikisource.org/wiki/Industrial_Society_and_Its_Future.

197 não haverá qualquer resistência pública racional e eficaz: Ibid.

198 acabará eliminando toda a nossa liberdade: Ibid.

199 A cabana do Unabomber: Fotografia do Federal Bureau of Investigation (FBI) via (2008) "Unabom Case: The Unabomber's Cabin." http://cbs5.com/slideshows/unabom.unabomber.exclusive.20.433402.html.

201 "bastante saúde e robustez": Green Anarchy. (n.d.) "An Introduction to Anti-Civilization Anarchist Thought and Practice." Green Anarchy Back to Basics (4). http://www.greenanarchy.org/index.php?action=viewwritingdetail&writingId=283.

201 "apenas alguns de seus derivados devastadores": Ibid.

202 "há milhares e dezenas de milhares de anos": Derrick Jensen. (2009) Em conversa com o autor.

203 "nenhum radical que enfrentasse essa questão": Theresa Kintz. (1999) "Interview with Ted Kaczynski." *Green Anarchist* (57-58). http://www.insurgentdesire.org.uk/tedk.htm.

11. Lições dos *hackers* da seita *amish*

216 adotada pelo resto dos Estados Unidos: Stephen Scott. (1990) *Living Without Electricity: People's Place Book No. 9*. Intercourse, PA: Good Books.

219 uma história que reconta no livro: Eric Brende. (2004) *Better Off: Flipping the Switch on Technology*. New York: HarperCollins.

220 **"estou satisfeito":** Wendell Berry. (1982) *The Gift of Good Land: Further Essays Cultural & Agricultural.* San Francisco: North Point Press.

223 **"'Comece seu próprio negócio'":** Stewart Brand. (1995, March 1) "We Owe It All to the Hippies." *Time*, 145 (12). http://www.time.com/time/magazine/article/0,9171,982602,000.html.

225 **trabalhasse mais, mas não melhor:** Wendell Berry. (1982) *The Gift of Good Land: Further Essays Cultural & Agricultural.* San Francisco: North Point Press, p. 180.

226 **"imaginem ser outras pessoas":** Brink Lindsey. (2007) *The Age of Abundance: How Prosperity Transformed America's Politics and Culture.* New York: HarperBusiness, p. 4.

227 **"ainda não funciona direito":** W. Daniel Hillis. (2009) Em conversa com o autor.

12. Em busca da convivencialidade

229 **"dominar o que a mente humana criou?":** Langdon Winner. (1977) *Autonomous Technology: Technics-Out-of-Control as a Theme in Political Thought.* Cambridge, MA: MIT Press, p. 13.

231 **Duração das proibições:** Dados compilados de pesquisa coletada por Michele McGinnis e Kevin Kelly em 2004; apresentada originalmente em http://www.kk.org/thetechnium/archives/2006/02/the_futility_of.php.

232 **"na defesa de fortificações e em navios":** David Bachrach. (2003) "The Royal Crossbow Makers of England, 1204–1272." *Nottingham Medieval Studies* (47).

232 **algarismos arábicos na contabilidade:** Bernhard J. Stern. (1937) "Resistances to the Adoption of Technological Innovations." Report of the Subcommittee on Technology to the National Resources Committee.

232 **aumenta 9% ao ano em todo o mundo:** Applications International Service for the Acquisition of Agri-Biotech. (2008) "Global Status of Commercialized Biotech/Gm Crops: 2008; The First Thirteen Years, 1996 to 2008." ISAAA Brief 39-2008: Executive Summary. http://www.isaaa.org/resources/publications/briefs/39/executivesummary/default.html.

232 **aumenta 2% ao ano em todo o mundo:** International Atomic Energy Agency. (2007) "Nuclear Power Worldwide: Status and Outlook." International Atomic Energy Agency. http://www.iaea.org/NewsCenter/PressReleases/2007/prn200719.html.

232 **ao auge em 1986 com 65.000 unidades e hoje está em 20.000:** National Resources Defense Council. (2002) "Table of Global Nuclear Weapons Stockpiles, 1945–2002." http://www.nrdc.org/nuclear/nudb/datab19.asp.

236 **"para a prevenção da degradação ambiental":** United Nations Environment Program. (1992) "Rio Declaration on Environment and Development." Rio de Janeiro: United Nations Environment Program. http://www.unep.org/Documents.multilingual/Default.asp?DocumentID=78&ArticleID=1163.

236 **como San Francisco, Califórnia, e Portland, Oregon:** Lawrence A. Kogan. (2008) "The Extra-WTO Precautionary Principle: One European 'Fashion' Export the United States

Can Do Without." *Temple Political & Civil Rights Law Review*, 17 (2). p. 497. http://www.itssd.org/Kogan%2017%5B1%5D.2.pdf.

237 **"ele não leva a lugar algum"**: Cass Sunstein. (2005) *Laws of Fear: Beyond the Precautionary Principle*. Cambridge: Cambridge University Press, p. 14.

237 **inseticida DDT nas paredes internas das casas:** Lawrence Kogan. (2004) "'Enlightened' Environmentalism or Disguised Protectionism? Assessing the Impact of EU Precaution-Based Standards on Developing Countries," p. 17. http://www.wto.org/english/forums_e/ngo_e/posp47_nftc_enlightened_e.pdf.

237 **União Europeia concordou na eliminação gradual do DDT:** Tina Rosenberg. (2004, April 11) "What the World Needs Now Is DDT." *New York Times*. http://www.nytimes.com/2004/04/11/magazine/what-the-world-needs-now-is-ddt.html.

238 **"seria possível colher e roubar um campo inteiro numa só noite":** Richard Rhodes. (1999) *Visions of Technology: A Century of Vital Debate About Machines, Systems, and the Human World*. New York: Simon & Schuster, p. 145.

239 **"caminhos ocultos dentro do sistema como um todo":** Charles Perrow. (1999) *Normal Accidents: Living with High-Risk Technologies*. Princeton NJ: Princeton University Press, p. 11.

240 **"não se pareceria em nada com o mundo em que vivemos":** Langdon Winner. (1977) *Autonomous Technology: Technics-Out-of-Control as a Theme in Political Thought*. Cambridge, MA: MIT Press, p. 98.

241 **imaginava com facilidade e ansiedade uma carruagem sem cavalo:** Arthur C. Clarke. (1984) *Profiles of the Future*. New York: Holt, Rinehart and Winston.

241 **subconjuntos tecnológicos que permeiam a sociedade:** M. Rodemeyer, D. Sarewitz, et al. (2005) *The Future of Technology Assessment*. Washington, D.C.: The Woodrow Wilson International Center.

242 **eternamente provisória:** Stewart Brand. (2009) *Whole Earth Discipline*. New York: Viking, p. 164.

242 **Com sorte, no entanto, ela funciona:** Edward Tenner. (1996) *Why Things Bite Back: Technology and the Revenge of Unintended Consequences*. New York: Knopf, p. 277.

244 **transumanista radical Max More em 2004:** Max More. (2005) "The Proactionary Principle." http://www.maxmore.com/proactionary.htm.

245 **"exagerar a importância dos riscos humanos-tecnológicos":** Ibid.

249 **suspensão de todas as pesquisas nanotecnológicas:** James Hughes. (2007) "Global Technology Regulation and Potentially Apocalyptic Technological Threats." *Nanoethics: The Ethical and Social Implications of Nanotechnology*, ed. Fritz Allhoff. Hoboken, NJ: Wiley-Interscience.

249 **usadas em camadas antimicrobianas:** Dietram A. Scheufele. (2009) "Bund Wants Ban of Nanosilver in Everyday Applications." http://nanopublic.blogspot.com/2009/12/bund-wants-ban-of-nanosilver-in.html; Wiebe E. Bijker, Thomas P. Hughes, et al. (1989) *The Social Construction of Technological Systems*. Cambridge, MA: MIT.

252 eram destrutivas, independente de quem as administrasse: Ivan Illich. (1973) *Tools for Conviviality.* New York: Harper & Row.

13. As trajetórias da tecnologia

262 igualmente inadequadas à vida real: Seth Lloyd. (2006) *Programming the Universe: A Quantum Computer Scientist Takes on the Cosmos.* New York: Knopf.

262 a evolução não tem qualquer direção, ponto: Stephen Jay Gould. (1989) *Wonderful Life: The Burgess Shale and Nature of History.* New York: W. W. Norton.

263 demonstra complexidade eficaz: Seth Lloyd. (2006) *Programming the Universe: A Quantum Computer Scientist Takes on the Cosmos.* New York: Knopf, p. 199.

263 "as origens cosmológicas da biologia": James Gardner. (2003) *Biocosm: The New Scientific Theory of Evolution.* Makawao Maui, HI: Inner Ocean.

263 transições da evolução orgânica: John Maynard Smith and Eors Szathmary. (1997) *The Major Transitions in Evolution.* New York: Oxford University Press.

264 E cada novo passo também foi irreversível: John Maynard Smith and Eors Szathmary. (1997) *The Major Transitions in Evolution.* New York: Oxford University Press, p. 9.

265 Complexidade do *software*: Dados de Vincent Maraia. (2005) *The Build Master: Microsoft's Software Configuration Management Best Practices.* Upper Saddle River, NJ; Addison-Wesley Professional.

266 o Windows Vista continha 50 milhões de linhas de código: Vincent Maraia. (2005) *The Build Master: Microsoft's Software Configuration Management Best Practices.* Upper Saddle River, NJ: Addison-Wesley Professional.

266 A complexidade das máquinas manufaturadas: Dados de Robert U. Ayres. (1991) *Computer Integrated Manufacturing: Revolution in Progress.* London: Chapman & Hall, p. 3.

268 um *kernel* UNIX: W. Daniel Hillis. (2007) Em conversa com o autor.

268 criar todos os cerca de 100 elementos estáveis: George Wallerstein, Icko Iben, et al. (1997) "Synthesis of the Elements in Stars: Forty Years of Progress. *Reviews of Modern Physics,* 69 (4), p. 1053. http://link.aps.org/abstract/RMP/v69/p995.10.1103/RevModPhys.69.995.

270 espécies minerais existentes: Robert M. Hazen, Dominic Papineau, et al. (2008) "Mineral Evolution." *American Mineralogist,* 93 (11/12). http://ammin.geoscienceworld.org/cgi/content/abstract/93/11-12/1693.

270 meros 200 milhões de anos atrás: Dale A. Russell. (1995) "Biodiversity and Time Scales for the Evolution of Extraterrestrial Intelligence." *Astronomical Society of the Pacific Conference Series* (74). http://adsabs.harvard.edu/full/1995ASPC...74..143R.

270 Diversidade total da vida: J. John Sepkoski. (1993) "Ten Years in the Library: New Data Confirm Paleontological Patterns." *Paleobiology,* 19 (1), p. 48.

271 O número de artigos científicos explodiu nos últimos 50 anos: Stephen Hawking. (2001) *The Universe in a Nutshell.* New York: Bantam Books, p. 158.

271 **listava 7 milhões de patentes apenas nos Estados Unidos:** Brigid Quinn and Ruth Nyblod. (2006) "United States Patent and Trademark Office Issues 7 Millionth Patent." United States Patent and Trademark Office.

271 **Total de pedidos de patentes e artigos científicos:** United States Patent and Trademark Office. (2009) "U.S. Patent Activity, Calendar Years 1790 to Present: Total of Annual U.S. Patent Activity Since 1790." http://www.uspto.gov/web/offices/ac/ido/oeip/taf/h_counts.htm; Stephen Hawking. (2001) *The Universe in a Nutshell*. New York: Bantam Books, p. 158.

272 **máquina de aprendizagem artificial primitiva consegue reconhecer:** Irving Biederman. (1987) "Recognition-by-Components: A Theory of Human Image Understanding." *Psychological Review*, 94 (2), p. 127.

273 **lista mais de 480.000 produtos em seu catálogo:** "McMaster-Carr." http://www.mcmaster.com/#.

273 **cerca de 1 milhão de episódios:** "IMDB Statistics." Internet Movie Database. http://www.imdb.com/database_statistics.

273 **de músicas diferentes foram gravadas:** "iTunes A to Z." Apple Inc. http://www.apple.com/itunes/features/.

273 **catalogaram 50 milhões de produtos químicos diferentes:** Paul Livingstone. (2009, September 8) "50 Million Compounds and Counting." *R&D Mag*. http://www.rdmag.com/Community/Blogs/RDBlog/50-million-compounds-and-counting/.

273 **"a ponto de ser literalmente único":** David Nye. (2006) *Technology Matters: Questions to Live With*. Cambridge, MA: MIT Press, pp. 72–73.

273 **paralisando os consumidores:** Barry Schwartz. (2004) *The Paradox of Choice: Why More Is Less*. New York: Ecco, pp. 9–10.

273 **"menor a probabilidade delas fazerem uma escolha":** Barry Schwartz. (2005, January 5) "Choose and Lose." *New York Times*. http://www.nytimes.com/2005/01/05/opinion/05schwartz.html.

273 **"Poder-se-ia dizer que ela passa até a tiranizar":** Barry Schwartz. (2004) *The Paradox of Choice: Why More Is Less*. New York: Ecco, p. 2.

274 **ao Escritório de Patentes norte-americano até 2060!:** Kevin Kelly. (2009) Cálculo extrapolado pelo autor com base em dados históricos do Escritório de Patentes dos EUA. http://www.uspto.gov/web/offices/ac/ido/oeip/taf/h_counts.htm.

274 **16 milhões de livros diferentes:** Library of Congress. (2009). "About the Library." http://www.loc.gov/about/generalinfo.html.

276 **"a um mero dia de caminhada":** Pierre Lemonnier. (1993) *Technological Choices: Transformation in Material Cultures Since the Neolithic*. New York: Routledge, p. 74.

276 **"lógica de progresso ou eficiência material":** Ibid., p. 24.

277 **cai quando um porco tropeça em uma corda no caminho:** Ibid.

277 **apesar da física das rodas d'água ser constante:** Ibid.

279 **células ósseas, células da pele e neurônios:** Stuart Kauffman. (1993) *The Origins of Order: Self-Organization and Selection in Evolution.* New York: Oxford University Press, p. 407.

279 **Tipos de células especializadas:** Dados de James W. Valentine, Allen G. Collins, et al. (1994) "Morphological Complexity Increase in Metazoans." *Paleobiology*, 20 (2), p. 134. http://paleobiol.geoscienceworld.org/cgi/content/abstract/20/2/131.

283 **pelas mãos e pelas mentes dos seres humanos:** Peter M. Vitousek, Harold A. Mooney, et al. (1997) "Human Domination of Earth's Ecosystems." *Science*, 277 (5325).

285 **Ritmo acelerado da adoção de tecnologias:** Peter Brimelow. (1997, July 7) "The Silent Boom." *Forbes*, 160 (1). http://www.forbes.com/forbes/1997/0707/6001170a.html.

286 **por todo o setor industrial:** "Electric Motor." Wikipedia, Wikimedia Foundation. http://en.wikipedia.org/w/index.php?title=Electric_motor& oldid=344778362.

287 **Ubiquidade industrial:** David A. Hounshell. (1984) *From the American System to Mass Production 1800–1932: The Development of Manufacturing Technology in the United States.* Baltimore: Johns Hopkins University Press, p. 232.

287 **para bater cremes e merengues:** Donald Norman. (1998) *The Invisible Computer: Why Good Products Can Fail, the Personal Computer Is So Complex, and Information Appliances Are the Solution.* Cambridge, MA: MIT Press.

288 **Anúncio do Home Motor:** Donald Norman. (1998) *The Invisible Computer: Why Good Products Can Fail, the Personal Computer Is So Complex, and Information Appliances Are the Solution.* Cambridge: MIT Press, p. 50.

290 **"duas Américas" estavam emergindo:** Don Tapscott. (1999) *Growing up Digital.* New York: McGraw-Hill, p. 258. Fazendo referência à pesquisa de Brad Fay para o relatório Roper Starch de 1996, "The Two Americas: Tools for Succeeding in a Polarized Marketplace."

292 **deve ser descrito como um ato de livre arbítrio:** Freeman J. Dyson. (1988) *Infinite in All Directions.* New York: Basic Books, p. 297.

293 **a mudança de direção do *spin* ou o decaimento súbito (por que exatamente agora?) de partículas cósmicas:** J. Conway. (2009) "The Strong Free Will Theorem." *Notices of the American Mathematical Society*, 56 (2).

293 **efeitos quânticos ocorrem em toda a matéria:** Stuart Kauffman. (2009) "Five Problems in the Philosophy of Mind." Edge: The Third Culture, (297). http://www.edge.org/3rd_culture/kauffman09/kauffman09_index.html.

293 **a explicação fundamental para a nossa própria:** Conway. "The Strong Free Will Theorem."

294 **"com mais liberdade podemos ser mais humanos":** Richard Rhodes. (1999) *Visions of Technology: Machines, Systems and the Human World.* New York: Simon & Schuster Inc., p. 266.

295 **o sistema cérebro/braço dos seres humanos:** (1998) "'Quick-Thinking' Robot Arm Helps MIT Researchers Catch on to Brain Function." MITnews. http://web.mit.edu/newsoffice/1998/wam.html.

296 **neste planeta são parasitas:** Peter W. Price. (1977) "General Concepts on the Evolutionary Biology of Parasites." *Evolution*, 31 (2). http://www.jstor.org.libaccess.sjlibrary.org/stable/2407761.

299 **escrever e editar materiais colaborativamente:** Ward Cunningham. "Publicly Available Wiki Software Sorted by Name." http://c2.com/cgi/wiki?WikiEngines.

299 **pelo YouTube todos os meses apenas nos Estados Unidos:** comScore. (2009) "YouTube Surpasses 100 Million U.S. Viewers for the First Time." ComScore. http://www.comscore.com/Press_Events/Press_Releases/2009/3/YouTube_Surpasses_100_Million_US_Viewers.

299 **histórias criadas por fãs e armazenadas em *sites* de *fan-fiction*:** M. E. Curtin. (2007) Em conversa com o pesquisador do autor. Ver Alternate Universes, de M. E. Curtin, para estatísticas anteriores: http://www.alternateuniverses.com/fnstats.html.

299 **com categorias, rótulos e palavras-chave:** Heather Champ. (2008) "3 Billion!" Flickr Blog. http://blog.flickr.net/en/2008/11/03/3-billion/.

300 **o lançamento do *software* Fedora Linux 9:** Amanda McPherson, Brian Proffitt, et al. (2008) "Estimating the Total Development Cost of a Linux Distribution." The Linux Foundation. http://www.linuxfoundation.org/publications/estimat-inglinux.php.

300 **projetos de código aberto diferentes:** Ohloh. (2010) "Open Source Projects." http://www.ohloh.net/p.

300 **mas sem nenhum chefe:** General Motors Corporation. (2008) "Form 10-K." http://www.sec.gov.

303 **uma atração inata pelas coisas vivas:** Stephen R. Kellert and Edward O. Wilson. (1993) *The Biophilia Hypothesis*. Washington, D.C.: Island Press.

304 **Tesoura ergonômica:** Tesoura de alfaiate genérica, origem desconhecida.

305 **começava-se a rezar para o dínamo:** Langdon Winner. (1977) *Autonomous Technology: Technics-Out-of-Control as a Theme in Political Thought*. Cambridge, MA: MIT Press, p. 44.

306 **para um mundo onde ninguém mais está:** Joan Didion. (1990). *The White Album*. New York: Macmillan, p. 198.

306 **"a paixão e a utilidade" dos relógios conquistam alguns:** Mark Dow. (June 8, 2009) "A Beautiful Description of Technophilia [Weblog comment]." Technophilia. The Technium. http://www.kk.org/thetechnium/archives/2009/06/technophilia.php#comments.

309 **"amamos os objetos com os quais pensamos":** Sherry Turkle. (2007) *Evocative Objects: Things We Think With*. Cambridge, MA: MIT Press, p. 3.

309 **tão pequeno que chega a ser invisível:** Nigel R. Franks and Simon Conway Morris. (2008) "Convergent Evolution, Serendipity, and Intelligence for the Simple Minded." *The Deep Structure of Biology*, ed. Simon Conway Morris. West Conshohocken, PA: Templeton Foundation Press.

309 **que os seres humanos só foram descobrir em 1733:** J. F. Ramley. (1969) "Buffon's Needle Problem." *American Mathematical Monthly*, 76 (8).

Fontes 369

309 **os insetos que ficam incomodando suas patas traseiras:** Donald R. Griffin. (2001) *Animal Minds: Beyond Cognition to Consciousness*. Chicago: University of Chicago Press, p. 12.

310 **tudo para não desencorajar os caçadores:** Ibid.

310 **nossas definições de inteligência animal:** Anthony Trewavas. (2008) "Aspects of Plant Intelligence: Convergence and Evolution." *The Deep Structure of Biology*, ed. Simon Conway Morris. West Conshohocken, PA: Templeton Foundation Press.

310 **"um dos animais inferiores":** Ibid., p. 80.

310 **semelhante ao que fazem os ratos:** Ibid.

311 **os golfinhos recém-chegados ao tanque:** Donald R. Griffin. (2001) *Animal Minds: Beyond Cognition to Consciousness*. Chicago: University of Chicago Press, p. 229.

311 **"não por um ornitólogo, mas por um psiquiatra":** Anthony Trewavas. (2008) "Aspects of Plant Intelligence: Convergence and Evolution." *The Deep Structure of Biology*, West Conshohocken, PA: Templeton Foundation Press, p. 131.

312 **pequenas mentes contêm um bilhão de transistores cada:** Jim Held, Jerry Bautista, et al. (2006) "From a Few Cores to Many: A Tera-Scale Computing Research Overview." http://download.intel.com/research/platform/terascale/terascale_ovierview_ paper.pdf

313 **cérebro do cachalote:** Lori Marino. (2004) "Cetacean Brain Evolution: Multiplication Generates Complexity." *International Journal of Comparative Psychology*, 17 (1).

314 **cerca de 100 quatrilhões (10^{17}) de transistores:** Kevin Kelly. (2008) "Infoporn: Tap into the 12-Million-Teraflop Handheld Megacomputer." *Wired*, 16 (7). http://www.wired.com/special_multimedia/2008/st_infoporn_1607.

314 **gera quase 20 *exabytes* de dados:** Ibid.

314 **aproximadamente 2,7 bilhões de telefones celulares:** Portio Research. (2007) "Mobile Messaging Futures 2007–2012." http://www.portioresearch.com/MMF07-12.html.

314 **1,3 bilhão de telefones fixos:** Central Intelligence Agency. (2009) "World Communications." World Factbook. https://www.cia.gov/library/publications/the-world-factbook/geos/xx.html.

314 **27 milhões de servidores de dados:** Jonathan Koomey. (2007) "Estimating Total Power Consumption by Servers in the U.S. and the World." Oakland: Analytics Press. www.amd.com/us-en/assets/content_type/DownloadableAssets/Koomey_Study-v7.pdf.

314 **80 milhões de PDAs sem fio:** eMarketer. (2002) "PDA Market Report: Global Sales, Usage and Trends," p. 1. Citing Gartner Dataquest. http://www.info-edge.com/samples/EM-2058sam.pdf. Baseado no total acumulado de 2003–2005.

314 **mais ou menos um trilhão de páginas:** Marcus P. Zillman. (2006) "Deep Web Research 2007." LLRX. http://www.llrx.com/features/deepweb2007.htm.

314 **produz elos sinápticos com milhares de outros neurônios:** David A. Drachman. (2005) "Do We Have Brain to Spare?" *Neurology*, 64 (12). http://www.neurology.org.

314 **em média, a 60 outras:** Andrei Z. Broder, Marc Najork, et al. (2003) "Efficient URL Caching for World Wide Web Crawling." *Proceedings of the 12th International Conference*

on the World Wide Web, Budapest, Hungary, May 20-24, p. 5. http://portal.acm.org/citation.cfm?id=775152.775247.

316 **quintilhões de transistores *online*:** Semiconductor Industry Association. (2007) "SIA Hails 60th Birthday of Microelectronics Industry." Semiconductor Industry Association. http://www.sia-online.org/cs/papers_publications/press_release_detail?pressrelease.id=96.

316 **centenas de *exabytes* de dados da vida real:** John Gantz, David Reinsel, et al. (2007) "The Expanding Digital Universe: A Forecast of Worldwide Information Growth Through 2010." http://www.emc.com/collateral/analyst-reports/expanding-digital-idc-white-paper.pdf.

317 **mudou em alguns milhões de *bits*:** Stephen Hawking. (1996) "Life in the Universe." http://hawking.org.uk/index.php?option=com_content&view=article&id=65.

317 **novas informações ao técnio por ano:** Bret Swanson and George Gilder. (2008) "Estimating the Exaflood." Discovery Institute. http://www.discovery.org/a/4428.

317 **uma curva exponencial há mais de 100 anos:** Andrew Odlyzko. (2000) "The History of Communications and Its Implications for the Internet." SSRN eLibrary. http://papers.ssrn.com/sol3/papers.cfm?abstract_id=235284.

318 **na aurora da ciência:** Derek Price. (1965) *Little Science, Big Science*. New York: Columbia University Press.

320 **a derrubada de paradigmas científicos:** Freeman J. Dyson. (2000) *The Sun, the Genome, and the Internet: Tools of Scientific Revolutions*. New York: Oxford University Press, p. 15.

14. O jogo infinito

329 **"como os homens melhorariam por causa do motor a vapor?":** Wendell Berry. (2000) *Life Is a Miracle: An Essay Against Modern Superstition*. Washington, D.C.: Counterpoint Press, p. 74.

332 **Tecnologias ausentes:** Colagem criada pelo autor.

334 **"atue de modo a aumentar o número de escolhas":** Heinz von Foerster. (1984) *Observing Systems*. Seaside, CA: Intersystems Publications, p. 308.

335 **"jogadores infinitos jogam com os limites":** James Carse. (1986) *Finite and Infinite Games*. New York: Free Press, p. 10.

336 **"mas sem nunca alcançar esse ideal":** Ray Kurzweil. (2005) *The Singularity Is Near*. New York: Viking, p. 389.

336 **chamada de Teologia do Processo:** John B. Cobb Jr. and David Ray Griffin. (1977) *Process Theology: An Introductory Exposition*. Philadelphia: Westminster Press.

337 **sob as estrelas:** Loren Eiseley. (1985) *The Unexpected Universe*. San Diego: Harcourt Brace Jovanovich, p. 55.

338 **"O universo sabia que estávamos a caminho":** Freeman J. Dyson. (2001). *Disturbing the Universe*. New York: Basic Books, p. 250.

338 **"poeira estelar contemplando as estrelas":** Carl Sagan. (1980) *Cosmos*. New York: Random House.

Índice

Números de página em *itálico* se referem a ilustrações.

ábaco, 143-4, 297-8
Abbey, Edward, 193
Adams, Henry, 304-5
Adams, John Couch, 131-2
afluência, 75-81, 85
   dos caçadores-coletores, 35-36
África, 28-30, 39-40, 42-3, 55-6, 92-3, 141-7, 148-9
   escravidão e, 43-4
   migração dos hominídeos da, 27-8
   pulverização de DDT antimalária na, 237-8, 240-1, 246-7
Against Civilization (Zerzan, ed.), 193-4
Age of Electricity, The (Benjamin), 127-8
agricultura, 29-30, 40-1, 86-8, 90-1, 93-4, 100-1, 188-9, 203-4, 329
   áreas necessárias para, 101-2
   aumento do carbono atmosférico causado pela, 43
   descentralizada, 259-60
   domesticação de plantas na, 42-3, 144-6, 283-4
   ferramentas para, 55-9, 57-8, 224-6
   industrial, 258-60, 283-4
   plantas geneticamente modificadas da, 213-4, 232-3, 247-8, 249-50
   pulverização de DDT na, 237-8, 240-1, 246-7
   taxa de fecundidade e, 36-7
Agulha de Buffon, 308-9
Álbum Branco, O (Didion), 304-6
Alemanha, 129-31, 170-1, 249-50
alfabetos, 43, 48-50, 273-5
Amazônia, 81-2, 87-8
ambientais, questões, 75, 80-1, 86-8, 100-2, 94-7, 194-8
   carbono atmosférico, 43, 283-5
   desmatamento, 87-8, 187-8
   Princípio da Precaução e, 235-7, 237-8
   represas, 305-7
ambientes, 27, 118-20, 125, 170-3, 265-6, 296-7

América Colônia, 78-80
América do Norte, 141-7, 221-3, 318-9
América do Sul, 29-30, 141-47, 221-2
Ameríndios, 40-1, 143-4, 144-5, 195-6
amish, 9-11, 12-3, 55-6, 57-9, 81-2, 86-7, 200-1, 209-28
   apoio comunitário dos, 217-8, 220-1, 223-4
   rejeição dos cartões de crédito pelos, 213-5
   carroças dos, 209-11, 212-3, 215-7, 218-9, 225-6
   crenças religiosas dos, 209-11, 243
   dependência do mundo externo por parte dos, 220-2, 226-7
   educação dos, 218-9, 220-1, 227
   eletricidade fora da rede dos, 210-1, 214-5, 215-7, 219-20
   fecundidade dos, 97-8
   geradores a dísel dos, 209-10, 211-2, 215-6, 229
   Internet e, 213-4, 217-9
   lazer dos, 218-20
   menonita, 212-3, 216-7, 218-20, 221-2
   milho geneticamente modificado dos, 213-4
   motivação comunitária dos, 209-11, 217-8, 229-30
   opções limitadas dos, 220-2, 223-4, 227
   padrão de adoção seletiva dos, 79-80, 209-10, 213-8, 221-3, 227-30, 232-3, 243
   rejeição dos automóveis por parte dos, 209-11, 212-3, 216-7, 229-30
   rumspringa, tradição dos, 218-9, 220-1
   sentimento de realização nos, 219-21, 223-4, 226-7
   sistema de energia pneumática dos, 210-3
   telefones celulares dos, 214-6
   ter *versus* usar, distinção dos, 201-1, 213-4
   trabalho voluntário dos, 220-2
   ver também minimalismo
anarquia verde, 200-3
anticivilizacionistas, 191-205
   destruição defendida pelos, 193-5, 197-8, 202-5

estilo de vida alternativo imaginado pelos, 200-3, 203-5
estilo de vida moderno dos, 193, 202-3, 204-5
ver também civilização, colapso da; Kaczynski, Ted
Apaches, 40-1
Applied Minds, 136-9
Apter, David, 174-5
aquecimento global, 43
Arábia, 86-7
arco longo, 231-2
Aristóteles, 13-5
Armas, Germes e Aço (Diamond), 144-5
arquetípicas, formas, 118-9, 120-6, 128-9, 134-5, 146-7, 175-6, 322-3
 das invenções convergentes, 134-5, 146-7, 174-7, 275-6
artes, 14-5, 17-20, 139-42
artesanato, 76-7, 86-7, 304-5
Arthur, Brian, 48-9, 181, 185-6
Ásia, 9, 12-4, 27-8, 29-30, 141-7, 176-8
Asimov, Isaac, 190-1, 240-2
aspirina, 234-6
"Aspects of Plant Intelligence" (Trewavas), 309-10
atmosférico, 43, 283-5
Austrália, 105-6, 141-7
automóveis, 9-10, 11-2, 161-2, 172-3, 197-8, 200-1, 230-1, 234-5, 249-50, 276-7, 289, 291-2, 295-6, 312-3
 amish e, 209-11, 216-7, 218-9
 a vapor, 55-7
 efeitos de segunda ordem dos, 240-2
 especializados, 280-1
 ubiquidade dos, 284-6
auto-organização, 21-3, 103, 109-10, 115-7, 174-7, 179-80, 260-1, 316-7, 336-7
 na exotropia, 66-72, 117-8, 120-2, 262-5
 padrões recorrentes de, 118-9
autorreplicação, 20-1, 49-50, 115-6, 246-51, 263-5, 282-3, 318-9

Bachrach, David, 231-2
Bacon, Francis, 44-45, 321
Bakker, Bob, 122-3
baleias, 106-7, 270-1, 310-4
balinesa, cultura, 275-60
Banco Mundial, 148-9, 237-8
banda larga, comunicação, 155-7, *158,* 159-60, 166-7
Bangkok, favelas de, 85-6
baterias, 159-60, 212-3, 215-7, 281-3
Beckmann, Johan, 15-6, 18-9

beduínos, tribos, 86-7
beleza, 257-9, 301-9
 na evolução, 301-5, 308
 na inutilidade, 308
 tecnofilia e, 304-9
Bell, Alexander Graham, 127-8
Benjamin, Park, 127-8
Berry, Wendell, 219-20, 222-7, 329
bestas (arma), 229-32
Better Off (Brende), 219-20
Big Bang, 61, 63-5, 67-8, 71-2, 261-3, 292-3
biofilia, 303-5
Blake, William, 187-8
Bornéu, 87-8
Boyd, Albert, 151
Boyle, Robert, 133-4
Brand, Stewart, 85-6, 222-3, 242
Brasil, 84-6, 148-9, 236-7
Brende, Eric, 190-1, 218-20, 223-4, 226-7
Briggs, Henry, 127-8
Broderick, Damien, 151-2
bugio, 104-5
Burgi, Joost, 127-9
bússola magnética, 44-5

caçadores de peles, 30-1
caçadores-coletores, 32-43, 101-2, 142-4, 186-7, 200-3, 226-7, 275-7, 320-1
 amamentação, duração entre, 36-7
 biofilia dos, 303-4
 caça por, 27-8, 30-5, 38-9
 coleta por, 32-6
 cultura descartável dos, 34-6
 demografia jovem dos, 37-8
 dieta dos, 33-4
 efeito do desmatamento entre, 87-8
 ferramentas dos, 33-6, 40-1
 guerra tribal dos, 33-4, 40-1, *41,* 89-90
 mortalidade infantil dos, 34-8, 40-1
 normas sociais dos, 89-90
 organização social dos, 39-40, 80-2
 períodos de fome enfrentados por, 34-7, 40-1
 ritmo paleolítico dos, 33-7
 superávit de produção evitado por, 34-6
 taxa de fecundidade dos, 36-7
 tempo de lazer dos, 33-6, 40-1
Cachinhos Dourados, zonas, 123-4
Calvin, William, 31-3
cambriana, explosão, 69-70
câmeras, 47-8, 233-4
 digitais, 161-2, 245-6, 298-9
 especializadas, 280-1
 ubiquidade das, 284-6, 286
Cameron, James, 189-90
Caporale, L. H., 118-9

carbono, 61-2, 114-8, 128-9
Carlson, Rob, 156-9, 165-6
Carroll, Sean, 104-5, 125
carros de boi, 55-6, 88-9, 271-3
Carse, James, 334-5
Carty, John J., 185-6
Caspari, Rachel, 38-9
Cavendish, Henry, 131-3
celtas, tribos, 40-1
cérebro mundial, 249-51
cérebro, 27-9, 31-3, 71-2, 148-50, 170-1, 226-7, 293-4, 297-8, 310-1, 312-4, 314-5
Chaisson, Eric, 63-4
chimpanzés, 27, 31-2, 313-4
China, 12-4, 90-1, 99-100, 141-2, 143-4, 144-5, 148-9, 169, 221-2, 230-1, 234-5, 238-9
chips de computador, 51-2, 62-4, 152-67, 245-6, 261-2, 282-3, 311-3
  transistores em, 54-5, 129-30, 133-4, 152-4, 158-9, 162-3, 166-7, 233-4, 312-4
  ver também Lei de Moore
cidades verdes, 236-7
cidades, 55-7, 81-8, *82*, 91-2, 190-1, 265-6, 267-8, 284-6, 325-6
  beleza evolucionária das, 302-4
  colonização em, 223-4
  favelas de, *ver* favelas
  maiores escolhas oferecidas por, 81-3, 200, 223-4, 227
  megalópolis, 83-4, 283-5
  históricas, 83-5, 90-1
  população global das, 82-3, *82*
  verdes, 236-7
ciência, 44-5, 48-52, 81-2, 103-4, 114-5, 170-2, 204-5, 236-7, 240-1, 259-61
  aumento em artigos acadêmicos de, 270-1, *271*, 317-9
  descobertas simultâneas na, 127-33, 141-2
  enquanto conhecimento global estruturado, 317-23
  informação comprimida pela, 71-2, 262-3
  marginal, 320-1
  no progresso, 89-94, 99-100
civilização, 40-3, 43-4, 75-6, 82-3, 99-100, 152-3, 172-3, 179-80, 188-9, 200, 209, 273-4, 283-4, 329-30, 332-3
  enquanto ecumenópolis, 190-1
  enquanto involução, 88-90
  guerras tribais contra, 40-1
  liberdade e, 192-4, 197-9, 203-5
civilização, colapso da, 190-1, 193-205, 209
  em período pós-colapso, 200-3
  mortalidade da, 203-4
  ver também anticivilizacionistas
Clarke, Arthur C., 151-2
clonagem genética, 124-5, 250-1

clorofila, 116-8, 125
códigos de barra, 51-2, 76-7, 233-4
códigos genéticos, 171-2, 178-80
  gerados aleatoriamente, 116-7
coevolução, 42-3, 99-100, 146-8, 172-3, 242, 296-7
Cole, John, 143-4
colmeias, 47-8, 105-6, 297
colonização urbana, 223-4
complexidade, 47-8, 49-50, 67-8, 81-2, 109-10, 278-9, 294-5, 302-4, 323-4
  cenários futuros de, 267-9
  enquanto tendência de longo prazo, 257-9, 261-9, *265*, *266*
  especialização e, 278-9
computação em nuvem, 281-2
computadores, 10-2, 16-9, 44-6, 47-8, 52-3, 148-9, 152-7, 185-6, 197-8, 222-3, 230-1, 233-4, 268, 309-10
  armazenamento digital em, 155-7, 157-9, *158*, 159-60, *163*, 163-4, 166-7
  DNA, 16-8
  especializados, 281-3
  invenção dos, 129-31
  maior complexidade de software dos, *265*, *266*
  múltiplas funções de, 281-2
  obsoletos, 58-9
conhecimento, 51-2, 68-70, 90-1, 308
  coletivo, 93-4
  estruturado, 317-23
  transmissão de, 37-9, 50-1
contabilidade de partidas dobradas, 44-5
contingência, 108-10, 118-23, 125, 175-6, 257-8
  em invenções convergentes, 130-2, 133-5, 138-9, 140-1, 146-7, 176-7
  escolhas em, 172-5, 176-7
convergência, 103-10, 116-8, 120-1, 121-4, 125, 128-9, 275-8, 281-2, 310-2
  ver também invenções, convergência das
"Convergent Evolution" (McGhee), 108-9
convivencialidade, 245-6, 251-3, 257-8, 259-60, 283-4, 306
Convivencialidade, A (Illich), 252-3
Conway, John, 292-4
Cooke, William, 127-8
corais, 47-8, 111-2
Coreia do Norte, 176-9, 259-60
cornetas, 53-5, *55*
corpo humano, 61-2, 170-1, 225-6
  células especializadas no, 278-9
  extensão tecnológica do, 47-8
  tamanho do, 268
Correns, Karl Erich, 147-8
cracas, 278-80

crescimento populacional, 89-100, 159-60, 209, 258-9, 325-6
dos caçadores-coletores, 36-7
dos sapiens, 30-2
limites malthusianos da, 91-4, 127
negativo, 92-9
negativo, cenários futuros de, 97-9
mundial, 93, 93-9, 94, 95
produção de alimentos para, 91-2, 101-2
ver também taxas de fecundidade
Crichton, Michael, 139-40
criptocromos, 107-8
cro-magnons, ver sapiens
cromossomos, 49-50, 118-9, 129-30, 263-4
cupins, colônias de, 27, 47-8
Cúpula da Terra (1992), 235-7
curva de tendência da velocidade, 151-3
customização pessoal, 283-3

Daguerre, Louis, 127-8
Darwin, Charles, 48-50, 103-4, 119-20, 127, 309-10, 325-6
Davies, Paul, 70-1, 123-4
Davis, Mike, 85
Dawkins, Richard, 103-4, 106-7, 122-3
DDT, 237-40, 246-7
de Duve, Christian, 124-5
de Vries, Hugo, 147-8
Dean, Bashford, 56
Declaração do Rio de Janeiro sobre Meio Ambiente e Desenvolvimento, 236-7
demográfica, transição, 95-6
Dennett, Daniel, 31-2
Denton, Michael, 111-2, 117-8
descentralização, 252-3, 259-60, 309-11
desérticos, ambientes, 108-9
desmatamento, 87-8, 187-8
Diamond, Jared, 28-30, 144-5
Didion, Joan, 304-6
dinossauros, 48-9, 53-4, 105-7, 269-70
linhagens convergentes de, 121-3
diversidade, 47-8, 113-4, 119-21, 125, *270*, 280-1, 311-2, 315-6, 323-4
de inteligência, 311-2, 315-7
de preferências étnicas e sociais, 275-8
diferenças culturais em, 274-6
enquanto tendência de longo prazo, 257-9, 268-79
escolhas excessivas oferecidas por, 272-4
marginal, 275-6
uniformidade em, 273-5
DNA, 16-8, 49-50, 68-70, 112-7, 125, 129-30, 133-4, 178-9, 262-5, 293-4, 317-8, 325-7
alternativas inventadas ao, 113-7, 117-8
auto-organização do, 115-7

origens misteriosas do, 117-8
síntese de, 156-7, *158*, 157-60
taxa de mutação no, 111-2, 325-6
Dobe, tribo, 33-4
domesticação, 225-6
animal, 42-3, 91-2, 143-6, 224-5, 325-6
invenções independentes de, 144-6
planta, 42-3, 144-6, 283-4
du Chaillu, Paul, 319-20
Dunn, Mark, 139-40
Dyson, Freeman, 292-3, 338-9

Earth First! Journal, 194-5
Easterbrook, Gregg, 87-89
Easterlin, Richard, 79-80
economia, 1001, 159-63, 165-6, 197-8
crescimento populacional e, 93-4
consumo na, 70-1
das favelas, 84-6
desmaterialização da, 70-2, *71*
e tecnologia proibida, 231-2
global, 44-5
Lei de Moore e, 154-6
livre mercado, 301-2
não crescimento, 98-9
Economist, 148-9
ecossistemas, 34-5, 38-40, 42-3, 48-9, 111-2, 113-4, 55-7, 172-3, 175-6, 252-3, 277-8, 323-4
Ectoprocta, 105-6
ecumenópolis, 190-1
Edison, Thomas, 127-30, 134-5, *135*, 232-4, 331-2
Edison's Electric Light: Biography of an Invention (Friedel, Israel e Finn), 134-5
educação, 75-6, 176-80, 186-7, 218-21, 227, 238-9
efeito da avó, 38-9
eficácia reprodutiva, 30-2
eficiência, 252-3, 257-9, 261-2
Egito, Antigo, 90-2, 142-4
Eigen, Manfred, 124-5
Einstein, Albert, 71-2, 138-9
teorias da relatividade de, 138-9
Einstein: Sua Vida, Seu Universo (Isaacson), 139
Eisely, Loren, 337-8
Eldredge, Niles, 53-5
eletricidade, 43, 49-50, 75-6, 132-3, 134-5, 172-4, 176-9, 230-1
Amish e, 209-17, 219-20
Ellington, A. D., 113-5
emergência, 123-6, 257-9, 261-2, 284-6
energia a vapor, 43-5, 47-50, 55-7, 128-9, 133-4, 286-8, 329

Índice **375**

energia nuclear, 62-3, 130-2, 229-30, 232-3, 283-4
energia solar, 99-100, 148-9, *158,* 159-60, 212-4, 220-1, 243, 257-8, 283-4, 291-2, 297
energia termelétrica (carvão), 43, 86-8, 99-100, 186-7, 284-5
energia, 61-7, 69-70
  densidade da, 61-4, *64,* 111-2, 261-2
  matéria e, 61-2, 64-5, 67-8, 70-2, 103, 117-8, 125, 260-3, 316-7, 323-4
  morte térmica *versus,* 65-7
  nuclear, 62-3, 130-2, 229-30, 232-3, 266
  produção, 43, 47-8, 98-102, 188-9, 283-4, 297-8, 298-9
  requisitos para, 159-61
  sustentável, 61-4
Engelbart, Doug, 152-4
engenharia genética, 52-3, 98-9, 197-8, 247-50, 268, 294-5, 325-6
entropia, 65-7, 260-1
Era Axial, 338-40
eras do gelo, 38-9, 43
escolhas, 75-6, 90-1, 98-9, 134-6, 169-81, 195-8, 199-201, 206-7, 292-7, 329-35
  afluência e, 79-80
  coletivas, 174-9, *170,* 180-1, 229-31, 245-6, 249-50, 251-2, 253, 257-8
  como contingência histórica, 172-5, 176-7
  consequências de, 176-9
  dentro do desenvolvimento predestinado, 170-6
  dos outros, 226-8, 330-5
  em domínio intencional, 176-8, *177*
  errôneas, 294-5, 296-7
  executadas, 195-7, 200-1
  expansão de, 174-6, 295-7
  invenções convergentes e, 134-6
  limitadas, dos *amish,* 220-2, 223-4, 227
  nas cidades, 81-3, 200, 223-4, 227
  paradoxo da, 272-4
  quânticas, 292-4, 295-6
  voluntárias, 206-7
escravidão, 43-4
escrita, 43-4, 50-1, 89-90, 273-5, 317-8, 325-6
especialização, 257-9, 278-83, 315-6
  de ferramentas, 38-40, 279-81
  na evolução, 278-80, *279*
esqueuônimos, 119-20
Estados Unidos:
  Agência de Proteção Ambiental (EPA) dos, 236-7, 249-50
  bomba atômica produzida pelos, 130-2
  crescimento populacional dos, 93-4
  Discurso sobre o Estado da União nos, 13-4
  expectativa de vida nos, 100-1
  exportações desmaterializadas dos, 70-2, *71*
  ferrovias nos, 161-2

Força Aérea dos, 151-3, *152,* 163-4
Guerras Indígenas dos, 40-1
Office for Technology Assessment, 241-2
ônibus espacial dos, 173-4, 266
estradas, 283-5, 289
  romanas, largura das, 172-4
estribo, invenção do, 43-5
estrutura, 257-9, 317-23
Europa, 27-31, 44-5, 99-100, 141-7
  feudalismo na, 43-5
  taxas de fecundidade na, 95-7
evocativos, objetos, 306-7
evolução dos capacetes, *56*
evolução humana, 27-46, 317-8
  aceleração da, 42-3, 225-7, 325-6
  cérebro na, 27-9, 31-3
  coevolução com, 42-3, 99-100, 172-3
  cultural, 81-2, 143-4, 225-7, 326-7
  involução cultural e, 88-90
  preparação de alimentos na, 27, 42-3
  uso de ferramentas na, 27-31
evolução, 47-59, 67-8, 81-2, 101-26, 224-5, 252-3, 257-8, 261-6, 282-3, 293-5, 299-300, 315-6, 322-7, 335-7
  adaptação na, 108-9, 111-2, 118-23, 175-7
  aleatoriedade e, 107-9, 117-9, 120-3, 293-4
  anacronismos na, 54-9
  ancestrais comuns na, 103-6, 108-9, 310-1
  beleza na, 301-5, 308
  clorofila e, 116-8, 125
  codescobridores da, 127
  coevolução na, 146-8, 172-3, 296-7
  combinatorial, 48-9
  contingência na, 108-10, 118-23, 125, 175-6
  convergência na, 103-10, 116-8, 120-5, 128-9, 310-2
  das cornetas, 53-5, *55*
  de proteínas, 107-9, 111-4
  DNA e, 112-7, 125
  dos capacetes, *56*
  dos dentes, 122-3
  dos olhos, 103-4, 107-8, 122-4
  eleição natural na, 103, 108-10, 118-9, 122-3, 127, 176-7, 263-5, 323-4
  entendimento científico atual da, 117-25
  em outros planetas, 110-8, 126
  especialização na, 278-80, *279*
  exaptações na, 53-5
  exotropia na, 117-8, 120-2
  explosão cambriana na, 69-70
  formas arquetípicas na, 118-26, 128-9, 134-5, 146-7, 175-6, 322-3
  formas de vida possíveis na, 113-5, 125-6
  histórica *versus* forças anistóricas na, 120-1
  homóloga, 106-7
  incremental, 54-5
  inevitabilidade na, 106-26, 175-6, 311-2
  informações genéticas acumuladas na, 68-70

limites físicos à, 109-18, 175-6
natureza triádica da, 118-23, *121*, 175-7
recriação experimental da, 124-5
reprisar a fita da, 103-4, 119-21, 124-6, 128-9
sequência de transição na, 48-53, 263-5
variações não aleatórias na, 117-9
vertical, 53-5
evolutibilidade, 47-8, 113-4, 226-7
  como tendência de longo prazo, 257-9, 322-7
exaptações, 53-5
exotropia, 61-72, 179-80, 257-63, 311-2, 316-7
  auto-organização na, 66-72, 117-8, 120-2, 262-4
  definição de, 66-7
  desmaterialização na, 70-2, *71*
  entropia *versus*, 65-7, 260-1
  informação enquanto metáfora da, 66-72
  na evolução, 117-8, 120-2
  tendências da, 257-63
expectativa de vida, 88-9, 100-1
  dos hominídeos, 37-8, 40-1
extinções, 53-9, 105-6
  de megafauna, 29-30, 32-3, 39-43
  dos neandertais, 30-3
  taxa de, 188-9

fábricas de ideias, 134-9
facas de pedra, 58-9
Farnsworth, Philo, 234-5
favelas, 81-8
  economia das, 84-6
  condições de vida nas, 83-6
  históricas, 83-5
  razões para migração para, 86-8
Feira Mundial de Nova York (1964), 169-71
Ferguson, Niall, 93-4
ferramentas, 9-11, 27-8, 31-2, 75-7, 86-91, 198, 227, 276-7, 317-8
  agrícolas, 55-9, *58*, 224-6
  compostas, 38-9
  conhecimento transmitido das, 37-9
  conviviais, 252-3
  customizadas, 282-3
  de animais, 27-8, 31-2, 309-12
  dos caçadores-coletores, 33-6, 40-1
  dos sapiens, 29-33, 37-40, 279-81, 304-5
  especializadas, 38-40, 279-81
  mentes enquanto, 31-3
ferrovias, 161-2, 173-4
  elétricas, 128-9
feudalismo, 43-5
ficção científica, 112-5, 117-8, 169, 189-91, 240-2, 297-8, 325-6

filmes, 189-91, 233-5, 284-6, 297-8, 331-2, *332*
  convergência dos, 139-40
  evolução da fantasia em, 301-3
Finn, Bernard, 134-5
Fish Creek, tribo, 33-4
Fisher, Richard, 70-1
física, leis da, 65-6, 69-70, 109-18, 174-7, 268, 292-3
Florence, Hercules, 127-8
Florida, Richard, 85
fogo, 27, 29-32, 42-3, 62-3, 172-3, 284-5
fonógrafo, 232-4
Ford, Henry, 238-9
formigas *Temnothorax albipennis*, 308-10, 312-3
formigas, 27-8, 105-6, 297, 308-10, 312-4
fórmula dos quatro fatores, 130-2
fotografia, 78-9, 127-8, 234-5, 280-1, 284-6, 317-8
  por satélite, 176-9, *178*
  processamento da, 245-6
França, 40-1, 130-1
Frank's Life (Dunn), 139-40
Freeland, Stephen, 116-7
Friedel, Robert, 134-5
Friend, Tad, 139-40
Fromm, Erich, 303-4
Fuller, Buckminster, 126

Gaiman, Neil, 139-41
Galileu Galilei, 127-8
Gardner, James, 262-4
Garreau, Joel, 185-6
Gaston, Jerry, 132-3
Gauss, Karl Friedrich, 131-3
genes, 39-40, 42-3, 47-51, 68-9, 104-5, 109-10, 125, 160-1, 170-3, 247-9, 264-5, 280-1, 322-4
  ver também DNA; mutações
genética, 68-9, 111-2, 225-7
  mendeliana, 147-8
genotecnologia, 247-51
Gent, George, 185-6
geoengenharia, 294-5
Geremek, Bronislaw, 83-4
Gift of Good Land, The (Berry), 219-20
Gillooly, James, 111-2
Gladwell, Malcolm, 134-7
Godfrey, Laurie, 143-4
golfinhos, 105-9
  inteligência dos, 310-1
Goodwin, Brian, 122-3

Gould, Stephen Jay, 53-4, 119-21, 124-6
Gray, Elisha, 127-8
gregos antigos, 13-6, 90-2, 142-3
    bestas dos, 231-2
    guerra dos, 58-9
    Moiras dos, 165-7
Guerra nas Estrelas, 189-91, 301-2
guerra, 43-6, 75-7, 79-80, 231-2, 334-6
    dissuasores previstos da, 185-6
    gregas, 58-9
    taxas de mortalidade nas, 40-1, *41*
    tribal, 33-4, 40-1, *41,* 89-90
"grude cinza", cenário do, 248-9
Guia à Tecnologia (Beckmann), 15-6

habitat, destruição do, 87-8, 187-9
Hadamard, Jacques, 131-2
Hagstrom, Warren, 132-3
Harbord, James, 185
Harry Potter, série (Rowling), 139-41
Hawken, Paul, 188-9
Heidegger, Martin, 71-2
Hemple Bay, tribo, 33-4
Henrique VIII, rei da Inglaterra, 76-9
Henry, Joseph, 127-8
hidrogênio, 61-2, 114-7, 268-9, 283-4
Hillis, Danny, 44-5, 136-9, 227, 268, 289
hippie, movimento, 221-4
Hitchcock, Alfred, 331-2, *332*
Hobbes, Thomas, 33-4
Homero, 13-4
hominídeos da Ilha de Flores, 313-4
hominídeos, 27-46, 89-90, 304-5, 313-4
    alterações ecológicas causadas por, 42-3
    eficácia reprodutiva dos, 30-2
    expectativa de vida dos, 37-8, 40-1
    falta de avós vivos por parte dos, 37-9
    ferramentas dos, 27-9, 31-2, 279-80
    origem africana dos, 27-8
Homo erectus, 27-32
Homo sapiens sapiens, ver sapiens
Homo sapiens, 27-30
    enquanto entidade *versus* tendência, 120-1, 126
    ver também neandertais
Hurst, Laurence, 116-7

ictiossauros, 106-9
Idade Média, 14-6, 83-4, 186-7, 231-2
ideias, 31-3, 47-51, 59, 85, 97-8, 232-4, 235-6, 258-9, 270-1, 282-3, 314-5
Illich, Ivan, 252-3
imprensa, 44-5, 50-1, 317-8
incas, 58-9

Índia, 84-6, 148-9, 221-2, 290-1
índice metabólico, 110-2
inevitabilidade, 152-3, 165-7, 169-81, 253, 257-61
    aceleração *versus* adiamento da, 259-61
    evolucionária, 106-26, 175-6, 311-2
    previsão promovida por, 178-80
    significados da, 169-71
    ubiquidade na, 169-70
    ver também convergência; invenções, convergência das
informação, 48-53, 66-71, 82-3, 125, 149-50, 247-50, 260-1, 310-1, 317-9, 321-3
    compressão científica da, 71-2, 262-3
    computação e, 67-8
    definições de, 66-7
    genética, 68-70
informações genéticas, 68-70
Inglaterra, 76-8, 173-4
Inocêncio II, papa, 231-2
inovações, 28-31, 37-40, 48-9, 52-4, 82-3, 85, 90-4, 134-6, 213-4, 289
inteligenação, 281-3
inteligência artificial (IA), 97-8, 115-6, 247-9, 250-1, 281-3, 294-5, 311-7
inteligência, 308-17
    artificial, 97-8, 115-6, 247-9, 250-1, 281-3, 294-5, 311-7
    carismática, 310-2, 316-7
    coletiva, 310-1
    das plantas, 309-11, 316-7
    diversidade da, 311-2, 315-7
    dos animais, 308-14, 316-7
    Internet e, 313-6
Intellectual Ventures, 134-7
Internet, 10-3, 16-7, 43, 51-3, 156-7, 179-80, 185-6, 197-8, 230-1, 249-50, 322-3
    abusos potenciais da, 235-6
    amish e, 213-4, 217-9
    desenvolvimento contingente da, 173-5
    difusão irregular da, 289-92
    efeito socializante da, 298-302
    enquanto superorganismo inteligente, 313-6
    mecanismos de busca da, 295-8, 313-4
    mecanismos wiki de, 298-9
    propósito original da, 232-4
    tecnofilia e, 306-8
invenções, 42-6, 48-9, 85, 89-92, 93-4, 109-10, 126, 160-1, 225-7, 257-9, 271-3, 280-3, 284-6, 291-2, 295-6, 311-2, 324-6
    coevolução das, 42-3
    como instrumentos de dissuasão da guerra previstos, 185-6
    dos primeiros sapiens, 29-31
    enquanto exaptações, 53-4
    excessivamente futurista, 147-8, 170-1
    no método científico, 321-2

patenteamento da, 85, 127-8, 130-7, 170-1, 270-1, *271*, 273-4
potencialmente nociva, *ver* tecnologia, riscos da
secundária, 234-5
síndrome de Frankenstein e, 187-8
revolucionárias, 43
ver também linguagem
invenções, convergência das, 127-50, 169-71, 277-8
aceleração das, 129-30
aleatoriedade e, 128-30
antigas, em continentes diferentes, 141-6
detalhes contingentes da, 130-5, 138-41, 146-7, 176-7
domesticação em, 144-6
e comércio intercontinental, 143-5
escolha, contradita por, 134-6
evidência arqueológica de, 141-6
fábricas de ideias para, 134-9
formas arquetípicas de, 134-5, 146-7, 174-7, 275-6
gênios individuais *versus*, 129-30, 138-9, 139-41, 149-50
invenções paralelas simultâneas na, 106-7, 127-42, 169-70
não informadas, 131-3
nas artes, 139-42
pirâmide invertida da, 137-9, *137*
reconhecimento por cientistas da, 132-3
sequência de desenvolvimento em, 141-2, 144-50, 172-3
Isaacson, Walter, 139
Israel, Paul, 134-5
Itália, 90-1, 231-3

Jaffe, Adam, 138
James, K. D., 113-5
Japão, 95-7, 130-1, 230-1, 276-7
Jenner, Edward, 127-8, 319-20
Jensen, Derrick, 193-4, 201-2
Jobs, Steve, 222-3
Jogos Finitos e Infinitos (Carse), 334-5
jogos, finitos *versus* infinitos, 336-40
Joy, Bill, 249-50
Júpiter, 123-4, 147-8

Kaczynski, Ted (Unabomber), 191-201, 202-6, 209
escolhas limitadas de, 199-200
estilo de vida de, 194-5, 198-200, *199*, 202-3
manifesto de, 191-8
mortalidade reconhecida por, 202-4
Kadrey, Richard, 58-9
Kauffman, Stuart, 123-5, 292-4
Kay, Alan, 225-6

Keeley, Lawrence, 40-1
Kelly, Robert, 36-7
Kelvin, William Thomson, Lorde, 129-30
Kessler, Stephen, 139-40
Kimura, Motoo, 69-70
Klein, Richard, 30-2
Kroeber, Alfred, 130-1, 146-8
Kryder, Mark, 156-62, *163*, 163-6
Kuhn, Thomas, 319-21
Kurzweil, Ray, 88-9, 157-9, *159*, 165-6, 335-6

lâmpada elétrica incandescente, 133-5, 137-8
lasers, 233-4
Le Verrier, Urbain, 131-2
Leeuwenhoek, Antonie van, 147-8
Lei de Moore, 152-67, *154*, 159
platô da, 161-3
autorreforço das expectativas na, 154-6, 164-6
Leibniz, Gottfried, 131-2
Lemley, Mark, 133-4
Lemonnier, Pierre, 276-8
Lenski, Richard, 124-5
liberdade, 79-83, 86-8, 171-2, 174-5, 229, 251-2, 332-4
civilização e, 192-4, 197-8, 203-5
enquanto tendência de longo prazo, 257-9, 292-7
latitude *versus*, 200
ver também escolhas
linguagem, 31-3, 37-43, 49-52, 89-90, 263-5, 317-8, 324-6
escrita, 43-4, 50-1, 273-5, 317-8, 325-6
Lloyd, Seth, 262-3
logaritmos, 127-9
lógica difusa, 295-6, 309-10, 312-3
Londres, 302-3
favelas de, 83-4
longevidade, aumentada, 38-9, 75-7, 88-9, 91-2, 258-61
Lorentz, Hendrik, 138-9
Lua, 326-7
viagem à, 151-2
Lucas, George, 189-91
luditas, 192-4, 209-10, 231-2

macacos, 104-5
malária, 237-8, 240-1, 246-7
Malthus, Thomas, 91-4, 127
maoris, 29-30
Marconi, Guglielmo, 185
Marshall, Craig, 111-2, 117-8
Marx, Karl, 44-5, 187-8

Material World (Menzel), 78-9
Maxim, Hiram, 185
Maximum City (Mehta), 86
Mbuti, tribo, 35-7
McGavin, George, 106-7
McGhee, George, 108-9
McGinnis, Michele, 145-7
McLuhan, Marshall, 47-8
Mead, Carver, 153-6, 163-7
mecânica quântica, 52-3, 292-6
Mehta, Suketu, 86
Mendel, Gregor, 147-8
mentes, 42-3, 47-8, 52-3, 61, 67-8, 70-2, 89-90, 97-102, 109-10, 113-4, 120-1, 125-6, 225-6, 260-1, 294-5, 297-8, 308-17, 324-5
    aprimoramento das, 98-9
    das formigas *Temnothorax albipennis*, 308-10
    descentralizadas, na natureza, 309-11
    em progresso, 93-4, 97-9
    enquanto ferramentas, 31-3
    ver também inteligência
Menzel, Peter, 78-9
Merton, Robert, 131-2, 146-7
Mesthene, Emmanuel, 294-5
método científico, 44-5, 50-2, 91-2, 321-2, 325-6
Meucci, Antonio, 127-8
mídias, 58-9, 139-41, 186-7, 205-7
    sociais, 244-5, 273-4, 298-300, 314-5
minimalismo, 209, 219-28
    da colonização urbana, 223-4
    dos desistentes da contracultura, 221-4
    escolhas expandidas dos outros limitadas por, 228-8
    natureza humana, como vista por, 223-7
    sentimento de realização em, 219-21
    ver também amish
Minsky, Marvin, 290-1
Mitcham, Carl, 14-5
Moiras (Parcas), 165-7
Montgomery Ward, catálogo, 55-9, *58*
Moore, Gordon, 152-6, 159-60, 162-7
More, Max, 66-7, 236-7, 243-5
mórmons, 97-8
Morris, Simon Conway, 101-2, 115-7, 119-21, 124-5
Morse, Samuel, 127-8
morte térmica, 65-7
motores elétricos, 286-9, *288*, 304-5
Mumbai, 84-6
mutações, 31-2, 69-70, 109-10, 129-30, 293-4
    não aleatórias, 118-9
    taxa de, 111-2, 325-6
mutualismo, 47-8, 257-9, 296-302
Myhrvold, Nathan, 134-7

nanotecnologia, 247-51, 267-8
Não zero (Wright), 178-9
Napier, John, 127-8
National Geographic, 86-7
Nature of Technology, The (Arthur), 48-9
neandertais, 27-33, 313-4
    deslocamento e extinção dos, 30-3
    fontes de alimentos dos, 32-3
    lesões dos, 37-8
negentropia, 66-7
Netuno, 128-9, 131-2
Neuwirth, Rob, 84-5
New York Times, 84-5, 185-6
New Yorker, 134-7, 139-40
Newton, Isaac, 71-2, 129-32
nicho, 29-34, 39-40, 42-3, 108-9, 278-80, 297
Niebuhr, Reinhold, 257
Niepce, Nicephore, 127-8
Nobel, Alfred, 185
Norman, Donald, 287-8
Nova Guiné, 40-1, 58-9, 87-8, 275-8
Nova York, cidade de, 139, 170-1
    favelas de, 83-5
Nova Zelândia, 29-30
Nye, David, 185-6, 272-3

Ogburn, William, 128-9
olfato, 104-5
olho tipo câmera, 103-4, 107-8, 122-3
olhos, 103-4, 122-4
    rodopsina na retina dos, 107-9, 116-8, 125
oportunidade, 257-9, 261-2
Oração da Serenidade, 257-8
organismos geneticamente modificados, 213-4, 247-8
    banimento de, 232-3, 249-50
Organização das Nações Unidas (ONU), 85-6
    Convenção-Quadro das Nações Unidas sobre a Mudança do Clima, 236-7
    projeções da população mundial da, 93-6, *94*, *95*
"Origins of Life and Evolution of the Biosphere" (James e Ellington), 113-15
Osborn, Henry, 122-3
Out of Control (Kelly), 16-7
oxigênio, 61-2, 114-5, 123-4, 128-9, 131-4

Pace, Norman, 116-7
padrão de vida, 79-80, 90-3, 100-1
padrões fractais, 21-2
padrões universais, 273-5
papel, 90-1, 284-6, 325-6, 329
Paradoxo da Escolha, O (Schwartz), 272-4

parasitismo, 296-7
Paris, 129-30, 231-2
    favelas de, 83-5
    Grande Exposição de 1900 em, 304-5
pássaro indicatorídeos, 309-10
pássaros, 47-8, 53-4, 105-6
    uso de ferramentas por, 27-8, 310-2
patentes, 85, 127-8, 1130-7, 170-1, 270-1, *271*, 273-4
Perrow, Charles, 239-40
Petrequin, Pierre, 275-7
petróleo, 43-4, 99-100, 187-8, 247-8, 284-5
Picturephones, 170-1
pixels, 159-67
Planeta Favela (Davis), 85
plantas, 48-9, 62-3, 111-2, 178-9, 279-80, 297
    coleta de, 32-4, 38-9
    clorofila das, 116-8, 125
    domesticação das, 42-3, 144-6, 283-4
    insetívoras, 105-6
    inteligência das, 309-11, 316-7
Platão, 13-4
Poeira Vital (de Duve), 124-5
Poincaré, Henri, 138-9
Poisson, distribuição de, 129-30
pólvora, 44-5, 234-5
polvos, 27, 103-4, 106-7
Ponnamperuma, Cyril, 123-4
Popper, Karl, 321-2
Postman, Neil, 187-8
pragas, 92-3
predador, ritmo do, 33-5
Priceline, 136-7
Priestley, Joseph, 131-2
Princípio da Precaução, 235-44, 249-50
Princípio da Proatividade, 2243-6, 248-9
produção de alimentos, 91-2, 101-2, 258-60, 283-4, 325-6
produção em massa, 50-2
Progress Paradox, The (Easterbrook), 87-9
progresso moral, 43-4, 80-2
progresso, 42-3, 75-103, 180-1, 186-7, 192-3, 195-6, 221-2, 236-7, 238-9, 321-2
    ciência em, 89-94, 99-100
    como produzindo benefício marginal, 75-6, 204-7, 251-2
    custos ambientais do, 75, 80-1, 86-8, 100-2
    curva ascendente do, 87-101, 325-6
    desconforto emocional produzido pelo, 204-5
    evolucionário, 81-2, 101-3, 120-1
    e visitar o passado, 81-2, 86-7
    expectativa de vida maior enquanto, 88-9, 100-1
    indicadores de, 75-83
    natureza humana e, 88-90
    novidade no, 75, 88-9
    mais afluência no, 75-81
    mais escolhas no, 75-6, 79-82
    moral, 43-4, 80-2
    mudança histórica *versus*, 75-7, 88-92
    origens do, 90-9
    produção de energia em, 98-101
    prosperidade e, 91-4, 96-9, 301-2
    Revolução Industrial no, 90-2, 99-100
    significância *versus*, 100-1
    sustentabilidade do, 101-2
    utopismo *versus*, 101-2
    ver também cidades; crescimento populacional
    visões críticas do, 100-2
progresso, aceleração do, 151-67
    curva de tendência da velocidade no, 151-3, *152*, 163-4
    curvas em forma de S do, 161-2, 163-5, *164*, 165-7
    enquanto profecia autorrealizável, 152-9, 164-7
    estrutura corporativa em, 160-2
    escalas menores em, 152-4, 159-63, 165-6
    índices de desempenho em, 159-62, *161*, 164-6
    Lei de Kryder do, 156-9, *163*, 163-6
    Lei de Kurzweil do, 157-9, *159*, 165-6
    Lei de Moore do, *ver* Lei de Moore
    mudanças nos desejos dos consumidores e, 161-2
    platôs futuros do, 161-4, 267-8
    requisitos de energia como limite para o, 159-61
proteínas, 107-9, 111-14, 293-4

Quammen, David, 311-2
quipu, 58-9

rádio, 75-6, 185, 232-3, 245-7, 270-1, 284-6, 289-90
Ramdas, Kavita, 86
razão de tamanho, 109-12, *111*, 268
relatividade, teorias da, 138-9
relógios, 44-5, 48-9
Renascimento, 90-1
Represa Hoover, 304-7
reprodução sexuada, 49-50, 68-9, 263-5, 322-4
Retórica (Aristóteles), 13-5
Revolução Industrial, 15-6, 44-8, 90-2, 99-100, 147-50, 307-8
ribose, 115-6
Ridley, Matt, 101-2
Riesman, David, 226-7
Rio de Janeiro, favelas do, 84-6

ritmo paleolítico, 33-7
RNA, 49-50, 115-6
Roberts, Larry, 156-7, 165-6
Roberts, Neil, 144-6
robôs, 23-4, 97-8, 115-6, 190-1, 259-60, 286, 295-8, 308, 313-4, 338-9
   autorreplicantes, 247-51
Rockefeller, John D., 78-9
roda d'água, 88-91, 133-4, 277-8, 289
rodopsina, 107-9, 116-8, 125
romanos, antigos, 14-5, 40-1
   favelas execradas por, 83-4
   largura das estradas estabelecida por, 172-4
Romer, Paul, 176-9
Roszak, Theodore, 186-7
Rothschild, Nathan, 78-9
roupas, 30-1, 38-40, 47-8
Rowe, John, 143-4
Rowling, J. K., 139-41

Saffo, Paul, 189-90
Sagan, Carl, 338-9
Sahlins, Marshall, 33-6
Sale, Kirkpatrick, 193-4
San Francisco, 236-7
   favelas de, 84-5
sapiens, 38-46, 52-3, 61, 88-9, 141-2, 176-7, 186-7
   crescimento populacional dos, 28-30, 29, 38-9
   dieta dos, 33-4
   ferramentas dos, 29-31, 32-3, 37-40, 279-81, 304-5
   efeito da avó e, 38-9
   extinções de megafauna e, 29-30, 32-3, 39-43
   nichos diversos ocupados por, 28-34, 39-40, 42-3
   hominídeos substituídos por, 30-2
   itens comercializados por, 39-40
   linguagem inventada por, 31-3, 37-43
   maior longevidade dos, 38-9
   migração para fora da África dos, 28-30, 39-40, 42-3
   preparação de alimentos por, 38-9
   primeiras invenções dos, 29-31
   sedentarismo dos, 38-9
   ver também caçadores-coletores
   vestuário dos, 30-1, 38-40
satélites, 151-2
   fotografia noturna por, 176-9, *178*
Schachter-Shalomi, Rabino Zalman, 75-6
Scheele, Carl, 131-2
Schwartz, Barry, 272-4
Scott, W. B., 118-9
sedentarismo, 38-9

Segunda Guerra Mundial, 88-9, 129-32
Semiconductor Industry Association, 155-6
senciência, 257-9, 308-17, 324-5
   ver também inteligência
sequenciamento de DNA, 124-5, 156-60, 166-7, 234-5, 280-1, 286, 291-2
Shadow Cities (Neuwirth), 84-5
Shang-Olmec, hipótese, 143-4
Show de Truman, O, 139-40
silício, 114-5, 117-8, 152-3
simbiose, 42-3, 180-1, 296-9, 326-7
simetria bilateral, 111-2
similitude, conceito, 152-4
Simon, Julian, 93-4, 100-1
Simonton, Dean, 128-30, 139
simulações de computador, 116-9, 321-2
singularidade, 31-2, 190-1
Singularity Is Near, The (Kurzweil), 335-6
sistemas adaptativos complexos, 103-5, 118-9, 102-2, 174-5, 179-80, 295-6, 322-4
Smart, John, 257
Smith, John Maynard, 49-51, 263-4
Spike, The (Broderick), 151-2
Steinheil, Karl, 127-8
Sterling, Bruce, 58-9
Sturgeon, William, 234-5
Sunstein, Cass R., 236-7
superorganismos, 49-50, 180-1, 264-5, 297, 313-6
Szathmary, Eors, 49-51, 263-4

Talbot, William Henry Fox, 127-8
talha lítica, 58-9
Tattersall, Ian, 31-2
taxas de fecundidade, 94-9
   dos caçadores-coletores, 36-7
   na Europa, 95-7, *96*
   no Japão, 95-7
   taxa de substituição da, 94-8, *96*
   transição demográfica das, 95-6
techne, 13-5
technik, 19-20
technique, 19-20
técnio, como termo, 18-24
tecnofilia, 304-8
tecnologia verde, 188-90
tecnologia, custos da, 42-6, 75, 80-1, 86-8, 185-207
   análise risco-benefício da, 206-7, 238-9
   deslocamento ocupacional na, 186-7
   efeitos psicológicos na, 186-91, 193-6, 203-5
   mais tecnologia enquanto solução para, 206-9, 273-4

perda de controle humano na, 190-2, 196-8, 203-4, 229, 246-50
pressão temporal na, 186-7
ver também civilização, colapso da; ambientais, questões
tecnologia, riscos da, 229-53
  abusos na, 235-6
  aceleração e, 248-9
  acidentes de larga escala enquanto, 238-40
  amplificação e, 248-9
  consequências inesperadas na, 235-42, 242, 244-5, 291-2
  convivencialidade versus, 245-6, 251-3
  efeitos de segunda ordem na, 234-6, 240-2, 291-2
  escolha coletiva e, 229-31, 245-6, 249-53
  nova versus velha, 239-41
  pior cenário da, 238-9
  previsibilidade inicialmente incerta na, 232-6, 240-1, 289
  Princípio da Precaução para, 235-41, 242-4, 249-50
  Princípio da Proatividade para, 243-6, 248-9
  princípio da vigilância para, 242-5
  proibição enquanto resposta para, 229-33, 231, 235-41, 245-6, 249-51
  riscos da, 235-42, 244-5, 250-1
  soluções apropriadas para, 240-6, 250-2
  tecnologia autorreplicante na, 246-51
tecnologia:
  anacrônica, 53-9, 271-3
  aprimoramento humano e, 329-35
  ausentes, 330-2, 332
  autonomia da, 19-24, 126, 179-81, 190-205, 246-9, 333-4
  autoamplificação da, 43, 71-2, 89-92, 99-100, 193, 247-9
  autogeração da, 18-20, 327
  autorreforço, 200-1
  autorreplicante, 246-51
  benéfica, 9-11, 75-7, 204-7, 251-2
  centralidade moderna da, 186-8
  colaborativa, 300-2
  comportamento orgânico da, 16-8, 20-3
  Deus e, 89-90, 335-40
  enquanto cultura, 18-20
  enquanto extensão do corpo humano, 47-8
  específica, 18-20
  estruturas animais enquanto, 47-8
  impalpável, 17-8
  interconexão sistêmica da, 15-20
  limites à, 117-8
  mudanças sociais impulsionadas pela, 43-6
  não adoção pessoal da, 200-1, 229-30
  obsoleta, 55-9, 58, 76-7, 119-20, 230-2, 271-3
  origem do termo, 13-6, 18-9
  para solução de problemas, 43-4, 75-6, 188-90, 283-4

pico da, 224-6
simbiose humana com, 42-3, 180-1, 297-9, 326-7
simples, 265-8
subconjuntos da, interação entre, 241-2
substituição, 232-3
tendências de longo prazo da, 257-327
verde, 188-90
vício em, 204-7, 209
telefones celulares, 78-9, 147-9, 214-6, 233-4, 246-7, 272-3, 274-5, 276-7, 284-6, 290-2, 294-5, 314-5
telefones, 43, 155-6, 174-5, 234-5, 317-8
  como instrumento de dissuasão das guerras, 185-6
  fixo, 147-9, 314-5
  invenções simultâneas do, 127-8
  ver também telefones celulares
  videofone, 169-71, 170
telégrafo, 127-8, 185-6, 234-5, 329
Tenner, Edward, 242
Teologia do Processo, 336-7
terapia genética, 226-7, 247-8, 249-50, 325-6
Tesla, Nikola, 185-6
tesouras, 303-4, 304
testes genéticos, 234-5
Thomas, Dorothy, 128-9
Thoreau, Henry David, 194-5, 223-4, 329
transistores, 54-5, 129-30, 133-4, 152-4, 157-9, 162-3, 166-7, 233-4, 312-4
transparência, 252-3, 284-6, 301-2
Trewavas, Anthony, 309-10
Troeng, John, 145-6
Tschermak, Erich, 147-8
tuaregues, 40-1
Turkle, Sherry, 180-1, 306-7
Turnbull, Colin, 35-7
Twister, 139-40

ubiquidade, 50-1, 169-70, 186-7, 227, 235-6, 241-2, 257-9, 294-5, 311-2, 314-5
  consequências da, 286-8, 291-2
  consequências inesperadas da, 291-2
  difusão irregular na, 289-92
  enquanto tendência de longo prazo, 257-9, 282-92, 285
  integrada, 287-9, 291-2
  ponto de saturação da, 284-6
Unabomber, ver Kaczynski, Ted
União Europeia, 236-8
União Soviética, 130-1, 151-3, 165-6
universo, 61-72, 107-9, 125, 261-2, 315-7, 326-7, 336-9
  Big Bang do, 61, 63-5, 67-8, 71-2, 261-3, 292-3

Cachinhos Dourados, zonas, 123-4
  diversidade do, 268-70
  densidade energética no, 62-4, *64*
  elementos no, 61-2, 114-5, 268-9
  eras dominantes do, 67-8, *69*
  escala de tamanho do, 268
  expansão do, 63-70, 332-4
  forças fundamentais do, 64-5
  galáxias no, 61, 123-4, 262-3, 268-9, 315-6
  leis da física no, 65-6, 69-70, 109-18, 174-7, 268, 292-3
  natureza quântica do, 292-4
  teorias da relatividade de Einstein do, 138-9
urbanização, *ver* cidades
Uróboro, 327
utopismo, 101-2

vacinas, 127-8, 230-1, 237-8, 249-50, 283-4
Valéry, Paul, 229
Varian, Hal, 317-8
Verne, Jules, 185
viagra, 232-3
Vida Maravilhosa (Gould), 119-21
vida, 47-53, 61, 65-71, 81-2, 103-26, *121*, 251-3, 257-8, 260-4, 278-9, 293-4, 297
  autogeração da, 48-9, 103, 115-6
  diversidade da, 269-70, *270*
  emergência inevitável da, 123-6
  extensão da, 251-2
  índice metabólico da, 110-2
  não baseada em carbono, 114-5
  razão de tamanho em, 109-12, *111*, 268
  ver também evolução
videofone, 169-71, *170*
videofones, 161-71
vigilância, princípio da, 242-45
Vingança da Tecnologia, A (Tenner), 242
vírus de computador, 247-9
visão:
  binocular, 105-6
  em cores, 104-5
von Foerster, Heinz, 333-334
von Neumann, John, 45-6, 129-31

voo, 53-4
  bater de asas, 105-6, 122-3
  curva de tendência da velocidade do, 151-3, *152*
  evolução convergente do, 105-6

Wald, George, 112-3, 116-7
Walker Digital Labs, 136-7
Walker, Jay, 136-7
Walker, John, 185
Wallace, Alfred Russel, 127
War Before Civilization (Keeley), 40-1
Weart, Spencer, 130-2
Webster, Donovan, 86-7
West, Geoffrey, 111-2
Wharton School, 79-80
Wheatstone, Charles, 127-8
White, Lynn, 14-6, 43-5
Whittaker, John, 58-9
Whole Earth Catalog, 10-3, 222-3
Whole Earth Discipline (Brand), 85, 242
Wien, Wilhelm, 138-9
Willow Garage, 23-4
Wilson, E. O., 303-4
Winner, Langdon, 170-1, 174-6, 189-92, 240-2
Wired, 11-2, 193-4, 222-3
Wright, Orville, 151, 185, 238-9
Wright, Robert, 178-9

Xangai, 169, 302-3
  favelas de, 84-5
Xisto de Burgess, 119-21
Yámana, tribo, 33-4
Yolen, Jane, 139-41
zarabatana, cultura da, em, 142-4, 142-3
zarabatana, cultura da, em, 142-4, *143*
zarabatanas, 142-4, *143*

Zerzan, John, 193-4
zulus, 40-1
Zuse, Konrad, 130-1

Impressão e Acabamento